国家社会科学基金重点项目
“健全城乡融合发展机制研究”资助(项目编号:21AZD036)
国家社会科学基金后期资助一般项目
“土地发展权交易、土地资源有效配置机制与经济高质量发展”资助(项目编号:21FJYB052)

土地城市化的生态环境效应研究

唐茂钢 著

華東理工大學出版社
EAST CHINA UNIVERSITY OF SCIENCE AND TECHNOLOGY PRESS
·上海·

图书在版编目(CIP)数据

土地城市化的生态环境效应研究 / 唐茂钢著.
上海 ：华东理工大学出版社，2024. 8. -- ISBN 978-7-5628-7157-6

Ⅰ. F321. 1; X321. 2

中国国家版本馆 CIP 数据核字第 2024JF7596 号

内 容 提 要

土地城市化体现为农业用地或未利用地转化为城市建设用地的过程。土地城市化主要通过两方面对生态环境系统产生影响，一是土地利用变化，以及由此引起的土地利用结构、土地利用强度和土地利用效率的变化；二是承载在城市建设用地上的人类活动，包括企业的生产和居民的生活等活动。土地城市化极大地影响了生态系统中的物质及能量的转换、生态系统结构、景观结构、生物圈平衡及生态系统能量转换效率，以及大气环境系统、水环境系统的循环和平衡等。在文献研究、理论分析及实证分析基础上，本书深入探究了经济发展的不同阶段土地城市化对生态环境质量、生态服务价值、生态效率、碳排放产生影响的理论机理，同时就土地城市化对生态环境质量、生态服务价值、生态效率、碳排放的影响机制进行了实证分析，研究了命令控制型环境政策向市场型环境政策过渡的最优转化时机。在此基础上，计量分析了土地生态服务价值与居民收入的关系、排污权交易政策、碳排放权交易政策等市场化机制的减排绩效，探究了其对企业全要素生产率、公司价值、企业创新等的影响机制。本书旨在揭示土地城市化与生态环境变量之间的关系及其影响机制，评估了环境政策的减排绩效及其影响效应，以期为土地利用优化与生态环境保护的协同推进提供政策参考。

项目统筹 / 马夫娇　韩　婷
责任编辑 / 韩　婷
责任校对 / 金美玉
装帧设计 / 徐　蓉
出版发行 / 华东理工大学出版社有限公司
地址：上海市梅陇路 130 号，200237
电话：021－64250306
网址：www.ecustpress.cn
邮箱：zongbianban@ecustpress.cn
印　　刷 / 上海中华商务联合印刷有限公司
开　　本 / 787 mm×1092 mm　1/16
印　　张 / 21
字　　数 / 465 千字
版　　次 / 2024 年 8 月第 1 版
印　　次 / 2024 年 8 月第 1 次
定　　价 / 138.00 元

序　言

随着经济的快速发展和城市化进程的推进，土地资源的开发利用面临着前所未有的挑战。面对这样的现实挑战，如何科学地理解土地城市化与生态环境之间的关系，并探索有效的协调机制和政策路径，成为我们这个时代必须面对的重大课题。我国城市化过程中，大量农业用地转化为非农产业和城市公共基础设施用地，不仅改变了土地的物理形态，更对生态环境产生了深远的影响。一方面，土地利用结构和强度的变化直接影响了生态系统的物质循环和能量流动；另一方面，城市建设用地上的各类人类活动，如工业生产、居民生活等，也对生态环境造成了不同程度的压力。因此，探究土地城市化与生态环境之间的内在联系及其影响效应，对于指导城市化进程中的生态环境管理、制定科学合理的土地利用政策以及推动可持续发展，具有重要的理论和现实意义。

基于上述研究背景，唐茂钢在多年研究的基础上，撰写了本书，以其独到的视角和深厚的学术功底，为我们揭示了土地城市化对生态环境质量、生态服务价值、生态效率及碳排放等多重维度的影响机制，构建了土地城市化与生态环境相互作用的理论框架，并实证分析了不同经济发展阶段土地城市化对生态环境质量、生态服务价值、生态效率及碳排放的多维度影响。这不仅为我们揭示了二者之间的内在联系，更为未来的政策制定提供了有力的科学支撑。

更为重要的是，作者还深入探讨了环境政策转型的最优策略问题，尤其是讨论了土地城市化过程中如何由命令控制型环境政策向市场型环境政策演化的方式。此外，作者还运用双重差分、三重差分、自适应半参数模型等计量分析方法，深入研究了土地生态服务价值与居民收入的关系、排污权交易政策、碳排放权交易政策等市场化机制的减排绩效，为政策制定者提供了重要的参考。

这部专著在以下几个方面取得了创新性研究成果，对本领域研究做出了一定的学术贡献：

第一，揭示了土地城市化与生态环境变量之间的内在关联及其作用机制，重点研究了土地城市化对生态环境质量、生态服务价值、生态效率及碳排放的影响机理，为理解和应对城市化进程中的生态环境问题提供了新的视角和思路。

第二，评估了环境政策的减排绩效及其影响效应。结合中国经济发展的实际情况，对命令控制型环境政策和市场型环境政策的减排绩效进行了定量评估，为政策制定者提供了科学的决策依据。此外,还探讨了市场化交易机制,如排污权交易、碳排放权交易政策等,对企业全要素生产率、公司价值、企业创新等的影响机制,为企业的可持续发展提供了有益的启示。

第三,提出了土地利用优化与生态环境保护协同推进的政策建议,提出了优化土地利用结构、提高土地利用效率、加强生态环境保护、推动市场化环保机制建设等建议,这些建议对于实现土地资源的可持续利用和生态环境的保护具有重要的实践价值。

第四,丰富和发展了土地城市化与生态环境关系的理论体系,为相关领域的研究提供了新的思路和方法。研究中运用多种计量经济学模型和技术手段对土地城市化与生态环境之间的关系及影响机制进行了系统的定量研究,提高了研究的科学性和准确性。

唐茂钢长期从事土地资源利用、土地生态价值、土地生态环境的研究工作,已取得一系列开创性的成果,曾提出土地城市化与生态环境质量、生态服务价值、生态效率之间存在 U 型曲线关系,以及土地城市化与碳排放之间存在倒 U 型曲线关系,这些观点都具有理论创新意义和实践应用价值。本书的研究又开拓了新的研究领域,研究结论不仅丰富了相关领域的理论体系,也为理解土地城市化与生态环境之间的关系提供了新的视角和思路,为制定有效的土地生态环境保护政策提供了重要的参考。在土地资源日益紧张的今天,我们面临如何科学合理地利用土地资源、保护生态环境的严峻命题本书的研究一定会推动这一领域的研究。

华东理工大学社会科学高等研究院　院长

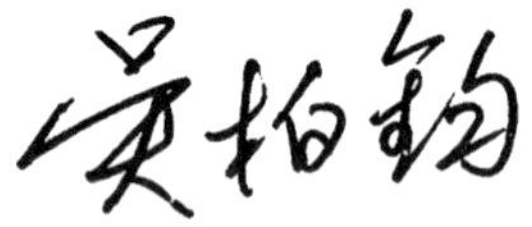

2024 年 6 月于上海

前 言

土地，作为人类生存与发展的基石，其利用与变迁对生态环境系统产生着深远的影响。随着城市化进程的快速推进，农业用地或未利用地正逐渐转化为城市建设用地，这一过程被形象地称为土地城市化。土地城市化，作为现代社会发展的显著标志，其推进过程不仅涵盖了土地利用方式和结构的深刻变革，更与生态环境质量、生态服务价值、生态效率以及碳排放等核心要素紧密相连。因此，深入剖析土地城市化与生态环境之间的内在联系及其影响机制，对于实现土地利用优化与生态环境保护的协同推进具有重要的理论意义和实践价值。

土地城市化主要通过两大方面对生态环境系统施加影响。第一，土地利用变化是土地城市化的核心环节，其中最为显著的变化是农业用地或未利用地逐渐转变为城市建设用地。在这一过程中，生态系统中的物质及能量的转换和流转受到了极大的扰动，生态系统的功能和生态过程也因此发生了深刻的变化。这种变化不仅重塑了土地利用结构，使得城市建设用地持续扩张，农业用地逐渐缩减，还进一步影响了土地利用的强度和效率。高强度的土地利用和追求效率的发展模式，往往导致生态系统结构、景观格局、生物圈平衡以及生态系统能量转换效率等受到更为深远的影响。

第二，城市建设用地上承载的人类活动，包括企业的生产活动和居民生活等活动，也对生态环境系统产生了不可忽视的影响。这些活动向自然界排放出大量废气、废水等污染物，严重干扰了大气环境系统、水环境系统的循环和平衡。当污染排放超过自然界的自净能力时，环境系统将遭受难以修复的损害。因此，在土地城市化进程中，如何科学规划和合理布局城市建设用地，降低人类活动对生态环境的负面影响，成为我们亟待解决的重要课题。

基于以上背景，本书深入探究了经济发展的不同阶段土地城市化对生态环境质量、生态服务价值、生态效率、碳排放产生影响的理论机理。通过构建理论模型和分析框架，我们揭示了土地城市化与生态环境质量、生态服务价值、生态效率、碳排放之间的内在联系。同时，利用实证数据对理论模型进行了检验和验证，得出了更为准确和可靠的结论。这些研究不仅有助于我们更好地理解土地城市化对生态环境的影响机制，也为政策制定者提供了有益的参考。

此外，本书还关注了命令控制型环境政策向市场型环境政策过渡的最优转化时机。

在土地城市化的过程中,环境政策的制定和实施对于保护生态环境、促进可持续发展具有重要意义。本书分析了不同环境政策的减排绩效及作用机制,探讨了环境政策转型的必要性和可行性。通过对比分析不同政策的效果和影响,我们提出了环境政策转型的最优方案和建议,为政策制定者提供了有益的参考。

在计量分析方面,本书对土地生态服务价值与居民收入的关系、排污权交易政策、碳排放权交易政策等市场化机制的减排绩效进行了深入研究。通过构建计量模型和分析方法,我们评估了这些市场化机制在减少碳排放、提高生态效率等方面的效果及作用机制。同时,我们还探究了这些市场化机制对企业全要素生产率、公司价值、企业创新等的影响机制,为企业的可持续发展提供了理论支持和实践指导。

通过理论研究和实证分析,我们发现我国基本上处于土地城市化对生态环境质量、生态服务价值、生态效率由负向转为正向的调整阶段。这意味着随着土地城市化进程的推进,我们需要在保护生态环境的同时,实现土地资源的合理利用和经济可持续发展。为此,国家应加强出台市场化的土地利用政策、环境规制政策,配合恰当的产业发展政策、财税政策等,促进土地城市化和生态环境保护的协调促进。

综上所述,本书旨在揭示土地城市化与生态环境变量之间的关系及其影响机制,评估环境政策的减排绩效及其影响效应,为土地利用优化与生态环境保护的协同推进提供政策参考。我们相信,通过深入研究土地城市化的生态环境效应,我们可以更好地理解和应对城市化进程中出现的生态环境问题,为构建人与自然和谐共生的现代化社会提供有力的支撑。

本书的内容主要来自我的博士毕业论文、博士后研究报告的部分重要章节,并融入了我近年来在中外文期刊上发表的相关研究成果。在此,我要特别感谢我的博士后合作导师吴柏钧教授和博士指导老师王克强教授,他们的悉心指导和无私帮助让我受益匪浅。本书的顺利出版也得益于多方的大力支持。它不仅是国家社会科学基金重点项目“健全城乡融合发展机制研究”(21AZD036)和国家社会科学基金后期资助一般项目“土地发展权交易、土地资源有效配置机制与经济高质量发展”(21FJYB052)的阶段性研究成果,更汇聚了众多专家学者和论文合作者的智慧与心血。在撰写过程中,我们广泛参考了各类文献资料,在此向所有提供帮助的专家学者和资料提供者表示由衷的感谢。华东理工大学出版社在本书的出版过程中给予了大力支持和帮助,对此我们深表感激。同时,我们衷心希望本书的出版能够唤起更多人对土地城市化与生态环境问题的关注,共同推动这一领域的研究和实践不断向前发展。

当然,由于研究水平和时间所限,本书难免存在疏漏与不足,我们衷心希望广大读者能够不吝赐教,提出宝贵的批评指正意见与建议。展望未来,我们致力于在研究中不断精进,深化对土地城市化与生态环境关系的理解,以期为人类的可持续发展贡献更多的智慧与力量。具体而言,我们计划从更微观的层面探讨土地城市化过程中土地利用的动态演变,深入剖析不同土地类型转变对生态环境的具体影响机制。同时,我们也将加强跨学科的交流与合作,融合地理学、生态学、环境科学等多学科的理论与方法,全面剖析土地城市化与生态环境之间的复杂相互作用。此外,我们还将从制度经济的视角出发,深入分析土地城市化与生态环境之间的内在关联,以期为我们制定更为科学、合理的土地利用与环境保护政策提供有力的理论支撑。

最后,我们衷心希望本书能够为读者提供有益的参考和启示,为土地利用优化与生态环境保护的协同推进贡献一份力量。同时,我们也期待与广大读者和专家学者进行深入的交流和探讨,共同推动土地城市化与生态环境领域的研究和实践取得更加丰硕的成果。

唐茂钢

2024 年 4 月

目　录

第1章　绪论 …… 001
1.1　研究的背景、目的与意义 …… 001
1.1.1　研究的背景 …… 001
1.1.2　研究的目标 …… 004
1.1.3　研究的意义 …… 004
1.2　国内外研究现状及发展动态分析 …… 005
1.2.1　土地城市化影响生态环境系统的理论机制 …… 005
1.2.2　土地城市化对生态服务价值的影响机制 …… 009
1.2.3　土地城市化对生态效率的影响机制 …… 010
1.2.4　土地城市化对碳排放的影响机制 …… 011
1.2.5　土地城市化影响生态环境系统的中介机制 …… 013
1.2.6　土地利用政策对生态环境系统的影响 …… 013
1.2.7　文献述评与总结 …… 015
1.3　本书的研究意义 …… 016
1.4　本书的研究方法及技术路线 …… 016
1.4.1　研究方法 …… 016
1.4.2　技术路线 …… 017
1.5　本书的研究内容和结构安排 …… 017
参考文献 …… 022

第2章　土地城市化的现状、模式及其对生态环境的影响 …… 029
2.1　土地城市化影响生态环境的现状分析 …… 029
2.1.1　土地城市化及其影响生态环境的现状分析 …… 029
2.1.2　生态环境治理的现状分析 …… 037
2.2　土地城市化影响生态环境的模式总结 …… 047
2.2.1　地方政府经营土地模式 …… 047
2.2.2　开发区建设模式 …… 048
2.2.3　新型城镇化模式 …… 049

2.2.4 生态城镇化模式 …… 050
2.3 土地城市化影响生态环境的典型案例分析 …… 052
2.3.1 重庆地票交易拓展生态功能 …… 052
2.3.2 广东省广州市花都区公益林碳普惠项目 …… 054
参考文献 …… 056

第3章 土地城市化如何影响生态环境质量?
——基于动态最优化和空间自适应半参数模型的分析 …… 059
3.1 研究土地城市化影响生态环境质量的机理及机制的必要性 …… 059
3.2 土地城市化影响生态环境质量的理论机制 …… 060
3.3 土地城市化影响生态环境质量的实证分析 …… 064
3.3.1 计量模型 …… 064
3.3.2 变量描述及数据说明 …… 065
3.3.3 实证分析结果 …… 067
3.4 本章研究结论与政策启示 …… 071
参考文献 …… 072

第4章 经济发展、土地城市化与环境质量 …… 075
4.1 城市化过程中土地城市化与环境质量的关系 …… 075
4.2 土地城市化影响环境质量的理论模型及计量模型 …… 077
4.2.1 土地城市化影响环境质量的机制分析 …… 077
4.2.2 土地城市化影响环境质量的理论模型 …… 078
4.2.3 土地城市化影响环境质量的计量模型 …… 082
4.3 实证分析及结果分析 …… 082
4.3.1 变量描述及数据来源 …… 082
4.3.2 实证结果 …… 084
4.4 本章研究结论与政策启示 …… 088
参考文献 …… 089

第5章 经济发展、土地城市化与生态服务价值
——兼论土地城市化与生态服务价值增加能否实现共赢 …… 091
5.1 土地城市化与生态服务价值协同促进的可能性及意义 …… 091
5.2 土地城市化影响生态服务价值的理论机制 …… 092
5.3 土地城市化影响生态服务价值的实证分析 …… 094

5.3.1 计量模型 …… 094
5.3.2 数据来源和描述性统计 …… 094
5.3.3 实证结果 …… 096
5.4 本章研究结论与政策启示 …… 102
参考文献 …… 103

第6章 经济发展、土地城市化与生态效率
——基于产业结构高级化的中介效应分析 …… 106
6.1 实现土地城市化与生态效率协同促进的重要性及必要性 …… 106
6.2 土地城市化与生态效率能够协同促进的理论机制分析 …… 107
6.2.1 影响机制分析 …… 107
6.2.2 理论模型分析 …… 109
6.2.3 研究假设 …… 111
6.3 研究方法和数据 …… 112
6.3.1 城市生态效率测算：带非期望产出的 SBM 模型 …… 112
6.3.2 产业结构高级化的测算 …… 112
6.3.3 环境规制强度的测算：熵值法 …… 113
6.3.4 数据来源及处理 …… 113
6.4 计量模型 …… 114
6.4.1 土地城市化影响城市生态效率的基准模型 …… 114
6.4.2 土地城市化影响城市生态效率的中介效应模型 …… 115
6.5 土地城市化与城市生态效率的实证结果及讨论 …… 115
6.5.1 土地城市化和城市生态效率之间的关系 …… 115
6.5.2 土地城市化对城市生态效率的中介效应 …… 116
6.5.3 土地城市化对城市生态效率产生影响的异质性分析 …… 117
6.6 本章研究结论与政策建议 …… 119
参考文献 …… 120

第7章 经济发展、土地城市化与碳减排：来自中国地级市层面的证据 …… 124
7.1 实现土地城市化与碳减排协同促进的重要性及必要性 …… 124
7.2 土地城市化影响碳排放的理论机制 …… 126
7.2.1 理论机制 …… 126
7.2.2 粗放式土地城市化阶段 …… 127
7.2.3 集约式土地城市化阶段 …… 129

7.2.4 土地城市化与碳排放的关系 …… 129
7.3 计量模型 …… 130
7.3.1 计量经济模型：STIRPAT 模型 …… 130
7.3.2 计量经济学模型：空间自适应半参数模型(SASP) …… 131
7.3.3 实证模型：中介效应模型 …… 131
7.4 数据来源 …… 132
7.5 实证结果 …… 133
7.5.1 土地城市化与 CO_2 排放总量之间的实证结果 …… 133
7.5.2 产业结构高级化中介效应的实证结果 …… 136
7.5.3 单位国内生产总值 CO_2 排放量中介效应的实证结果 …… 137
7.5.4 单位土地 CO_2 排放中介效应的实证结果 …… 139
7.6 进一步讨论 …… 140
7.7 本章研究结论与政策建议 …… 142
参考文献 …… 143

第 8 章 命令控制型与市场型环境政策：最优转换时机及对环境效率的异质性影响 …… 148
8.1 探究命令控制型到市场型环境政策最优转换时机的重要意义 …… 148
8.2 命令控制型到市场型环境政策最优转换时机的理论分析 …… 149
8.3 实证模型、数据和变量 …… 151
8.3.1 实证模型：空间自适应半参数模型 …… 151
8.3.2 数据和变量 …… 152
8.4 实证结果 …… 153
8.4.1 环境规制强度和环境效率之间的散点图 …… 153
8.4.2 全国层面环境规制强度和环境效率之间的实证结果 …… 155
8.4.3 东部地区环境规制强度和环境效率之间的实证结果 …… 156
8.4.4 中西部地区环境规制强度和环境效率之间的实证结果 …… 158
8.5 本章研究结论与政策启示 …… 159
参考文献 …… 160

第 9 章 土地生态价值与居民收入的关系研究
——基于引入土地资本的内生经济增长模型的分析 …… 164
9.1 土地生态价值与居民收入关系研究的必要性 …… 164
9.2 土地生态价值的计算、影响因素分析及其与居民收入关系和计量方法的

文献综述 …… 165
9.3 土地生态价值与居民收入关系的理论模型 …… 167
9.4 计量模型 …… 170
9.5 实证分析 …… 172
9.5.1 数据来源 …… 172
9.5.2 描述性统计分析 …… 173
9.5.3 计量结果 …… 175
9.6 本章结论与政策建议 …… 180
参考文献 …… 181

第10章 市场失灵、排污权交易与污染减排：来自中国工业企业的证据 …… 183
10.1 研究问题的提出 …… 183
10.2 文献回顾与理论基础 …… 185
10.2.1 不完全市场竞争 …… 185
10.2.2 企业策略性行为 …… 186
10.3 数据来源与计量模型 …… 188
10.3.1 数据来源 …… 188
10.3.2 计量模型 …… 190
10.4 排污权交易影响污染减排的实证结果 …… 191
10.4.1 基准回归结果 …… 191
10.4.2 稳健性检验 …… 192
10.5 排污权交易影响污染减排的机制分析 …… 196
10.5.1 控制生产或减少污染排放强度 …… 196
10.5.2 前端处理和后端处理 …… 197
10.5.3 能源结构的转型 …… 198
10.5.4 中性技术进步或有偏技术进步 …… 199
10.6 排污权交易影响污染减排的异质性分析 …… 201
10.6.1 制度交易成本的影响 …… 201
10.6.2 市场势力的影响 …… 202
10.6.3 技术采用和传播的影响 …… 203
10.6.4 企业所有制的影响 …… 204
10.6.5 不同地区的异质性分析 …… 206
10.7 本章结论与政策建议 …… 207
参考文献 …… 208

第 11 章 碳排放权交易政策与企业全要素生产率的关系：来自中国上市企业的证据 …… 212
11.1 研究问题的提出 …… 212
11.2 研究框架与理论分析 …… 214
11.2.1 企业策略性行为 …… 214
11.2.2 市场失灵的影响 …… 215
11.3 数据来源、变量说明和计量模型 …… 217
11.3.1 数据来源 …… 217
11.3.2 变量说明 …… 218
11.3.3 基准回归 …… 221
11.4 碳排放权交易影响企业全要素生产率的实证结果 …… 222
11.4.1 基准回归结果 …… 222
11.4.2 稳健性检验 …… 223
11.5 碳排放权交易影响企业全要素生产率的机制分析 …… 227
11.5.1 经营策略 …… 227
11.5.2 技术创新 …… 228
11.5.3 市场环境 …… 229
11.6 碳排放权交易影响企业全要素生产率的异质性分析 …… 231
11.6.1 市场失灵的影响 …… 231
11.6.2 不同行业的影响 …… 233
11.6.3 公司所有权的影响 …… 233
11.6.4 不同区域异质性分析 …… 234
11.7 本章结论与政策建议 …… 235
参考文献 …… 236

第 12 章 碳排放权交易制度如何促进企业的绿色创新
——基于诱致性创新理论的视角 …… 244
12.1 研究问题的提出 …… 244
12.2 逻辑框架与理论分析 …… 245
12.2.1 价格诱导的技术变革 …… 245
12.2.2 研发诱导的技术变革 …… 246
12.2.3 学习诱导的技术变革 …… 248
12.2.4 市场体系的完善 …… 250
12.3 数据来源、变量说明与计量模型 …… 251

12.3.1 数据来源 …… 251
12.3.2 变量说明 …… 252
12.3.3 描述性统计 …… 252
12.3.4 计量模型 …… 254
12.4 碳排放权交易影响企业绿色创新的实证结果 …… 255
12.4.1 基准回归结果 …… 255
12.4.2 稳健性检验 …… 257
12.5 碳排放权交易影响企业绿色创新的机制分析 …… 263
12.5.1 价格诱导的技术变革 …… 263
12.5.2 研发诱导的技术变革 …… 265
12.5.3 学习诱导的技术变革 …… 267
12.5.4 市场体系的完善 …… 269
12.6 碳排放权交易影响企业绿色创新的异质性分析 …… 271
12.6.1 企业所有制的异质性分析 …… 271
12.6.2 不同区域的异质性分析 …… 273
12.6.3 融资约束程度的异质性分析 …… 274
12.7 本章结论与政策建议 …… 276
参考文献 …… 277

第13章 碳排放权交易与公司价值的关系：来自中国上市企业的证据 …… 283
13.1 研究问题的提出 …… 283
13.2 逻辑线索与传导机制分析 …… 284
13.2.1 碳价格 …… 284
13.2.2 绿色创新 …… 285
13.2.3 碳披露 …… 286
13.3 计量模型、变量选取与数据来源 …… 286
13.3.1 计量模型 …… 286
13.3.2 变量选取与数据来源 …… 287
13.4 碳排放权交易与公司价值关系的回归结果 …… 289
13.4.1 基准回归结果 …… 289
13.4.2 稳健性检验 …… 290
13.5 碳排放权交易影响企业价值的传导机制识别 …… 294
13.5.1 碳价格 …… 294
13.5.2 绿色创新 …… 296

13.5.3 碳披露 …… 297
13.6 碳排放权交易影响企业价值的异质性分析 …… 299
13.6.1 企业所有权 …… 299
13.6.2 地理区位 …… 300
13.6.3 是否为制造业企业 …… 301
13.6.4 市场化程度 …… 303
13.6.5 融资约束 …… 304
13.7 本章结论与政策建议 …… 306
参考文献 …… 306

第14章 实现土地城市化与生态环境质量提高协同推进的政策建议 …… 311
14.1 研究结论与讨论 …… 311
14.2 政策建议 …… 316
参考文献 …… 317

第 1 章　绪　　论

1.1　研究的背景、目的与意义

1.1.1　研究的背景

改革开放以来,中国在合理利用土地、有效配置土地资源的同时极大地推动了经济的发展,加快了城市化进程,影响着生态系统和环境质量。随着城市化进程的加快,土地利用类型变化随之加快,大量农业用地或未利用地转化为城市建设用地,这一过程被称为“土地城市化”(王宗明等,2004;蔡邦成等,2006)。土地城市化驱动土地利用方式的改变,导致土地配置结构、土地利用强度和效率等发生变化,并进一步影响生物栖息地、生物多样性、能量循环、水循环、地球化学循环和气候等,改变生态系统服务功能(Chuai et al., 2015; Lam and Conway, 2018)。同时,承载在土地要素上的人口增长、产业发展、能源消耗、技术变革等人类活动,通过复杂的反馈效用作用于生态系统的生态过程,进一步影响生态系统服务功能(Jantz and Manuel, 2013; Chuai et al., 2016; Lai et al., 2016),人类生产、生活活动所产生的大量工业废水、废气及生活污水等,对水环境、大气环境质量等也产生显著的影响。土地利用变化及其衍生的人类活动引致生态系统服务功能、面积及空间分布格局的变化,显著影响水环境、大气环境系统等,是生态系统服务功能和环境质量发生变化的重要驱动力(张立伟和傅伯杰,2014;谢高地等,2015;魏慧等,2017)。

土地城市化过程中土地利用变化对生态系统服务功能和环境质量的影响具体体现在以下几个方面:

第一,城市建设用地规模的增加导致自然栖息地的碎片化、生物多样性下降、环境污染排放量的增加等。随着城市化进程的加快,土地利用类型及结构变化随之加快。城市扩张速度加快,大量农用地转化为建设用地,全国城市建设用地面积由 1999 年的 20 877 平方公里增加到 2017 年的 55 155.5 平方公里,增长了 164%。城市建设用地的扩张破坏了自然植被、水文系统等(王丽群等,2018),导致自然栖息地的碎片化、物种组成的简化和同质化、生物多样性的下降,以及城市热岛效应等(Fricke and Svenning, 2020),与此同时,生态过程中能量流和养分循环的改变降低了物种的环境适应能力(傅伯杰等,1999)。随着城市建设用地的扩张,人类的生产、生活空间开始集聚,由于规模经济效应,能源需求量和消耗量急剧增加,与之伴随的废气、废水等污染物排放量也显著增加,导致环境质量进一步下降(郭施宏等,2017)。

第二,土地配置结构变化将深刻影响生态系统的生态过程,从而改变生态系统服务功能。城市建设用地的快速扩张导致土地利用/覆盖变化、土地配置结构不合理等一系列问题。全国范围内工业用地占建设用地的比例一直保持在20%左右,珠三角、长三角等地制造业比较发达的城市,工业用地占比普遍超过40%,同期国际上占比只有5%~8%。工业用地比例较高导致产业结构转型升级速度缓慢,同时工业生产过程排放大量污染物,对生态系统的自我循环等功能造成不良影响。土地配置结构的变化通过改变生态系统结构和功能,使得能量循环、水循环、地球化学循环和土壤更新等生态过程发生变化,导致生态系统服务功能及环境效应进一步发生变化(Chuai et al., 2013; Shu and Xiong, 2019)。通过优化土地资源的配置结构,能够显著推动产业结构的转型升级,实现产业结构的合理化和高级化,更能建立一个科学、合理的产业分工协作网络体系。这一体系能够充分发挥产业集聚的正外部性效应,从而极大提升土地资源的配置效率,并有效降低土地利用对生态环境的负面影响。

第三,土地开发强度过高会干扰生态系统平衡,破坏生物种群之间的相互联系,从而削弱生态系统服务功能的供给能力。考虑到中国国情,内陆地区的国土开发强度通常应控制在10%以内,而沿海地区则不宜超过20%。然而,目前中国的主要城市如北京、上海、深圳、天津等其开发强度已远超这一标准,特别是上海和深圳,甚至接近50%的高位。国土开发强度过高会对城市景观、生态系统平衡等产生严重影响。尽管近年来土地集约利用程度有所提高,比如,单位建设用地产出,即土地产出强度由2004年的5.3亿元/平方公里增加到2017年的15亿元/平方公里,增长了近2倍。但是,土地开发强度过高会影响景观的完整性、干扰生态系统平衡、破坏生物种群之间的相互联系等,直接影响了生态系统服务的供给,进而通过改变社会经济系统等间接影响生态系统服务功能。此外,经济生产过程中排放的污染物,也会打破生态系统的平衡状态,降低其生态服务能力(Allan et al., 2014, 2015)。因此,我们需要对土地开发强度进行合理管控,优化城市生产、生活及生态空间布局,降低土地开发对环境过程的影响,进而实现土地开发与环境质量改善的双赢局面。

第四,土地利用效率影响生态系统能量转换效率的提高,从而引起土地利用过程对生态系统服务功能的影响。土地利用效率的高低,往往取决于人类活动的方式、技术水平的进步以及政策的导向。土地利用效率的提高,一方面能有效减少经济活动所占用的土地比例,为生物栖息地腾出更多空间,从而增强生态系统服务功能的供给能力;另一方面,也能显著降低土地利用过程对生态系统服务功能的负面作用,推动生态系统服务价值的持续提升(Bateman et al., 2013)。经济发展初期,经济以粗放式发展模式为主,中央政府常以GDP和税收等总量指标考核地方政府。为了增加地方GDP总量和税收,地方政府常常采用低价出让工业用地吸引投资的方式进行招商引资(陶然等,2009)。然而,这种模式下,工业用地的土地利用效率普遍较低,导致低效、闲置工业用地数量多且污染严重,这使得生态服务价值有所下降。当经济进入高质量发展阶段时,有必要通过土地制度创新,发挥产业集聚的知识、技术溢出等正外部效应，提升土地利用效率，降低土地利用过程对生态系统服务功能及环境质量的负面影响(Costanza, 2020)。

《中共中央关于制定国民经济和社会发展第十四个五年规划和二〇三五年远景目标的建议》提出要优化国土空间开发保护格局，逐步形成城市化地区、农产品主产区、生态功能区三大空间格局，形成主体功能明显、优势互补、高质量发展的国土空间开发保护新格局。党的十九大报告提出要"提供更多优质生态产品以满足人民日益增长的优美生态环境需要"。党的十九届五中全会明确提出要"建立生态产品价值实现机制"。"十四五"时期，中国将进入新发展阶段，要求在新发展理念引领下构建新发展格局，以新发展理念统筹经济发展和生态环境保护。土地利用与生态环境系统是一个相互影响的综合系统，建立土地资源配置优化和生态服务价值提升、环境质量改善的双重目标体系，有助于实现经济发展和生态环境保护的协同。与此同时，要想实现双重目标，就需要在理论上深入研究土地城市化影响生态服务价值及环境质量的内在机制，进一步识别通过土地资源配置结构优化、土地利用强度合理管控及效率提升等促进生态服务价值提升、环境质量改善的具体作用机制，合理提出通过土地城市化模式创新及基于产权交易的制度创新等，协同经济发展和生态环境保护的具体措施，从而有效指导国土空间开发保护新格局的构建，并建立生态产品价值的实现机制，统筹协调经济发展和生态环境保护的关系。

土地城市化影响生态服务价值及环境质量的内在机制的探究，有赖于将土地资源配置结构、土地利用强度及效率等要素有效整合至一个完整的理论分析框架。土地城市化受自然、社会、经济和其他因素的影响。其中，自然环境是导致土地利用变化的基本因素，诸如气候、土壤、水文等。而社会、经济、技术等其他人为因素则通过运行机制、价格制度、土地所有权制度等决定土地资源配置效率(Bateman et al., 2013; Cavender-Bares et al., 2015)，进而改变区域土地配置结构、空间分布、土地利用强度及土地利用效率等。土地配置结构、利用强度及利用效率的改变会直接或间接影响生态环境质量，以及生态系统服务的供给种类、强度、功能等，从而导致生态环境质量发生显著改变，生态服务价值及空间分布格局也相应发生变化(Eichner and Pethig, 2009; Chuai et al., 2013, 2015, 2016; Cumming et al., 2014; Chen et al., 2020)。因此，有必要将土地资源配置结构优化、土地利用强度合理管控、土地利用效率有效提升等因素整合至一个完整的理论框架，探究土地城市化影响生态服务价值及环境质量的内在机制。

进一步地，在经济高质量发展阶段，有必要通过土地利用模式创新及制度创新等统筹实现经济发展和生态保护的共赢。土地利用模式创新是优化土地利用管理从而实现经济发展和生态保护共赢的重要手段，在生态系统服务中发挥着重要作用。土地制度创新指导土地城市化的模式及目标，通过土地产权、土地分配和土地资源管理等直接机制，以及涉及土地供应量和结构的间接运行机制、价格制度等，影响土地利用类型及结构、土地价格等。在土地城市化过程中，一方面，通过土地利用模式创新促进土地利用的优化，进而促进土地资源配置结构的优化、土地利用强度的合理管控，以及土地利用效率的有效提升，降低生产过程对生态系统的影响，从而实现生态服务价值的提升；另一方面，通过土地制度创新,有效管控承载在土地要素上的人类活动,协同促进经济发展和生态环境保护。特别地,政府通过增加生态基础设施建设投入,出台生态补偿、资源税、环境税等政策措施,建立生态环境产权交易机制及交易平台等,促进生态产品价值的实现,以及环境质量的提高。与此同时,国家在土地政策和产业政策上向服务业和高新技术产业倾斜,并且出台环境规制政策严格控制环境污染。

1.1.2 研究的目标

本书通过理论机制模型构建、实证研究及政策分析等,探究土地城市化与生态环境质量互动提升的内在机理及机制。为实现这一总体目标,分解为以下几个子目标:(1) 构建土地城市化如何影响生态环境质量的宏观动态最优化模型,揭示土地城市化通过促进土地资源配置结构优化等,进而提升生态环境质量的内在机制及机理;(2) 实证分析土地城市化与生态环境质量之间的非线性关系;(3) 探究土地城市化如何提升生态服务价值,阐明其机制,并进行实证分析;(4) 探究土地城市化如何提升城市生态效率,阐明其影响机制及中介机制,并进行实证分析;(5) 探究土地城市化如何促进碳减排,阐明其影响机制及中介机制,并进行实证分析;(6) 探究生态服务价值与居民收入之间的关系;(7) 对政府命令控制型向市场型环境规制政策过渡的最优转换时机进行探究,并评估这一转变对环境效率的异质性影响;(8) 实证检验排污权交易机制的污染减排绩效,探究其影响机制,并分析市场失灵及存在企业策略性行动的条件下,是否对排污权交易机制的污染减排绩效产生影响;(9) 实证检验碳排放交易机制对公司市值、企业绿色创新及企业全要素生产率的影响效应,并探究其具体作用机制。

1.1.3 研究的意义

为实现土地城市化和生态服务价值提升的共赢,本书以土地利用为媒介,链接生产系统和生态环境系统,将土地城市化影响生态环境系统的内在机制整合至一个统一的、具有微观基础的宏观动态最优化模型中,结合生态学和经济学理论,在进一步深化作者前期理论和实证研究结果的基础上,深入开展交叉性、探索性研究。本书致力于从理论上探究土地城市化影响环境质量和生态服务价值的内在机制,同时运用社会经济变量和生态系统功能特征、环境污染排放等数据,实证研究土地城市化对环境质量、生态服务价值、生态效率及碳排放等的影响效应、非线性特征及具体作用机制等,并探究土地城市化影响这些变量的内在机制。通过理论研究和实证分析,探讨通过土地城市化模式创新实现经济发展与生态环境保护之间协同的可能性,进而从构建土地指标交易机制、国土空间开发保护新格局、环境产权交易机制、生态产品价值实现机制等方面提出一系列政策改革方案。

本书研究的理论意义和应用价值如下:

(1) 理论意义。土地城市化如何影响环境质量、生态服务价值、生态效率、碳排放并进而影响社会经济发展的内在机制，与宏观经济学、土地经济学、生态学和土地利用政策等相联系。这一研究涉及多学科领域，需要综合多学科知识，具有交叉性和复杂性特点。本书通过构建土地城市化影响环境质量、生态服务价值、生态效率、碳排放的内在机制的一般均衡模型，以土地城市化模式创新及制度创新为突破口，在促进生态服务价值提升和环境质量提高的内在机制方面取得理论上的新认识，有助于揭示土地城市化影响环境质量和生态服务系统价值等的内在机制、作用机制及互动机制等，从而深化土地经济学的基础理论，拓展土地制度及产权理论的研究，并丰富生态学研究的基础理论和研究内容。

（2）应用价值。本书通过分析土地城市化影响环境质量、生态服务价值、生态效率、碳排放等，并因此影响社会经济发展的过程，有助于理解政府行政机制和市场机制的综合所产生的协同效应和权衡效应，由此提出促进国土空间优化布局的具体策略及措施，创新生态产品价值实现机制，从而协调社会经济发展和生态环境的保护。研究成果将为国家和各级政府及部门在制定土地城市化促进生态环境质量提升的政策措施时提供理论依据，为各级政府及部门在制定经济、产业、土地、生态保护、环境规制等方面的相关政策措施时提供理论参考和经验借鉴，有助于在全国范围内实现土地资源配置优化和生态环境质量提升的共赢。

1.2　国内外研究现状及发展动态分析

在土地城市化过程中，通过土地利用模式创新及制度创新，能进一步促进土地配置结构优化、土地利用强度管控、土地利用效率提升等，进而促进环境质量、生态服务价值和生态效率等的提升。首先，本节综述了土地城市化影响生态环境系统的理论研究，并分别综述了土地配置结构优化、土地利用强度合理管控、土地利用效率提升影响生态环境系统的作用机制。其次，分别综述了土地城市化影响生态环境系统的实证研究和政策分析。最后，进行文献述评与总结。

1.2.1　土地城市化影响生态环境系统的理论机制

在土地城市化过程中，大量农用地或未利用地转化为建设用地，占用了生物栖息地，导致生物栖息地的供应不足，影响了种群规模的增长，进而限制了物种的多样性和丰富性（Eichner and Pethig, 2006）。进一步地，土地城市化过程中，土地开发活动影响陆地表层物质循环和生命过程，引起地表结构的变化，土地开发强度过高会影响生物圈的平衡（Mendoza-González et al., 2012; Peters et al., 2019）。由于土地利用效率不高，生产生活过程中向外界排放大量污染物，会影响区域的大气环境、水环境及土壤资源等（Wang et al., 2018; Costanza, 2020）。总之，人类活动引起的土地城市化通过改变生态栖息地面积、生态系统结构和生态系统的循环过程等，影响着生态系统中的物质、能源和信息流的转换及转变等，进而导致自然栖息地的破碎化、物种组成的简化和同质化、水文系统的破坏,以及能量流和养分循环的改变,使得生态系统服务功能退化,造成生态服务价值下降(Oliver and Morecroft, 2014; Alberti and Marzluff, 2004; Cumming et al., 2014; Wan et al., 2015; Kong et al., 2009)。

现有文献通过建立经济系统和生态系统相结合的动态一般均衡模型,研究了经济系统和生态系统的相互作用(Zhu et al., 2019)。在综合的经济-生态系统模型中,人类的生产生活活动决定了土地的经济利用面积,剩余土地作为生物栖息地,而生境的大小又决定了生物种群增长、生物多样性等生态系统服务功能的提供(Brock and Xepapadeas, 2003)。在该模型中,人类和其他生物争夺土地资源和(猎物)生物量资源。生态系统模型描述了土地等自然资源、物种种群和污染的存量-流量关系,并且由此决定了种群增长的变化机制(Eichner and Pethig, 2005)。土地资源、种群规模、污染等共同决定了生态系统服务功能的提供。为了在经济发展和生态保护之间进行权衡,可以建立价格驱动的竞争性分配机制。生物栖息地的产权可以采取私有或公有两种模式,在这两种模式下,都需要特定的生态税或补贴来内部化生态系统的外部性(Eichner and Pethig, 2009; Poloasky et al., 2004)。也有文献研究了两地区之间通过转移支付或产权交易方式促进生态系统的外部性内部化的实现(Eichner and Pethig, 2019)。

实际上,我们根据 Kaya 等式可以将每单位土地的生态服务价值分解为土地配置结构、土地利用强度和不同土地利用类型的生态服务供给强度的乘积之和(Grossman and Krueger, 1995; Wu et al., 2015)。为了提高单位土地上的生态服务价值量,有必要优化土地配置结构,管控土地利用强度,提升土地利用效率(增加生态服务供给强度),降低土地城市化对生态服务价值的负面影响(Lai et al., 2016; Xie et al., 2018; Li et al., 2018)。对于中央政府和地方政府而言,可以通过两种方式减少土地利用对生态系统服务的影响:第一种方式涉及土地城市化模式创新(Chuai et al., 2013; Lai et al., 2016);第二种方式涉及土地城市化制度创新(Lai et al., 2016)。通过控制城市建设用地的扩张和土地开发的强度,压缩工矿用地的规模和比例,优化建设用地的结构,创新土地开发模式,可以有效提升生态服务价值(Zhang et al., 2010; Xu et al., 2018; Wang et al., 2019)。同时,通过加快土地城市化模式的转变,促进低碳绿色发展,推动清洁能源增长。政府应加快资源及生态产权制度改革,建立土地指标交易机制及生态服务价值的实现机制,以市场化机制促进国土空间开发保护新格局的形成(Zhang and Xu,2017)。

1. 土地配置结构优化影响生态服务价值的作用机制

土地用途的改变体现为土地配置结构的变化。不同的土地利用类型供给差异性的生态系统服务,土地配置结构变化将深刻影响生态系统的组成结构、营养结构及时空结构等,从而改变生态系统服务的供给、功能及结构(Barnett et al., 2005; Bailis and McCarthy, 2011; Pei et al., 2018)。土地配置结构通过改变生态系统的结构和过程进而影响其服务功能(Carpenter et al., 2009)。不合理的土地配置结构将带来生态环境问题,如生态环境质量下降、土地荒漠化、土壤污染及水污染严重、生物多样性下降等,导致生态服务价值降低(王军和顿耀龙,2015)。通过土地配置结构的优化,确立各种土地利用类型的适当比例,能够促进生态服务价值的增加,提高土地资源的可持续利用率,保持生态系统的相对平衡(Running, 2008; Hu et al., 2019)。

土地配置结构体现为经济用地和生态用地的比例。经济用地和生态用地的最优比例,与经济发展阶段和生态系统的结构、功能等相关。当经济处于转型阶段时,政府通过土地利用政策的调控,合理增加生态用地的比例,促进土地资源配置结构的优化,同时迫使经济主体提高经济用地的强度和效率。具体地,在土地城市化的进程中,原先以转为工业用地为主的农用地及未利用地,正逐步向建设用地中的服务业用地和高新技术产业用地转型。这种土地配置结构的优化,不仅彰显了产业结构的升级与调整,更体现了能源消费结构的清洁化趋势。因此,在探究土地城市化驱动生态服务价值提升的内在机制时,应通过建立宏观经济模型,体现农用地转为建设用地这一过程的土地配置结构优化,并内生化地反映为产业结构优化及能源消费结构清洁化,最终驱动生态服务价值的提升。

2. 土地利用强度合理管控影响生态服务价值的作用机制

土地利用强度体现了单位土地上的产出强度及投入强度,也反映了人类活动对生态系统产生干扰的程度(Yin et al., 2020)。土地利用强度的提高,既体现为土地配置结构的变化,也反映了土地利用效率的提高。随着土地利用强度的增加,自然景观逐渐被城市建设用地取代,土地开发导致自然景观破碎化,土地利用强度高的区域土地斑块较小,生态敏感性增加,由此导致生态系统变得简化,其调节服务和多样性功能进一步下降(Xu et al., 2016)。土地利用集约化是全球环境变化的主要驱动力,并且由于人为活动的增加而加速发展,导致对人类福祉至关重要的生态系统服务严重退化(Allan et al., 2015)。土地利用强度的提高不仅会通过影响景观、破坏生态系统平衡等直接影响生态系统服务的供给,而且会通过改变社会经济系统等间接影响生态系统服务(Laliberté et al., 2010; Allan et al., 2014)。

土地的节约集约利用政策对区域土地使用产生重大影响,并相应地改变土地利用强度及空间布局。土地利用集约化可以通过改变土壤化学性质或引起干扰来直接改变净初级生产力(Laliberté and Tylianakis, 2011),并且可以通过极大地减少提供生态系统服务的许多分类单元的多样性进而间接影响生态功能(Foley et al., 2005;Allan et al., 2014)。土地利用强度或开发强度过高会扰乱生物圈等生态系统平衡,尤其是工业用地上生产活动排放的大气、水污染等,如果超过自然界分解能力,很容易对大气环境、水环境产生污染,打破其自身平衡状态,降低其生态服务能力。

农业生产强度、放牧强度等对生态系统功能多样性、净初级生产力等具有直接、间接和交互作用的因果影响(Laliberté and Tylianakis, 2011)。土地利用强度过高,不仅会改变物种丰富度,还会减少生物群落的营养多样性、功能多样性,破坏生物种群之间的相互作用及联系,显著影响生境的网络结构,从而有可能妨碍生态系统服务的供给(Flynn et al., 2009; Felipe-Lucia et al., 2020)。也有研究认为,土地利用强度与生物多样性之间呈现U

形曲线关系，开始阶段土地利用强度的增加使得生物多样性指数下降，但随着年限的增加，土地利用强度的提高反而使得生物多样性指数有所上升（Allan et al., 2014）。Peters等（2019）则认为，土地利用强度对生物多样性及生态系统服务功能的影响，随气候条件的变化而发生改变。Laliberté 等（2010）运用代表 15 个生物群落和 2 800 多个物种的 18 种土地利用强度梯度的数据，探索了土地利用强度如何影响植物群落生态系统的功能冗余（对生态系统功能起相似作用的物种数量）和响应多样性（功能相似的物种对干扰的响应方式不同）等属性。

总体上来看，土地利用强度对生态系统服务功能存在两方面的影响：一是土地利用强度的提高，将会降低经济用地的面积，增加生态用地比重，从而提高生态系统服务功能的供给；二是土地利用强度的增加，将会降低生物多样性，破坏生物种群之间的相互联系，从而降低生态系统服务功能的供给。决策者需要在这两种作用机制之间进行权衡，从而确定最优的区域土地开发强度。

3. 土地利用效率提升影响生态服务价值的作用机制

土地利用效率反映了土地利用过程中如何以最低成本产生最大的期望产出和最小的非期望产出（Yin et al., 2019）。土地利用效率体现了技术水平的变化，并影响生态系统中各营养级生物对太阳能或其前一营养级生物所含能量的利用及转化效率（Zhou et al., 2019）。土地利用效率的提升，可以促进生态系统能量转换效率的提高，降低土地利用过程对生态服务功能的影响（Costanza, 2020）。城市土地利用效率反映了城市化过程中经济、环境和其他收益是否得到最大化。如果超出生态环境的承载能力，再来提高土地利用效率，则相应的区域生态系统服务价值将会下降。相反，如果限制经济资源的可用性，来保护生态系统的健康，则相应的城市化进程中将无法实现土地的高效利用（Xie et al., 2021）。

现有研究主要从三个方面研究土地利用效率对生态服务价值的影响。一是从土地上承载的产业结构优化和能源利用效率提高等角度研究土地利用效率对生态服务价值的影响。例如，有的文献研究土地利用效率对工业化地区农业生产和生态系统服务两者之间的权衡（Wang et al., 2018）。有的文献在模拟评估土地利用管理政策对生态系统服务价值的影响时，认为建设用地扩张过程中土地利用效率的提高对提升生态服务价值起到了正向调节作用（Zheng et al., 2019）。二是从测算生态效率角度研究经济增长和生态保护的权衡。Shi 等（2017）构建了一个基于生态服务价值的生态效率评估指标体系，用于评估宁国港口工业园区的生态绩效，决策者可以将其用于可持续景观规划和开发。Zhang 等（2017）则运用三阶段 DEA 方法测算了中国省级产业生态效率，发现土地利用效率的提高主要体现为技术水平的提高和能源利用效率的提高。三是研究了土地利用效率与生态系统功能及可持续性等之间的关系。Coomes 等（2019）探讨了技术水平对生态系统可持续性和弹性之间的影响和动态相互作用。Li 等（2019）评估了 2000—2015 年江苏城市化过程中陆地生态系统生产力的变化，发现城市建设用地的增加导致陆地生态系统生产力显著下降。Xie 等（2021）定量分析了土地利用效率和生态系统健康的时空变化，探讨了土地利用效率与生态系统健康的协调程度、特征及规律。

在城市化过程中土地的粗放扩张加上产业支撑不足，形成了大量低效城市工业用地和农村集体建设用地。如果能够有效盘活、挖潜低效建设用地，提高土地利用效率，就可以在不占用农用地、生态用地的前提下继续实现经济增长，实现经济增长和生态保护的共赢（Liu et al., 2012; Kang et al., 2019）。同时，提升土地利用效率不仅能够有效促进生态效率与能源利用效率的提高，还进一步加速了生态系统内能量转换效率的优化进程，显著降低了土地利用活动对生态服务功能产生的负面影响，进而推动了生态服务价值的持续提升（Zhang et al., 2015; Deutz and Gibbs, 2008）。很少有人结合土地利用效率提升对生态系统服务的作用机制进行更深入的研究。因此，有必要分析如何通过提升土地利用效率改善生态系统服务，进而促进社会经济可持续发展。对此需要进行理论研究与实证分析，以系统分析土地利用效率提高对驱动生态系统服务提升和对社会经济发展产生的影响。

1.2.2　土地城市化对生态服务价值的影响机制

一方面，现有很多研究实证分析了土地城市化与生态服务价值之间的负向关系。Newbold 等（2015）研究了土地利用变化对生物多样性的影响，认为土地利用变化导致生物多样性下降。Ye 等（2018）的研究结果显示，1990—2010 年中国快速发展的广佛都市区的土地利用变化导致生态服务价值净下降了 4.4%（2.015 亿美元）。Wang 等（2018）定量地揭示了中国黄河三角洲在 2009—2015 年的土地城市化过程中生态系统服务的能值降低了 10.89%。Du and Huang（2017）发现，在快速土地城市化过程中，中国杭州市的生态服务价值从 1995 年的 5.467 亿美元下降到 2014 年的 4.497 亿美元，生态服务价值占 GDP 的比重从 5.8%下降至 0.6%。Chuai 等（2016）的研究结果显示，土地使用变化导致 20 世纪 80 年代至 2010 年江苏省的生态服务价值减少了 4 320 万美元，这主要是由于从耕地向建设用地、湿地向草地和建设用地以及水域向农田和耕地转变导致的。Peng 等（2017）指出，北京市近郊地区的土地城市化与生态系统总服务之间存在负线性关系，土地利用方式的变化对生态系统服务的影响比人口和经济城市化更为直接有效。Song 等（2015）的研究结果表明，土地城市化导致 2000—2008 年生态服务价值净亏损 8.8 亿美元，建成区的扩张占土地城市化造成的生态服务价值损失的 84.61%。Su 等（2014）研究了上海近郊地区的生态服务价值变化及其与土地利用的关系，结果显示，1994—2006 年生态服务价值总额从 47.2 亿元人民币减少至 32.6 亿元人民币，净下降了 30.9%。

另一方面，通过土地利用优化，从协同效应和权衡效应两方面对生态服务价值产生影响，有可能促进生态服务价值的提升。部分学者就土地利用优化对生态服务价值的影响开展了充分研究。一部分研究了以种植业为主的地区农业活动对生态服务价值的影响，发现农业扩张活动会增加农业生态系统的供给功能，但导致碳储量损失、水体质量下降、生物多样性降低等，进而降低生态系统的调节功能，由此需要在两种效应之间进行权衡，同时通过有效的管理措施也可以发挥两者之间的协同效应（Polasky et al., 2011）。类似地，另一部分研究了以畜牧业为主的地区过度放牧等活动对生态服务价值的影响，发现放牧活动可以增加经济产出，但过度放牧等农业活动使得有机质与营养物质再循环被破坏、植被覆盖度和初级生产力降低、生物多样性减少，并影响土壤水分和养分保持能力，因此也从协同效应和权衡效应两方面影响生态服务价值（Le Maitre et al., 2007）。还有很多研究关注不同区域土地资源配置优化对生态系统服务价值的影响，例如：内蒙古多伦县土地利用优化对生态服务价值的影响（吴海珍等，2011）；东北农牧交错带典型地区土地利用优化及其生态效应（卢远等，2006）；松嫩平原土地城市化对区域生态服务价值的影响研究（王宗明等，2008）；东北样带土地城市化对生态服务价值的影响（岳书平等，2007）；海南岛东北部土地利用与生态服务价值空间自相关格局分析（雷金睿等，2018）；土地城市化对三江平原、浙江、江苏昆山市、安徽明光市等生态服务价值的影响（王宗明等，2004；蔡邦成等，2006；宁龙梅和王学雷，2006）。

实际上，土地城市化对生态服务价值的影响存在空间异质性、空间溢出效应及时间上动态不一致性。由于各地区的经济发展阶段、生态系统结构、功能等是有差异的，导致土地城市化对生态服务价值的影响存在空间异质性。某地区的自然景观既影响当地被开发的可能性及新开发地块的数量，同时也会影响其相邻地块的开发决策，导致土地城市化对生态服务价值的影响存在空间溢出效应，同时生态服务价值对土地城市化的影响存在空间上的非均衡性。由于存在经济发展阶段的差异，以及生态系统结构、功能在时间上的动态变化，导致土地城市化对生态服务价值的影响存在时间上的动态不一致性。现有文献对此开展了系列研究。Xiao 等（2020）利用耦合协调度模型揭示了生态服务价值与城市化之间的互动耦合关系。结果表明，城市化进程中土地利用的变化导致了上海等沿海城市生态系统服务功能的下降。Xue 和 Luo（2015）发现生态服务价值响应土地利用变化的动态变化对城市系统的可持续性产生影响。Su 等（2014）运用地理加权回归方法，实证了上海近郊地区的生态服务价值变化与城市化的关系。结果显示，生态服务价值变化具有空间自相关性，生态系统服务价值变化对城市化的响应在空间上是不稳定的，且在空间上具有强度上的异质性。Xing 等（2021）探索了土地城市化对生态服务价值的空间溢出效应。结果表明，土地城市化每增加 1%，生态服务价值就会减少 1.04%，且本地区土地城市化的推进可以改善邻近地区的生态服务价值。Wan 等（2015）发现城市化水平与生态服务价值之间的关系呈现出不规则的倒 U 形曲线关系。

1.2.3 土地城市化对生态效率的影响机制

城市化进程的加快导致城市人口的不断增加和城市建成区的扩张（Deng et al., 2009; Zhang et al., 2003）。城市生态环境容易受到干扰，主要是因为城市扩张占用了农业或生态系统的大量土地，消耗大量的资源和能源，并产生环境污染物。如果城市生态系统被过度开发，生态损失和环境污染将超过估计的生态环境容量（Song et al., 2015）。因此，重要的是要在城市化与生态环境之间取得平衡，这意味着在生态城市化过程中，需要最小化权衡并最大限度地发挥协同作用，以实现城市的可持续发展。

在现有文献中，就城市化对生态环境及生态效率的影响机制进行了大量深入研究（Fontana et al., 2013; Nelson et al., 2009; Bai et al., 2018; Liu et al., 2012）。然而，大多数研究是从人口城市化（Bai et al., 2018）、经济城市化、社会城市化、城市形态（Liu et al., 2012）、城市集聚效应（Huang et al., 2018a）、城市紧凑度（Liu et al., 2012）和人口密度（Liu et al., 2012）等角度进行的。研究结果表明，城市化通过经济发展、人口密度、能源消费、污染排放、产业结构、技术创新和政府规制政策等变量对生态环境及生态效率产生影响（Yu et al., 2019; Zhu et al., 2019）。Li 等（2013）的研究结果表明，技术进步对生态效率提升具有正面影响；Zhang 等（2016）表明人均 GDP、产业结构、技术创新、政府规制政策和人口密度能显著提升生态效率，而能源强度显著降低生态效率。Zhu 等（2019）发现能源强度和技术支出对生态效率产生负面影响，而经济发展和人口密度对生态效率具有正向影响。城市化虽然能促进经济发展，但是会带来能源消费的增加、污染排放增多及生态环境退化等不良影响，然而关键是，经济发展推动的产业结构优化效应、创新溢出效应等能否降低污染排放、有效保护生态环境。

学者们就土地利用对生态效率的影响机制也开展了一定的研究。大多数研究发现，土地利用强度对生态效率有负面影响。然而，有学者认为新型的城市化和土地的有效利用可以提高生态效率（Bai et al., 2018; Zhao et al., 2018）。这可以通过提高城市集聚程度、提高技术水平以及升级产业结构来实现（Huang et al., 2018b; Peng et al., 2017; Zhou et al., 2018）。Zhao 等（2018）也发现城市化与土地利用效率之间存在 N 形曲线关系。然而，很少有研究深入探究土地城市化通过产业结构高级化提升城市生态效率的内在机制及中介机制。在政府土地利用政策、环境规制政策、产业政策和财税政策等引导下的土地城市化可以促进土地的集约高效利用，通过土地利用结构优化、土地利用强度管控、土地利用效率提升等途径促进产业结构高级化，既可以增加期望产出即经济产出，同时也可以降低对生态环境的影响，从而提高城市生态效率。

1.2.4 土地城市化对碳排放的影响机制

随着城市化的持续推进，越来越多的耕地、林地和湿地等已转变为建设用地，这极大地影响了陆地生态系统中的碳储存。土地利用变化是陆地生态系统碳储存的主要驱动力（Chuai et al., 2013, 2014）。土地利用类型从高植被生物量减少到低植被生物量的过程中，将碳释放到大气中，影响碳排放水平（Peters et al., 2019）。碳排放主要包括土地利用类型变化导致的直接碳排放以及人为活动产生的间接碳排放。直接碳排放既包括土地利用、覆被变化导致生态系统类型更替造成的碳排放，如采伐森林、围湖造田、建设用地扩张等，也包括土地经营管理方式转变所驱动的碳排放，如农田耕作、草场退化、养分投入、种植制度改变等。土地利用不仅直接参与陆地生态系统的碳排放过程，而且能间接影响在土地利用类型上所承载的人为活动引起的碳排放水平。间接碳排放包括工矿用地上生产活动所需能源消耗引起的碳排放、交通用地的尾气排放、居民聚居区的取暖等引起的碳排放(林伯强和杜之利,2018)。不同土地利用类型的碳排放强度差异巨大。从主要土地利用类型看,只有林地、湿地、未利用地是净碳吸纳,耕地、草地、建设用地则是净碳排放。建设用地碳排放强度远远高于其他土地,建设用地中,又以工矿用地的碳排放强度最大,交通用地次之,城乡居民点用地碳排放强度最小。土地利用类型改变对碳排放强度影响显著。如湿地转变为耕地、园地、林地等,耕地等农用地转变为建设用地,碳排放强度都将有不同程度提高。

在现有的文献中,土地利用与二氧化碳排放之间的关系已得到了广泛研究(Lai et al., 2016; Chuai et al., 2016)。大多数文献认为,土地利用与土地覆盖变化(land use and land cover change, LUCC)以及在土地上进行的人为活动是影响陆地生态系统碳储存的两个最重要的驱动力(Chuai et al., 2013)。Chuai 等(2014)以增加陆地生态系统碳储量为目标优化了 2020 年的土地利用结构,并使用 CLUE－S 模型模拟了其空间分布。结果表明,不同土地利用类型的总碳密度排序为:林地>水域>耕地>积土>草原>浅滩。Lai(2016)和 Chuai 等(2013)分别从国家层面和省级层面研究了如何通过土地利用结构优化以增加碳存储,结果表明该措施有助于减少碳排放。Zhong 等(2006)通过土地利用结构调整优化,以减少湖北省翠园村的碳储量损失。汤洁等(2009)以吉林省通榆县为例,通过土地利用结构优化,实现最大化陆地生态系统的碳存量。余德贵和吴群(2011)以江苏省泰兴市为例,设计了基于土地利用结构优化的低碳动态控制模型,以实现最大化土地资源分配效率和可持续发展目标。

人类活动引起的土地利用类型变化是陆地生态系统碳储存的主要驱动力(Su et al., 2006)。首先,它可以改变植被覆盖度,从而直接影响植被生物量。例如,从林地到其他土地类型的变化,尤其是向建设用地的变化,将大大减少植被生物量,并将碳释放到大气中(Houghton, 2003; Bailis and McCarthy, 2011)。其次,土地利用类型变化对土壤有机碳也有深远的影响(Jaiarree et al., 2011)。Barnett 等(2005)指出,在过去的 20 年中,约四分之一的人为二氧化碳排放是由于土地利用类型变化(尤其是森林砍伐)引起的,其余的则是由化石燃料燃烧引起的。随着城市化的发展,越来越多的耕地、林地和草地已经转变为建设用地。由于大量碳从这些受干扰的陆地生态系统释放到大气中,导致土地面积从碳汇转换为碳源(Deng et al., 2009)。

土地利用结构和土地利用管理是制定促进低碳发展战略时要考虑的两个重要因素(Chuai et al., 2013, 2014; Lai et al., 2016)。然而,现有文献在分析土地利用对碳排放的影响时,往往忽视了土地利用管理政策对人类活动的有效管控及引导进而促进碳减排这一重要机制(Chuai et al., 2013, 2014, 2016; Lai et al., 2016)。在经济高质量发展阶段,通过土地集约高效利用、土地利用优化实现碳减排及低碳发展的重要性不言而喻。土地利用政策是优化土地利用管理的重要手段,该政策指导土地利用变化方式和目标,通过土地产权、土地分配和土地资源管理等直接机制,以及涉及土地供应量和结构的间接运行机制、价格制度等,影响土地利用类型及结构、土地价格等。结合环境规制政策、产业政策和财税政策的土地利用政策通过平衡土地供求关系,改变区域土地利用结构、空间分布、土地利用强度及效率。土地利用结构、强度及效率的改变会直接影响碳排放强度,从而导致碳排放水平发生变化。

1.2.5 土地城市化影响生态环境系统的中介机制

在土地粗放式利用阶段,农业用地主要转化为第二产业用地。这种土地利用结构可能导致工业集中,这对生态环境系统带来不良后果,包括高能耗、废气和废水排放以及农业耕地的过度流失等(Chen and Zhao, 2019)。此时,土地利用结构的重新配置形成初级产业结构,以及高能耗、低能效、重污染的能源消费结构(Liu et al., 2012; Huang et al., 2018a)。李勇刚和罗海艳(2017)认为地方政府低价过度出让工业用地、高价限制性出让商业和住宅用地的"双二手"供地策略进一步强化了以中低端制造业为主导的产业结构刚性,抑制了产业结构从低级形态向高级形态的转变。这一阶段单位土地产出不高,经济发展是以过度消耗资源为代价的,能源利用效率也很低,在工业生产过程中会释放出大量废气和废水(Li et al., 2018),生产过程对生态环境系统的负面影响相对较大。同时,由于这一阶段政府和居民对生态建设和生态效用的重视程度不高,土地城市化对生态环境的影响是负面的。

但是,当经济发展过渡到土地集约利用阶段时,农业用地指标主要转化为第三产业用地或高科技产业用地。土地利用结构从低效益利用向高效益利用转变(Yang et al., 2019)。土地利用结构优化能够促进产业结构高级化及能源消费结构清洁化(Yang et al., 2019)。产业结构高级化及能源消费结构清洁化又能降低生产过程及土地利用对生态系统的负面影响(Huang et al., 2018b; Zhou et al., 2019)。这种影响体现在三方面:一是结构效应,即高能耗、重污染产业减少,人类活动对生态系统的干扰程度下降;二是技术溢出效应,即高端产业发展促进技术进步,由此导致能源利用效率的提高以及污染减排成本的下降(Liu et al., 2012; Zhou et al., 2019);三是生态建设效应,即将经济产出产生的收益用于生态建设,以推进对生态环境的修复。甚至工业共生的想法也可以用来实现工业发展与生态环境质量改善之间的双赢(Deutz and Gibbs, 2008; Dong et al., 2017)。

用地结构、产业结构与能源消费结构之间的互动关系和规律,为土地参与宏观调控提供了可能(张颖等, 2007)。通过合理安排土地政策和环境法规来促进土地的集约高效利用,将降低对生态环境造成的损害(Lai et al., 2016; Chen et al., 2020)。而且,产业结构高级化及能源消费结构清洁化反过来又能促进土地优化利用,从而减少对生态环境的负面影响并提高生态服务价值(Shu and Xiong, 2019; Yin et al., 2020)。因此,政府宏观土地政策调控下的土地城市化可以通过促进产业结构高级化及能源消费结构清洁化,从而提升生态环境质量。

1.2.6 土地利用政策对生态环境系统的影响

我国经济的快速发展导致建设用地需求急剧扩张,农业和生态用地空间受到挤压,非农用地与农业和生态用地之间的矛盾加剧。同时许多省区市城镇化粗放扩张，产业支撑不足，形成大量低效城市工业用地和农村集体建设用地。如何合理优化国土空间结构，有效盘活低效用地，提高土地利用效率，并保护耕地和生态环境，是目前我国土地规划和土地利用中亟须解决的问题。

土地利用政策对土地利用产生重大影响，并相应地改变土地利用结构、空间分布、土地利用强度以及利用效率（Bateman et al., 2013; Du and Huang, 2017），进而间接改变生态系统结构和生态系统的循环过程，影响生态系统服务功能和价值（Madrigal-Martínez and Miralles i García, 2019）。从宏观上看，生态服务价值的大小不仅取决于气候和地理特征，还取决于政府管理政策和干预措施等（例如建设生态保护区）。这些干预措施可以显著改变生态服务的同质性、丰富性和多样性。

中央和地方政府在土地利用过程中潜在的行为激励目标不一致，在研究土地城市化对生态环境质量的影响机制时应注意到这一点。中央政府在重视土地利用效率的同时，也会关注区域协调发展、粮食安全、环境保护、公共服务等多种经济、社会和生态环境目标。地方政府具有投资冲动、政绩考核、土地财政等一系列激励“扭曲”，这使得央地之间围绕土地利用可能会产生目标冲突。地方政府在中央政府责任框架内争取更多的土地资源等要素配置，参与地区间横向竞争（陈志勇和陈思霞，2014）。地方政府官员利用土地处置权，在垄断的土地市场上策略性地设定土地出让价格和土地出让规模（王贤彬等，2014）。一方面，以低价协议出让工业用地作为招商引资手段，即“以地引资”（张莉等，2011）；另一方面，通过招、拍、挂的方式高价出让商住用地获取巨额土地出让金，即“引地生财”（郑思齐等，2014）。地方政府“经营土地”“区域竞次”的发展模式导致工业用地低效利用、闲置浪费以及环境污染的严重性（陶然等，2009）。中央政府和地方政府之间在土地资源配置上的行为目标冲突导致了土地资源错配（汪冲，2019；田文佳等，2019），由此引起了土地利用效率不高、环境污染严重、产能过剩、企业生产率不高等一系列问题（韩峰和李玉双，2019；张莉等，2019；Teulings et al., 2018）。

通过研究土地城市化促进生态环境质量提升的内在机理及机制，可以为国家制定基于生态环境系统多功能性的国土空间规划体系提供参考依据。土地利用规划不仅能指导城市发展，反过来也可能影响城市区域内生态系统服务的规模、多样性和空间分布（Lam and Conway, 2018）。发达国家的市政当局普遍将生态系统服务及环境质量纳入土地利用规划（Jaligot et al., 2019; Jantz and Manuel, 2013）。同时，也要注意主体功能区规划对生态环境系统的影响（Geneletti et al., 2013）。结合国土规划、主体功能区规划、城市规划等，制定统一的国土空间规划体系，对国土资源的空间配置及利用在时空上做出总体安排，促进土地资源的空间配置结构优化及空间治理模式创新，促进国土空间用途管制及生态保护。在此基础上，改变过去单一的行政配置土地资源的机制，注重土地资源配置的市场化机制，加强土地的市场化供给，允许建设用地指标在全国范围内的交易及配置等。

1.2.7 文献述评与总结

综上所述，现有研究就土地城市化对生态环境系统的影响机制开展了一定的测算和实证分析。但是，现有研究未深入探究土地城市化影响生态环境质量、生态服务价值、生态效率、碳排放的内在机理及机制，没有从土地利用结构优化、土地利用强度管控、土地利用效率提升等方面综合深入研究。同时，在研究方法上未同时考虑空间效应及非线性影响。

1. 未充分探究土地城市化影响生态环境系统的内在机理

现有研究就土地城市化、土地利用对生态环境系统的影响机制开展了大量的实证研究，普遍得出土地利用变化不利于生态环境系统的结论，在此基础上得出要优化土地利用结构、管控土地利用强度、提升土地利用效率等结论。但是，对土地城市化影响生态环境系统的内在机理及机制未进行深入的探究。本书对土地城市化影响生态环境质量、生态服务价值、生态效率、碳排放的内在机理及机制进行了深入的分析，并在此基础上开展了实证研究。

2. 未完全整合土地利用对生态环境系统和社会经济系统的影响

土地利用对生态环境系统的影响既包括对生态环境系统的直接影响，也包括通过影响社会经济系统进而对生态环境系统产生反馈的间接性影响。现有文献在研究土地利用对生态环境系统的影响机制时，要么是从生态科学的角度进行研究，要么是从社会经济的角度进行研究，未将土地利用对生态环境系统和社会经济系统的影响完全整合到一个统一的模型之中进行研究。

3. 未系统分析土地利用结构优化、土地利用强度管控、土地利用效率提升的综合影响

现有研究均是从土地利用结构优化、土地利用强度管控、土地利用效率提升三者之中的一个方面或某一个角度进行研究，且从土地利用结构优化的角度进行研究的比例较高，从土地利用强度管控、土地利用效率提升进行研究的文献较少。事实上，土地利用结构优化与土地利用强度管控及土地利用效率提升是相互关联的，尤其是通过有效的土地利用强度管控，既可以促进土地利用结构优化，又能够促使经济主体提升土地利用效率。因此，应将土地利用结构优化、土地利用强度管控、土地利用效率提升这三方面的影响纳入一个整体，从一个完整系统的角度研究土地城市化影响生态环境质量的内在机制。

4. 未系统评估环境产权交易机制的减排绩效，并分析市场失灵条件下和存在企业策略性行动对环境产权交易机制减排绩效的影响

现有研究对排污权交易机制、碳排放权交易机制等环境产权交易机制的减排绩效开

展了大量的实证研究。但是,针对排污权交易机制、碳排放权交易机制减排绩效的作用机制,未开展深入的研究。同时,未深入分析市场化完善程度对其减排绩效的影响,也未深入探究市场失灵条件下和存在企业策略性行动对环境产权交易机制减排绩效的影响效应。因此,本书将系统评估排污权交易机制、碳排放权交易机制的减排绩效,并考察市场化完善程度对其减排绩效的影响,深入探究市场失灵条件下和存在企业策略性行动对环境产权交易机制减排绩效的影响效应,同时也实证检验了碳排放权交易机制对公司市值、绿色创新和企业全要素生产率的影响效应及机制。

5. 研究方法上未同时考虑空间效应及非线性影响

由于不同地区的社会经济条件、土地利用现状及土地配置结构等均存在差异性,导致土地利用对生态环境系统的影响具有空间上的异质性。同时,由于在经济发展的不同阶段,土地配置结构、产业结构、能源消费结构、技术水平等也表现出差异性,这使得土地利用对生态环境系统的影响又具有非线性关系。现有研究大多考虑了土地利用对生态环境系统影响的空间效应,较少考虑土地利用对生态环境系统的非线性影响,更没有将空间效应及非线性影响进行综合考虑。本书是在综合考虑空间效应及非线性影响的基础上,运用空间自适应半参数模型实证分析土地城市化对生态环境系统的影响机制。

1.3 本书的研究意义

本书研究的理论意义在于:构建了土地城市化影响生态环境质量的内在机理模型,并探究了土地城市化影响生态服务价值、生态效率、碳排放的理论机制,以及命令控制型环境政策向市场型环境政策过渡的最优转换时机。旨在以集约高效的土地城市化为突破口促进生态环境质量、生态服务价值、生态效率提升、碳减排的内在机理及机制方面取得理论上的新认识,有助于揭示土地城市化影响生态环境系统和社会经济系统的内在机制、中介机制及互动机制等,从而丰富土地城市化与生态环境的相关理论。

本书研究的应用价值在于:研究结果将为国家政府和有关部门在制定土地城市化促进生态环境质量提升的政策措施时提供理论依据,为各级政府促进经济发展与生态保护协同而制定的经济、产业、土地、环境、财税等方面的相关政策提供理论参考和经验借鉴,促进在全国范围内实现土地城市化和生态环境保护的共赢。

1.4 本书的研究方法及技术路线

1.4.1 研究方法

本书采用理论与实证、定性与定量等相结合的研究方法。(1)理论上采取文献研究法、规范分析法和动态最优化模型等。通过查阅相关文献,归纳出研究所用理论模型、实证研究、模拟分析模型，系统梳理研究目标、研究内容、研究方法和研究结论等。运用规范分析法，对土地城市化如何促进生态环境质量提升进行政策设计。构建包括政府、生产部门、生态部门等的宏观动态最优化模型，探究土地城市化如何促进生态环境质量提升的内在机理及机制。(2) 实证上运用实地调研、半参数空间计量、双重差分、三重差分模型等。通过实地调研，了解分析现有通过土地集约高效利用促进生态环境保护的政策措施。运用半参数空间计量模型，实证分析土地城市化对生态环境质量、生态服务价值、生态效率、碳排放的影响机制，以刻画土地利用变化、土地利用结构、土地利用强度及土地利用效率影响生态环境质量、生态服务价值、生态效率、碳排放的空间关联及非线性关系。运用双重差分、三重差分模型等，实证检验了排污权交易机制的减排绩效及其作用机制，并深入探究市场失灵条件下和存在企业策略性行动时对排污权交易机制减排绩效的影响效应。同时，也运用双重差分、三重差分模型，实证检验了碳排放权交易机制对公司市值、绿色创新和企业全要素生产率的影响效应及机制。

1.4.2 技术路线

首先，在研读国内外大量有关土地城市化如何影响生态环境系统及社会经济系统等理论和实证研究文献的基础上，对研究文献进行仔细研读和梳理分析。同时对全国典型地区的土地城市化、生态环境质量提升等工作展开调研并进行经验总结，探究分析土地城市化促进生态环境保护的有效政策措施。

其次，在文献研究和实地调研的基础上，以土地经济理论、生态经济理论、环境经济理论等为指导，运用动态最优化模型等方法，设置各自的目标函数，构建包括政府、生产部门、生态部门的宏观动态最优化模型，分析土地城市化促进生态环境质量提升的内在机理及机制。

再次，在理论模型建构和分析的基础上，选取体现土地城市化的变量，对生态服务价值、生态效率、碳排放等进行测算，运用空间自适应半参数模型，对土地城市化影响生态环境质量、生态服务价值、生态效率和碳排放的机制进行实证分析，并考察了生态价值和居民收入的关系。

最后，研究环境规制政策的最优转换时机。系统评估了排污权交易机制的减排绩效，并深入探究市场失灵条件下和存在企业策略性行动时对排污权交易机制减排绩效的影响效应，同时也实证检验了碳排放权交易机制对公司市值、绿色创新和企业全要素生产率的影响效应及机制。在理论研究和实证分析结果的基础上，提出土地城市化促进生态环境质量提升的政策建议。

1.5 本书的研究内容和结构安排

本书的主要研究内容、结构安排和研究结果如下。

1. 土地城市化的现状、模式及其对生态环境的影响

首先,对土地城市化的现状、土地城市化影响生态环境的现状和生态环境治理的现状进行了统计分析,以描述分析我国土地利用现状、建设用地供应情况、土地财政收入状况、环境污染排放情况、生态环境保护投入、生态建设和环境污染治理情况等。其次,在此基础上,通过实践调研及文献研究,总结提炼了土地城市化影响生态环境的四种模式,包括地方政府经营土地模式、开发区建设模式、新型城镇化模式和生态城镇化模式。最后,结合重庆地票交易拓展生态功能、广东省广州市花都区公益林碳普惠项目进行了案例研究。

2. 土地城市化如何影响生态环境质量?——基于引入动态最优化和空间自适应半参数模型的分析

首先,构建宏观动态最优化模型,论证分析在经济发展不同阶段土地城市化率对生态环境质量的影响机制和影响机理。当土地城市化率较低时,经济发展以粗放式发展模式为主,土地利用效率不高,工业生产过程对生态环境的破坏程度大,这使得土地生态环境质量下降;当土地城市化率较高时,经济发展以集约式发展模式为主,国家在土地政策和产业政策上以发展服务业和高新技术产业为主,同时出台环境规制政策,生产过程对土地生态环境质量的影响降低,这使得土地生态环境质量有所增加。随后,运用空间自适应半参数模型,对土地城市化率与地均土地生态环境质量之间的关系进行计量分析,结果验证了土地城市化率和土地生态环境质量之间呈现U形曲线关系的假说。样本数据显示东部地区基本上均位于U形曲线的右边,而中西部地区大部分位于U形曲线的左边。通过理论分析和实证分析,得出以下启示:(1)进一步完善环境规制政策;(2)实施土地指标的跨区域交易;(3)大力推动绿色城镇化建设,构建绿色生产方式和绿色城市发展体系。

3. 经济发展、土地城市化与环境质量

在经济发展的不同阶段,土地城市化与环境质量之间呈现不同的关系。当经济发展处于初期阶段时,土地城市化以规模扩张为主,环境质量处于下降阶段,土地城市化率与环境质量的变化是反向的;当经济发展到高级阶段时,土地城市化以质量提高为主,环境质量需求提升,政府在环境保护方面加大投入,土地城市化率与环境质量的变化方向会呈现一致。目前,我国土地城市化率和环境质量的变化之间总体上呈现负向的关系,并处于由第一阶段向第二阶段过渡的时期。因此,政府应大力推动绿色城镇化建设,构建绿色生产方式,建立绿色城市发展体系;同时通过加强土地供给侧改革,支撑绿色城镇化建设。

4. 经济发展、土地城市化与生态服务价值——兼论土地城市化与生态服务价值增加能否实现共赢

现有的大多数研究表明,城市化导致生态服务价值下降。但是,产业结构优化和土地利用管理模式优化及创新等对生态服务价值的影响在现有研究中通常被忽略了。本研究

运用 2003 年至 2015 年中国省级面板数据，论证了在省域范围内实现土地城市化和生态服务价值双赢局面的可能性。在生态服务价值的评估中同时考虑了生产过程的负面影响及居民偏好和支付意愿对生态服务价值的影响。通过运用空间自适应半参数模型对土地城市化与生态服务价值的影响机制进行实证分析，验证了土地城市化与生态服务价值之间呈现 U 形曲线关系。在理论分析和实证研究基础上，提出一定的政策建议。中央和地方政府应实施差异化的土地利用政策、环境规制政策及财税政策，以促进产业结构的升级及高级化，促使每个省份都可以尽快实现土地城市化和生态服务价值提升的双赢局面，以促进我国经济及城市的可持续发展。

5. 经济发展、土地城市化与生态效率——基于产业结构高级化的中介效应分析

土地城市化与城市生态效率之间的协调可以导致可持续的经济增长。但是，现有研究对土地城市化通过产业结构高级化提高城市生态效率的机理及机制的关注不足。为了弥补这一差距，本书通过构建具有产出损失和创新补偿因子的宏观经济模型来证明这一机制。以中国的地级市为例的实证研究表明，土地城市化对城市生态效率具有负面影响，并且土地城市化与城市生态效率之间存在 U 形曲线关系。产业结构高级化这一中介变量在土地城市化和城市生态效率之间具有正向的和部分的中介作用。异质性分析表明，北方城市的土地城市化对城市生态效率的负面影响大于南方地区，而且中西部地区的土地城市化对城市生态效率的影响的程度和显著性均高于东部地区。结果表明，政府应优化土地利用结构，合理管控土地利用强度，着力提升土地利用效率，促进产业结构高级化，以进一步确保城市生态效率的提高。

6. 经济发展、土地城市化与碳减排

将土地利用结构、土地利用强度和碳排放强度整合至一个完整的理论框架探究了土地城市化促进碳减排的影响机理。同时，论证了不同经济发展阶段土地利用对碳排放的影响机制，并分析了土地集约高效利用通过促进产业结构高级化和能源消费结构清洁化进而实现碳减排的中介机制。为了避免参数模型中的内生性问题和非参数模型中的维数诅咒，并且为了适应不同城市之间的空间异质性，运用空间自适应半参数模型进行实证分析。理论分析表明，在土地高质量利用阶段，产业结构高级化和能源消费结构清洁化等结构优化效应及技术创新的溢出效应导致碳排放水平下降，导致这一阶段单位土地上的碳排放量下降。实证结果表明，土地集约高效利用能够促进土地利用结构的优化、土地利用强度的合理管控，进而降低单位土地上碳排放量。而且，土地集约高效利用能够通过促进产业结构高级化进而实现碳减排。政府可以通过优化土地空间配置结构、创新空间土地治理模式促进土地高质量利用，以此实现碳减排，进而促进经济清洁增长。

7. 命令控制型与市场型环境政策——最优转换时机及对环境效率的异质性影响

从命令控制型到市场型环境政策的转换受到的关注相对较少。本研究通过分析减排

成本与创新补偿效果之间的权衡来确定这种最佳转换时机。当消除污染的边际机会成本等于资本投入的边际产出时,就会出现最佳过渡时机。成功探索最佳时机并实施适当的政策可以有效提高环境效率。运用松弛模型(Slack-based Model, SBM)并区分期望和非期望产出,以测算环境效率。并利用2007—2015年中国30个省份的省级数据和空间自适应半参数模型进行实证分析。结果表明,命令控制型环境规制政策可以提高环境效率,市场型环境规制政策目前难以提高环境效率,加大对技术创新的投资有助于提高这两种政策的环境效率。此外,这些政策对环境效率的影响效果具有区域异质性。研究结果可以为政府优化环境规制政策以提高环境效率提供决策参考。

8. 土地生态价值与居民收入的关系研究——基于引入土地资本的内生经济增长模型的分析

首先构建了引入土地资本的内生经济增长模型,并利用自适应半参数回归模型对土地生态价值与居民收入的关系进行实证分析。得出以下结论:在经济发展初期,国家政策以促进经济发展为主,企业的生产过程对土地生态功能破坏严重,土地生态价值降低;随着经济的发展,国家意识到生态环境保护的重要性,会加大生态保护方面的投入,同时居民在生态保护和环境保护方面的意识增强,土地生态资本积累增加,这会促使土地生态价值有所增加。最后给出以下政策建议:建立土地生态价值评价指标体系;增加土地生态资本积累,提升土地生态价值;将提升土地生态价值的目标与转变经济增长方式相结合;制定合理的有利于土地生态环境保护的制度。

9. 市场失灵、排污权交易机制与污染减排——来自中国工业企业的证据

市场失灵的特征,如存在市场交易成本和市场势力,以及企业的策略性行为可能会对排污权交易机制的绩效和效率产生不利影响。然而,现有文献对此的实证研究却很少。为了弥补这一研究缺口,我们以中国二氧化硫(SO_2)排放交易政策为准自然实验,考察了市场失灵和企业策略性行为对排污权交易机制的污染减排绩效的影响。基于中国工业企业数据库和中国环境污染排放数据库经过匹配后的微观数据,采用三重差分模型,检验SO_2排放交易政策的实施是否能够促进减排,并识别其具体的影响机制。基准回归结果表明,排污权交易政策显著降低了市场化程度较高地区的SO_2排放。机制分析表明,在不完善的市场环境下,企业会采取策略性行为来应对环境政策的减排要求。此外,异质性分析结果显示,排污权交易政策表现出明显的减排效果,这是市场失灵条件和企业策略性行为影响的结果。本研究建议中国政府应建立系统的许可证交易法律法规,积极构建许可证交易平台,制定明确的交易机制,加强信息披露。

10. 碳排放权交易机制与企业全要素生产率之间的关系——来自中国上市公司的证据

市场交易机制对创新的促进作用,受市场制度的完善、政府政策的支持和企业策略性

行为的影响。然而,鲜有实证研究探讨这一主题。在此背景下,我们从企业的经营策略、技术创新和市场环境三个方面考察了中国碳排放交易政策对提升企业全要素生产率的促进作用。采用中国 A 股市场上市公司的微观数据,运用双重差分模型实证分析了碳排放权交易政策对企业全要素生产率的影响。基准回归结果显示,碳排放权交易政策显著提高了企业的全要素生产率。机制分析结果表明,企业可以通过技术创新而非经营策略来提高全要素生产率。同时,政府可以通过优化市场环境来促进技术创新效果的提高。市场失灵的异质性分析结果表明,市场失灵会影响碳排放权交易机制的减排绩效。此外,碳排放权交易政策对企业全要素生产率的影响在行业、所有权和地区方面存在异质性。最后,我们提出以下政策建议:政府应继续完善市场和制度体系,增加对创新活动的研发技术补贴,提高金融发展水平。

11. 碳排放权交易机制如何影响公司的绿色创新——来自中国上市公司的证据

碳排放交易机制可以通过不同类型的技术变革诱发创新。然而,鲜有实证研究探讨这一机制。我们以中国的碳排放权交易政策为准自然实验,从价格诱导、研发诱导、学习诱导的技术变革和市场体系完善程度等方面,系统考察了碳排放权交易政策促进企业绿色创新的机制。我们使用中国 A 股上市公司的数据,并将上市公司数据与 CNRDS 平台的绿色专利数据进行了匹配,运用三重差分模型,实证研究了碳排放权交易政策如何影响企业的绿色创新。基准回归结果显示,碳排放权交易政策显著促进了企业的绿色创新。机制分析表明,碳排放权交易政策通过价格诱导、研发诱导和学习诱导的技术变革促进高碳行业的企业开展绿色创新活动。同时,市场体系的完善可以进一步推动碳排放权交易政策提高企业在高碳行业的绿色创新能力。此外,碳排放权交易政策对公司绿色创新的影响在所有权、地区和资金约束等方面具有异质性。最后提出以下政策建议:政府为碳排放交易主体提供完善的市场平台,制定和优化公共政策组合,进一步深化 ESG 投资理念,优化市场环境,促进企业的绿色技术创新。

12. 碳排放权交易机制对公司市值的影响研究——来自中国上市公司的证据

碳排放交易机制是同时促进经济增长和碳减排的有效措施,这一机制会进一步影响受监管公司的现金流、生产和投资决策等。然而,很少有实证研究探讨碳排放交易机制如何影响公司的市场价值。我们系统地评估了碳排放交易政策对公司市值的影响,并探讨了影响机制。采用中国 A 股市场上市公司的数据,并运用双重差分模型实证碳排放权交易政策对公司市值的影响。稳健的基准回归结果显示,碳排放权交易政策显著提升了公司的市场价值。机制分析表明,碳排放权交易政策可以通过影响碳价格、创新活动和碳披露来提高上市公司的市值。异质性分析结果显示,碳排放权交易政策对公司市值的影响在市场化程度、行业、公司所有权和不同地区方面存在异质性。基于理论和实证分析结果,建议从碳定价机制、市场完善程度、碳披露政策和碳金融等方面进行优化,以提高碳排放权交易政策的效率。

参考文献

[1] 蔡邦成,陆根法,宋莉娟,等.土地利用变化对昆山生态系统服务价值的影响[J].生态学报,2006,26(9):3005-3010.

[2] 陈志勇,陈思霞.制度环境、地方政府投资冲动与财政预算软约束[J].经济研究,2014,49(3):76-87.

[3] 傅伯杰,陈利顶,马克明.黄土丘陵区小流域土地利用变化对生态环境的影响——以延安市羊圈沟流域为例[J].地理学报,1999,54(3):241-246.

[4] 韩峰,李玉双.产业集聚、公共服务供给与城市规模扩张[J].经济研究,2019,54(11):149-164.

[5] 雷金睿,陈宗铸,吴庭天,等.海南岛东北部土地利用与生态系统服务价值空间自相关格局分析[J].生态学报,2019,39(7):2366-2377.

[6] 卢远,华璀,王娟.东北农牧交错带典型区土地利用变化及其生态效应[J].中国人口·资源与环境,2006,16(2):58-62.

[7] 宁龙梅,王学雷.基于RS和GIS的武汉市生态系统服务价值变化研究[J].生态环境,2006,15(3):637-640.

[8] 陶然,陆曦,苏福兵,等.地区竞争格局演变下的中国转轨:财政激励和发展模式反思[J].经济研究,2009,44(7):21-33.

[9] 田文佳,余靖雯,龚六堂.晋升激励与工业用地出让价格——基于断点回归方法的研究[J].经济研究,2019,54(10):89-105.

[10] 汪冲.用地管控、财政收益与土地出让:央地用地治理探究[J].经济研究,2019,54(12):54-69.

[11] 王军,顿耀龙.土地利用变化对生态系统服务的影响研究综述[J].长江流域资源与环境,2015,24(5):798-808.

[12] 王丽群,张志强,李格,等.北京边缘地区景观格局变化及对生态系统服务的影响评价——以牛栏山-马坡镇为例[J].生态学报,2018,38(3):750-759.

[13] 王贤彬,张莉,徐现祥.地方政府土地出让、基础设施投资与地方经济增长[J].中国工业经济,2014(7):31-43.

[14] 王宗明,张树清,张柏.土地利用变化对三江平原生态系统服务价值的影响[J].中国环境科学,2004,24(1):125-128.

[15] 王宗明,张柏,宋开山,等.松嫩平原土地利用变化对区域生态系统服务价值的影响研究[J].中国人口·资源与环境,2008,18(1):149-154.

[16] 魏慧,赵文武,张骁,等.基于土地利用变化的区域生态系统服务价值评价——以山东省德州市为例[J].生态学报,2017,37(11):3830-3839.

[17] 吴海珍,阿如旱,郭田保,等.基于RS和GIS的内蒙古多伦县土地利用变化对生态服务价值的影响[J].地理科学,2011,31(1):110-116.

[18] 谢高地,张彩霞,张雷明,等.基于单位面积价值当量因子的生态系统服务价值化方法改进[J].自然资源学报,2015,30(8):1243-1254.

[19] 岳书平,张树文,闫业超.东北样带土地利用变化对生态服务价值的影响[J].地理学报,

2007,62(8):879-886.

[20] 张立伟,傅伯杰.生态系统服务制图研究进展[J].生态学报,2014,34(2):316-325.

[21] 张莉,王贤彬,徐现祥.财政激励、晋升激励与地方官员的土地出让行为[J].中国工业经济,2011(4):35-43.

[22] 张莉,程可为,赵敬陶.土地资源配置和经济发展质量:工业用地成本与全要素生产率[J].财贸经济,2019,40(10):126-141.

[23] 郑思齐,孙伟增,吴璟,等."以地生财,以财养地"——中国特色城市建设投融资模式研究[J].经济研究,2014,49(8):14-27.

[24] Alberti M, Marzluff J M. Ecological resilience in urban ecosystems: Linking urban patterns to human and ecological functions[J]. Urban Ecosystems, 2004, 7(3): 241-265.

[25] Allan E, Bossdorf O, Dormann C F, et al. Interannual variation in land-use intensity enhances grassland multidiversity[J]. Proceedings of the National Academy of Sciences of the United States of America, 2014, 111(1): 308-313.

[26] Allan E, Manning P, Alt F, et al. Land use intensification alters ecosystem multifunctionality via loss of biodiversity and changes to functional composition[J]. Ecology Letters, 2015, 18(8): 834-843.

[27] Bailis R, McCarthy H. Carbon impacts of direct land use change in semiarid woodlands converted to biofuel plantations in India and Brazil[J]. Global Change Biology Bioenergy, 2011, 3(6): 449-460.

[28] Barnett T P, Adam J C, Lettenmaier D P. Potential impacts of a warming climate on water availability in snow-dominated regions[J]. Nature, 2005, 438(7066): 303-309.

[29] Bateman I J, Harwood A R, Mace G M, et al. Bringing ecosystem services into economic decision-making: Land use in the United Kingdom[J]. Science, 2013, 341(6141): 45-50.

[30] Brock W A, Xepapadeas A. Valuing biodiversity from an economic perspective: A unified economic, ecological, and genetic approach[J]. American Economic Review, 2003, 93(5): 1597-1614.

[31] Carpenter S R, Mooney H A, Agard J, et al. Science for managing ecosystem services: Beyond the millennium ecosystem assessment[J]. Proceedings of the National Academy of Sciences of the United States of America, 2009, 106(5): 1305-1312.

[32] Cavender-Bares J, Polasky S, King E, et al. A sustainability framework for assessing trade-offs in ecosystem services[J]. Ecology and Society, 2015, 20(1): 84-138.

[33] Chen G Z, Li X, Liu X P, et al. Global projections of future urban land expansion under shared socioeconomic pathways[J]. Nature Communications, 2020, 11(1): 537.

[34] Chen Y Q, Zhao L M. Exploring the relation between the industrial structure and the eco-environment based on an integrated approach: A case study of Beijing, China[J]. Ecological Indicators, 2019, 103: 83-93.

[35] Chuai X W, Huang X J, Lai L, et al. Land use structure optimization based on carbon storage in several regional terrestrial ecosystems across China[J]. Environmental Science & Policy, 2013,

25: 50 - 61.

[36] Chuai X W, Huang X J, Wang W J, et al. Spatial simulation of land use based on terrestrial ecosystem carbon storage in coastal Jiangsu, China[J]. Scientific Reports, 2014, 4: 5667.

[37] Chuai X W, Huang X J, Wu C Y, et al. Land use and ecosystems services value changes and ecological land management in coastal Jiangsu, China[J]. Habitat International, 2016, 57: 164 - 174.

[38] Coomes O T, Barham B L, MacDonald G K, et al. Leveraging total factor productivity growth for sustainable and resilient farming[J]. Nature Sustainability, 2019, 2(1): 22 - 28.

[39] Costanza R. Valuing natural capital and ecosystem services toward the goals of efficiency, fairness, and sustainability[J]. Ecosystem Services, 2020, 43: 101096.

[40] Cumming G S, Buerkert A, Hoffmann E M, et al. Implications of agricultural transitions and urbanization for ecosystem services[J]. Nature, 2014, 515(7525): 50 - 57.

[41] Deutz P, Gibbs D. Industrial ecology and regional development: Eco-industrial development as cluster policy[J]. Regional Studies, 2008, 42(10): 1313 - 1328.

[42] Du X J, Huang Z H. Ecological and environmental effects of land use change in rapid urbanization: The case of Hangzhou, China[J]. Ecological Indicators, 2017, 81: 243 - 251.

[43] Eichner T, Pethig R. Ecosystem and economy: An integrated dynamic general equilibrium approach [J]. Journal of Economics, 2005, 85(3): 213 - 249.

[44] Eichner T, Pethig R. Economic land use, ecosystem services and microfounded species dynamics [J]. Journal of Environmental Economics and Management, 2006, 52(3): 707 - 720.

[45] Eichner T, Pethig R. Pricing the ecosystem and taxing ecosystem services: A general equilibrium approach[J]. Journal of Economic Theory, 2009, 144(4): 1589 - 1616.

[46] Eichner T, Pethig R. Coaseian biodiversity conservation and market power[J]. Environmental and Resource Economics, 2019, 72(3): 849 - 873.

[47] Felipe-Lucia M R, Soliveres S, Penone C, et al. Land-use intensity alters networks between biodiversity, ecosystem functions, and services[J]. Proceedings of the National Academy of Sciences of the United States of America, 2020, 117(45): 28140 - 28149.

[48] Flynn D F B, Gogol-Prokurat M, Nogeire T, et al. Loss of functional diversity under land use intensification across multiple taxa[J]. Ecology Letters, 2009, 12(1): 22 - 33.

[49] Foley J A, DeFries R, Asner G P, et al. Global consequences of land use[J]. Science, 2005, 309(5734): 570 - 574.

[50] Fricke E C, Svenning J C. Accelerating homogenization of the global plant-frugivore meta-network [J]. Nature, 2020, 585(7823): 74 - 78.

[51] Gao L, Ma C M, Wang Q X, et al. Sustainable use zoning of land resources considering ecological and geological problems in Pearl River Delta Economic Zone, China[J]. Scientific Reports, 2019, 9: 16052.

[52] Geneletti D. Assessing the impact of alternative land-use zoning policies on future ecosystem services [J]. Environmental Impact Assessment Review, 2013, 40: 25 - 35.

[53] Grossman G M, Krueger A B. Economic growth and the environment[J]. The Quarterly Journal of Economics, 1995, 110(2): 353-377.

[54] Hu Y F, Batunacun, Zhen L, et al. Assessment of land-use and land-cover change in Guangxi, China[J]. Scientific Reports, 2019, 9(1): 2189.

[55] Jaligot R, Chenal J, Bosch M, et al. Historical dynamics of ecosystem services and land management policies in Switzerland[J]. Ecological Indicators, 2019, 101: 81-90.

[56] Jantz C A, Manuel J J. Estimating impacts of population growth and land use policy on ecosystem services: A community-level case study in *Virginia*, USA[J]. Ecosystem Services, 2013, 5: 110-123.

[57] Jin G, Deng X Z, Chu X, et al. Optimization of land-use management for ecosystem service improvement: A review[J]. Physics and Chemistry Earth, Parts A/B/C, 2017, 101: 70-77.

[58] Kang P, Chen W P, Hou Y, et al. Spatial-temporal risk assessment of urbanization impacts on ecosystem services based on pressure-status-response framework[J]. Scientific Reports, 2019, 9(1): 16806.

[59] Kong X B, Dao T H, Qin J, et al. Effects of soil texture and land use interactions on organic carbon in soils in North China cities' urban fringe[J]. Geoderma, 2009, 154(1/2): 86-92.

[60] Laliberté E, Wells J A, Declerck F, et al. Land-use intensification reduces functional redundancy and response diversity in plant communities[J]. Ecology Letters, 2010, 13(1): 76-86.

[61] Laliberté E, Tylianakis J M. Cascading effects of long-term land-use changes on plant traits and ecosystem functioning[J]. Ecology, 2012, 93(1): 145-155.

[62] Lai L, Huang X J, Yang H, et al. Carbon emissions from land-use change and management in China between 1990 and 2010[J]. Science Advances, 2016, 2(11): e1601063.

[63] Lam S T, Conway T M. Ecosystem services in urban land use planning policies: A case study of Ontario municipalities[J]. Land Use Policy, 2018, 77: 641-651.

[64] Li S J, Zhou C S, Wang S J, et al. Dose urban landscape pattern affect CO_2 emission efficiency? Empirical evidence from megacities in China[J]. Journal of Cleaner Production, 2018, 203: 164-178.

[65] Li J G, Zou C X, Li Q, et al. Effects of urbanization on productivity of terrestrial ecological systems based on linear fitting: A case study in Jiangsu, Eastern China[J]. Scientific Reports, 2019, 9: 17140.

[66] Lichtenberg E, Hardie I. Open space, forest conservation, and urban sprawl in Maryland suburban subdivisions[J]. American Journal of Agricultural Economics, 2007, 89(5): 1198-1204.

[67] Liu Y, Song Y, Arp H P. Examination of the relationship between urban form and urban eco-efficiency in China[J]. Habitat International, 2012, 36(1): 171-177.

[68] Madrigal-Martínez S, García J L M I. Land-change dynamics and ecosystem service trends across the central high-Andean *Puna*[J]. Scientific Reports, 2019, 9(1): 9688.

[69] Mendoza-González G, Martínez M L, Lithgow D, et al. Land use change and its effects on the value of ecosystem services along the coast of the Gulf of *Mexico*[J]. Ecological Economics, 2012, 82:

23 - 32.

[70] Newbold T, Hudson L N, Hill S L L, et al. Global effects of land use on local terrestrial biodiversity [J]. Nature, 2015, 520(7545): 45 - 50.

[71] Oliver T H, Morecroft M D. Interactions between climate change and land use change on biodiversity: Attribution problems, risks, and opportunities[J]. Wiley Interdisciplinary Reviews: Climate Change, 2014, 5(3): 317 - 335.

[72] Ouyang Z Y, Zheng H, Xiao Y, et al. Improvements in ecosystem services from investments in natural capital[J]. Science, 2016, 352(6292): 1455 - 1459.

[73] Ouyang Z Y, Song C S, Zheng H, et al. Using gross ecosystem product(GEP) to value nature in decision making[J]. Proceedings of the National Academy of Sciences of the United States of America, 2020, 117(25): 14593 - 14601.

[74] Peng J, Tian L, Liu Y X, et al. Ecosystem services response to urbanization in metropolitan areas: Thresholds identification[J]. The Science of the Total Environment, 2017, 607/608: 706 - 714.

[75] Pei J, Niu Z, Wang L, et al. Spatial-temporal dynamics of carbon emissions and carbon sinks in economically developed areas of China: A case study of Guangdong Province[J]. Scientific Reports, 2018, 8: 13383.

[76] Peters M K, Hemp A, Appelhans T, et al. Climate-land-use interactions shape tropical mountain biodiversity and ecosystem functions[J]. Nature, 2019, 568(7750): 88 - 92.

[77] Polasky S, Costello C, McAusland C. On trade, land-use, and biodiversity[J]. Journal of Environmental Economics and Management, 2004, 48(2): 911 - 925.

[78] Polasky S, Nelson E, Pennington D, et al. The impact of land-use change on ecosystem services, biodiversity and returns to landowners: A case study in the state of Minnesota[J]. Environmental and Resource Economics, 2011, 48(2): 219 - 242.

[79] Running S W. Climate change. ecosystem disturbance, carbon, and climate[J]. Science, 2008, 321(5889): 652 - 653.

[80] Schöttker O, Johst K, Drechsler M, et al. Land for biodiversity conservation—To buy or borrow? [J]. Ecological Economics, 2016, 129: 94 - 103.

[81] Shi Y, Liu J R, Shi H, et al. The ecosystem service value as a new eco-efficiency indicator for industrial parks[J]. Journal of Cleaner Production, 2017, 164: 597 - 605.

[82] Shu H, Xiong P P. Reallocation planning of urban industrial land for structure optimization and emission reduction: A practical analysis of urban agglomeration in China's Yangtze River Delta[J]. Land Use Policy, 2019, 81: 604 - 623.

[83] Sims K R E, Alix-Garcia J M. Parks versus PES: Evaluating direct and incentive-based land conservation in *Mexico*[J]. Journal of Environmental Economics and Management, 2017, 86: 8 - 28.

[84] Song W, Deng X Z, Yuan Y W, et al. Impacts of land-use change on valued ecosystem service in rapidly urbanized North China Plain[J]. Ecological Modelling, 2015, 318: 245 - 253.

[85] Su S L, Li D L, Hu Y N, et al. Spatially non-stationary response of ecosystem service value changes

to urbanization in Shanghai, China[J]. Ecological Indicators, 2014, 45: 332-339.

[86] Teulings C N, Ossokina I V, de Groot H L F. Land use, worker heterogeneity and welfare benefits of public goods[J]. Journal of Urban Economics, 2018, 103: 67-82.

[87] Wan L L, Ye X Y, Lee J, et al. Effects of urbanization on ecosystem service values in a mineral resource-based city[J]. Habitat International, 2015, 46: 54-63.

[88] Wang Z, Chen J C, Zheng W T, et al. Dynamics of land use efficiency with ecological intercorrelation in regional development [J]. Landscape and Urban Planning, 2018, 177: 303-316.

[89] Wang Y, Feng Y N, Zuo J A, et al. From "Traditional" to "Low carbon" urban land use: Evaluation and obstacle analysis[J]. Sustainable Cities and Society, 2019, 51: 101722.

[90] Wu C F, Li G, Yue W Z, et al. Effects of endogenous factors on regional land-use carbon emissions based on the grossman decomposition model: A case study of Zhejiang Province, China [J]. Environmental Management, 2015, 55(2): 467-478.

[91] Xiao R, Lin M, Fei X F, et al. Exploring the interactive coercing relationship between urbanization and ecosystem service value in the Shanghai-Hangzhou Bay Metropolitan Region[J]. Journal of Cleaner Production, 2020, 253: 119803.

[92] Xie H L, Zhai Q L, Wang W, et al. Does intensive land use promote a reduction in carbon emissions? Evidence from the Chinese industrial sector[J]. Resources, Conservation and Recycling, 2018, 137: 167-176.

[93] Xie X E, Fang B, Xu H, et al. Study on the coordinated relationship between Urban Land use efficiency and ecosystem health in China[J]. Land Use Policy, 2021, 102: 105235.

[94] Xing L, Zhu Y M, Wang J P. Spatial spillover effects of urbanization on ecosystem services value in Chinese cities[J]. Ecological Indicators, 2021, 121: 107028.

[95] Xu H, Brown D G, Moore M R, et al. Optimizing spatial land management to balance water quality and economic returns in a Lake Erie watershed[J]. Ecological Economics, 2018, 145: 104-114.

[96] Xu Y, Tang H P, Wang B J, et al. Effects of land-use intensity on ecosystem services and human well-being: A case study in Huailai County, China [J]. Environmental Earth Sciences, 2016, 75(5): 416.

[97] Xue M G, Luo Y M. Dynamic variations in ecosystem service value and sustainability of urban system: A case study for Tianjin city, China[J]. Cities, 2015, 46: 85-93.

[98] Ye Y Q, Bryan B A, Zhang J E, et al. Changes in land-use and ecosystem services in the Guangzhou-Foshan Metropolitan Area, China from 1990 to 2010: Implications for sustainability under rapid urbanization[J]. Ecological Indicators, 2018, 93: 930-941.

[99] Yin G Y, Lin Z L, Jiang X L, et al. How do the industrial land use intensity and dominant industries guide the urban land use? Evidences from 19 industrial land categories in ten cities of China[J]. Sustainable Cities and Society, 2020, 53: 101978.

[100] Zhang F F, Qi S H, Shu X B, et al. Study on the relationship between land use spatial patterns and topographical factors for mountainous region: Taking Jiangxi Province as an example[J]. Geo-

Information Science, 2011, 12(6): 784 - 790.

[101] Zhang M, Huang X J, Chuai X W, et al. Impact of land use type conversion on carbon storage in terrestrial ecosystems of China: A spatial-temporal perspective[J]. Scientific Reports, 2015, 5: 10233.

[102] Zhang W J, Xu H Z. Effects of land urbanization and land finance on carbon emissions: A panel data analysis for Chinese Provinces[J]. Land Use Policy, 2017, 63: 493 - 500.

[103] Zheng H, Wang L J, Peng W J, et al. Realizing the values of natural capital for inclusive, sustainable development: Informing China's new ecological development strategy[J]. Proceedings of the National Academy of Sciences of the United States of America, 2019, 116(17): 8623 - 8628.

[104] Zhou Y, Kong Y, Sha J, et al. The role of industrial structure upgrades in eco-efficiency evolution: Spatial correlation and spillover effects[J]. The Science of the Total Environment, 2019, 687: 1327 - 1336.

[105] Zhu X Q, Smulders S, de Zeeuw A. Discounting in the presence of scarce ecosystem services[J]. Journal of Environmental Economics and Management, 2019, 98: 102272.

第 2 章　土地城市化的现状、模式及其对生态环境的影响

2.1　土地城市化影响生态环境的现状分析

2.1.1　土地城市化及其影响生态环境的现状分析

改革开放以来，国家通过土地资源的配置极大地促进了经济发展和城市化水平的提高。中国城市土地属于国家所有，农村土地归集体所有。地方政府在城市土地一级市场上拥有垄断地位，同时政府对农用地转为非农用地实施了严格的土地管制制度（刘守英等，2022）。中央政府通过对农转非指标的管控，寻求区域协调发展、粮食安全、环境保护、公共服务等多种经济、社会和生态环境目标的平衡。地方政府则更多考虑经济增长及其投资需求、政绩考核、土地财政等目标，因此更关注城市化和工业化所需的建设用地指标的获得，并与中央政府进行各种非合作博弈（汪晖和陶然，2009；谭明智，2014；李学文等，2020）。表 2－1 显示了 2001—2017 年中国建设用地供应情况，建设用地供应总量由 2001 年的 178 678.27 公顷增长至 2017 年的 620 245.92 公顷，年均增长 8.1%。建设用地的供应方式以划拨和出让为主，2001—2011 年以出让方式供应的建设用地面积始终超过划拨方式，2012—2017 年以划拨方式供应的建设用地面积则又超过出让方式（图 2－1）。通过城市建设用地的供应，不仅为经济和产业的发展注入了强劲动力，也促进了城市化水平的显著提升。

表 2－1　2001—2017 年中国建设用地供应情况

单位：公顷

年　份	建设用地供应总量	划拨方式供应	出让方式供应	租赁方式供应	其他方式供应
2001	178 678.27	73 979.54	90 394.12	10 128.26	4 176.35
2002	235 436.9	88 052.1	124 229.84	17 555.82	5 599.14
2003	286 436.66	65 258.16	193 603.96	10 551.61	17 022.93
2004	257 919.71	62 053.99	181 510.36	8 772.53	5 582.83
2005	244 269.47	64 623.39	165 586.08	8 044.13	6 015.87

续 表

年 份	建设用地供应总量	划拨方式供应	出让方式供应	租赁方式供应	其他方式供应
2006	306 805.89	63 790.63	233 017.88	7 587.83	2 409.55
2007	341 973.95	76 087.97	234 960.59	29 397.16	1 528.23
2008	234 184.69	62 380.55	165 859.67	3 615.97	2 328.49
2009	361 648.75	122 287.5	220 813.9	9 030.02	9 517.3
2010	432 561.42	138 267.3	293 717.81	552.57	23.69
2011	593 284.57	257 208.6	335 085.17	842.49	148.33
2012	711 281.31	377 133.5	332 432.34	1 700.12	15.31
2013	750 835.48	373 275.3	374 804.03	2 728.75	27.36
2014	647 995.91	369 833.1	277 346.32	814.18	2.3
2015	540 327.28	314 535.8	224 885.95	838.8	66.71
2016	531 180.71	313 212.8	211 850.82	6 091.38	2.3
2017	620 245.92	386 976.6	230 898.62	2 088.46	282.22

资料来源:《中国国土资源年鉴》(2002—2018 年)、《中国国土资源统计年鉴》(2002—2018 年)。

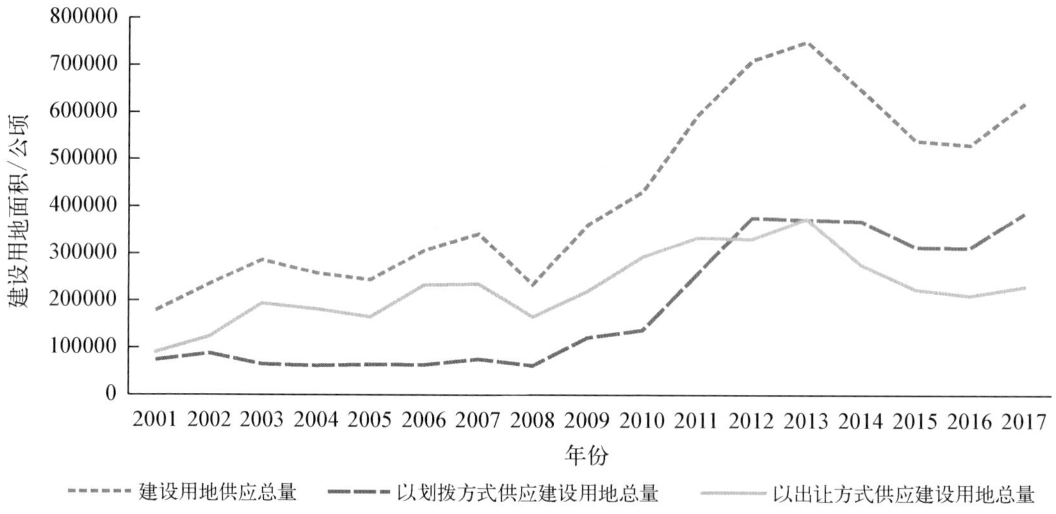

图 2-1 2001—2017 年中国建设用地供应情况

资料来源:《中国国土资源年鉴》(2002—2018 年)、《中国国土资源统计年鉴》(2002—2018 年)。

随着每年建设用地供应总量的持续增加,建设用地空间快速扩张,建设用地面积显著增加,与此同时,耕地、农用地则大量流失,城市快速扩张和农用地、耕地保护之间的矛盾日益突出。表 2-2 显示了 2001—2017 年中国农用地、耕地及建设用地面积的数据,数据表明，建设用地面积由 2002 年的 46 085.77 万亩增长至 2017 年的 59 361.11 万亩，年均增长 1.7%。得益于国家耕地、农用地保护政策的实施，以及 18 亿亩耕地红线的坚守，农用地、耕地面积的数据则总体保持平稳态势。同时，我们也要注重提升耕地、农用地质量，既要稳数量也要提质量，并坚决防止耕地“非粮化”，守住国家粮食安全生命线。

表 2-2　2001—2017 年中国农用地、耕地及建设用地面积

单位：万亩

年　份	建设用地面积	农用地面积	耕 地 面 积
2001	54 619.53	979 973.9	191 423.71
2002	46 085.77	984 910.4	188 895
2003	46 597	985 592.1	185 088.31
2004	47 325	985 530	183 660
2005	47 895	985 560	183 120
2006	48 555	985 785	182 670
2007	49 080	985 530	182 610
2008	49 585.5	985 315.5	182 574
2009	52 499.33	971 662.9	203 076.84
2010	53 517.83	970 919.6	202 902.4
2011	54 476.38	970 297.8	202 857.85
2012	55 360.53	969 698.5	202 737.66
2013	56 184.6	969 252.6	202 745.06
2014	57 171.29	968 611.7	202 586.01
2015	57 889.95	968 185.2	202 498.05
2016	58 642.65	967 690.1	202 381.35
2017	59 361.11	967 295.5	202 321.83

资料来源：《中国国土资源年鉴》(2002—2018 年)、《中国国土资源统计年鉴》(2002—2018 年)。

在经济分权“引力”和政治晋升锦标赛“推力”的共同作用下，地方政府具有推动本地经济发展、促进就业、增加财政收入的强大动机。然而，1994 年国家推行的以“财权上收、事权不变”为特征的分税制改革，迫使地方政府必须寻求财政收入之外的资金来源，以推进本地区的基础设施建设，提高招商引资的吸引力，并提升本地居民公共服务的供给水平。为此，地方政府在土地出让方式上采取了差别化的策略性行为。一方面，对于制造业(工业)用地，大多采用协议出让方式，以极其优惠的政策吸引制造业投资，为获得未来稳

定而长远的税收收入流。另一方面,对于商业、住宅等经营性用地,则采用“招拍挂”等出让形式高价出让土地,从而获取高额的土地出让金及土地相关税收(陶然等,2010)。由此,“土地财政”成为地方政府收入的主要来源之一。表 2-3 显示了 2001—2017 年中国土地财政收入状况,土地出让成交价款由 2001 年的 1 295.89 亿元大幅攀升至 2017 年的 51 984.48 亿元,年均增长 26%,土地出让成交价款占一般预算财政收入的比例由 2001 年的 17%上升至 2017 年的 57%,在中间有些年份,比如 2010 年、2011 年、2013 年,比例均超过 60%,土地出让成交价款占预算外财政收入的比例甚至高达 80%。通过汇总土地出让成交价款、土地相关直接税收(包括土地增值税、契税、耕地占用税、房产税、城镇土地使用税)、土地相关间接税收(包括建筑业营业税金及附加、房地产业营业税金及附加、建筑业所得税和房地产业所得税),估算了 2001—2017 年中国土地财政总体规模,见表 2-3 第 3 列。土地财政总体规模由 2001 年的 2 618.68 亿元上升至 2017 年的 79 170.49 亿元,年均增长 23.7%,土地财政总体规模占一般预算财政收入的比例由 2001 年的 34%上升至 2017 年的 87%,中间有的年份甚至超过 100%。地方政府通过土地出让的策略性行为,获得了高额的土地出让金等预算外收入,从而支撑了当地的基础设施建设、公共服务供给及产业发展等。

表 2-3 2001—2017 年中国土地财政收入状况

年 份	土地出让成交价款/亿元	土地财政总体规模/亿元	一般预算财政收入/亿元	土地财政总体规模/一般预算财政收入	土地出让成交价款/一般预算财政收入
2001	1 295.89	2 618.68	7 803.3	0.34	0.17
2002	2 416.79	4 117.33	8 515	0.48	0.28
2003	5 421.31	7 631.23	9 849.98	0.77	0.55
2004	6 412.18	9 091.35	11 893.37	0.76	0.54
2005	5 883.82	9 655.21	15 100.76	0.64	0.39
2006	8 077.64	12 802.68	18 303.58	0.70	0.44
2007	12 216.72	18 705.73	23 572.62	0.79	0.52
2008	10 259.80	18 551.36	28 649.79	0.65	0.36
2009	17 179.53	27 779.62	32 602.59	0.85	0.53
2010	27 464.48	41 645.59	40 613.04	1.03	0.68
2011	32 126.08	49 136.38	52 547.11	0.94	0.61
2012	28 042.28	48 338.85	61 078.29	0.79	0.46
2013	43 745.30	68 854.28	69 011.16	1.00	0.63
2014	34 377.37	61 266.40	75 876.58	0.81	0.45

续　表

年　份	土地出让成交价款/亿元	土地财政总体规模/亿元	一般预算财政收入/亿元	土地财政总体规模/一般预算财政收入	土地出让成交价款/一般预算财政收入
2015	31 220.65	58 650.36	83 002.04	0.71	0.38
2016	36 461.68	64 049.51	87 239.35	0.73	0.42
2017	51 984.48	79 170.49	91 469.41	0.87	0.57

资料来源：《中国统计年鉴》(2002—2018 年)、《中国国土资源年鉴》(2002—2018 年)、《中国国土资源统计年鉴》(2002—2018 年)。

由于地方政府将价格低廉的工业用地作为吸引制造业企业在本地投资的竞争工具，导致了工业用地的大规模扩张。表 2-4 的数据也显示了这一特征，工矿仓储用地的供应面积由 2003 年的 11.64 万公顷上升至 2013 年的 21 万公顷，增长率超过 80%。地方政府间的横向竞争，以及工业用地价格约束较低，刺激了企业用地的冲动，一定程度上造成了工业用地效率的低下和闲置用地的大量发生。工业用地特别是低效工业用地的增加，对生态环境造成严重的影响，工业企业排放大量的废水、废气等污染物，对水环境、大气环境及土壤质量等带来严重的影响，并破坏生物圈、生态系统的平衡。为解决工业用地粗放利用等突出问题，党中央国务院高度重视，出台了一系列促进工业用地集约利用、提升工业用地效率的管控政策及措施，加强对工业用地供给的规范管理。2013 年，国土资源部印发了《关于开展城镇低效用地再开发试点的指导意见》，确定在 10 个省区市开展相关试点，大力推进低效用地再开发工作，致力于提升产业用地利用效率。表 2-4 的数据也显示了工矿仓储用地的供应面积自 2013 年之后开始逐步下降。图 2-2 显示了 2003—2017 年我国工矿仓储用地、商服用地、住宅用地和基础设施等其他用地供应面积的变化趋势。工矿仓储用地、商服用地、住宅用地三者的变化趋势基本类似，2003—2006 年呈现上升趋势，2007 年、2008 年有所下降，2009—2013 年再次上升，而 2013 年之后又整体呈现下降趋势，基础设施等其他用地供应面积整体上呈现上升趋势。

表 2-4　2003—2017 年按用地类型分类的全国建设用地供应情况

单位：万公顷

年　份	工矿仓储用地	商服用地	住宅用地	基础设施等其他用地
2003	11.64	5.37	6.38	5.26
2004	10.68	4.38	5.97	4.76
2005	10.98	2.96	5.51	4.97
2006	15.46	3.21	6.52	5.49
2007	14.17	5.78	8.02	6.23

续　表

年　份	工矿仓储用地	商服用地	住宅用地	基础设施等其他用地
2008	9.29	2.65	6.20	5.27
2009	14.15	2.76	8.15	11.10
2010	15.27	3.87	11.44	12.24
2011	19.26	4.21	12.52	22.78
2012	20.35	4.94	11.08	32.66
2013	21	6.51	13.81	31.73
2014	14.73	4.93	10.21	31.12
2015	12.48	3.71	8.26	28.91
2016	12.08	3.46	7.29	28.97
2017	12.28	3.09	8.43	36.52

资料来源：《中国国土资源年鉴》(2002—2018 年)、《中国国土资源统计年鉴》(2002—2018 年)。

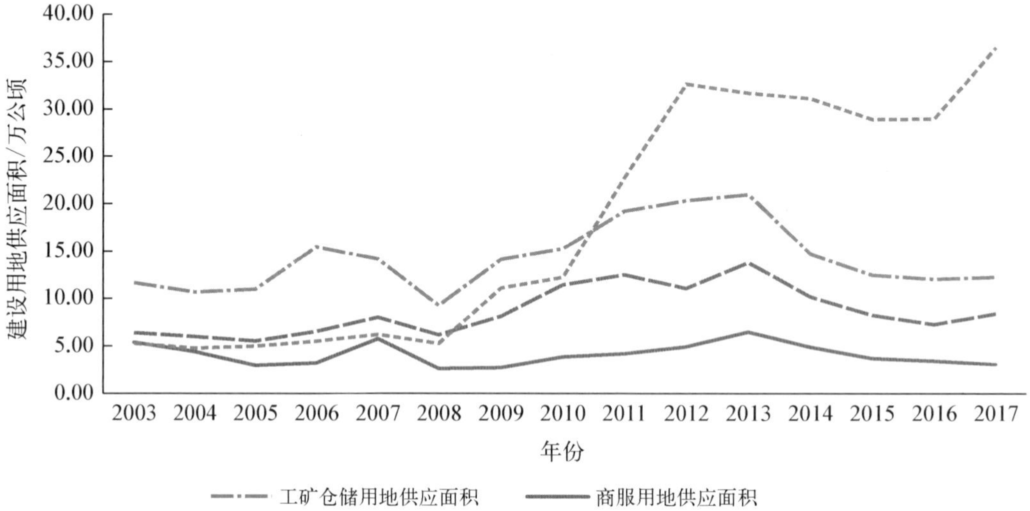

图 2－2　2003—2017 年中国不同用地类型的建设用地供应面积变化趋势

资料来源：《中国国土资源年鉴》(2002—2018 年)、《中国国土资源统计年鉴》(2002—2018 年)。

土地城市化进程的不断推进，对生态环境系统造成了显著的影响，影响整个社会的可持续发展。一是对水环境系统产生影响。在土地城市化的推进过程中，大量农业人口转移到城市，人类活动引起的热量导致城市气温高于郊区，由此所形成的热岛效应影响城市降雨过程，导致降水减少。同时，城市中人类生产、生活活动所产生的大量工业废水、生活污水等对地表水、地下水系统和河流湖泊等水体造成严重污染，破坏水环境系统及其生态链。二是对大气环境的影响。人类活动产生的工业废气、汽车尾气等有害气体，对大气环境产生严重影响，不仅威胁到人类健康，同时也影响到动植物的生长。三是环境污染排放的大量增加，对生物多样性也产生明显的影响，同时还对整个生态系统、生物圈的平衡造成破坏。表2-5显示了2001—2017年中国大气、水污染排放情况。数据表明，二氧化硫排放量由2001年的1 948万吨上升至2006年的2 588.7万吨，之后呈现显著下降的趋势，单位建设用地面积上二氧化硫排放量也呈现类似趋势，2001—2006年化学需氧量排放量总体保持稳定，2006—2010年化学需氧量排放量呈现缓慢下降的趋势，2010—2011年有一个显著的上涨，是由于统计口径的改变导致的，2011—2017年化学需氧量排放量呈现显著下降的趋势，单位建设用地面积上化学需氧量排放量的变化趋势与化学需氧量排放量的趋势类似，而废水排放总量则在2001—2017年总体保持上升趋势。

表2-5　2001—2017年中国大气、水污染排放情况

年　份	二氧化硫排放量/万吨	化学需氧量排放量/万吨	废水排放总量/万吨	单位建设用地面积上二氧化硫排放量/（千克/亩）	单位建设用地面积上化学需氧量排放量/（千克/亩）
2001	1 948	1 407	4 280 000	35.66	25.76
2002	1 926.6	1 367	4 394 825	41.80	29.66
2003	2 158.5	1 332.95	4 592 642	46.32	28.61
2004	2 254.9	1 339.2	4 824 094	47.65	28.30
2005	2 549	1 414.17	5 245 089	53.22	29.53
2006	2 588.7	1 428.22	5 368 287	53.31	29.41
2007	2 468.1	1 381.82	5 568 494	50.29	28.15
2008	2 321.23	1 320.7	5 716 801	46.81	26.63
2009	2 214.4	1 277.54	5 890 877.25	42.18	24.33
2010	2 185.1	1 238.06	6 172 562	40.83	23.13
2011	2 217.91	2 499.9	6 591 922	40.71	45.89
2012	2 117.63	2 423.73	6 847 612	38.25	43.78
2013	2 043.92	2 352.72	6 954 433	36.38	41.87
2014	1 974.42	2 294.59	7 161 751	34.54	40.14
2015	1 859.12	2 223.5	7 353 227	32.11	38.41
2016	1 102.86	1 046.53	7 110 954	18.81	17.85
2017	875.4	1 021.97	6 996 610	14.75	17.22

资料来源：《中国国土资源年鉴》(2002—2018年)、《中国国土资源统计年鉴》(2002—2018年)、《中国环境统计年鉴》(2012—2020年)。

进一步地，我们采用中国2004—2017年30个省(直辖市、自治区)(不含中国香港、澳门、台湾地区和西藏自治区)面板数据①，测算各地区的生态效率。以资本②、劳动力③、土地④、能源消费⑤为投入变量，以地区生产总值为期望产出变量，各地区废气、废水排放总量为非期望产出变量，运用非期望产出SBM(Slack-based Model)模型，测算了2004—2017年中国30个省份的生态效率，部分年份的测算结果见表2-6。结果显示，除了北京、上海、天津等始终为1之外，其他省份整体上呈现下降趋势。这说明，随着土地城镇化水平的提高，各地区生态效率反而不断下降。生态效率的核心是以较少资源投入和较低污染排放，创造高质量的产出，实现经济效益和环境效益的双赢。我国经济已进入高质量发展阶段，应进一步通过优化土地利用结构、实现土地利用强度的有效管控，并努力提升土地利用效率，从而促进产业结构的合理化、高级化，提升技术创新的能级和水平，从而影响土地城镇化的生态效率，助推经济高质量发展。

表2-6 2004—2017年中国30省份生态效率测算结果(仅列部分结果)

省份	年份						
	2004	2006	2008	2010	2012	2014	2016
北京	1	1	1	1	1	1	1
天津	1	1	1	1	1	1	1
河北	0.46	0.51	0.43	0.38	0.31	0.30	0.30
山西	0.28	0.24	0.23	0.20	0.18	0.17	0.16
内蒙古	0.41	0.35	0.34	0.32	0.29	0.27	0.28
辽宁	1	1	0.56	0.64	0.46	0.41	0.39
吉林	0.44	0.37	0.34	0.34	0.31	0.31	0.36
黑龙江	1	1	1	1	1	1	1
上海	1	1	1	1	1	1	1
江苏	0.65	0.74	0.83	0.84	0.53	0.55	0.53
浙江	0.73	0.79	0.80	0.80	0.63	0.51	0.50
安徽	0.44	0.48	0.48	0.49	0.35	0.33	0.33
福建	1	1	1	1	1	0.56	1
江西	0.41	0.40	0.38	0.37	0.32	0.31	0.31

① 数据来源于历年《中国统计年鉴》《中国国土资源统计年鉴》《中国能源统计年鉴》《中国环境年鉴》等。
② 各地区资本存量数据按照单豪杰(2008)方法进行测算。
③ 劳动力投入按各地区历年的年底从业人员数计算。
④ 土地投入按各地区历年的建设用地面积计算。
⑤ 能源消费按各地区历年的能源消费总量计算。

续　表

省　份	年　份						
	2004	2006	2008	2010	2012	2014	2016
山东	1	1	0.74	0.66	0.45	0.45	0.44
河南	0.42	0.43	0.35	0.32	0.28	0.27	0.28
湖北	0.44	0.51	0.54	0.64	0.47	0.42	0.43
湖南	0.41	0.44	0.44	0.41	0.33	0.34	0.34
广东	0.79	1	1	1	1	0.51	0.48
广西	0.36	0.36	0.30	0.28	0.27	0.29	0.29
海南	1	1	1	1	0.40	0.36	0.32
重庆	0.30	0.27	0.27	0.31	0.31	0.33	0.32
四川	0.35	0.39	0.35	0.38	0.35	0.34	0.33
贵州	0.18	0.20	0.20	0.21	0.18	0.17	0.17
云南	0.36	0.33	0.31	0.31	0.22	0.22	0.21
陕西	0.28	0.27	0.26	0.26	0.24	0.24	0.23
甘肃	0.27	0.27	0.25	0.23	0.22	0.21	0.21
青海	0.21	0.18	0.19	0.18	0.16	0.15	0.14
宁夏	0.15	0.14	0.13	0.12	0.11	0.11	0.10
新疆	0.28	0.27	0.26	0.24	0.20	0.19	0.18

资料来源：作者基于《中国统计年鉴》《中国国土资源统计年鉴》以及《中国能源统计年鉴》中的相关数据，运用 SBM 模型进行测算后所得。

2.1.2　生态环境治理的现状分析

1. 环境保护投入稳步增加

环境污染治理成效高度依赖于污染治理的投入。2010—2020 年全国环境污染治理投资稳步增加（见表 2 - 7），环境治理投资总额由 2010 年的 6 654.2 亿元增加至 2020 年的 10 638.9 亿元，年均增加 4.8%，其中，城市环境基础设施建设投资由 2010 年的 4 224.2 亿元增加至 2020 年 6 842.2 亿元，年均增长 4.9%，老工业污染源治理投资由 2010 年的 397 亿元增加至 2020 年的 454.3 亿元，年均增长 1.4%，建设项目“三同时”环保投资由 2010 年的 2 033 亿元增加至 2020 年的 3 342.5 亿元，年均增长 5.1%。2020 年，城市环境基础设施建设投资在环境治理投资总额中占比为 64.3%，老工业污染源治理投资占比为 4.3%，建设项目“三同时”环保投资占比为31.4%。由此可以看出，国家对城市环境基础设施建设高度重视，其投入占据了环境治理投资总额的60%以上，工业及建设项目也仅占35%左右，而国家对农村环境基础设施的投入相当少，乃至国家环保部门尚未能全面统计出相关投入的具体数据。

表2-7　2010—2020年全国环境污染治理投资情况

单位：亿元

年　份	环境治理投资总额	城市环境基础设施建设投资	老工业污染源治理投资	建设项目“三同时”环保投资
2010	6 654.2	4 224.2	397	2 033
2011	6 026.2	3 469.4	444.4	2 112.4
2012	8 253.6	5 062.7	500.5	2 690.4
2013	9 037.2	5 223	849.7	2 964.5
2014	9 575.5	5 463.9	997.7	3 113.9
2015	8 806.3	4 946.8	773.7	3 085.8
2016	9 219.8	5 412	819	2 988.8
2017	9 539	6 085.7	681.5	2 771.7
2018	8 987.6	5 893.2	697.5	2 397.0
2019	9 151.9	5 786.7	615.2	2 750.1
2020	10 638.9	6 842.2	454.3	3 342.5

资料来源：《中国生态环境统计年报》(2016—2020年)、《中国环境统计年报》(2010—2015年)。

2. 生态保护和生态建设扎实推进

除了在环境污染治理方面增加投入之外，国家在生态建设和保护方面的投入也稳步增加，2011—2019年全国林业投资完成情况如表2-8所示。数据显示，林业投资完成额由2011年的2 632.6亿元增加至2019年的4 525.6亿元，年均增长率为7%。其中，用于生态建设与保护的投资由2011年的1 302.5亿元增加至2019年的2 375.9亿元，年均增长率为7.8%。与此同时，在2019年的林业投资中，生态建设与保护占比52.5%，林业支撑与保障占比27.7%，林业产业发展占比19.8%。这意味着，在林业投资中，用于生态建设与保护的比例超过了一半，林业生态建设保持稳步快速发展，生态保护和生态建设工作得到扎实推进。

不仅林业生态建设获得稳步快速发展，全国自然生态保护工作也得到加强(表2-9)。全国自然保护区数量由2010年的2 588个增加至2017年的2 750个，但全国自然保护区面积有所下降，由2010年的14 944万公顷下降至2017年的14 717万公顷，保护区面积占

表 2－8　2011—2019 年全国林业投资完成情况

单位：亿元

年　份	林业投资完成额	林业投资			
		生态建设与保护	林业支撑与保障	林业产业发展	其他
2011	2 632.6	1 302.5	300.66	522.41	507.03
2012	3 342.1	1 604.12	222.88	820.71	694.39
2013	3 782.27	1 870.58	221.68	1 077.62	612.39
2014	4 325.51	1 947.96	232.74	1 620.03	524.78
2015	4 290.13	2 017.2	227.27	1 564.67	480.99
2016	4 509.57	2 110	403.38	1 741.93	254.26
2017	4 800.26	2 016.29	614.35	2 007.76	161.86
2018	4 817.14	2 125.75	608.44	1 926.33	156.62
2019	4 525.59	2 375.89	1 253.43	896.27	—

数据来源：《中国环境统计年鉴》(2012—2020 年)。

表 2－9　2010—2020 年全国自然生态保护情况

年　份	自然保护区数量/个	自然保护区面积/万公顷	保护区面积占辖区面积比重/%	累计除涝面积/万公顷	累计水土流失治理面积/万公顷
2010	2 588	14 944	14.9	2 169.2	10 680
2011	2 640	14 971	14.9	2 172.2	10 966.4
2012	2 669	14 979	14.9	2 185.7	10 295.3
2013	2 697	14 631	14.8	2 194.3	10 689.2
2014	2 729	14 699	14.8	2 236.9	11 160.9
2015	2 740	14 703	14.8	2 271.3	11 557.8
2016	2 750	14 733	14.9	2 306.7	12 041.2
2017	2 750	14 717	14.9	2 382.4	12 583.9
2018	—	—	—	2 426.2	13 153.2
2019	—	—	—	2 453	13 732.5

数据来源：《中国环境统计年鉴》(2011—2020 年)。

辖区面积比重稳定在14.9%左右，累计水土流失治理面积由2010年的10 680万公顷上升至2019年的13 732.5万公顷。党的十八届三中全会首次提出了建立国家公园体制的重点改革任务，2015年9月，中共中央、国务院印发了《生态文明体制改革总体方案》(中发〔2015〕25号)，对如何建立国家公园体制提出了明确具体的要求。2021年10月，我国正式设立三江源、大熊猫、东北虎豹、海南热带雨林、武夷山等首批5个国家公园。国家公园体制建设工作的稳步推进对保护具有国家代表性的自然生态系统、推进生态文明建设做出了重大贡献。

3. 环境污染治理成效显著

得益于国家环境污染治理投资的稳步增加，以及企业和居民的环保意识得到加强，我国环境污染治理取得了显著成效。表2-10显示了2010—2020年全国二氧化硫排放情况，以及分工业源、生活源和集中式污染治理设施的二氧化硫排放情况。由此看出，全国二氧化硫排放量显著下降，由2010年2 185.1万吨下降至2020年的318.2万吨，年均下降17.5%。其中，工业源二氧化硫排放量由2010年1 864.4万吨下降至2020年的253.2万吨，年均下降18.1%；生活源二氧化硫排放量由2010年320.7万吨下降至2020年的64.8万吨，年均下降14.8%。十多年来，我国坚持走生态优先的高质量发展道路，加大环境污染治理投资力度，环境污染治理成效显著。

表2-10 2010—2020年全国及分源二氧化硫排放情况

单位：万吨

年 份	合 计	工业源	生活源	集中式污染治理设施
2010	2 185.1	1 864.4	320.7	—
2011	2 217.9	2 017.2	200.4	0.3
2012	2 117.6	1 911.7	205.7	0.3
2013	2 043.9	1 835.2	208.5	0.2
2014	1 974.4	1 740.4	233.9	0.2
2015	1 859.1	1 556.7	296.9	0.2
2016	854.9	770.5	84.0	0.4
2017	610.8	529.9	80.5	0.4
2018	516.1	446.7	68.7	0.7
2019	457.3	395.4	61.3	0.6
2020	318.2	253.2	64.8	0.3

资料来源：《中国生态环境统计年报》(2016—2020年)、《中国环境统计年报》(2010—2015年)。

不仅大气污染排放量显著下降,水污染防治也取得了显著成效。表 2 - 11 显示了 2010—2020 年全国化学需氧量排放情况,以及分工业源、农业源、生活源和集中式污染治理设施的化学需氧量排放情况。由此看出,全国化学需氧量排放由 2010 年的 1 238.1 万吨下降至 2019 年的 567.1 万吨,年均下降 8.3%,2020 年化学需氧量排放又大幅攀升至 2 564.8 万吨,这是由于生态环境部要求农业源和生活源污染排放统计扩大了调查覆盖范围。其中,工业源化学需氧量排放由 2010 年的 434.8 万吨下降至 2020 年的 49.7 万吨,年均下降 19.5%;农业源化学需氧量排放由 2011 年的 1 186.1 万吨下降至 2019 年的 18.6 万吨,年均下降 40.5%,2020 年农业源化学需氧量排放大幅上升也是由于扩大了统计调查覆盖范围所致;生活源化学需氧量排放由 2010 年的 803.3 万吨下降至 2019 年的 469.9 万吨,年均下降 5.8%,2020 年生活源化学需氧量排放大幅上升也是由于扩大了统计调查覆盖范围所致。

表 2 - 11　2010—2020 年全国及分源化学需氧量排放情况

单位: 万吨

年　份	合　计	工业源	农业源	生活源	集中式污染治理设施
2010	1 238.1	434.8	—	803.3	—
2011	2 499.9	354.8	1 186.1	938.8	20.1
2012	2 423.7	338.5	1 153.8	912.8	18.7
2013	2 352.7	319.5	1 125.8	889.8	17.7
2014	2 294.6	311.3	1 102.4	864.4	16.5
2015	2 223.5	293.5	1 068.6	846.9	14.5
2016	658.1	122.8	57.1	473.5	4.6
2017	608.9	91.0	31.8	483.8	2.3
2018	584.2	81.4	24.5	476.8	1.5
2019	567.1	77.2	18.6	469.9	1.4
2020	2 564.8	49.7	1 593.2	918.9	2.9

资料来源:《中国生态环境统计年报》(2016—2020 年)、《中国环境统计年报》(2010—2015 年)。

在大气及环境污染治理取得显著成效的背景下,2016—2020 年全国污染治理基础设施建设也取得了较好的成绩,污染治理设施数量大幅增加(见表 2 - 12)。其中,工业废水治理设施由 2016 年的 63 477 套增加至 2020 年的 68 150 套,工业废气治理设施由 2016 年的 158 682 套增加至 2020 年的 372 962 套,污水处理厂由 2016 年的 7 103 家增加至 2020 年的 11 055 家,生活垃圾处理厂的数量较为平稳,2016—2020 年保持在 2 200 ~ 2 400 家左右。

表 2-12 2010—2020 年全国污染治理设施情况

年 份	工业废水治理设施数/套	工业废气治理设施数/套	污水处理厂数/家	生活垃圾处理厂数/家
2016	63 477	158 682	7 103	2 327
2017	62 125	229 618	7 536	2 323
2018	63 412	246 558	8 200	2 381
2019	69 200	315 586	9 322	2 438
2020	68 150	372 962	11 055	2 277

资料来源:《中国生态环境统计年报》(2016—2020 年)、《中国环境统计年报》(2010—2015 年)。

4. 城乡居民生活环境持续改善

(1) 城市环境基础设施建设水平进一步提高

上述数据分析表明,城市环境基础设施建设投资在环境治理投资总额中占比最高,由此导致城市环境基础设施水平得到很大提高。表 2-13 显示了 2010—2020 年全国城市污水排放及处理情况。数据显示,城市污水年排放量逐年上升,由 2010 年 3 786 983 万立方米上升至 2020 年的 5 713 633 万立方米,年均增长 4.2%。但与此同时,城市污水处理率反而由 2010 年的 82.31%上升至 2020 年的 97.53%,这与城市环境基础设施建设水平的大力提高是分不开的。城市污水处理厂的数量由 2010 年的 1 444 家上升至 2020 年的 2 618 家,其处理能力也由 2010 年的 10 436 万立方米/日上升至 2020 年的 19 267 万立方米/日。城市污水处理设施建设水平的进一步提高,使得城市污水处理率大幅度提高,导致城市生活环境质量也进一步提升。

表 2-13 2010—2020 年全国城市污水排放及处理情况

年 份	污水年排放量/万立方米	污水处理厂数/家	污水处理厂处理能力/(万立方米/日)	污水年处理量/万立方米	污水处理率/%
2010	3 786 983	1 444	10 436	3 117 032	82.31
2011	4 037 022	1 588	11 303	3 376 104	83.63
2012	4 167 602	1 670	11 733	3 437 868	87.3
2013	4 274 525	1 736	12 454	3 818 948	89.34
2014	4 453 428	1 807	13 087	4 016 198	90.18
2015	4 666 210	1 944	14 038	4 288 251	91.9
2016	4 803 049	2 039	14 910	4 487 944	93.44

续　表

年　份	污水年排放量/万立方米	污水处理厂数/家	污水处理厂处理能力/(万立方米/日)	污水年处理量/万立方米	污水处理率/%
2017	4 923 895	2 209	15 743	4 654 910	94.54
2018	5 211 249	2 321	16 881	4 976 126	95.49
2019	5 546 474	2 471	17 863	5 369 283	96.81
2020	5 713 633	2 618	19 267	5 572 782	97.53

数据来源：《中国环境统计年鉴》(2011—2021 年)。

与此同时，全国城市市容环境卫生情况也得到显著改善(表 2－14)。生活垃圾清运量由 2010 年的 15 805 万吨上升至 2020 年的 23 512 万吨，垃圾无害化处理厂的数量由 2010 年的 628 家上升至 2020 年的 1 287 家。随着生活垃圾处理设施的大力提高，垃圾无害化处理能力及处理量也得到显著提升。生活垃圾无害化处理能力由 2010 年的 387 607 吨/日上升至 2020 年的 963 460 吨/日，生活垃圾无害化处理量由 2010 年的 12 318 万吨上升至 2020 年的 23 452 万吨。此外，市容环卫专用车辆设备总数也由 2010 年的 90 414 辆上升至 2020 年的 306 422 辆，每万人拥有公厕数量稳定在 2.7～3 座。

表 2－14　2010—2020 年全国城市市容环境卫生情况

年　份	生　活　垃　圾				市容环卫专用车辆设备总数/辆	每万人拥有公厕数/座
	清运量/万吨	无害化处理厂数/家	无害化处理能力/(吨/日)	无害化处理量/万吨		
2010	15 805	628	387 607	12 318	90 414	3.02
2011	16 395	677	409 119	13 090	100 340	2.95
2012	17 081	701	446 268	14 490	112 157	2.89
2013	17 239	765	492 300	15 394	126 552	2.83
2014	17 860	818	533 455	16 394	141 431	2.79
2015	19 142	890	576 894	18 013	165 725	2.75
2016	20 362	940	621 351	19 674	193 942	2.72
2017	21 521	1 013	679 889	21 034	228 019	2.77
2018	22 802	1 091	766 195	22 565	252 484	2.88
2019	24 206	1 183	869 875	24 013	281 558	2.93
2020	23 512	1 287	963 460	23 452	306 422	3.07

数据来源：《中国环境统计年鉴》(2011—2021 年)。

此外,2010—2020 年全国城市园林绿化情况也得到显著改善(表 2 - 15)。人均公园绿地面积由 2010 年的 11.18 平方米上升至 2020 年的 14.78 平方米,建成区绿化覆盖率由 2010 年的 38.62%上升至 2020 年的 42.06%,建成区绿地率也由 2010 年的 34.47%上升至 2020 年的 38.24%。

表 2 - 15 2010—2020 年全国城市园林绿化情况

年份	建成区绿化覆盖面积/公顷	人均公园绿地面积/平方米	建成区绿化覆盖率/%	建成区绿地率/%
2010	1 612 458	11.18	38.62	34.47
2011	1 718 924	11.8	39.22	35.27
2012	1 812 488	12.26	39.59	35.72
2013	1 907 490	12.64	39.86	35.93
2014	2 017 348	13.08	40.22	36.29
2015	2 105 136	13.35	40.12	36.36
2016	2 204 040	13.7	40.3	36.43
2017	2 314 378	14.01	40.91	37.11
2018	2 419 918	14.11	41.11	37.34
2019	2 522 931	14.36	41.51	37.63
2020	2 637 533	14.78	42.06	38.24

数据来源:《中国环境统计年鉴》(2011—2021 年)。

(2) 农村人居环境逐步改善

表 2 - 16 显示了 2010—2020 年全国县城污水排放及处理情况。数据显示,全国县城污水年排放量逐年上升,由 2010 年的 72.02 亿立方米上升至 2020 年的 103.76 亿立方米,年均增长 3.7%。但与此同时,县城污水处理率反而由 2010 年的 60.12%上升至 2020 年的 95.05%,这也得益于农村污水处理设施建设水平的大力提高。县城污水处理厂的数量由 2010 年的 1 052 家上升至 2020 年的 1 708 家,其处理能力也由 2010 年的 2 040 万立方米/日上升至 2020 年的 3 770 万立方米/日。县城污水处理设施建设水平的进一步提高,同样也使得县城污水处理率及处理能力大幅度提高,导致县城生活环境逐步改善。

表 2 - 16 2010—2020 年全国县城污水排放及处理情况

年份	污水年排放量/亿立方米	污水处理厂数/家	污水处理厂处理能力/(万立方米/日)	污水年处理总量/亿立方米	污水处理率/%
2010	72.02	1 052	2 040	43.3	60.12
2011	79.52	1 303	2 409	55.99	70.41

续　表

年　份	污水年排放量/亿立方米	污水处理厂数/家	污水处理厂处理能力/(万立方米/日)	污水年处理总量/亿立方米	污水处理率/%
2012	85.28	1 416	2 623	62.18	75.24
2013	88.09	1 504	2 691	69.13	78.47
2014	90.47	1 555	2 882	74.29	82.12
2015	92.65	1 599	2 999	78.95	85.22
2016	92.72	1 513	3 036	81.02	87.38
2017	95.07	1 572	3 218	85.77	90.21
2018	99.43	1 598	3 367	90.64	91.16
2019	102.3	1 669	3 587	95.71	93.55
2020	103.76	1 708	3 770	98.62	95.05

数据来源:《中国环境统计年鉴》(2011—2021 年)。

与此同时,2010—2020 年全国县城市容环境卫生情况也得到显著改善(表 2－17)。生活垃圾清运量由 2010 年的 6 317 万吨上升至 2020 年的 6 810 万吨,垃圾无害化处理厂的数量由 2010 年的 448 家上升至 2020 年的 1 428 家。随着生活垃圾处理设施的大力建设和升级,垃圾无害化处理能力及处理量也得到显著提升。生活垃圾无害化处理能力由 2010 年的 69 310 吨/日上升至 2020 年的 358 319 吨/日,生活垃圾无害化处理量由 2010 年的 1 732.51 万吨上升至 2020 年的 6 691.32 万吨。此外,市容环卫专用车辆设备总数也由 2010 年 25 249 辆上升至 2020 年的 74 722 辆,每万人拥有公厕数量稳定在 2~3.5 座。

表 2－17　2010—2020 年全国县城市容环境卫生情况

年　份	生　活　垃　圾				市容环卫专用车辆设备总数/辆	每万人拥有公厕数/座
	清运量/万吨	无害化处理厂数/家	无害化处理能力/(吨/日)	无害化处理量/万吨		
2010	6 317	448	69 310	1 732.51	25 249	2.94
2011	6 743	683	103 583	2 728.72	28 045	2.8
2012	6 838	848	126 747	3 690.65	31 164	2.09
2013	6 506	992	151 615	4 298.28	35 096	2.77
2014	6 657	1 129	168 131	4 766.44	38 913	2.76
2015	6 655	1 187	181 429	5 259.94	42 702	2.78
2016	6 666	1 273	190 672	5 680.47	46 278	2.82

续 表

年 份	生 活 垃 圾				市容环卫专用车辆设备总数/辆	每万人拥有公厕数/座
	清运量/万吨	无害化处理厂数/家	无害化处理能力/(吨/日)	无害化处理量/万吨		
2017	6 747	1 300	205 417	6 139.95	54 575	2.93
2018	6 660	1 324	220 696	6 212.38	61 436	3.13
2019	6 871	1 378	246 729	6 609.78	69 083	3.28
2020	6 810	1 428	358 319	6 691.32	74 722	3.51

数据来源:《中国环境统计年鉴》(2011—2021 年)。

此外,2010—2020 年全国县城园林绿化情况也得到显著改善(表 2－18)。人均公园绿地面积由 2010 年的 7.7 平方米上升至 2020 年的 13.44 平方米,建成区绿化覆盖率由 2010 年的 24.89%上升至 2020 年的 37.58%,建成区绿地率也由 2010 年的 19.92%上升至 2020 年的 33.55%。

表 2－18 2010—2020 年全国县城园林绿化情况

年 份	人均公园绿地面积/平方米	建成区绿化覆盖率/%	建成区绿地率/%
2010	7.7	24.89	19.92
2011	8.46	26.81	22.19
2012	8.99	27.74	23.32
2013	9.47	29.06	24.76
2014	9.91	29.8	25.88
2015	10.47	30.78	27.05
2016	11.05	32.53	28.74
2017	11.86	34.6	30.74
2018	12.21	35.17	31.21
2019	13.1	36.64	32.54
2020	13.44	37.58	33.55

数据来源:《中国环境统计年鉴》(2011—2021 年)。

2020 年,对生活污水进行处理的全国建制镇数量为 12 300 个,占全国建制镇的比例为 65.35%,全国建制镇污水处理厂的数量为 11 374 家,污水处理能力为 2 740.05 万立方米/日,污水处理装置处理能力为 2 157.36 万立方米/日[①]。

2020 年,全国建制镇绿化覆盖面积为 732 157.16 公顷,绿地面积为 468 789.11 公顷,公园绿地面积为 50 093.27 公顷,生活垃圾中转站为 28 737 个,环卫专用车辆设备为 119 983 辆,公共厕所为 135 070 座[②]。

2.2　土地城市化影响生态环境的模式总结

2.2.1　地方政府经营土地模式

在政治集权和经济分权的体制下,地方政府官员会利用土地处置权,在垄断的土地市场上策略性地设定土地出让价格与土地出让规模(王贤彬等,2014),从而获取大量的土地财政收入,以支撑当地的城市基础设施建设和公共服务供给,这被许多学者称为地方政府经营土地模式。在该模式下,地方政府的职能重心从经营企业、经营城市转向了深度介入土地经营,通过高强度的土地开发与投资策略,推动地方经济与产业发展。作为土地开发的核心推动者,地方政府纷纷规划并建设工业园区、开发区及新城区,推动城市空间边界不断向城郊地区延伸,这一过程对区域自然景观格局、生物多样性等造成了显著的负面影响,进而削弱了其生态服务功能。同时,工业生产过程中排放的废水、废气等污染物,严重影响区域的水、大气环境系统,导致其环境质量下降。现有文献就土地财政、开发区设立等对环境质量的影响方面开展了大量研究,但也得出了正反两方面的结论。

一是土地财政下的环境规制"逐底竞争"理论。这一理论认为,地方政府之间为争夺有限的工业企业和资本流入本地,展开激烈的招商引资竞争,进而增加本地区税基,促进本地区经济增长,从而获得未来更高的财政收入。地方政府之间竞争的手段和工具,除了常见的低价工业用地优惠及基础设施建设补贴等手段外,政府还对税收贡献大但能源消耗同样高的资本密集型企业和重工业行业企业等,竞相采取降低环境规制标准的竞次行为,由此使得实际环境规制水平下降。与此同时,土地财政在不同地区间具有竞争模仿的策略性互动特性(李郇等,2013),地方政府在执行本地环境规制政策时也会以邻近地区为参考,这就使得不同地区地方政府竞相吸引资本密集型企业,这进一步加剧了资源配置的扭曲,能源消耗的持续增加,更导致了整体环境质量的下降。

二是土地财政下的环境规制"逐顶竞争"理论。也有学者对土地财政下的环境规制"逐底竞争"理论提出了质疑,认为虽然地方政府之间存在引资需求与竞争,但并非都以降低环境规制要求为筹码(Revesz, 1992; Vogel, 1995; Butler and Macey, 1996; Potoski, 2001; Oates, 2001, Konisky, 2007)。Fredriksson 和 Millimet(2002)的研究结果表明,美国各州对邻近地区的环境规制做出了非对称的反应。具体而言,当邻近地区环境规制水平

① 《中国环境统计年鉴》(2021 年)。
② 《中国环境统计年鉴》(2021 年)。

较高时，如果邻近地区的规制强度增加，则该州环境规制力度亦会增加。相反，对于最初环境规制水平较低的竞争对手，如果其提高环境标准，邻近地区的反应则低得多。这表明对于较高规制水平的地区，环境规制竞争更多地表现为“逐顶竞争”。Konisky(2007)进一步分析了地方政府环境规制竞争的成立条件。研究认为，只有当环境规制的执法努力可能使自身在吸引经济投资方面处于不利地位时，它们才会对邻近地区的环境规制做出回应。而当环境规制的执法力度可以使自身处于“更好”的竞争地位时，则会出现“逐顶竞争”现象。张文彬等(2010)研究发现在政治集权、经济分权的治理模式下，环境规制的省际竞争会在环境绩效考核被强化后，呈现出趋优竞争。张彩云等(2018)的研究，也支持环境绩效考核能够强化地方政府环境规制的“逐顶竞争”。薄文广等(2018)利用中国2004—2015年省级层面的数据研究发现，自主型(选取信访办总结数、人大建议与政协提案数及科研机构人数衡量)环境规制则更多地表现出“逐顶竞争”特征。

2.2.2 开发区建设模式

中国的城市扩张大量表现为开发区及新城新区的建设。我国的开发区从规模和层级上可以分为国家级开发区、省级开发区和市县级开发区，国家级开发区是国务院批准在城市特定区域设立的，主要包括经济技术开发区、高新技术产业开发区、出口加工区、保税区、边境合作经济区等。省市级开发区主要是经济开发区和工业园区，前者类似于经济技术开发区。所以省市级开发区大多都是工业、制造业等产业集群区域。根据《中国开发区审核公告目录》(2018年版)，全国开发区总数为2 543家，其中，国务院批准设立的开发区有552家，包括219家经济技术开发区(下文简称“经开区”)、156家高新技术产业开发区、135家海关特殊监管区域、19家边境/跨境经济合作区，以及23家其他类型开发区；省(自治区、直辖市)人民政府批准设立的开发区有1 991家[①]。到了2021年，全国已有230家国家级经开区，其地区生产总值为13.7万亿元，占同期国内生产总值比重为11.9%；其财政收入为2.5万亿元，占全国财政收入比重为12.5%；其税收收入为2.2万亿元，占全国税收收入比重为12.9%；其进出口总额为8.7万亿元，占全国进出口总额比重为22.3%[②]。国家级经开区的地区生产总值、财政及税收收入、进出口总额占全国GDP的比重均较高，在国家的经济社会发展中起着举足轻重的作用。开发区的设立及其产业集聚既能对生态环境产生负外部性影响，也能通过治污规模效应、知识、技术溢出等集聚外部性效应等，对生态环境产生正外部性影响。

一是开发区设立及产业集聚对生态环境的负外部性影响。以生产为核心功能的开发区建设，在带动城市经济产出增加的同时，也会增加城市对能源和资源的消耗量，通过排放污染物的规模效应影响城市的环境质量。现实情况和环境数据均显示，随着国家、省级

---

① 《中国开发区审核公告目录》(2018年版)[EB/OL].(2018-02-26)[2024-02-26]. https://www.gov.cn/zhengce/zhengceku/2018-12/31/content_5434045.htm.

② 《全国经开区高质量发展报告2022》。

及市县级开发区数量的快速增加，工业废水、废气等污染排放快速增长，导致环境质量日趋下降，同时，土地沙漠化、雾霾和水污染、大气污染等环境污染问题也越来越严重，工业化程度较高的地区企业污染排放造成的影响明显更大。开发区的设立对生态环境产生影响的关键，在于分析产业集聚对生态环境的影响途径，对此现有文献开展了诸多研究。Virkanen（1998）使用芬兰数据发现工业集聚区会造成环境污染。Duc（2007）通过研究越南河流周边工业排放数据同样发现，工业集聚是导致河流污染的重要原因，集聚区排放的有机氮、碳和磷等使河流水质恶化，对环境产生负外部性影响。Verhoef 和 Nijkamp（2002）通过构建单中心城市空间均衡模型，从外部性视角得出产业集聚在一定程度上也加剧了环境污染的结论。Hosoe 和 Naito（2006）等在新地理经济学模型中加入环境类因素，并建立中心-边缘模型，研究发现制造业集聚产生的污染会影响地下水和土地的质量，从而推高了区域污染的排放水平。Li 等（2021）的研究也表明中心城市的产业集聚会对周围城市的环境质量产生负面影响，即存在明显的临近污染效应。韩峰和谢悦（2017）采用空间模型对生产性服务业集聚与碳排放之间的关系开展研究，结果显示相关地区的交通运输、批发零售等低端生产性服务业集聚现象会导致附近地区的碳排放明显增加。王兵和聂欣（2016）利用开发区作为研究产业集聚的窗口，重点关注水质观测点附近的开发区，采用双重差分法研究开发区设立对周边河流水质的影响，实证结果验证了这种集聚形式在短期内会导致河流污染问题明显恶化，主要水质指标出现上升现象。

二是开发区设立及产业集聚对生态环境的正外部性影响。也有学者认为产业集聚在一定程度上缓解了环境污染，随着集聚程度的加深，治污规模效应、技术溢出效应等正外部性开始突显，能够较好地缓解环境污染问题，同时集聚区也能提高对污染企业的管控效率。Copeland 和 Talyor（2004）的研究证实了企业技术创新和污染集中治理能够带来规模效应，即产业集聚能够表现出改善环境质量的作用。Zeng 和 Zhao（2009）发现产业集聚将有利于“污染天堂”效应的减小，对环境质量有正向作用。Glaser（2011）研究证实城市作为经济集聚体，相较于分散生产和居住的乡村来说环境保护的力度和意识更好，而且产业集聚也可以通过有效提高交通便利的方式降低污染排放。陆铭和冯皓（2014）认为人口和经济活动的集聚有利于降低单位产值的排放强度，并且工业和第三产业的规模经济效应是产业集聚降低污染排放的重要机制。Chen 等（2017）研究发现经济集聚降低了二氧化碳排放强度。王崇锋和张吉鹏（2009）的研究表明产业集聚水平的提高有利于延长或扩展产业链，提高资源利用效率并减少废弃物的排放，从而产生正的环境外部效应。周侃等（2019）的研究发现集聚能够有效降低区域水污染的排放强度，且这种减排效应在中小城市更加明显。

2.2.3　新型城镇化模式

随着城镇化建设的持续推进，我国城市建设用地面积呈现高速增长态势。地方政府经营土地、大量建设开发区、新城新区的传统模式，虽然使得工业化与城镇化得到了快速发展，并创造了经济发展的“中国式奇迹”，但是随之而来的土地利用效率低下、使用方式粗放、生态环境恶化等问题逐渐显现，并成为制约我国经济高质量发展的关键因素。党的十八大以来，以习近平同志为核心的党中央明确提出实施新型城镇化战略，提出走“以人为本、四化同步、优化布局、生态文明、文化传承”的中国特色新型城镇化道路。新型城镇化战略要求根据资源承载能力构建合理的城镇化布局，科学规划城市群，提高国土空间利用效率。同时，新型城镇化战略将生态文明理念融入城镇化建设中，要求集约利用土地，提高社会环境的承载力，实现城市土地可持续利用、经济高质量发展（张东玲等，2022）。

在新型城镇化模式下，各地区致力于以尽可能少的土地要素投入和最小的生态环境污染为代价获取绿色经济产出最大化。通过科学规划城市空间布局，进一步优化产业布局，构建更加合理的产业分工体系，努力提高资源配置效率，进而依赖产业集聚外部性、知识溢出效应等，有效提升企业的生产效率，从而推动城市土地资源的优化配置，促进土地利用结构的优化，以及土地利用效率的提升，实现土地利用与生态功能、环境质量提升的共赢。

在新型城镇化过程中，各城市根据自身区位条件、资源禀赋等，将各种关联产业聚集形成产业园区，与地区内部、外部相关产业建立联动、协作关系，建立合理的产业分工合作网络，推动产业专业化和多样化发展。一方面，通过专业化产业集聚，企业可以共享资源与市场，节约交易成本，产业聚集形成的网络协同效应，能够优化资源配置，提高资源配置效率，进一步降低资源和能源的消耗。另一方面，产业集聚又可以促进产业间分工合作网络体系的形成，实现知识、技术和劳动力等生产要素的相互交流与学习，形成集聚外部性（包括马歇尔外部性、波特外部性和雅格布斯外部性等），从而进一步提高土地利用效率。

长期以来，我国实行城市偏向的二元发展战略，加剧了城乡分割、土地分治、人地分离的矛盾。为解决城乡发展不平衡问题，2019 年 5 月 5 日，中共中央、国务院发布了《关于建立健全城乡融合发展体制机制和政策体系的意见》，提出要“促进城乡要素自由流动、平等交换和公共资源合理配置，加快形成工农互促、城乡互补、全面融合、共同繁荣的新型工农城乡关系”。通过加强城乡产业融合发展，推进农村一二三产业融合，建立科学的城乡产业分工协作体系，打通城乡要素自由流动的制度性障碍，推进城乡生产要素的空间优化配置，同时提高基础设施、公共服务等公共资源的共建共享水平，引导县域、中小城镇等走向更为科学合理的区域化分工协作格局，从而提升全国整体土地资源的配置效率和生态效率。

2.2.4 生态城镇化模式

生态城镇化是指在实现自然生态系统良性循环的前提下，统筹考虑城镇建设与人口、环境、资源、产业、文化、社会和谐等之间的关系，以生态经济体系为核心，以生态产业化为动力，以生态文明建设为主体，推进大中小城市和农村小城镇的生态化、集群化、现代化的发展，以实现社会可持续发展为目的，使城镇经济、社会、生态效益实现最佳结果，全面提升城镇化的质量和水平。生态城镇化模式具体又可分为生态农业模式、生态工业模式和生态服务业模式。

第一，许多城乡融合发展试验区通过积极创新、转变理念，探索了生态资源的产业化路径，总结起来主要有“生态+现代农业”“生态+旅游康养”“生态+文化”“生态+特色休闲”“生态+大健康”“林下经济”“高山经济”等模式。四川省大邑县依托川西平原的林盘自然资源资产和历史文化底蕴，引进华侨城集团、朗基集团等，运用“生态+文旅”产业模式，建成南岸美村、稻乡渔歌田园综合体等项目，以及乡村会客厅、锦绣安仁花卉公园、大地之眼等特色景点，推动农商文旅体一二三产业融合发展，实现了林盘自然资源的产业化及生态价值的转化。与此同时，该县依托“大邑黄柏”“郎江青梅酒”等开发青梅果酒、大邑古茶、药香抱枕等系列农创产品，建设集生态种植观光、田园采摘体验、精品民宿度假于一体的农旅综合体，实现了生态产品价值多元共建共享[①]。福建省三明市宁化县水茜镇利用良好的生态优势，积极发展林下经济，创新探索“基地托管种植”“互联网+基地+实体店”等模式，大力优化经营主体和农户的利益联结机制，取得了良好的生态效益及经济社会效益。山东省淄博市高新区四宝山生态修复和矿山公园建设提升了其生态产品价值，促进了开发区产业布局的优化及升级，其效应外溢到周边产业。

第二，一部分地区通过加强生态治理与修复，提升生态资源价值。福建省福州市在闽江河口湿地自然保护区内，通过实施互花米草除治、本土植被恢复、生态鸟岛营造、保护区内养殖塘“退养还湿”等措施开展河口湿地生态修复。通过设置保护区界标、哨卡，安装卫星定位装置，建立水鸟活动网络实时远程监控系统，建设湿地生态系统定位监测站，完善了保护区监测体系，提升了保护区科学管理水平（湿地综合保护修复机制）。福建省厦门市五缘湾片区通过开展陆海环境综合整治和生态修复保护，以土地储备为抓手推进了公共设施建设和片区综合开发，依托良好生态发展了生态居住、休闲旅游、医疗健康、商业酒店、商务办公等现代服务产业，增加了片区内生态产品的数量，提升了生态价值，促进了土地资源升值溢价。山东省威海市将生态修复、产业发展与生态产品价值实现“一体规划、一体实施、一体见效”，优化调整修复区域国土空间规划，明晰修复区域产权，引入社会主体投资，持续开展矿坑生态修复和后续产业建设，把矿坑废墟转变为生态良好的5A级景区，带动了周边区域发展和资源溢价，实现了生态、经济、社会等综合效益。江苏省徐州市贾汪区潘安湖采煤塌陷区以“矿地融合”理念，推进了采煤塌陷区生态修复，将千疮百孔的塌陷区建设成为湖阔景美的国家湿地公园，为徐州市及周边区域提供了优质的生态产品，并带动了区域产业转型升级与乡村振兴，维护了土地所有者权益，显化了生态产品的价值。江西省通过科学规划设计，同步实施流域水环境保护与整治、矿山环境修复、水土流失治理、生态系统与生物多样性保护、土地整治与土壤改良等系统治理五大工程。创新生态修复模式，实施“山上山下、地上地下、流域上下游”同时治理，“上拦、下堵、中间削、内外绿化”全方位蓄水保土，生态化疏河理水、多元化治污洁水。在治理后的废弃矿区种植经济林果、发展生态旅游，实现了变废为宝，助力乡村脱贫与振兴发展（山地丘陵地区山水

---

① 四川省发展改革委，《关于同意大邑县等14个地区开展生态产品价值实现机制试点工作的通知》，2021年11月。

林田湖草系统保护修复模式）。

第三，在生态城镇化模式下，许多地区积极探索生态产品价值实现的模式及路径（绿色金融、生态补偿、政府购买、产权交易）。福建省南平市借鉴商业银行“分散化输入、整体化输出”的模式，构建了“森林生态银行”这一自然资源管理、开发和运营的平台，对碎片化的森林资源进行集中收储和整合优化，转换成连片优质的“资产包”，引入社会资本和专业运营商具体管理，打通了资源变资产、资产变资本的通道，提高了资源价值和生态产品的供给能力，促进了生态产品价值向经济发展优势的转化。

重庆市通过设置森林覆盖率这一约束性考核指标，明确了各方权责和相应的管控措施，形成了森林覆盖率达标地区和不达标地区之间的交易需求，搭建了生态产品直接交易的平台，打通了绿水青山向金山银山的转化通道。此外，重庆市以地票制度为核心，将地票的复垦类型从单一的耕地，拓宽到林地、草地等类型，拓展了地票的生态功能，建立了市场化的“退建还耕还林还草”机制，减少了低效的建设占用，增加了生态空间和生态产品，实现了统筹城乡发展、推动生态修复、增加生态产品、促进价值实现等多重效益。江西省抚州市开发了线上碳普惠公共服务平台“绿宝”，采用实名注册，通过政府激励、商业活动、考核监管等手段，引导市民通过绿色低碳生活方式积累碳币、享受商业消费折扣，并组建了碳普惠商家联盟，联合千家商户开展碳币兑换。福建省三明市借助国际核证碳减排、福建碳排放权交易试点等管控规则和自愿减排市场，探索开展了林业碳汇产品交易。

2.3 土地城市化影响生态环境的典型案例分析

2.3.1 重庆地票交易拓展生态功能

1. 基本情况

从 2008 年开始，重庆市探索开展了地票改革试验，以市场化机制引导农民自愿将闲置、废弃的建设用地复垦为耕地，由此腾挪出的建设用地指标经公开交易后形成地票。与此同时，改革过程中也出现了一些问题，比如并非所有地块都适合复垦为耕地，特别是在生态保护红线区、生态敏感脆弱区等区域，原有的建设用地复垦为林地、草地等生态用地更为适宜。为进一步完善地票交易制度，加快推动城乡自然资本增值，2018 年重庆市印发了《关于拓展地票生态功能促进生态修复的意见》，将地票制度中的复垦类型从单一的耕地，拓展为耕地、林地、草地等类型，启动探索地票生态功能，更好地促进城乡生态融合。

在具体工作开展过程中，按照“生态优先、实事求是、农户自愿、因地制宜”的原则实施复垦，宜耕则耕、宜林则林、宜草则草。在重要饮用水水源保护区、生态保护红线区等重点生态功能区，以及地质灾害点、已退耕还林区域、地形坡度大于 25 度区域、易地扶贫搬迁迁出区等不适宜复垦为耕地的区域，主要引导复垦为林地、草地等具有生态功能的农用地；在上述之外区域，具备复垦为耕地条件的，特别是在永久基本农田控制线内，重点复垦为耕地，并分别明确复垦验收标准，所有经复垦验收合格的地块，都可以申请地票交易。

对复垦为耕地和林地的地票，实行无差异化交易和使用，并统筹占补平衡管理，确保复垦前后的土地权利主体不变、所获收益相同，保障复垦主体的权益。此外，注重与相关工作统筹联动。拓展地票生态功能的探索与历史遗留废弃矿山生态修复、林票改革等工作配套衔接，推动改革形成综合效应。在历史遗留废弃矿山生态修复治理中，鼓励各地区因地制宜地开展建设用地复垦，腾出的指标参照地票进行交易，不断提升生态修复效益和生态产品供给能力。

2. 经验特色

一是运用市场化机制增加了生态空间和生态产品的供给，促进了生态产品价值的实现。地票运用市场化机制激励“退建还耕还林还草”，根据区域生态环境的适宜性，将农村闲置废弃建设用地恢复为耕地、森林、草原等自然生态系统，减少了低效的建设占用，增加了生态空间和生态产品，实现了生态产品价值。

二是坚持因地制宜的原则，有效提升了生态环境质量，创新了生态产品价值的实现机制。在拓展地票生态功能的过程中，坚持的总体原则是因地制宜实施复垦，宜耕则耕、宜林则林、宜草则草。这既符合国土空间规划的要求，也更加契合土地利用现状条件及农户土地利用的需求，实现了保护生态环境及增加农民财产性收入的“双赢”，创新了生态产品价值的实现机制。

三是注重部门联动，充分发挥各主体作用。重庆市国土房管局联合农业、环保、林业等相关部门，因地制宜拓展地票生态功能，切实保障复垦农户、集体经济组织和地票购买主体权益，稳步推动改革方案顺利落地。同时，政策实施过程还十分注重发挥城乡各方主体作用。在重庆地票制度改革推进过程中，政府做顶层设计、制定政策规则，用地企业付费购买，农户提供土地并通过复垦提供生态产品，使得三方利益实现“共赢”。政府、企业、农户三方主体共同推动拓展地票生态功能，不仅大幅降低了政府的财政资金压力，还有效实现了生态产品价值（李维明和李博康，2020）。

3. 存在的问题

其一，复垦地块更为分散，复垦难度加大，生态价值实现不足。相对于适宜复垦为耕地的地块而言，适宜复垦为林地的地块更加分散，加大了复垦项目的整合难度。此外，复垦为林地后，农户难以耕种复垦地块或流转经营，复垦后的经营性收入受到影响，而相关生态价值实现的途径还不完善。

其二，占补平衡统筹总量有限，交易量偏少。一是地票需求总量在缩减。重庆市目前已进入人口城镇化增速放缓、城镇化转型发展阶段，以城镇区域为主体的地票流入动力减弱。二是由于复垦为林地的地票不具备耕地占补平衡指标功能，市级统筹耕地占补平衡来源于新增建设占用耕地占比和复垦补充耕地占比之间的差异，统筹平衡总量有限，一定程度上限制了复垦为林地地票的使用总量。

其三，地票交易的市场调控难度加大。将复垦为林地、草地的地票纳入交易体系后，不仅要根据房地产市场、土地市场的需求趋势和区县建设用地复垦的供给能力调节地票市场总量供需关系，还需要根据地票复垦生产的适宜性、新增建设占用耕地的规模等，精准调节复垦为耕地或是林地的结构性关系和时序性安排，给地票管理带来挑战。同时，现行的地票收储制度与地票转让制度等管理机制亦需进行相应的调整与优化。

4. 对策建议[①]

第一，要科学合理核算地票生态价格。结合自然资源有偿使用、生态补偿政策等，科学核算地票生态价格，制定基于生态补偿功能的地票交易基准价格，提高地票需求，激励农民积极参与。对于适宜复垦为林地、草地的项目，进一步降低复垦成本、鼓励农民自行复垦，将节约的复垦工程成本返还农民，提高农民参与积极性。

第二，挖掘地票生产地的生态吸引力，发展生态产业，激发市场活力。将生态产品与各地独特的自然资源、历史文化资源等相结合，发展生态旅游、生态农业等生态产业，将生态产品的价值转化为可以直接进行市场交易的商品价值。

第三，应当激励生态受益区在交易中的参与积极性。探索生态空间用途管制制度，将森林覆盖率指标、碳排放权、林权等纳入指标交易范畴，通过政府管控与市场交易等方式促进生态型地票购买需求。

第四，探索开展长江上游、中游、下游地区跨流域生态地票交易，建立重要流域系统的生态保护区域与生态受益区之间的交易机制，拓宽地票交易地域范围。

第五，防范复垦过程中产生的生态系统扰动问题。综合考虑复垦地块的气候调节、水源涵养、土壤保护、环境净化、生物多样性保护等生态功能进行复垦工程设计、选材及实施，避免切割原有农田景观和扰动原有农田生态系统稳定性和生物群落多样性。

2.3.2 广东省广州市花都区公益林碳普惠项目[②]

1. 基本情况

花都区地处广东省广州市北部，拥有丰富的林业资源。为促进生态产品价值实现，花都区依托广东省碳排放权交易市场和碳普惠制试点，选取梯面林场开发公益林碳普惠项目，通过引入第三方机构核算减排量、网上公开竞价等措施，将无形的森林生态服务价值转化为有形的经济效益，构建了政府市场双向发力、多方参与共赢的生态产品价值实现机制。首先，在政府主导下，制定林业碳普惠方法学、基础数据和碳普惠交易规则，为项目开展提供基础数据和制度保障。2017 年，广东省改革和发展委员会印发了《广东省森林保护碳普惠方法学》和《广东省森林经营碳普惠方法学》，上述文件经历了 2019 年和 2020 年

① 刘燕、杨庆媛. 地票制度下贫困地区土地生态功能的拓展——以重庆的实践为例[J]. 中国土地，2020(12)：36－38.
② 自然资源部-《生态产品价值实现案例》。

的两次修订。2017 年 7 月，广州碳排放权交易所出台了《广东省碳普惠制核证减排量交易规则》，对交易的标的和规格、交易方式和时间、交易价格涨跌幅度和资金监管、交易纠纷处理等进行了明确规定，为林业碳普惠项目实践奠定了基础。其次，通过第三方核算，明确碳减排量。2018 年 2 月，梯面林场委托中国质量认证中心广州分中心，依据《广东省森林保护碳普惠方法学》，对其权属范围内 1 800 多公顷生态公益林 2011—2014 年产生的林业碳普惠核证减排量进行了第三方核算。最后，通过市场化交易，显化生态产品价值。控排企业可以通过购买碳排放权配额或自愿减排核证减排量等方式抵消碳排放量，由此形成了一个以碳排放权交易市场为基础的碳汇交易机制。

2. 特色经验

一是通过市场化手段盘活了自然资源资产。花都区梯面林场公益林碳普惠项目利用碳普惠交易，充分显示了森林资源所提供的固碳释氧、减缓气候变化等公共性生态产品的价值，依托碳排放权交易市场体系和碳普惠机制，实现了碳普惠与碳交易的有机结合，采取市场化方式将其转换为经济效益，有效盘活了"沉睡"的自然资源资产，实现了森林生态系统的生态价值。

二是实现了"政府+市场"模式下的多方共赢。碳普惠项目是政府与市场双向发力、共同促进生态产品价值实现的典型模式，在实施过程中，参与各方都实现了预期目标，实现了多方共赢。控排企业作为购买方，降低了企业的减排成本，实现了预期的碳排放目标（通常碳汇价格低于碳排放配额价格）；森林经营部门借助碳交易市场获得了一定收益，激发森林经营主体抚育公益林、保护自然、修复生态等方面的积极性；政府作为监管方和制度供给方，促进了林业资源的有效保护和质量提升，增强了生态产品的供给能力，同时也为生态良好地区如何推动公共性生态产品的价值实现提供了可推广借鉴的模式。

三是形成了良好示范效应。花都区梯面林场公益林碳普惠制项目的成功实施，开启了广东碳普惠项目交易的序幕，促进了碳汇交易市场健康发展，起到了良好的示范作用。

3. 存在的问题

目前，广东碳普惠交易采取竞价模式，交易仅在少数企业之间进行，农户、集体等林地经营户参与度相对较低。同时，公众在消费端参与碳普惠交易更少。此外，还存在碳普惠交易机制不健全、价格受到扭曲等问题。碳普惠交易信息平台建设需进一步加强，林业碳普惠交易中介服务体系也应进一步完善。最后，碳普惠方法学体系的研究应进一步加强，提升其系统性和统一性。

4. 对策建议

一是放宽参与主体限制，提高碳普惠的参与度，激发碳汇市场活力。花都区需要进一步放宽参与主体限制，激励更多的企业、团体、农户参与到碳交易市场中去，真正实现其普惠性质。同时，适当控制国有林场的参与规模，在国有林场和个人农户参与权衡之中实现整体收益最大化。此外,考虑到公众参与型碳交易的发展趋势及其积极意义,政府可以提高自愿核证减排量交易的比例,扩大自愿核证减排量交易的市场规模。

二是深入开展碳普惠计量核算研究。广东已经成功开发出了《广东省森林保护碳普惠方法学》《广东省森林经营碳普惠方法学》等六大方法学,未来应当进一步完善方法学体系,联合高校及科研机构力量,结合当地实际,开展更多的碳普惠方法学研究。

三是合理界定基准线,扩大参与碳交易的林地面积。就目前而言,参与到碳交易市场的林地面积占总面积的比重相对较小,严重限制了林业碳普惠的进一步发展,因此要根据实际的林地生长情况来制定基线,确保更多的林地参与到林业碳普惠项目中来,从而推进林业碳普惠的高效发展。

四是因地制宜,合理设定计入期。根据各个地方的实际情况制定合理的计入期和核算周期,同时需要每年对经营主体的收益进行量化,降低经营的风险性和不确定性,给予造林人实际的切身利益,以此来调动他们的积极性,增加参与碳交易的林地面积,使得他们在获得经济收益的同时取得良好的生态效益。

五是加强建立碳普惠交易信息平台,进一步完善碳普惠交易机制。建议加强建立森林碳普惠交易信息平台,完善林业碳普惠交易中介服务体系,以消除交易双方的信息不对称,降低信息搜寻、谈判、协议等交易成本。同时,进一步完善碳普惠交易机制。

六是建立适当约束机制及监管机制,保证森林的固碳效果。为了确保固碳机制取得切实的成果,需要制定相应的政策来监督经营碳汇收益是否实际分配到项目主体,并由此激励项目主体增加保护和造林投入,形成一种良性循环,实现经济效益、社会效益和生态效益的统一。政府要加大对碳普惠市场的合理干预,着重完善碳汇信息的监测、报告与核查(Monitoring Report and Verification, MRV)制度。

参考文献

[1] 薄文广,徐玮,王军锋.地方政府竞争与环境规制异质性:逐底竞争还是逐顶竞争?[J].中国软科学,2018(11):76-93.

[2] 韩峰,谢锐.生产性服务业集聚降低碳排放了吗?——对我国地级及以上城市面板数据的空间计量分析[J].数量经济技术经济研究,2017,34(3):40-58.

[3] 李维明,李博康.重庆拓展地票生态功能实现生态产品价值的探索与实践[J].重庆理工大学学报(社会科学),2020,34(4):1-5.

[4] 李郇,洪国志,黄亮雄.中国土地财政增长之谜:分税制改革、土地财政增长的策略性[J].经济学(季刊),2013,12(4):1141-1160.

[5] 李学文,张蔚文,陈帅.耕地非农化严格管控下的地方合作、共谋与制度创新:源自浙江省土地发展权折抵指标交易政策的证据[J].经济学(季刊),2020,19(3):797-824.

[6] 刘守英,熊雪锋,章永辉,等.土地制度与中国发展模式[J].中国工业经济,2022(1):34-53.

[7] 陆铭,冯皓.集聚与减排:城市规模差距影响工业污染强度的经验研究[J].世界经济,2014,37(7):86-114.

[8] 谭明智.严控与激励并存：土地增减挂钩的政策脉络及地方实施[J].中国社会科学,2014(7)：125－142.
[9] 陶然,苏福兵,陆曦,等.经济增长能够带来晋升吗?：对晋升锦标竞赛理论的逻辑挑战与省级实证重估[J].管理世界,2010(12)：13－26.
[10] 汪晖,陶然.论土地发展权转移与交易的“浙江模式”：制度起源、操作模式及其重要含义[J].管理世界,2009(8)：39－52.
[11] 王兵,聂欣.产业集聚与环境治理：助力还是阻力：来自开发区设立准自然实验的证据[J].中国工业经济,2016(12)：75－89.
[12] 王崇锋,张吉鹏.制造业产业集聚对生态城市建设影响的定量研究：基于 CR_4 指数的实证研究[J].中国人口·资源与环境,2009,19(4)：140－144.
[13] 王贤彬,张莉,徐现祥.地方政府土地出让、基础设施投资与地方经济增长[J].中国工业经济,2014(7)：31－43.
[14] 张东玲,王艳霞,刘敏.新型城镇化对城市土地绿色利用效率的政策驱动效应：基于 280 个地级市的实证检验[J].城市问题,2022(4)：45－54.
[15] 张文彬,张理芃,张可云.中国环境规制强度省际竞争形态及其演变：基于两区制空间 Durbin 固定效应模型的分析[J].管理世界,2010(12)：34－44.
[16] 周侃,刘汉初,王强.空间溢出视角下经济集聚对水污染物排放的影响：基于中国 339 个地级及以上城市数据的实证分析[J]. Journal of Geographical Sciences, 2019, 29(12)：2015－2030.
[17] Butler H N, Macey J R. Using federalism to improve environmental policy[M]. Washington, D.C.: AEI Press, 1996.
[18] Chen Z, Poncet S, Xiong R X. Inter-industry relatedness and industrial-policy efficiency: Evidence from China's export processing zones[J]. Journal of Comparative Economics, 2017, 45(4): 809－826.
[19] Copeland B R, Taylor M S. Trade, growth, and the environment[J]. Journal of Economic Literature, 2004, 42(1): 7－71.
[20] Duc T A, Vachaud G, Bonnet M P, et al. Experimental investigation and modelling approach of the impact of urban wastewater on a tropical river; a case study of the Nhue River, Hanoi, Viet Nam[J]. Journal of Hydrology, 2007, 334(3/4): 347－358.
[21] Fredriksson P G, Millimet D L. Strategic interaction and the determination of environmental policy across U.S. states[J]. Journal of Urban Economics, 2002, 51(1): 101－122.
[22] Glaser B. G. Getting out of the data: Grounded theory conceptualization[M]. Mill Valley: Sociology Press. 2011.
[23] Hosoe M, Naito T. Trans-boundary pollution transmission and regional agglomeration effects[J]. Papers in Regional Science, 2006, 85(1): 99－120.
[24] Konisky D M. Regulatory competition and environmental enforcement: Is there a race to the bottom?[J]. American Journal of Political Science, 2007, 51(4): 853－872.
[25] Li X H, Xu Y Y, Yao X. Effects of industrial agglomeration on haze pollution: A Chinese city-level

study[J]. Energy Policy, 2021, 148: 111928.

[26] Oates W E. A reconsideration of environmental federalism[J]. Discussion Papers, 2001, 56(1): 171-197.

[27] Potoski M. Clean air federalism: Do states race to the bottom? [J]. Public Administration Review, 2001, 61(3): 335-343.

[28] Revesz R L. Rehabilitating interstate competition rethinking the race-to-the-bottom rationale for federal environmental regulation[J]. New York University Law Review, 1992, 67(6): 1210-1256.

[29] Verhoef E, Nijkamp P. Urban environmental externalities, agglomeration forces, and the technological "deus ex machina"[J]. Environment and Planning A: Economy and Space, 2008, 40(4): 928-947.

[30] Virkanen J. Effect of urbanization on metal deposition in the bay of Töölönlahti, Southern Finland [J]. Marine Pollution Bulletin, 1998, 36(9): 729-738.

[31] Vogel D. Trading up: consumer and environmental regulation in a global economy[M]. Cambridge, Mass.: Harvard University Press, 1995.

[32] Zeng D Z, Zhao L X. Pollution havens and industrial agglomeration[J]. Journal of Environmental Economics and Management, 2009, 58(2): 141-153.

第 3 章　土地城市化如何影响生态环境质量？
——基于动态最优化和空间自适应半参数模型的分析[①]

3.1　研究土地城市化影响生态环境质量的机理及机制的必要性

城市化是由农业为主的传统乡村社会向以工业和服务业为主的现代城市社会逐渐转变的过程，具体包括劳动者职业的转换、产业结构的转变、人口土地及地域空间的转移（中国经济增长与宏观稳定课题组，2009；中国经济增长前沿课题组，2011）。城市化可通过专业化与多样性、人力资本积累、信息交流网络形成、交易效率提高等促进产业结构转变、技术创新的产生及扩散，进而推动经济增长（程开明，2009）。城市化虽然能促进经济的快速发展，但同时由于其集中了工业生产、能源消费、交通等因素，也会产生环境污染问题，对居民健康造成危害（Wang et al., 2018b; Xie et al., 2017a）。环境库兹涅茨曲线理论的提出说明环境污染和经济发展（人均 GDP）之间呈倒 U 形曲线关系（Shafik, 1994; Selden and Song, 1994; Grossman and Krueger, 1995; Galeotti et al., 2006），经济发展初期，随着人均 GDP 的增加，生态环境质量下降，达到一定临界点之后，随着人均 GDP 的增加，生态环境质量有所改善。土地城市化体现为农业用地转化为非农业用地和农村用地转化为城市用地的过程（吕萍等，2008；杜帼男和蔡继明，2013）。土地利用方式、土地利用结构的变化、土地指标的配置以及由此产生的经济发展空间的变化、产业结构的调整等均会对生态环境质量产生影响（Nelson, 2010; Lichtenberg and Ding, 2009; Turnbull, 2004）。那么，土地城市化对生态环境质量的影响机理如何、土地城市化和生态环境质量之间呈现什么类型的曲线关系，值得进行深入的探讨和研究。

现有文献在研究城市化如何影响环境污染和环境质量时，从研究方法上大体可以分为参数模型、非参数模型和耦合度模型三种类型。（1）参数模型。运用参数模型进行研究时，现有文献一般是将环境污染或环境质量变量作为因变量，以城市化率的一次项和二次项或三次项同时放在该模型中（Zhu et al., 2012; Zhang and Lin, 2012；罗能生等，2013；王兵等，2014; Wang et al., 2018b; Xu et al., 2018），实证分析其非线性关系，但是参数方法存在模型设定偏误的问题。（2）非参数模型。现有文献中运用非参数模型研究城市化

---

① 本章相关研究内容已发表：王镝，唐茂钢.土地城市化如何影响生态环境质量？——基于动态最优化和空间自适应半参数模型的分析[J].经济研究，2019，54(3)：72－85.

和环境污染、环境质量之间关系的文献不多。Zhu 等(2012)运用半参数模型验证了城市化和 CO_2 排放之间的倒 U 形曲线关系。Xu 和 Lin(2015)利用非参数可加模型检验了中国工业化、城市化与 CO_2 排放的非线性关系,结论表明东部地区城市化与 CO_2 排放呈倒 U 形曲线关系,中部地区城市化与 CO_2 排放呈正向 U 形曲线关系,而西部地区城市化与 CO_2 排放之间的关系不显著。Wang 等(2018b)运用广义可加模型研究城市化率与 $PM_{2.5}$ 之间的关系,得出的结论是:全国、东部和中部地区城市化率与 $PM_{2.5}$ 之间呈倒 U 形曲线关系,而西部地区城市化率与 $PM_{2.5}$ 之间呈 N 形曲线关系。但是,非参数模型会带来"维数诅咒"的问题,当回归函数的维数增加时,非参数模型的拟合效果变差。(3) 耦合度模型。在耦合度模型方面,现有文献将城市化细分为人口城市化、经济城市化、社会城市化和空间城市化等几个维度,将生态环境细分为环境水平、生态环境禀赋、生态环境压力、生态环境控制和生态环境响应等指标,对城市化与生态环境之间的影响机制进行了大量细致研究。得出的结论认为城市化与生态环境质量之间呈 U 形曲线或 S 形曲线关系(Li et al., 2012; Zhao et al., 2016; He et al., 2017; Zhao et al., 2017; Lin and Zhu, 2018; Wang et al., 2018b; Han et al., 2018; Shen et al., 2018)。董直庆等(2014)通过两部门内生经济增长模型模拟技术进步方向和城市用地规模变化与环境质量的耦合过程,模拟结果表明,提升环境质量可以通过合理调控城市用地规模以及积极推广和应用清洁技术创新方式实现。

现有文献对土地城市化与生态环境质量之间的影响机制有一定的实证研究,但是没有从理论机理上进行深入分析。本章的研究首先运用动态最优化模型探究在经济发展的不同阶段,土地城市化对土地生态环境质量的影响机理,得出土地城市化率和地均土地生态环境质量之间呈 U 形曲线关系。随后,运用空间自适应半参数模型实证分析了土地城市化率和地均土地生态环境质量之间的关系,以验证理论机理分析中所得出的结论。最后,得出一定的结论和政策建议。

3.2 土地城市化影响生态环境质量的理论机制

Turnbull(2004)通过建立动态最优化模型研究了城市开发费用和城市增长边界对城市发展的影响,Litchberg 和 Ding(2009)通过建立动态最优化模型分析了地方政府在土地征用过程中面临土地财政激励和中央政府农地转用指标约束条件下城市土地扩张规模的问题。借用 Turnbull(2004)和 Litchberg 和 Ding(2009)的建模思路,运用动态最优化模型,我们构建了一个理论模型来分析土地城市化率与地均土地生态环境质量之间的关系。为简单起见,我们将土地总量单位化为 1[①],并假设该地区的土地分为农业用地和建设用地两类。建设用地由第二产业用地和第三产业用地组成,第二产业用地对土地生态环境质量的损害较为显著,第三产业用地对土地生态环境质量的影响则相对较小。

令 $N_1(t)$ 表示 t 时刻第二产业用地面积, $N_2(t)$ 表示 t 时刻第三产业用地面积,于是 t

① 这里不考虑未利用地。

时刻农业用地的面积为 $1-N_1(t)-N_2(t)$。以 $X_1(t)$ 表示 t 时刻由农业用地转化为第二产业用地的土地面积，以 $X_2(t)$ 表示 t 时刻由农业用地转化为第三产业用地的土地面积。t 时刻第二产业用地面积 $N_1(t)$ 的增加量为 $X_1(t)$，第三产业用地面积 $N_2(t)$ 的增加量为 $X_2(t)$，如式(3－1)所示。

$$\dot{N}_1(t)=X_1(t),\ \dot{N}_2(t)=X_2(t) \tag{3-1}$$

式中，$\dot{N}_1(t)$ 表示 $N_1(t)$ 的变化量，$\dot{N}_2(t)$ 表示 $N_2(t)$ 的变化量。

中央政府为确保国家粮食安全，对地方政府每年由农业用地转化为建设用地的面积都有严格的把控。假设中央政府第 t 期允许地方政府由农业用地转化为建设用地的土地面积为 X_0，地方政府根据当地经济发展状况、产业结构和招商引资能力，以及中央政府制定的环境规制政策的约束程度，确定由农业用地转化为第二产业用地的土地面积上限为 X_{10}，以及由农业用地转化为第三产业用地的土地面积上限为 X_{20}，$X_1(t)$ 和 $X_2(t)$ 满足的约束条件如式(3－2)所示。

$$X_1(t)\leqslant X_{10},\ X_2(t)\leqslant X_{20},\text{且满足 } X_{10}+X_{20}=X_0 \tag{3-2}$$

当农业用地转化为建设用地以后，单位建设用地产出大幅度提高，但其对生态环境的破坏程度也相应增加。当某地区经济发展水平较低、技术水平不高、产业结构层次偏低时，地方政府将农业用地转化为建设用地的指标主要分配给第二产业中的工业用地，但是工业用地会给环境造成较大的污染，当污染达到一定程度时，中央政府会出台环境规制政策约束该地区工业的发展。为符合中央政府的环境规制政策的要求，地方政府必须减少工业用地出让所占比例，而将农业用地转化为建设用地的指标多分配给第三产业用地中的服务业用地，一方面降低了污染水平；另一方面也可以增加单位土地的产出，实现经济的转型发展和绿色发展。

假设第二产业用地单位土地产出为 $R_1[N_1(t)]$，第三产业用地单位土地产出为 $R_2[N_2(t)]$，单位农业用地的产出为 $r[1-N_1(t)-N_2(t)]$，第三产业用地单位产出高于第二产业用地单位产出，两者均高于农业用地单位产出。农业用地具有保护生态环境的作用，而第二产业用地和第三产业用地不仅不能保护生态环境，反而会产生环境污染，并且单位第二产业用地产生的污染程度高于单位第三产业用地产生的污染程度。以 $\varphi_1[N_1(t)]$ 表示单位第二产业用地的污染治理投入，以 $\varphi_2[N_2(t)]$ 表示单位第三产业用地的污染治理投入。单位农业用地的生态环境质量记为 $\varepsilon(\cdot)$。

当地方政府在决定农业用地转化为建设用地的土地指标的规模（即绝对数量）及其结构（即指转化为第二产业用地和第三产业用地的比例），不仅要考虑其经济效益，也要考虑第二产业用地和第三产业用地所产生污染的治理投入，同时要考虑土地出让后剩余的农业用地给居民所带来的生态环境效用及其价值。地方政府目标收益最大化函数 W 的表达式如式(3－3)所示。

$$W=\int_0^{\infty}\left\{\begin{aligned}&\int_0^{N_1(t)+X_1(t)}R_1(z)\,dz+\int_0^{N_2(t)+X_2(t)}R_2(z)\,dz+\int_0^{1-N_1(t)-N_2(t)-X_1(t)-X_2(t)}r(z)\,dz\\&-\int_0^{N_1(t)+X_1(t)}\varphi_1(z)\,dz-\int_0^{N_2(t)+X_2(t)}\varphi_2(z)\,dz+\int_0^{1-N_1(t)-N_2(t)-X_1(t)-X_2(t)}\varepsilon(z)\,dz\end{aligned}\right\}e^{-\rho t}dt$$

$$\text{s. t. }\dot{N}_1(t)=X_1(t),\ X_1(t)\leqslant X_{10};\ \dot{N}_2(t)=X_2(t),\ X_2(t)\leqslant X_{20}\tag{3-3}$$

式中，ρ 为贴现率。令 $\lambda_1(t)$ 和 $\lambda_2(t)$ 分别表示第二产业用地和第三产业用地的影子价格，于是上述最优化问题的哈密顿(Hamilton)函数为

$$\begin{aligned}H=&\int_0^{N_1(t)+X_1(t)}R_1(z)\,dz+\int_0^{N_2(t)+X_2(t)}R_2(z)\,dz+\int_0^{1-N_1(t)-N_2(t)-X_1(t)-X_2(t)}r(z)\,dz\\&-\int_0^{N_1(t)+X_1(t)}\varphi_1(z)\,dz-\int_0^{N_2(t)+X_2(t)}\varphi_2(z)\,dz+\int_0^{1-N_1(t)-N_2(t)-X_1(t)-X_2(t)}\varepsilon(z)\,dz\\&+\lambda_1(t)[X_{10}-X_1(t)]+\lambda_2(t)[X_{20}-X_2(t)]\end{aligned}\tag{3-4}$$

求解该最优化问题，可以得到：

(1) 控制方程

对所有 t 有：$\partial H/\partial X_1=0$，$\partial H/\partial X_2=0$，即

$$\begin{aligned}&-\lambda_1(t)+R_1[N_1(t)+X_1(t)]-r[1-N_1(t)-N_2(t)-X_1(t)-X_2(t)]\\&-\varphi_1[N_1(t)+X_1(t)]-\varepsilon[1-N_1(t)-N_2(t)-X_1(t)-X_2(t)]=0\end{aligned}\tag{3-5}$$

$$\begin{aligned}&-\lambda_2(t)+R_2[N_2(t)+X_2(t)]-r[1-N_1(t)-N_2(t)-X_1(t)-X_2(t)]\\&-\varphi_2[N_2(t)+X_2(t)]-\varepsilon[1-N_1(t)-N_2(t)-X_1(t)-X_2(t)]=0\end{aligned}\tag{3-6}$$

(2) 状态方程

$\dot{N}_1(t)=\partial H/\partial\lambda_1$，$\dot{N}_2(t)=\partial H/\partial\lambda_2$ 即为 $\dot{N}_1(t)=X_{10}-X_1(t)$，$\dot{N}_2(t)=X_{20}-X_2(t)$。

(3) 共态方程

$\dot{\lambda}_1(t)=\rho\lambda_1(t)-\partial H/\partial N_1$，$\dot{\lambda}_2(t)=\rho\lambda_2(t)-\partial H/\partial N_2$，因此有：

$$\dot{\lambda}_1(t)=\rho\lambda_1(t)-\left[\begin{aligned}&R_1[N_1(t)+X_1(t)]-r[1-N_1(t)-N_2(t)-X_1(t)-X_2(t)]\\&-\varphi_1[N_1(t)+X_1(t)]-\varepsilon[1-N_1(t)-N_2(t)-X_1(t)-X_2(t)]\end{aligned}\right]\tag{3-7}$$

$$\dot{\lambda}_2(t)=\rho\lambda_2(t)-\left[\begin{aligned}&R_2[N_2(t)+X_2(t)]-r[1-N_1(t)-N_2(t)-X_1(t)-X_2(t)]\\&-\varphi_2[N_2(t)+X_2(t)]-\varepsilon[1-N_1(t)-N_2(t)-X_1(t)-X_2(t)]\end{aligned}\right]\tag{3-8}$$

(4) 横截条件

$$\lim_{t\to\infty}\lambda_1(t)e^{-\rho t}=0,\quad\lim_{t\to\infty}\lambda_2(t)e^{-\rho t}=0,$$

$$\lim_{t\to\infty}H[X_1(t),N_1(t),\lambda_1(t)]e^{-\rho t}=0,$$

$$\lim_{t\to\infty}H[X_2(t),N_2(t),\lambda_2(t)]e^{-\rho t}=0$$

由式（3－7）和式（3－8）可以解出考虑土地生态环境质量时第二产业用地和第三产业用地土地出让的影子价格如式（3－9）、式（3－10）所示。

$$\lambda_1(t) = \int_t^{\infty} \begin{bmatrix} R_1[N_1(t) + X_1(t)] - r[1 - N_1(t) - N_2(t) - X_1(t) - X_2(t)] \\ - \varphi_1[N_1(t) + X_1(t)] - \varepsilon[1 - N_1(t) - N_2(t) - X_1(t) - X_2(t)] \end{bmatrix} e^{-\rho(s-t)} ds \tag{3-9}$$

$$\lambda_2(t) = \rho\lambda_2(t) - \begin{bmatrix} R_2[N_2(t) + X_2(t)] - r[1 - N_1(t) - N_2(t) - X_1(t) - X_2(t)] \\ - \varphi_2[N_2(t) + X_2(t)] - \varepsilon[1 - N_1(t) - N_2(t) - X_1(t) - X_2(t)] \end{bmatrix} \tag{3-10}$$

下面再考虑农业用地转化为第二产业用地规模 X_1 对土地生态环境质量 ε_1，以及农业用地转化为第三产业用地规模 X_2 对土地生态环境质量 ε_2 的影响。将式（3－9）、式（3－10）代入式（3－5）、式（3－6）中，并对 ε_1 和 ε_2 分别求导，可以得到式（3－11）和式（3－12）。

$$\frac{\partial \varepsilon}{\partial X_1} = \frac{1/\rho - 1}{[R_1'(\cdot) + r'(\cdot) - \phi_1'(\cdot)] + \int_t^{\infty} [R_1'(\cdot) + r'(\cdot) - \phi_1'(\cdot)] e^{-\rho(s-t)} dt} \tag{3-11}$$

$$\frac{\partial \varepsilon}{\partial X_2} = \frac{1/\rho - 1}{[R_2'(\cdot) + r'(\cdot) - \phi_2'(\cdot)] + \int_t^{\infty} [R_2'(\cdot) + r'(\cdot) - \phi_2'(\cdot)] e^{-\rho(s-t)} dt} \tag{3-12}$$

将建设用地分为高效率土地和低效率土地两类，高效率土地是规模报酬递增的，边际产出递增，而其边际污染水平和污染治理的边际投入递减；低效率土地是规模报酬递减的，边际产出递减，而其边际污染水平和污染治理的边际投入递增。通常来说，第二产业用地大部分属于低效率用地，其 $R_1' < 0$，$\phi_1' > 0$，农业用地是规模报酬递减的，即 $r' < 0$，因此 $\partial\varepsilon/\partial X_1 < 0$；第三产业用地属于高效率用地，其 $R_2' > 0$，$\phi_2' < 0$，虽然 $r' < 0$，但不足以抵消 R_2' 的数值，因此 $\partial\varepsilon/\partial X_2 < 0$。在土地城市化率较低的经济发展初期，经济发展以粗放式发展模式为主，中央政府以 GDP 和税收等经济发展总量指标考核地方政府，为了增加地方 GDP 和税收，地方政府以低价出让工业用地吸引投资的方式进行招商引资（陶然等，2009），工业用地的土地利用效率较低，同时其污染严重，这使得地均土地生态环境质量有所下降；当经济发展到高级阶段时，经济发展以集约式发展模式为主，国家和居民均意识到生态环境保护的重要性，国家在土地政策和产业政策上向服务业和高新技术产业倾斜，同时出台环境规制政策控制环境污染程度，生产过程对土地生态环境质量的影响有所降低，这使得地均土地生态环境质量有所增加。我国目前基本上处于从经济发展初

级阶段向高级阶段过渡的转型时期，国家应综合运用产业政策、土地政策、环境规制政策和财税政策等措施，优先发展服务业、高新技术产业等土地利用效率较高的产业，在用地指标上向土地利用效率较高的产业倾斜，通过环境税等环境规制政策限制企业的污染排放（范庆泉，2018；范庆泉和张同斌，2018），在财税政策上对绿色技术研发进行补贴等（童健等，2017），使我国尽快进入城市化与生态环境质量相互促进的经济发展高级阶段。

综合以上分析，可以得到以下两个假说。

假说 1：当土地城市化率较低时，经济发展以粗放式发展模式为主，国家政策以增加经济总量为主，土地利用效率不高，工业生产过程对生态环境的破坏程度大，这些因素使得地均土地生态环境质量下降。

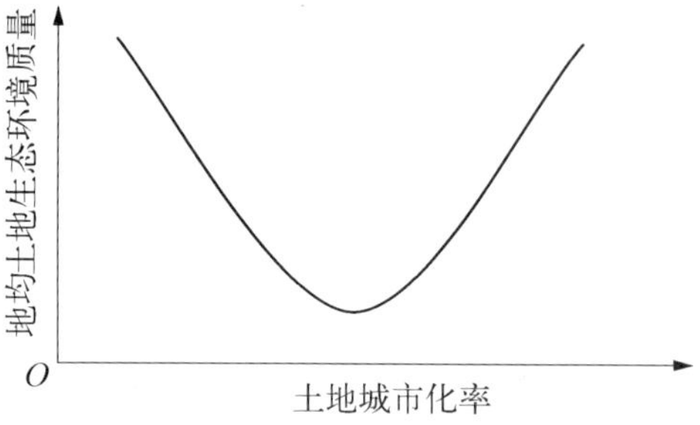

图 3－1　土地城市化率和地均土地生态环境质量的关系曲线

假说 2：当土地城市化率较高时，经济发展以集约式发展模式为主，国家意识到生态环境保护的重要性，在土地政策和产业政策上以发展服务业和高新技术产业为主，同时出台环境规制政策控制环境污染程度，生产过程对土地生态价值的影响有所降低，这使得地均土地生态环境质量有所增加。

假说 1 和假说 2 说明了土地城市化率和地均土地生态环境质量之间呈 U 形曲线关系，如图 3－1 所示。

3.3 土地城市化影响生态环境质量的实证分析

3.3.1 计量模型

通常来说，参数模型设定了计量模型的具体形式，而实际上因变量和自变量的函数关系可能并非如此，非参数模型通过因变量与自变量的数据进行拟合解决了这一问题。但同时，非参数模型会带来“维数诅咒”的问题，且边界上数据拟合的误差较大，为此，需要加入惩罚参数 λ，用于在偏差和方差之间做出权衡。如果在不同节点之间使用具有不变曲率的二次样条，当回归函数的曲率发生快速变化时，那么需要较小的惩罚参数 λ，使得拟合样条的二阶导数足以适应曲率变化；当样条函数曲率变化缓慢时，那么较大的惩罚参数 λ 不会导致较大的偏差，并且会降低拟合自由度和拟合值的方差。因此，惩罚参数 λ 要能够在空间上变化以适应回归函数的空间异质性。空间自适应半参数模型正好具有这一功能。

令 $y = [y_1, y_2, \cdots, y_n]^{\mathrm{T}}$，设矩阵 C 的第 i 行为

$$C_i = [1, x_i, \cdots, x_i^*, (x_i - \kappa_1)_+^p, \cdots, (x_i - \kappa_K)_+^p] \tag{3-13}$$

$D(b)$ 是依赖于 b 前 $p+1$ 个对角元素为 0、剩下的对角元素分别为 $b^2(\kappa_1)$，$b^2(\kappa_2)$，$\cdots$，$b^2(\kappa_K)$ 的对角阵，自适应光滑系数 b 的惩罚性样条估计 $v = [\beta^{\mathrm{T}}, u^{\mathrm{T}}]$ 为（Ruppert et al.，2003）

$$\hat{v}(b) = \{C^{\mathrm{T}}C + D(b)\}^{-1}C^{\mathrm{T}}y \tag{3-14}$$

自适应光滑系数 $b = (b_1^*, b_2^*, \cdots, b_M^*)$ 由最小化广义交叉验证统计量决定(Ruppert et al., 2003),即

$$GCV(b) = \frac{\| y - C\hat{v}(b) \|}{\{1 - \mathrm{d}f_{fit}/n\}^2} \tag{3-15}$$

式中，$\mathrm{d}f_{fit}(b) = \mathrm{tr}\{[C^{\mathrm{T}}C + D(b)]^{-1}C^{\mathrm{T}}C\}$ 为拟合的自由度。

为了实证分析土地城市化率和地均土地生态环境质量之间的关系,以地均土地生态环境质量 (y) 为因变量,以土地城市化率 (x_1) 为自变量,同时还要选取能够控制通过土地城市化率对土地生态环境质量产生影响的控制变量。对城市化率产生影响的变量一般包括经济发展水平、产业结构、地方公共财政支出、城市公共服务设施水平(如教育、医疗、交通)等。本章选取的控制变量分别为 x_2、x_3、x_4、x_5、x_6、x_7，变量描述和数据说明见 3.3.2 节,建立空间自适应半参数模型如式(3-16)所示。

$$y = \beta_0 + \beta_1 x_2 + \beta_2 x_3 + \beta_3 x_4 + \beta_4 x_5 + \beta_5 x_6 + \beta_6 x_7 + f(x_1) + \sum_{k=1}^{Km} b_k (x - \kappa_k^m)_+^p \tag{3-16}$$

3.3.2　变量描述及数据说明

本节利用空间自适应半参数模型实证分析土地城市化率对地均土地生态环境质量的影响及其关系。土地城市化率可以利用某一区域内的建成区用地占区域总面积的比重度量(吕萍等,2008)。本研究的土地城市化率利用各省(自治区、直辖市)的市辖区建成区面积与市辖区行政区域土地面积之比进行计算得到。土地生态环境质量指标利用各地区污染水平这一逆向指标正向化处理以后进行度量,污染按种类一般可分为大气污染、水污染和固体废弃物污染,鉴于数据的前后一致性及可获取性,选取大气污染中的 SO_2 排放量、水污染中的化学需氧量排放量这两个指标进行处理和度量。现有研究文献一般认为经济发展程度、产业结构、城乡居民收入差距、城市基础设施和政府公共服务等因素对城市化水平有影响(中国经济增长前沿课题组,2011;喻开志等,2014;王贤彬等,2014),本研究选取的控制变量主要有人均 GDP、第二产业产值占 GDP 比重、第三产业产值占 GDP 比重、城乡居民收入差距、每万人专任教师数、城市人均道路面积六个变量。样本时期为 1999—2015 年。各变量解释说明及数据来源如下:

(1) 地均土地生态环境质量。2010 年及之前年份的化学需氧量排放总量指标仅包括工业源和生活源两方面,从 2011 年开始包括工业源、农业源、生活源和集中式污染治理设施四个来源,为了确保数据在时间序列上的一致性和可比性,将 2011 年及其之后年份的化学需氧量排放总量减去农业源和集中式污染治理设施的化学需氧量排放值以

得到工业源和生活源的化学需氧量排放值。二氧化硫的排放总量数据也是仅包含工业源和生活源的数据。将各地区的二氧化硫的排放总量数据和化学需氧量排放总量除以该地区的建成区面积,可以得到各地区单位土地面积的二氧化硫排放数据和化学需氧量排放数据。而且,二氧化硫排放数据和化学需氧量排放数据是生态环境质量的逆向指标,通过式(3-17)将逆向指标正向化后得到地均土地生态环境质量的正向度量指标。数据来源于历年的《中国环境年鉴》。

$$x_{it}^{*} = \frac{\max_{i}(x_{it}) - x_{it}}{\max_{i}(x_{it}) - \min_{i}(x_{it})} \tag{3-17}$$

式中,x_{it} 表示地区 i 在 t 年度单位土地面积的二氧化硫排放数据或化学需氧量排放数据;$\max_{i}(x_{it})$ 表示不同地区在 t 年度单位土地面积的二氧化硫排放数据或化学需氧量排放数据的最大值;$\min_{i}(x_{it})$ 表示不同地区在 t 年度单位土地面积的二氧化硫排放数据或化学需氧量排放数据的最小值;x_{it}^{*} 表示地区 i 在 t 年度环境质量的正向度量指标。标准化后的单位土地面积化学需氧量排放数据记为土地生态环境质量指标 1,标准化后的单位土地面积二氧化硫排放数据记为土地生态环境质量指标 2。

(2)土地城市化率。利用中国 30 个省(自治区、直辖市)的市辖区建成区面积除以市辖区总土地面积,可以得到各省(自治区、直辖市)1999—2015 年的土地城市化率数据,数据来源于历年的《中国城市统计年鉴》。由于数据搜集上的困难,中国香港、澳门、台湾及西藏自治区数据未包括在内。但是,通过观察该方法计算得到的土地城市化率数据后发现,河北省、青海省的土地城市化率数据明显与其土地城市化程度不符,属于异常值,故这两个省份的所有数据去掉,实际上本研究的实证数据仅包括中国 28 个省(自治区、直辖市)数据。

(3)人均 GDP。人均 GDP 可以反映地区经济发展水平,经济发展水平的提高促使居民收入有所增加,从而对土地生态环境质量的支付意愿增强,有利于地均土地生态环境质量的提高。数据来源于历年的《中国统计年鉴》。

(4)第二产业产值占 GDP 的比重和第三产业产值占 GDP 的比重。分别将各省(自治区、直辖市)每年的第二产业、第三产业产值除以当年 GDP 得到这两个指标的数据,这两个指标可以用来反映产业结构。在城市化推进过程中,大量农村人口走向城市,农业生产逐渐被工业和服务业取代,第二、三产业产值之和占 GDP 的比重不断提高,但第二、三产业会对土地及大气环境产生一定的污染,使得地均土地生态环境质量下降,由于第二产业和第三产业所产生的污染程度不同,本研究将第二产业产值占 GDP 的比重和第三产业产值占 GDP 的比重区分开来分析。数据来源于历年的《中国统计年鉴》。

(5)城乡居民收入差距。城乡之间的收入差距是人口在城乡间流动的重要因素,而随着农村人口加速向城镇流动,城市用地需求增加,土地城市化的进程也进一步加快。本研究采用 Zhang 和 Song(2003)提出的利用城镇居民人均可支配收入与农村人均纯收入之比来度量城乡收入差距的方法，将该比例用作城乡居民收入差距指标。数据来源于历年的《中国统计年鉴》。

（6）每万人专任教师数。将各省（自治区、直辖市）的专任教师数除以人口总量得到这一指标，每万人专任教师数反映一个地区的教育水平，对土地城市化率产生影响，从而间接对地均土地生态环境质量产生影响。数据来源于历年的《中国统计年鉴》。

（7）城市人均道路面积。城市基础设施的建设能促进经济增长和城市化水平的提高，进而影响地均土地生态环境质量，利用城市人均道路面积度量城市基础设施水平。数据来源于历年的《中国统计年鉴》。

各变量的描述性统计如表 3－1 所示。

表 3－1　各变量描述性统计

变　量	代码	单位	均值	标准差	最大值	最小值
土地生态环境质量指标 1	COD	无	0.661	0.215	1	0
土地生态环境质量指标 2	SO_2	无	0.784	0.212	1	0
土地城市化率	landr	%	5.285	3.451	17.187	0.009
人均 GDP	agdp	万元/人	2.673	2.192	10.796	0.248
第二产业产值占 GDP 的比重	secind	%	46.444	7.745	61.5	19.738
第三产业产值占 GDP 的比重	sersec	%	40.360	7.910	79.653	28.6
城乡居民收入差距	incgap	无	2.906	0.588	4.759	1.845
每万人专任教师数	edu	人	9.220	5.757	32.569	1.631
城市人均道路面积	road	平方米	11.515	4.283	25.82	3.85

3.3.3　实证分析结果

土地生态环境质量指标 1 的空间自适应半参数模型估计结果如表 3－2 所示，土地生态环境质量指标 2 的空间自适应半参数模型估计结果如表 3－3 所示，表 3－2 和表 3－3 中的非参结果显示模型拟合效果较好。全国土地城市化率与土地生态环境质量指标 1 的拟合图如图 3－2 所示，全国土地城市化率与土地生态环境质量指标 2 的拟合图如图 3－3 所示；东部地区土地城市化率与土地生态环境质量指标 1 的拟合图如图 3－4 所示，东部地区土地城市化率与土地生态环境质量指标 2 的拟合图如图 3－5 所示；中西部地区土地城市化率与土地生态环境质量指标 1 的拟合图如图 3－6 所示，中西部土地城市化率与土地生态环境质量指标 2 的拟合图如图 3－7 所示。

从图 3－2 可以看出，全国土地城市化率与土地生态环境质量指标 1 之间呈 U 形曲线关系，个别土地城市化率特别大的异常数据导致U形曲线的右侧有一定的下降趋势，现有样本数据大部分位于U形曲线的左侧，只有较少比例数据位于U形曲线右侧（占比大约为33%），U形曲线的拐点为4.2%左右，位于U形曲线右侧的绝大部分为东部地区数据。土地城市化率与生态环境质量指标2之间也呈U形曲线关系，个别土地城市化率特别大的异常数据导致U形曲线的右侧上升趋势有一定的波动，且现有样本数据大部分位于U形曲线的左侧（占比大约为64%），其临界点约为3.8%，临界点数值比生态环境质量指标1的情形要低一点。从图3-4可以看出，东部地区土地城市化率和生态环境质量指标1之间呈正向的上升趋势，随着土地城市化率的上升，水域生态环境质量有所上升。从图3-5可以看出，东部地区土地城市化率和生态环境质量指标2之间呈轻微的上升趋势，随着土地城市化率的上升，大气生态环境质量有所上升，但是上升趋势不是很明显，而个别土地城市化率特别大的数据使得大气生态环境质量有下降的趋势。从图3-6和图3-7可以看出，中西部地区土地城市化率与生态环境质量指标1和生态环境质量指标2之间均呈负向的下降趋势，随着土地城市化率的提高，中西部地区土地生态环境质量呈下降趋势。总体来看，全国层面土地城市化率与生态环境质量之间呈U形曲线关系，东部地区位于U形曲线右边，中西部地区位于U形曲线左边区域，东部地区土地城市化率与生态环境质量之间呈现正向变化趋势，但上升趋势不是很稳定，而中西部地区土地城市化率与生态环境质量之间呈现负向变化关系。因此，东部地区在城市化过程中，既要加强土地的集约利用，实施绿色城镇化道路，坚持产业转型和进一步升级，又要加强实施环境规制政策，环境规制政策以激励型的市场型环境规制政策为主，使得土地城市化率与生态环境质量之间呈良性的正向"互动"关系；中西部地区在城市化过程中，既要坚持产业转型升级，又要加强实施环境规制政策，环境规制政策以政府命令控制型环境规制政策为主，尽快使得土地城市化率与生态环境质量之间呈现正向关系。

下文将对控制变量结果作简要分析。表3-2和表3-3中人均GDP对土地生态质量的影响均是负向的，这说明我国现阶段无论是从全国层面来看，还是从东部、中西部地区来看，均位于环境库兹涅茨曲线的左边，人均GDP的增加引起土地生态环境质量的下降，需要结合土地政策、环境规制政策和产业政策、财税政策等，使得我国尽快进入环境库兹涅茨曲线的右边。第二产业和第三产业产值占GDP的比重对土地生态环境质量指标1的影响是正向的，这得益于水污染的有效治理，因为土地生态环境质量指标1度量的是与水污染对应的环境质量。第二产业产值占GDP的比重对土地生态环境质量指标2的影响是负向的，第二产业产值比重的提高降低了大气环境质量。全国层面和中西部地区第三产业产值占GDP的比重对土地生态环境质量指标2的影响是负向的，而东部地区第三产业产值占GDP的比重对土地生态环境质量指标2的影响是正向的，这说明东部地区第三产业以高能耗、低污染的现代服务业为主，东部地区的产业结构层次相较于中西部地区而言更加先进与高端。全国层面及中西部地区的城乡收入差距对土地生态环境质量的影响是负向的，城乡收入差距的扩大不利于土地生态环境质量的改善，而东部地区的城乡收入差距对土地生态环境质量的影响是正向的，这应与东部地区产业结构层次较高相关，东部地区发展第三产业如高新技术产业、互联网产业等，有利于生态环境质量的改善，但同时也扩大了城乡收入差距和居民收入差距。每万人专任教师数对土地生态环境质量的改善具有正向促进作用，教育质量的提高有利于土地生态环境质量的改善。城市人均道路面积对土地生态环境质量的影响不显著。

表 3－2　土地生态环境质量指标 1 的空间自适应半参数模型估计结果

变　量		全　国	东 部 地 区	中西部地区
人均 GDP(agdp)		−0.021 5*** (0.004 8)	−0.020 5*** (0.000 0)	−0.023 7 (0.158 5)
第二产业产值占 GDP 的比重(secind)		0.014 4*** (0.000 0)	0.008 9*** (0.000 0)	0.020 8*** (0.000 0)
第三产业产值占 GDP 的比重(sersec)		0.011 6*** (0.000 0)	0.008 7*** (0.000 1)	0.010 2** (0.023)
城乡居民收入差距(incgap)		−0.061 3*** (0.000 2)	0.027 9 (0.290 8)	−0.057 5*** (0.008 5)
每万人专任教师数(edu)		0.009 7*** (0.000 2)	0.009 8*** (0.000 0)	0.007 3 (0.194 9)
城市人均道路面积(road)		−0.002 6 (0.304 4)	0.001 (0.629 5)	−0.008* (0.097 3)
常数项		−0.387 3 (0.026 6)	−0.258 1 (0.149 2)	−0.466 1* (0.097 3)
非参结果	df	3.463	2.724	1.76
	spar	13.76	16.11	24
	knots	34	38	36

注：(1) 各变量系数括号中数值为其对应的 p 值；(2) *、**、*** 分别表示 10%、5%和 1%的统计显著水平。

表 3－3　土地生态环境质量指标 2 的空间自适应半参数模型估计结果

变　量	全　国	东 部 地 区	中西部地区
人均 GDP(agdp)	−0.032 8*** (0.000 0)	−0.008 5*** (0.000 6)	−0.105 9*** (0.000 0)
第二产业产值占 GDP 的比重(secind)	−0.004 1** (0.020 8)	−0.001 9*** (0.010 6)	−0.006 9** (0.032 8)
第三产业产值占 GDP 的比重(sersec)	−0.003 7 (0.139 0)	0.002 8*** (0.013 2)	−0.016 7*** (0.000 1)

续　表

变　量		全　国	东部地区	中西部地区
城乡居民收入差距(incgap)		−0.206 2*** (0.000 0)	0.007 (0.597 4)	−0.203 6*** (0.000 0)
每万人专任教师数(edu)		0.008 7*** (0.000 8)	0.000 1 (0.874 1)	0.029 3*** (0.000 0)
城市人均道路面积(road)		0.002 7 (0.300 6)	−0.001 9* (0.070 5)	0.014 4*** (0.001 8)
常数项		1.533 (0.000 0)	0.899 1*** (0.000 0)	2.084*** (0.000 0)
非参结果	df	4.973	1.984	3.837
	spar	7.144	27.02	6.435
	knots	34	38	36

注：(1) 各变量系数括号中数值为其对应的 p 值；(2) *、**、*** 分别表示 10%、5%和 1%的统计显著水平。

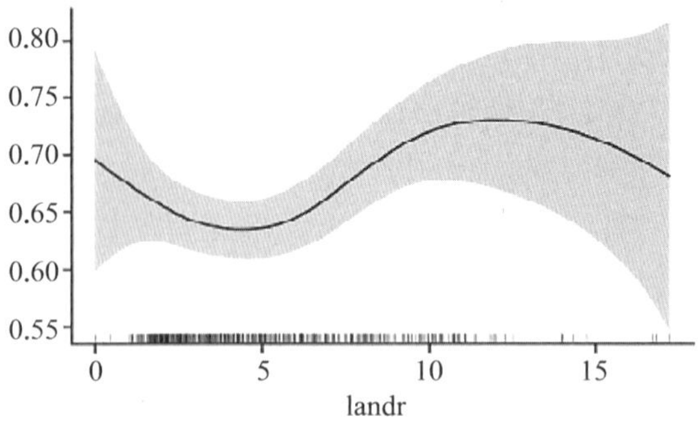

图 3－2　全国土地城市化率与生态环境质量指标 1 拟合图

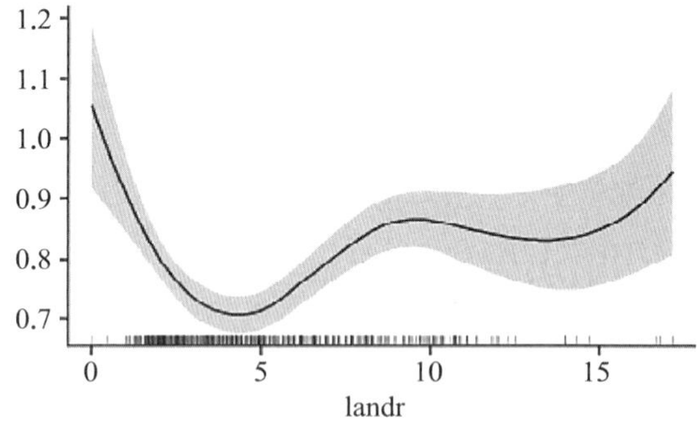

图 3－3　全国土地城市化率与生态环境质量指标 2 拟合图

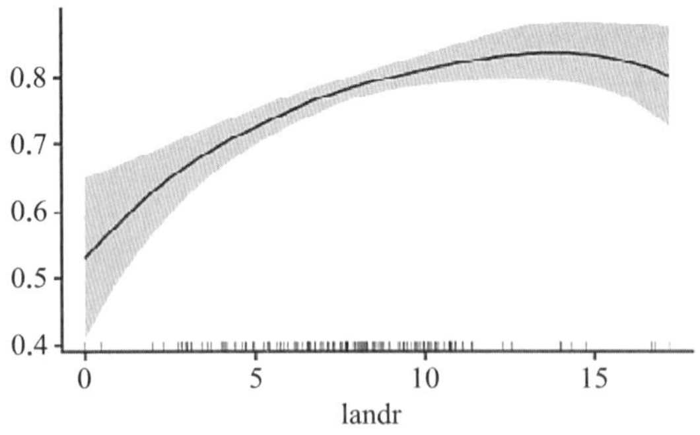

图 3－4　东部地区土地城市化率与生态环境质量指标 1 拟合图

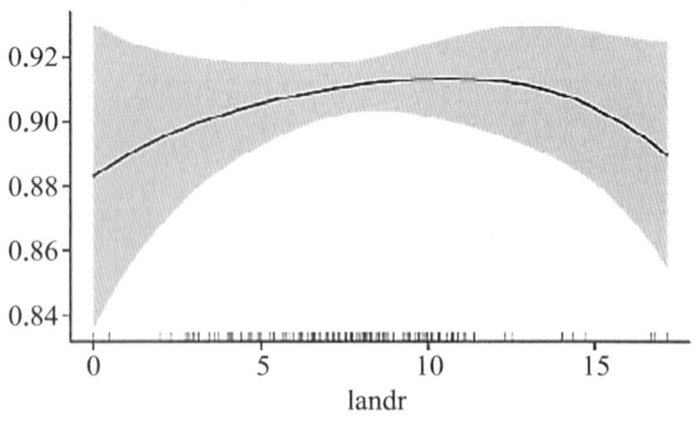

图 3－5　东部地区土地城市化率与生态环境质量指标 2 拟合图

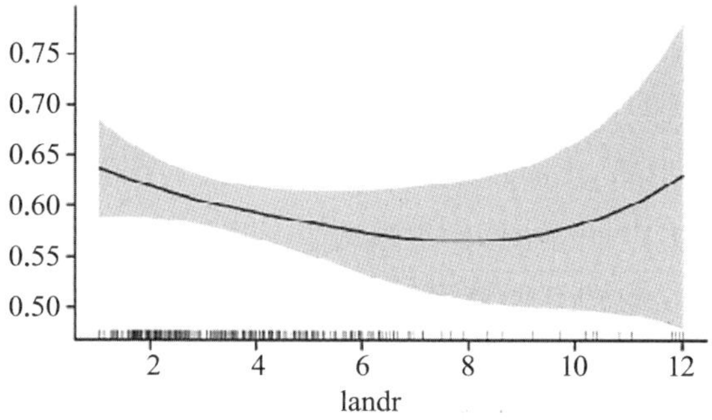

图 3-6　中西部地区土地城市化率与生态环境指标 1 拟合图

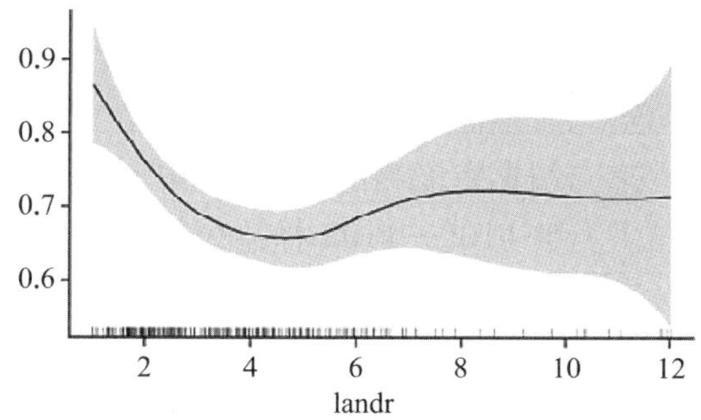

图 3-7　中西部地区土地城市化率与生态环境质量指标 2 拟合图

土地城市化率与生态环境质量之间在不同的经济发展阶段呈现不同的关系。在以粗放式发展模式为主的经济发展初级阶段，由于产业结构层次的限制，以及中央政府对地方政府的经济总量和税收考核等原因，农地转用指标以工业用地为主，而工业用地对生态环境的破坏比较严重，土地城市化率的增加引起生态环境质量的下降。随着经济的进一步发展，土地城市化开始由注重规模扩张转入注重城市化质量提升，产业结构面临转型升级，国家主要发展对生态环境破坏较小的服务业和高新技术产业，使得生态环境质量得到一定的改善。因此，土地城市化率和生态环境质量之间可以实现良性的相互促进关系。从以上实证结果可以看出，我国目前整体上处于由土地城市化率和生态环境质量呈现负向关系的阶段向正向关系阶段过渡的阶段，国家应通过加强实施环境规制政策、土地政策、产业政策和财税政策，加大环境治理的投入，对企业污染排放征收环境税，对绿色技术研发进行补贴，以使我国能尽快地过渡到土地城市化率和生态环境质量呈现正向“互动”关系的高级经济发展阶段。

3.4　本章研究结论与政策启示

本章首先运用动态最优化模型，论证分析在经济发展不同阶段土地城市化率对地均土地生态环境质量的影响机制，得出以下结论：(1) 当土地城市化率较低时，经济发展以粗放式发展模式为主，土地利用效率不高，工业生产过程对生态环境的破坏程度大，这些因素使得地均土地生态环境质量下降；(2) 当土地城市化率较高时，经济发展以集约式发展模式为主，农业用地转用以服务业用地和高新技术产业用地为主，政府出台环境规制政策控制环境污染程度，生产过程对土地生态价值的影响程度有所降低，地均土地生态环境质量有所提升。这两个结论结合起来说明了土地城市化率和地均土地生态环境质量之间呈 U 形曲线关系。随后，运用空间自适应半参数模型，对土地城市化率与地均土地生态环境质量之间的关系进行计量分析，计量分析结果验证了土地城市化率和地均土地生态环境质量之间呈 U 形曲线关系的假说。样本数据显示东部地区基本上均位于 U 形曲线的右边，而中西部大部分地区位于 U 形曲线的左边。这说明，我国大部分地区仍处于土地城市化率使得地均土地生态环境质量下降阶段，国家应进一步完善环境规制政策，以土地指标配置调整产业结构，优化发展空间，使各省（自治区、直辖市）尽快进入土地城市化率使得地均土地生态环境质量上升的良性“互动”阶段。

通过以上分析和结论，可以得出以下启示：

（1）进一步完善环境规制政策。政府要实施严格的环境规制政策，加强土地生态系统及大气环境保护，形成政府、企业和公众三者共治的治理体系。在地方政府官员的绩效考核和晋升激励中，增加环境产出和环境效益所占的权重，加强绿色 GDP 考核，促进地方政府的环境治理工作。综合运用价格、市场、产业、技术、财税等政策工具，完善环境规制政策，如对企业的排污行为统一征收环境税，同时对企业的绿色技术研发给予一定的补贴；探索建立生态保护地区排污权交易制度。东部地区以实施市场激励型的环境规制政策为主，中西部地区以实施命令控制型的环境规制政策为主，辅以市场激励型的环境规制政策。以资源环境产权确权、税收政策引导、资源环境价格改革等政策强化市场激励约束机制与市场主体培育。加强环保宣传，提高居民的环保意识，让居民更多地购买环保产品和节能产品，同时加强居民对地方政府环保工作的监督。

（2）实施土地指标的跨区域交易。将低效高污染的建设用地减量，多余的土地指标进行跨区域土地指标交易，这相当于将分散低效的建设用地集中到高效的城市发展空间，让生产空间更加集约高效，优化产业布局，优化经济发展空间。同时根据国家主体功能区规划，将基本农田保护区、生态保护区等限制其发展的土地发展权指标转让给城市高效发展区域，其转让收益用于基本农田保护和生态保护，这能使得农业空间更加适合农业生产，生态空间能够更好地提升功能品质和生态服务价值，优化生态发展空间。

（3）应大力推动绿色城镇化建设，构建绿色生产方式和绿色城市发展体系。我国现阶段的城市化已发展到由注重城市化规模扩张转入注重城市化质量提升的阶段，国家应大力推动绿色城镇化建设，构建绿色生产方式，推进城市化的绿色转型，推动我国绿色低碳循环发展产业体系的建立，同时增加环境治理投入，以尽快实现土地城市化率和生态环境质量呈现正向的良性互动关系。

参考文献

[1] 陈昌兵.城市化、房地产与宏观调控[J].经济学动态，2015(1)：29－41.

[2] 陈思霞，卢洪友.公共支出结构与环境质量：中国的经验分析[J].经济评论，2014(1)：70－80.

[3] 程开明.城市化、技术创新与经济增长：基于创新中介效应的实证研究[J].统计研究，2009，26(5)：40－46.

[4] 董直庆，蔡啸，王林辉.技术进步方向、城市用地规模和环境质量[J].经济研究，2014，49(10)：111－124.

[5] 杜帼男，蔡继明.城市化测算方法的比较与选择[J].当代经济研究，2013(10)：31－40.

[6] 范庆泉.环境规制、收入分配失衡与政府补偿机制[J].经济研究，2018，53(5)：14－27.

[7] 范庆泉，张同斌.中国经济增长路径上的环境规制政策与污染治理机制研究[J].世界经济，

2018,41(8)：171－192.
[8] 罗能生,李佳佳,罗富政.中国城镇化进程与区域生态效率关系的实证研究[J].中国人口·资源与环境,2013,23(11)：53－60.
[9] 吕萍,周滔,张正峰,等.土地城市化及其度量指标体系的构建与应用[J].中国土地科学,2008,22(8)：24－28.
[10] 唐茂钢,王克强,刘红梅.土地生态价值与居民收入的关系研究：基于引入土地资本的内生经济增长模型的分析[J].经济评论,2015(5)：84－99.
[11] 唐茂钢,王克强.经济发展、土地城市化与环境质量[J].华东师范大学学报(哲学社会科学版),2018,50(2)：137－147.
[12] 陶然,陆曦,苏福兵,等.地区竞争格局演变下的中国转轨：财政激励和发展模式反思[J].经济研究,2009,44(7)：21－33.
[13] 童健,武康平,薛景.我国环境财税体系的优化配置研究：兼论经济增长和环境治理协调发展的实现途径[J].南开经济研究,2017(6)：40－58.
[14] 王兵,唐文狮,吴延瑞,等.城镇化提高中国绿色发展效率了吗？[J].经济评论,2014(4)：38－49.
[15] 王贤彬,张莉,徐现祥.地方政府土地出让、基础设施投资与地方经济增长[J].中国工业经济,2014(7)：31－43.
[16] 叶阿忠.非参数和半参数计量经济模型理论[M].北京：科学出版社,2008.
[17] 喻开志,黄楚蘅,喻继银.城镇化对中国经济增长的影响效应分析[J].财经科学,2014(7)：52－60.
[18] 中国经济增长与宏观稳定课题组,陈昌兵,张平,刘霞辉,张自然.城市化、产业效率与经济增长[J].经济研究,2009,44(10)：4－21.
[19] 中国经济增长前沿课题组,张平,刘霞辉.城市化、财政扩张与经济增长[J].经济研究,2011,46(11)：4－20.
[20] Galeotti M, Lanza A, Pauli F. Reassessing the environmental Kuznets curve for CO_2 emissions: A robustness exercise[J]. Ecological Economics, 2006, 57(1): 152－163.
[21] Grossman G M, Krueger A B. Economic growth and the environment[J]. The Quarterly Journal of Economics, 1995, 110(2): 353－377.
[22] Han F, Xie R, lu Y E, et al. The effects of urban agglomeration economies on carbon emissions: Evidence from Chinese cities[J]. Journal of Cleaner Production, 2018, 172: 1096－1110.
[23] He J Q, Wang S J, Liu Y Y, et al. Examining the relationship between urbanization and the eco-environment using a coupling analysis: Case study of Shanghai, China[J]. Ecological Indicators, 2017, 77: 185－193.
[24] Li Y F, Li Y, Zhou Y, et al. Investigation of a coupling model of coordination between urbanization and the environment[J]. Journal of Environmental Management, 2012, 98: 127－133.
[25] Lichtenberg E, Ding C R. Local officials as land developers: Urban spatial expansion in China[J]. Journal of Urban Economics, 2009, 66(1): 57－64.
[26] Lin B Q, Zhu J P. Changes in urban air quality during urbanization in China[J]. Journal of Cleaner Production, 2018, 188: 312－321.

[27] Nelson E, Sander H, Hawthorne P, et al. Projecting global land-use change and its effect on ecosystem service provision and biodiversity with simple models[J]. PLoS One, 2010, 5(12): e14327.

[28] Northam, R. M. Urban Geography[M]. New York: John Wiley & Sons, 1975.

[29] Ruppert D, Wand M P, Carroll R J. Semiparametric Regression[M]. Cambridge, UK: Cambridge University Press, 2003.

[30] Shafik N. Economic development and environmental quality: An econometric analysis[J]. Oxford Economic Papers, 1994, 46(Supplement_1): 757-773.

[31] Selden T M, Song D Q. Environmental quality and development: Is there a kuznets curve for air pollution emissions? [J]. Journal of Environmental Economics and Management, 1994, 27(2): 147-162.

[32] Shen L Y, Wu Y, Lou Y L, et al. What drives the carbon emission in the Chinese cities? —A case of pilot low carbon city of Beijing[J]. Journal of Cleaner Production, 2018, 174: 343-354.

[33] Turnbull G K. Urban growth controls: Transitional dynamics of development fees and growth boundaries[J]. Journal of Urban Economics, 2004, 55(2): 215-237.

[34] Wang S J, Li G D, Fang C L. Urbanization, economic growth, energy consumption, and CO_2 emissions: Empirical evidence from countries with different income levels[J]. Renewable and Sustainable Energy Reviews, 2018, 81: 2144-2159.

[35] Wang X M, Tian G H, Yang D Y, et al. Responses of $PM_{2.5}$ pollution to urbanization in China[J]. Energy Policy, 2018, 123: 602-610.

[36] Xie R, Fang J Y, Liu C J. The effects of transportation infrastructure on urban carbon emissions [J]. Applied Energy, 2017, 196: 199-207.

[37] Xu B, Lin B Q. How industrialization and urbanization process impacts on CO_2 emissions in China: Evidence from nonparametric additive regression models[J]. Energy Economics, 2015, 48: 188-202.

[38] Xu Q A, Dong Y X, Yang R. Urbanization impact on carbon emissions in the Pearl River Delta region: Kuznets curve relationships[J]. Journal of Cleaner Production, 2018, 180: 514-523.

[39] Zhang C G, Lin Y. Panel estimation for urbanization, energy consumption and CO_2 emissions: A regional analysis in China[J]. Energy Policy, 2012, 49: 488-498.

[40] Zhang K H, Song S F. Rural-urban migration and urbanization in China: Evidence from time-series and cross-section analyses[J]. China Economic Review, 2003, 14(4): 386-400.

[41] Zhao Y B, Wang S J, Zhou C S. Understanding the relation between urbanization and the eco-environment in China's Yangtze River Delta using an improved EKC model and coupling analysis [J]. The Science of the Total Environment, 2016, 571: 862-875.

[42] Zhao Y B, Wang S J, Ge Y J, et al. The spatial differentiation of the coupling relationship between urbanization and the eco-environment in countries globally: A comprehensive assessment [J]. Ecological Modelling, 2017, 360: 313-327.

[43] Zhu H M, You W H, Zeng Z F. Urbanization and CO_2 emissions: A semi-parametric panel data analysis[J]. Economics Letters, 2012, 117(3): 848-850.

第 4 章 经济发展、土地城市化与环境质量[①]

4.1 城市化过程中土地城市化与环境质量的关系

城市化是经济发展的重要引擎。城市化可通过促进产业结构的转变、城市公共服务设施建设和科技创新等带动经济发展(中国经济增长前沿课题组等,2011;程开明,2009)。随着城市化水平的提高,农村人口不断向城市转移,转移至城市的人口增加了城市的工业品消费,这使得产业结构由第一产业为主向以第二产业为主转变,而第二产业的利润率高于第一产业。于是,城市化可以通过产业结构的转变促进经济发展;随着农村人口大量向城市转移,城市公共服务设施需要大力发展,而城市公共服务设施建设的加强又能促进经济发展。

依靠土地出让收入和土地抵押融资推进城市化建设的土地城市化模式能够快速推动城市化进程,从而能够促进地方经济的快速增长。土地财政对地方经济增长具有正向作用,土地出让金每增加 1%,对地方经济增长就有 0.173%的拉动作用,但土地出让收入对各地经济产生的影响程度不同(葛扬和钱晨,2014)。在政治集权和经济分权的体制下,中国地方政府官员会利用土地处置权,在垄断的土地市场上策略性地设定土地出让价格与土地出让规模,进而利用土地出让收入及相关税收收入,投资公共基础设施以推动经济增长(王贤彬、张莉和徐现祥,2014)。地方政府不仅通过土地财政推动经济增长,同时,在拉动经济增长的过程中,也主要利用低成本的土地来推动城镇化。地方政府推动经济发展与城镇化的抓手有两个:一是扩张工业用地供给、压低工业用地价格和实施各类优惠的税收政策,以招商引资促进 GDP 与就业增长;二是利用地方政府在土地市场的垄断地位,通过抬高商住用地单价来提高土地出让收入,并以“土地金融”为融资手段,进行城市基础设施建设和推动经济增长(范剑勇等,2015)。周飞舟和王绍琛(2015)指出,在“统筹城乡”模式带动的城镇化过程中,成都市以政府为主导、资本介入的方式推动了农民集中居住(“农民上楼”)与农业的规模经营(“资本下乡”),以此推进城乡一体化进程和促进经济发展。现有研究表明,地方政府由于垄断了土地的一级市场,从而能够以低成本的土地城市化模式推动城市化进程,同时也能快速促进经济发展。

随着城市化的快速发展,绿色城镇化道路的概念应运而生。城市化进程的快速推进,

① 本章相关研究内容已发表:唐茂钢,王克强.经济发展、土地城市化与环境质量[J].华东师范大学学报(哲学社会科学版),2018,50(2):137－147+173.

也会给城市的发展带来一系列的问题。随着城市规模的扩大,其外部成本会上升,由于人口密集导致生存环境恶化,为此需要付出巨额的环境治理成本(中国经济增长与宏观稳定课题组等,2009)。如果超前的土地城市化不能带来城市"规模收益递增"效应,且政府财政收支结构和筹资方式不能转变,则城市的可持续发展就会面临挑战(中国经济增长前沿课题组等,2011)。由于经济发展和新型城镇化道路的快速推进,大量农业用地转化为建设用地,而有的地区由于经济发展的阶段及产业结构的局限性,难以发展高新技术产业,这就会导致产生许多高耗能、高污染的企业,使得环境质量恶化。如何合理安排城镇化的速度、规模、时序,以精准匹配经济发展的阶段特征与产业结构转型的需求,而且又不引起环境质量的恶化,这是值得研究的重要问题。党的十八大提出"加强生态文明建设"和"优化国土空间格局"的政策。《国家新型城镇化规划(2014—2020年)》提出加快绿色城市建设,将生态文明全面融入城市发展,构建绿色生产方式、生活方式和消费模式。国家"十三五"规划纲要提出坚持绿色发展理念,着力改善生态环境。国家"十四五"规划纲要提出推动绿色发展,促进人与自然的和谐共生。

土地资源是有限的,资源环境的承载力也是有限的,土地的过度利用必然带来生态环境的恶化,这使得粗放式的土地城市化模式难以持续。罗能生等(2013)认为城镇化水平与区域生态效率呈非线性关系,且东、中、西区域差异明显,东部地区城镇化进程中的生态效率较高,部分省份已进入U形曲线的上升阶段,中西部还处于U形曲线的下降阶段。董直庆等(2014)构建了两部门内生经济增长模型,分析了城市用地规模变化与环境质量的耦合过程及其影响。王兵等(2014)认为土地城镇化对绿色发展效率有显著的负面影响。陈思霞和卢洪友(2014)认为提高非经济性公共支出显著减少了污染排放、改善了环境质量,并且该影响效应具有持续性。中国金融四十人论坛课题组等(2013)提出在新型城镇化形式下加快土地制度改革时应加强环境保护。国外研究文献也有许多涉及城市化、城市增长与土地利用、环境等关系的。例如,有的研究城市化对城市环境及环境足迹(footprint)的影响(UNCHS, 2001; Rakodi, 1997),有的研究城市化、土地利用和环境质量之间的关系(Entwisle and Stern, 2005),有的研究关注如何管理城市增长及其对环境的影响(Bloom et al., 2008;Montgomery, 1988, 2008),还有一部分文献讨论人口城市化率与经济发展、健康与大气污染以及环境收益分配等问题(Brückner, 2012; Zhang and Lin, 2012; Xu and Lin, 2015)。现有文献大多讨论的是人口城市化,从实证的角度研究人口城镇化水平与区域生态效率或环境的关系,讨论土地城市化过程中土地城市化率与环境质量之间关系的文献较少,更没有从地方政府在出让土地过程中如何兼顾城市化规模和城市化质量的角度进行分析。

那么中国是否在走绿色城镇化之路?城镇化的推进过程包括城市规模扩张和质量提高两个方面,城镇化过程中选择重视两个方面的哪个方面,取决于城镇化过程中的边际效用。通常情况下,会出现城镇化规模和城镇化质量相互起决定作用的三个阶段:当城镇化规模扩大的边际效用大于城镇化质量提高的边际效用时,城镇化处于粗放式发展阶段,即第Ⅰ阶段;当城镇化质量提高的边际效用基本等于城镇化规模扩大的边际效用时,城镇化处于向绿色发展过渡阶段,即第Ⅱ阶段;当城镇化质量提高的边际效用大于城镇化规模扩大的边际效用时，城镇化就进入绿色发展阶段，即第Ⅲ阶段。党的十八大以来，中央政府高度重视绿色发展理念和绿色城镇化道路，那么目前中国处于城镇化的哪一阶段？是仍处于粗放式发展的第Ⅰ阶段，还是已经处于向绿色发展过渡的第Ⅱ阶段？城镇化阶段在全国东中西部等不同区域之间是否有差异？这些问题均需要理论论证和实证分析。基于此，本章主要研究城市化过程中土地城市化与环境质量的关系。首先，本章构建了具体的绿色城镇化的理论模型，论证了不同的经济发展阶段土地城市化率与环境质量的关系①②。其次，本章基于中国的省级面板数据和分区域的面板数据对土地城市化率与环境质量的关系进行实证分析。最后，本章通过理论和实证研究，得出相应的结论和政策建议。本章的创新之处在于：通过机制分析和理论模型的推导，论证了土地城市化率和环境质量的相关关系，得出了土地城市化率和环境质量的三阶段关系图，并利用平滑系数（smoothing coefficient）模型的半参数估计对实际数据进行实证分析，验证结论的正确性。

4.2　土地城市化影响环境质量的理论模型及计量模型

4.2.1　土地城市化影响环境质量的机制分析

在土地出让过程中，政府将大量的农业用地转化为建设用地，农业用地转化为建设用地之后，一方面可用于经营性用地，另一方面可用于基础设施用地和生态用地，经营性用地尤其是工业用地对生态环境的破坏性大，基础设施用地对生态环境的影响较小，生态用地反而有利于环境质量的提高。在经济发展初期，城市化水平较低且处于粗放式发展阶段，农业用地转化为建设用地之后，绝大部分用于经营性用地中的工业用地，只有少部分土地指标用于基础设施用地和生态用地，此时环境质量较差；在经济发展高级阶段，城市化水平较高且处于绿色城镇化发展阶段，农业用地主要转化为高新技术产业用地、基础设施用地和生态用地等，此时环境质量较好。

从城市化角度看，城市化的推进过程包括规模扩张和质量提高两种表现形式。城市化的规模扩张仅指城市面积和城市人口的增加，以及城市经济发展总量的增加，而城市质量提高还包含经济发展效率的提高，城市居民所享受公共服务水平的增加，以及城市环境质量的提高。在经济发展初级阶段，城市化的发展以粗放式发展方式为主，城市化率的提高导致环境质量迅速下降；在经济发展高级阶段，城市化的发展以绿色城镇化发展道路为主，城市化率的提高与环境质量的提高是一致的。

从环境质量的角度看，在经济发展初期，政府和民众对环境质量需求较低，经济发展

---

① 土地城市化率提高，会引起环境质量的变化。粗放式的土地城市化使得环境质量退化，内涵式的土地城市化使得环境质量不发生退化或反而有所提升。同时，环境质量的好坏对土地城市化率也有所影响。好的环境质量有利于城市化率的提高。土地城市化率和环境质量之间存在互为因果的关系。

② 将经济发展分为初级阶段和高级阶段。初级阶段和高级阶段的临界点是指：当粗放式经济发展已经穷尽其极限时，或规模报酬递增水平已经到达其顶点，此时如果再依靠粗放式发展，反而带来 GDP 总量和居民收入的降低，必须转变经济发展方式，变粗放式发展为集约式发展。

和城市化处于粗放式发展，经济发展水平和城市化率的提高导致环境质量迅速恶化，环境质量恶化的速度可能超过经济发展的速度。在经济发展高级阶段，政府和民众对环境质量需求较高，环境质量的高需求导致经济发展要走集约式发展方式，城市化要走绿色城市化发展道路，城市化率的提高对环境质量的影响下降。

4.2.2 土地城市化影响环境质量的理论模型

根据 Turnbull(2004)及 Litchberg、Ding(2009)的模型，本章构建一个符合我国土地利用实际情况的绿色城镇化理论模型，以分析地方政府在推进城镇化建设的过程中，经济处于不同发展阶段时城市化率与环境质量变化方向之间的关系。为了简化分析，我们假设一个地区的土地分为农业用地和建设用地，且将其总量单位化为 1，建设用地又分为经营性用地和生态用地，经营性用地对环境的破坏大，生态用地对环境质量的提高具有正向作用。以 $N_1(t)$ 表示城市经营性用地，$N_2(t)$ 表示城市生态用地，则农业用地为 $1-N_1(t)-N_2(t)$。以 $X_1(t)$ 表示 t 时刻由农业用地转化为城市经营性用地的土地面积，即粗放式土地城镇化的规模，以 $X_2(t)$ 表示 t 时刻由农业用地转化为城市生态用地的土地面积，即绿色城镇化的规模，如式(4-1)所示。

$$\dot{N}_1(t)=X_1(t),\ \dot{N}_2(t)=X_2(t) \tag{4-1}$$

式中，$\dot{N}_1(t)$ 表示 $N_1(t)$ 的变化量，$\dot{N}_2(t)$ 表示 $N_2(t)$ 的变化量。

由于考虑到粮食安全等问题，中央政府严格控制地方政府由农业用地转化为建设用地的土地面积，中央政府每年下达允许地方政府将农业用地转化为建设用地的土地指标。假设第 t 期粗放式土地城镇化规模不超过中央政府规定的指标上限 X_{10}，绿色土地城镇化规模不超过中央政府规定的指标上限 X_{20}，如式(4-2)所示。

$$X_1(t)\leqslant X_{10},\ X_2(t)\leqslant X_{20} \tag{4-2}$$

农业用地转化为建设用地以后，一方面经营性用地可以获得高于农业用地收益的经营性收益及土地出让金，另一方面城市生态用地可以提高城市生态环境质量。在粗放式土地城镇化阶段，政府获得的土地出让金及高于农业用地收益的建设用地收益比较高，其增长速度也快，而政府支付给农民的征地补偿较低，城市公共服务设施建设和生态环境保护的投入较低，这方面的资金投入增长速度较慢；在绿色城镇化阶段，政府更加注重城市公共服务设施建设、生态环境保护，以及对农民的征地补偿，这方面资金投入增长速度较快。同时，我们将整个自然界和农业用地所产生的生态效应和环境容量看作一个常数，经营性用地对生态环境造成破坏，生态用地对生态环境具有保护作用，以 $\varepsilon_1(\cdot)$ 表示单位经营性用地对生态环境造成的破坏作用，以 $\varepsilon_2(\cdot)$ 表示城市生态用地对生态环境的保护作用①。

① 政府加强环境治理投入，可以减少环境污染，恢复生态环境质量，或增加环境容量。例如，人均城市绿地面积的增加，可以带来环境容量的增加。

以 $R_1[N_1(t)]$ 表示经营性用地的经济收益函数，以 $R_2[N_2(t)]$ 表示生态用地经济收益函数，$r[1-N_1(t)-N_2(t)]$ 表示单位农业用地的经济收益函数，$R_1(\cdot)$、$R_2(\cdot)$ 和 $r(\cdot)$ 分别是关于经营性用地面积、生态用地面积和农业用地面积的递增凹函数，且满足 $r<R_2<R_1$。以 $v_1[X_1(t)]$ 表示粗放式土地城镇化阶段单位土地出让后的收益，以 $v_2[X_2(t)]$ 表示绿色城镇化阶段单位土地出让后的收益，$v_1(\cdot)$ 和 $v_2(\cdot)$ 分别为转化为经营性用地面积和转化为生态用地面积的递增凹函数。以 $\phi_1[X_1(t)]$ 表示粗放式土地城镇化阶段单位土地的征地补偿和新增城市公共服务设施投入以及环境保护投入，以 $\phi_2[X_2(t)]$ 表示绿色城镇化阶段单位土地的征地补偿和新增城市公共服务设施投入以及环境保护投入，$\phi_1(\cdot)$ 和 $\phi_2(\cdot)$ 分别是转化为经营性用地面积和转化为生态用地面积的递增凹函数。在粗放式土地城镇化阶段，v_1 的增长速度快于 ϕ_1 的增长速度，即 $v'_1>\phi'_1$；在绿色城镇化阶段，v_2 的增长速度慢于 ϕ_2 的增长速度，即 $v'_2<\phi'_2$。地方政府在 t 时刻选择最优的土地城镇化数量 $X_1(t)$ 和 $X_2(t)$，以使其目标收益 W 最大化，如式（4－3）所示。

$$W=\int_0^{\infty}\left\{\begin{aligned}&\int_0^{N_1(t)}R_1(z)\mathrm{d}z+\int_0^{N_2(t)}R_2(z)\mathrm{d}z+\int_0^{1-N_1(t)-N_2(t)}r(z)\mathrm{d}z+\int_0^{X_1(t)}v_1(z)\mathrm{d}z+\int_0^{X_2(t)}v_2(z)\mathrm{d}z\\&-\int_0^{X_1(t)}\phi_1(z)\mathrm{d}z-\int_0^{X_2(t)}\phi_2(z)\mathrm{d}z-\int_0^{N_1(t)+X_1(t)}\varepsilon(z)\mathrm{d}z+\int_0^{N_2(t)+X_2(t)}\varepsilon_2(z)\mathrm{d}z\end{aligned}\right\}\mathrm{e}^{-\rho t}\mathrm{d}t$$

$$\text{s. t. } \dot{N}_1(t)=X_1(t),\ X_1(t)\leqslant X_{10};\ \dot{N}_2(t)=X_2(t),\ X_2(t)\leqslant X_{20} \tag{4-3}$$

式中，ρ 为贴现率。以 $\lambda_1(t)$ 和 $\lambda_2(t)$ 分别表示经营性用地和生态用地的影子价格。该最优化问题的哈密尔顿函数为

$$\begin{aligned}H=&\int_0^{N_1(t)}R_1(z)\mathrm{d}z+\int_0^{N_2(t)}R_2(z)\mathrm{d}z+\int_0^{1-N_1(t)-N_2(t)}r(z)\mathrm{d}z+\int_0^{X_1(t)}v_1(z)\mathrm{d}z+\int_0^{X_2(t)}v_2(z)\mathrm{d}z\\&-\int_0^{X_1(t)}\phi_1(z)\mathrm{d}z-\int_0^{X_2(t)}\phi_2(z)\mathrm{d}z-\int_0^{N_1(t)+X_1(t)}\varepsilon_1(z)\mathrm{d}z+\int_0^{N_2(t)+X_2(t)}\varepsilon_2(z)\mathrm{d}z\\&+\lambda_1(t)[X_{10}-X_1(t)]+\lambda_2(t)[X_{20}-X_2(t)]\end{aligned} \tag{4-4}$$

求解该最优化问题，可以得到：

（1）控制方程

对所有的 t 有 $\partial H/\partial X_1=0$，$\partial H/\partial X_2=0$，即：

$$-\lambda_1(t)+v_1[X_1(t)]-\phi_1[X_1(t)]-\varepsilon_1[N_1(t)+X_1(t)]=0 \tag{4-5}$$

$$-\lambda_2(t)+v_2[X_2(t)]-\phi_2[X_2(t)]+\varepsilon_2[N_2(t)+X_2(t)] \tag{4-6}$$

（2）状态方程

$\dot{N}_1(t)=\partial H/\partial\lambda_1$，$\dot{N}_2(t)=\partial H/\partial\lambda_2$ 即为 $\dot{N}_1(t)=X_{10}-X_1(t)$，

$$\dot{N}_2(t)=X_{20}-X_2(t)$$

（3）共态方程

$\dot{\lambda}_1(t)=\rho\lambda_1(t)-\partial H/\partial N_1$，$\dot{\lambda}_2(t)=\rho\lambda_2(t)-\partial H/\partial N_2$，因此有：

$$\dot{\lambda}_1(t)=\rho\lambda_1(t)-\{R_1[N_1(t)]-r[1-N_1(t)-N_2(t)]-\varepsilon_1[N_1(t)+X_1(t)]\} \tag{4-7}$$

$$\dot{\lambda}_2(t)=\rho\lambda_2(t)-\{R_2[N_2(t)]-r[1-N_1(t)-N_2(t)]+\varepsilon_2[N_2(t)+X_2(t)]\} \tag{4-8}$$

（4）横截条件

$$\lim_{t\to\infty}\lambda_1(t)\mathrm{e}^{-\rho t}=0,\quad \lim_{t\to\infty}\lambda_2(t)\mathrm{e}^{-\rho t}=0,$$
$$\lim_{t\to\infty}H[X_1(t),N_1(t),\lambda_1(t)]\mathrm{e}^{-\rho t}=0,$$
$$\lim_{t\to\infty}H[X_2(t),N_2(t),\lambda_2(t)]\mathrm{e}^{-\rho t}=0$$

由式(4-7)、式(4-8)可以解出考虑土地生态环境质量时经营性用地和生态用地土地出让的影子价格如式(4-9)、式(4-10)所示。

$$\lambda_1(t)=\int_t^{\infty}\{R_1[N_1(s)]-r[1-N_1(s)-N_2(s)]-\varepsilon_1[N_1(s)+X_1(s)]\}\mathrm{e}^{-\rho(s-t)}\mathrm{d}s + v_1(X_{10})-\phi_1(X_{10})-\varepsilon_1[N_1(t)+X_{10}] \tag{4-9}$$

$$\lambda_2(t)=\int_t^{\infty}\{R_2[N_2(s)]-r[1-N_1(s)-N_2(s)]+\varepsilon_2[N_2(s)+X_2(s)]\}\mathrm{e}^{-\rho(s-t)} + v_2(X_{20})-\phi_2(X_{20})+\varepsilon_2[N_2(t)+X_{20}] \tag{4-10}$$

从式(4-9)、式(4-10)可以看出，经营性用地和生态用地出让的影子价格包括五个方面：(1) 单位经营性用地的经济收益 $R_1[N_1(s)]$，单位生态用地的经济收益 $R_2[N_2(s)]$；(2) 单位农业用地的产出 $r[1-N_1(s)-N_2(s)]$；(3) 单位经营性用地对生态环境的破坏作用 $\varepsilon_1[N_1(t)+X_1(s)]$，单位生态用地对生态环境的保护作用 $\varepsilon_2[N_2(t)+X_2(s)]$；(4) 单位经营性用地出让后的收益 $v_1(X_{10})$ 和单位生态用地出让后的收益 $v_2(X_{20})$；(5) 粗放式土地城镇化阶段单位土地的征地补偿和新增城市公共服务设施投入 $\phi_1(X_{10})$，以及绿色城镇化阶段单位土地的征地补偿和新增城市公共服务设施投入 $\phi_2(X_{20})$。

下面再考虑粗放式土地城镇化 X_1 对土地生态环境质量 ε_1，以及绿色城镇化规模 X_2 对土地生态环境质量 ε_2 的影响。将式(4-9)、式(4-10)代入式(4-5)、式(4-6)，并对 ε_1 和 ε_2 求导，可以得到式(4-11)和式(4-12)。

$$\frac{\partial X_1}{\partial \varepsilon_1}=\frac{1-1/\rho}{v_1'[X_1(t)]-\phi_1'[X_1(t)]} \tag{4-11}$$

$$\frac{\partial X_2}{\partial \varepsilon_2}=\frac{1-1/\rho}{v_2'[X_2(t)]-\phi_2'[X_2(t)]} \tag{4-12}$$

从式(4－11)和式(4－12)中可以看出,在粗放式土地城镇化阶段,国家重点关注城市化数量,而忽视城镇化质量。此时,农业用地转化为建设用地后,政府获得的土地出让金和建设用地收益比较高,其增长速度也快,而政府支付给农民的征地补偿以及城市公共服务设施建设和生态环境保护的投入较低,这方面的资金投入增长速度较慢。故式(4－11)中,$v_1'[X_1(t)] > \phi_1'[X_1(t)]$,而 $1-1/\rho<0$,因此 $\partial X_1/\partial\varepsilon_1<0$。这意味着,在粗放式土地城镇化阶段,土地城市化与环境质量的变化方向是相反的。在绿色城镇化阶段,国家城镇化过程中重点关注城镇化质量。政府更加注重城市公共服务设施建设、生态环境保护以及对农民的征地补偿,这方面资金投入增长速度较快。故式(4－12)中,$v_2'[X_2(t)] < \phi_2'[X_2(t)]$,而 $1-1/\rho<0$,因此 $\partial X_2/\partial\varepsilon_2>0$。这意味着,在绿色城镇化阶段,土地城市化与环境质量的变化方向是相同的。

处于经济发展的不同阶段,土地城市化率与环境质量的变化方向也可以分别从土地城镇化规模、土地城市化率和土地生态效用或环境质量的变化方向来看。陈昌兵(2015)认为1975—2013 年我国城市化率呈现出 S 形增长曲线形式,1975—1995 年我国处于城市化发展的初级阶段,1996—2011 年处于城市化的平稳较快增长阶段,而 2012 年及以后我国城市化率的高速发展阶段结束。一般来说,当经济处于发展的初期阶段时,由于经济发展水平有限,各种制度也不是很健全,这时城镇化速度很缓慢;当经济发展到一定阶段时,由于城镇化及经济发展急需大量资金,土地城镇化规模迅速扩张,土地城镇化规模快速增长;当经济发展到高级阶段以后,由于城镇化成本增加,加上资源约束,以及环境规制等政策的作用,土地城镇化规模增长的速度变慢;当经济发展到更高阶段时,甚至会出现城镇化规模下降即逆城市化的情况。土地城市化率与经济发展水平的关系如图 4－1 所示。当经济处于发展的初期阶段时,由于国家、企业和居民没有意识到生态或环境保护的重要性,此时的经济发展是以污染环境或污染土地为代价的,土地生态效用或环境质量较差,处于下降阶段。当经济发展到一定阶段以后,国家和居民意识到生态或环境保护的重要性,国家加大环境和生态保护方面的投入,土地生态效用或环境质量变好,处于上升阶段。土地生态效用或环境质量与经济发展水平的关系如图 4－2 所示。这与环境库兹涅茨曲线的规律是一致的。由此可以看出:当经济处于发展的初期阶段时,城市化规模处于上升阶段,环境质量处于下降阶段,土地城市化率与环境质量的变化方向是相反的。当经济发展到高级阶段时,政府和民众对环境质量的需求提高,农地转用的指标以高新技术产业用地、基础设施用地和生态用地为主,国家也会加大环境治理投入力度,环境质量有所上升,这会使得土地城市化率与环境质量的变化方向处于“良性”的同向变化关系,但是中间会有一段时间的过渡阶段,如图 4－3 所示。综上所述,我们可以得到以下两个假设。

假设 1:当经济处于发展的初期阶段时,城镇化规模处于缓慢上升的早期阶段,政府以经济发展为主要目标,国家政策以促进经济发展为主,环境质量处于下降阶段,土地城市化率与环境质量的变化方向是相反的。

假设 2:当经济发展到高级阶段时,国家意识到生态环境保护的重要性,在环境保护方面投入很大成本,同时在土地政策和产业政策上以发展服务业和高新技术产业为主,并且取得一定效果时,土地城市化率与环境质量的变化方向是一致的。

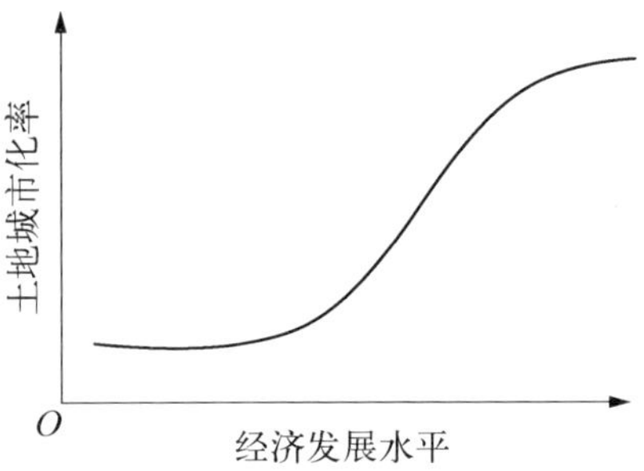

图 4-1 土地城市化率与经济发展水平的关系图

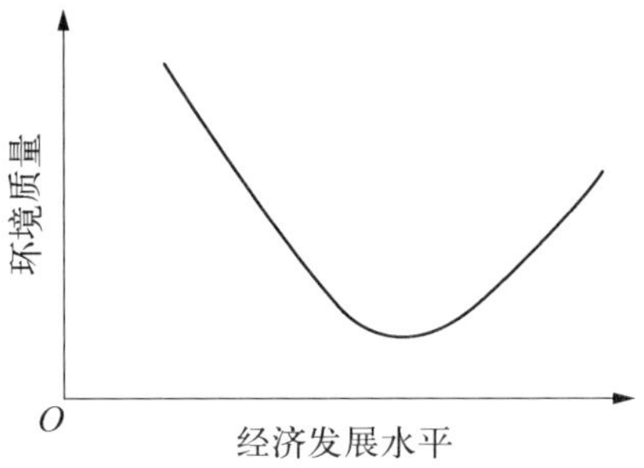

图 4-2 环境质量与经济发展水平的关系图

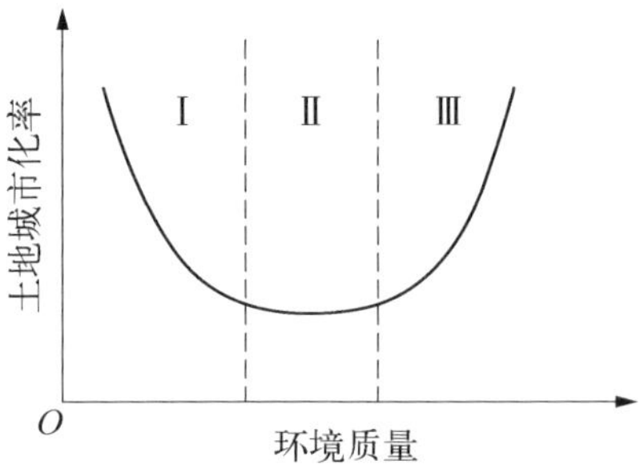

图 4-3 土地城市化率与环境质量的三阶段关系图

4.2.3 土地城市化影响环境质量的计量模型

由于我国不同地区的经济发展差距非常大，特别是东部沿海地区和西部地区之间的差距更大，相当于可以看作处于不同的经济发展阶段，而且土地城镇化规模受上一期土地城镇化规模和上一期宏观经济变量的影响非常大。通常的常系数计量模型认为产生样本观测值的经济结构保持不变，解释变量对被解释变量的影响大小及影响方式不变。而在实际过程中，由于国家产业政策、土地利用政策及环境规制政策等的变化，经济环境的变化使得经济结构或经济变量随着时间的推移已经发生了显著的变化，解释变量对被解释变量的影响大小及影响方式可能也随之发生变化，而平滑系数模型恰好能够反映不同区域间解释变量的差异。

我们采用如下的平滑系数动态面板模型进行计量分析：

$$Y_{it} = X'_{it}g(Z_{it}) + \varepsilon_{it},\ 1 \leqslant i \leqslant N,\ 1 \leqslant t \leqslant T \tag{4-13}$$

式中，X_{it} 为 d 维列向量，且第一个元素为 1；系数函数 $\{g_j(\cdot)\}$ $(j = 1, 2, \cdots, d)$ 是未知的 $\mathbb{R}^p(p \geqslant 1, Z_{it} \in \mathbb{R}^p)$ 空间里的光滑函数；误差项 $\{\varepsilon_{it}\}$ 独立同分布，并假设 X_{it} 和 Z_{it} 都是纯外生变量，即 $E(\varepsilon_{it}|X_{it}) = 0$, $E(\varepsilon_{it}|Z_{it}) = 0$。其中，$Y_{it}$ 代表土地城市化率，X_{it}代表对土地城市化率产生影响的经济变量，一般包括经济发展变量、产业结构变量、城乡差距和城市公共服务设施等变量。由于本章主要研究土地城市化率和环境质量的关系，这里的 Z_{it} 代表能够度量与土地相关的环境质量的变量。

4.3 实证分析及结果分析

4.3.1 变量描述及数据来源

本节利用平滑系数动态面板模型的半参数估计方法对各省（自治区、直辖市）的土地城市化率和环境质量的关系进行实证分析。土地城市化率可以利用某一区域内的建成区用地占区域总面积的比重度量（吕萍等，2008）。土地城市化率利用各省（自治区、直辖市）的建成区面积（市辖区）与行政区域土地面积（全市）之比进行计算得到，而环境质量利用各省（自治区、直辖市）的人均公园绿地面积作为代理变量①。现有文献中影响城市化的变量一般有涉及经济发展、产业结构、城乡收入差距、城市基础设施建设、城市教育医疗卫生状况等指标（中国经济增长前沿课题组等，2011；崔军和杨琪，2014；喻开志等，2014；王贤彬等，2014）。结合现有文献，自变量主要包括人均GDP、第二产业产值占GDP比重、第三产业产值占GDP比重、城乡收入差距、每万人专任教师数、城市人均道路面积、城市人均公园绿地面积等，各变量的时间选取为1999—2014年。各主要变量的描述性统计如表4-1所示，各变量的意义及数据来源描述如下。

表 4-1　各主要变量描述性统计

变　量	单　位	均　值	最大值	最小值	标准差
土地城市化率	%	1.52	15.75	0.08	2.53
人均 GDP	万元/人	2.46	10.52	0.25	2.02
第二产业产值占 GDP 的比重	%	46.98	61.50	19.76	7.58
第三产业产值占 GDP 的比重	%	39.66	77.95	28.60	7.51
城乡收入差距	无	2.94	4.76	1.85	0.59
每万人专任教师数	人	8.82	32.57	1.63	5.63
城市人均道路面积	平方米	11.31	25.77	3.85	4.08
城市人均公园绿地面积	平方米	8.87	18.80	2.16	3.14

（1）土地城市化率。土地城市化率利用建成区面积占行政区域总面积的比重来度量。数据来源于历年的《中国统计年鉴》《中国国土资源年鉴》和《中国国土资源统计年鉴》。

（2）人均GDP。人均GDP用来度量经济发展水平，并利用人均GDP指数将数据调整至以1999年数据为基期的水平。数据来源于历年的《中国统计年鉴》。

（3）第二产业产值占GDP的比重和第三产业产值占GDP的比重。这两个变量用来反映产业结构。数据来源于历年的《中国统计年鉴》。

（4）城乡收入差距。城乡之间的收入差距反映了城乡生产力水平的差距，是引导人

① 现有的研究文献讨论土地城市化与环境质量或环境污染之间的关系时，一般是选择工业废水排放量、工业二氧化硫排放量和工业粉尘排放量作为代表环境污染的自变量进行分析，而这里需要一个体现环境质量的正向变量，鉴于指标的可得性，暂且使用城市人均公园绿地面积。

口在城乡之间流动的重要因素。城乡收入差距的拉大,将吸引农村人口加速向城镇流动,导致人口城镇化进程加快。Zhang 和 Song(2003)提出采用城镇居民人均可支配收入与农村居民人均纯收入之比来考察城乡收入差距对城镇化的影响,我们借鉴这一度量城乡收入差距的方法。城镇居民人均可支配收入和农村居民人均纯收入数据来源于历年的《中国统计年鉴》,并将两者相除得到城乡收入差距指标的数据。

(5)基本公共服务。崔军和杨琪(2014)指出城镇化的发展伴随着基本公共服务需求的增长,而基本公共服务水平的提高将促进城镇化水平的提高,他们就基础设施建设、教育和城市环境三个方面选取指标:基础设施建设方面选取城市人均道路面积,教育方面的指标是每万人专任教师数(包括小学、普通中学和普通高等学校教师总人数),城市环境的测量指标采取人均公园绿地面积指标。人均公园绿地数据均来源于历年的《中国统计年鉴》。

4.3.2 实证结果

利用 1999—2014 年样本数据,分别按全国、东部和中西部区域[①]三种模型,以土地城市化率为因变量,运用平滑系数动态面板模型的半参数估计方法进行实证分析,实证分析结果如表 4-2 所示。全国土地城市化率模型的带宽为 1.01,误差标准误为 0.916 2,R^2 为 0.869 6;东部土地城市化率模型的带宽为 0.978 6,误差标准误为 1.134 7,R^2 为 0.899 6;中西部土地城市化率模型的带宽为 0.952 1,误差标准误为 0.340 3,R^2 为 0.424 7。三种模型的带宽类型为固定的,它们的核函数类型为二阶高斯函数。全国、东部及中西部地区平滑系数动态面板模型的土地城市化率、人均 GDP 和城市人均公园绿地面积拟合图如图 4-4 所示,全国平滑系数动态面板模型土地城市化率与各自变量拟合图如图 4-5 所示,东部地区平滑系数动态面板模型土地城市化率与各自变量拟合图如图 4-6 所示,中西部地区平滑系数面板模型土地城市化率与各自变量拟合图如图 4-7 所示。

从表 4-2 以及图 4-4 至图 4-7 可以看出:

(1)土地城市化率与环境质量的关系。从全国、东部及中西部地区的拟合图(图 4-4)可以看出:人均 GDP 高、土地城市化率高的地区其城市人均公园绿地面积反而不高;对于中西部地区,一部分地区人均 GDP 高、土地城市化率高的地区其城市人均公园绿地面积比较低,而一部分地区人均 GDP 不高,但其土地城市化率和城市人均公园绿地面积反而较高。对于全国和东部地区来说,城市人均公园绿地面积对土地城市化率的影响是负向的,当经济发展到一定程度时,居民和政府的环保意识增强,环境质量的要求对经济发展有一定的制约,从而使得环境质量对土地城市化率的影响是负向的。这说明,我国环境质量和城市化率之间仍处于下降阶段或触底阶段,国家仍应增加环境治理的投入力度,逐步实现土地城市化率和环境质量呈现正向的良性循环关系。但东部地区土地城市化率和城

① 由于中西部区域的规律类似,因此将中西部区域放在一起考察。

市人均公园绿地面积之间开始往上翘，这从图 4－6 的最后一张图可以看出，东部地区土地城市化率和城市人均公园绿地面积之间从负向关系开始向正向关系过渡。对于中西部地区来说，虽然城市人均公园绿地面积对土地城市化率的影响是正向的，但是并不能认为中西部地区实现土地城市化率和环境质量呈现出正向的良性循环关系。这是因为，中西部地区城市人均公园绿地面积高的地区，其土地城市化率也相对较高，城市公园绿地面积往往通过土地城市化转化而来，而不是由于经济发展到一定程度，居民和政府的环境消费需求有所增加，政府增加环境治理投入，而使得环境质量有所提升，这从图 4－4 中西部地区的分析中也可以看出这一点。

（2）对控制变量的分析。对于全国、东部和中西部地区来说：① 人均 GDP 对土地城市化率的影响均是正向的。② 第二产业增加值占 GDP 的比重对土地城市化率的影响均是负向的，若第二产业增加值占 GDP 的比重提高，那么对应的工业企业对土地指标的需求应增加，但是现在的结果是土地城市化率反而下降，说明工业行业的利润率不高，应淘汰现有工业企业的产能，发展高新技术产业或增加现有工业企业的技术附加值。③ 城乡差距对土地城市化率的影响均是负向的。一般来说，城乡差距对人口城市化率的影响是正向的，城乡差距越大，城市对农村居民的吸引力越大，导致更多的农村人口转移至城市，促使人口城市化率的增加。而我国现阶段城乡差距对土地城市化率的影响是负向的，这说明土地城市化快于人口城市化，但是这里的快速仅仅是对粗放式土地城市化来说的，今后应发展土地集约式的绿色城镇化。④ 只有中西部地区的第三产业增加值占 GDP 的比重对土地城市化率的影响是负向的，这说明中西部地区的第三产业也不足以带动经济发展。⑤ 全国和中西部地区的每万人专任教师数对土地城市化率的影响是负向的，这说明，对于全国来说，教育水平的发展与土地城市化率的速度不相称，国家仍应大力发展高等教育，尤其是加强中西部地区的高等学校建设投入力度。⑥ 城市人均道路面积对土地城市化率具有显著的正向推动作用。当城市人均道路面积增加时，标志着城市交通设施网络的完善与高效，进而降低了居民的通勤成本，提升了城市的整体运行效率。这种高效便捷的交通环境不仅促进了经济活动的快速流通与集聚，还显著增强了城市对消费者及企业的吸引力，进而城市的土地利用效率得到提升，土地城市化率也相应增加。

在经济发展的不同阶段，土地城市化率和环境质量之间呈现不同的关系。在经济发展的早期阶段，经济发展以粗放发展方式为主，经济发展促进城市化的发展，第一产业向第二产业过渡，而第二产业对环境的破坏比较严重，土地城市化率的增加引起环境质量下降。随着经济的进一步发展，城市化开始由注重规模扩张转入注重质量提高，产业结构由以第二产业为主逐步向第三产业倾斜，国家主要发展服务业和高新技术产业，这类产业对环境的负面影响相对较小，使得环境质量得到一定的改善，环境质量的改善成为质量型城市化追求的主要目标之一。因此，城市化的发展能够促进环境质量的提高。反过来，随着环境质量的改善，城市化的动力也显著增强。当一个城市的环境质量得到改善之后，该城市对居民的吸引力增强，使得该城市人口增加，即土地城市化率相应提高。这说明，城市化和环境质量之间存在一定的“互动”关系。从上述实证结果可以看出，我国目前处于由土地城市化率和环境质量呈现负向关系的第Ⅰ阶段向第Ⅱ阶段过渡的阶段，国家应该加大环境治理的投入，国家政策应进一步强化这一效应，以使我国能尽快地过渡到土地城市化率和环境质量呈现正向关系的第三阶段。

表 4-2　全国平滑系数动态面板模型的半参数估计结果

变　量		全国土地城市化率	东部土地城市化率	中西部土地城市化率
名　称	代　码			
人均 GDP	agdp	1.017 8	0.777 4	0.221 6
第二产业增加值占 GDP 的比重	secind	-0.028 9	-0.039 8	-0.011 7
第三产业增加值占 GDP 的比重	sersec	0.095 2	0.094 8	-0.011 6
城乡收入差距	incgap	-0.458 4	-1.156 2	-0.099 7
每万人专任教师数	edu	-0.006 5	0.026 3	-0.027 9
城市人均道路面积	road	0.017 7	0.019 1	0.036 1
城市人均公园绿地面积	park	-1.304 0	-1.245 8	0.395 2
Constant	—	0.229 2	1.946 6	0.951 0
Bandwidth	—	1.010	0.978 6	0.952 1
Bandwidth type	—	fixed	fixed	fixed
Residual standard error	—	0.916 2	1.134 7	0.340 3
R^2	—	0.869 6	0.899 6	0.424 7
Continuous kernel type	—	Second-order Gaussian	Second-order Gaussian	Second-order Gaussian

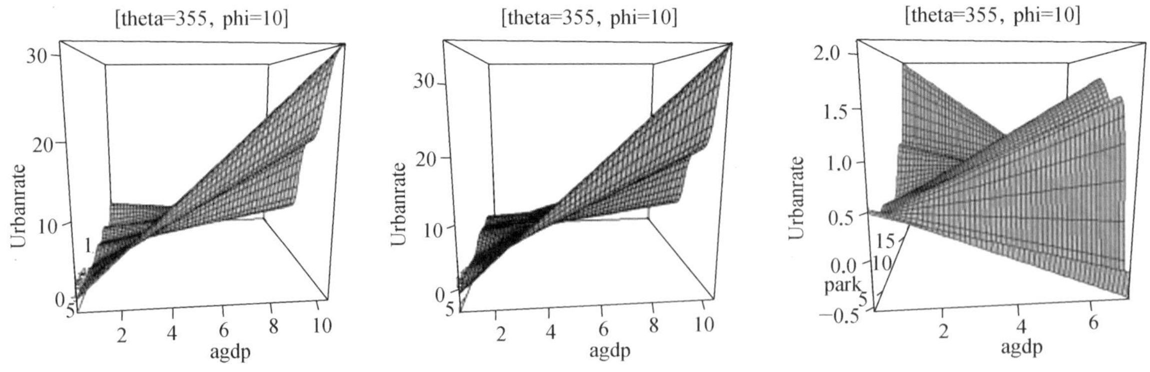

图 4-4　全国、东部及中西部地区平滑系数动态面板模型的土地城市化率、人均 GDP 和城市人均公园绿地面积拟合图

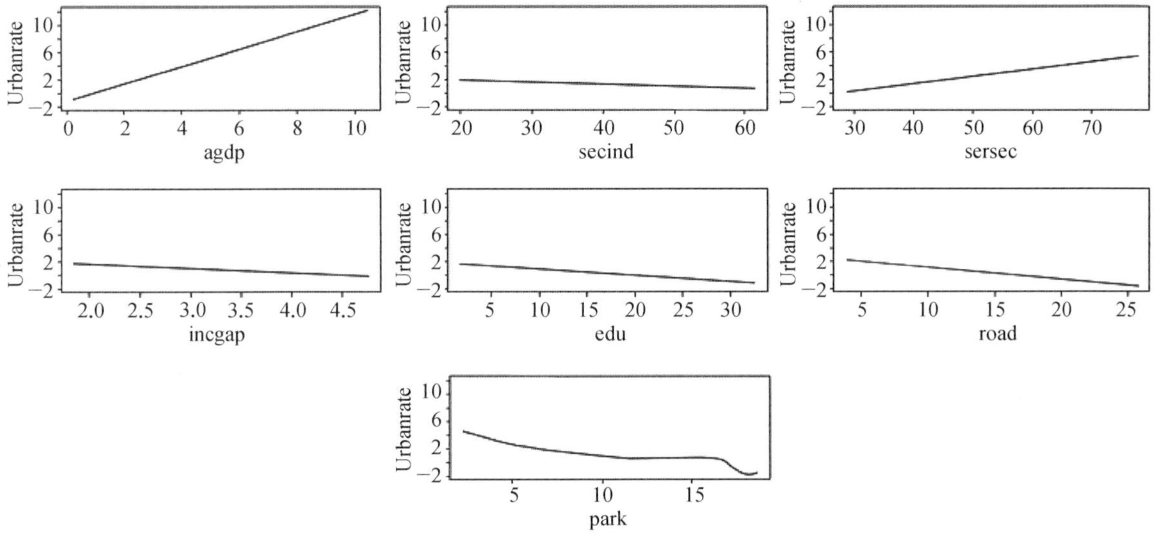

图 4－5　全国平滑系数动态面板模型土地城市化率与各自变量拟合图

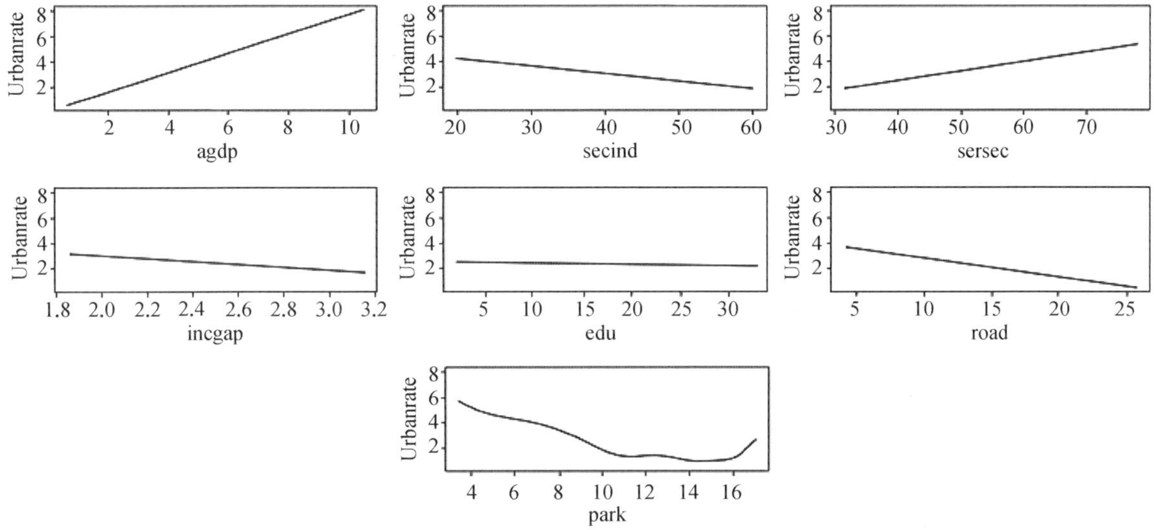

图 4－6　东部地区平滑系数动态面板模型土地城市化率与各自变量拟合图

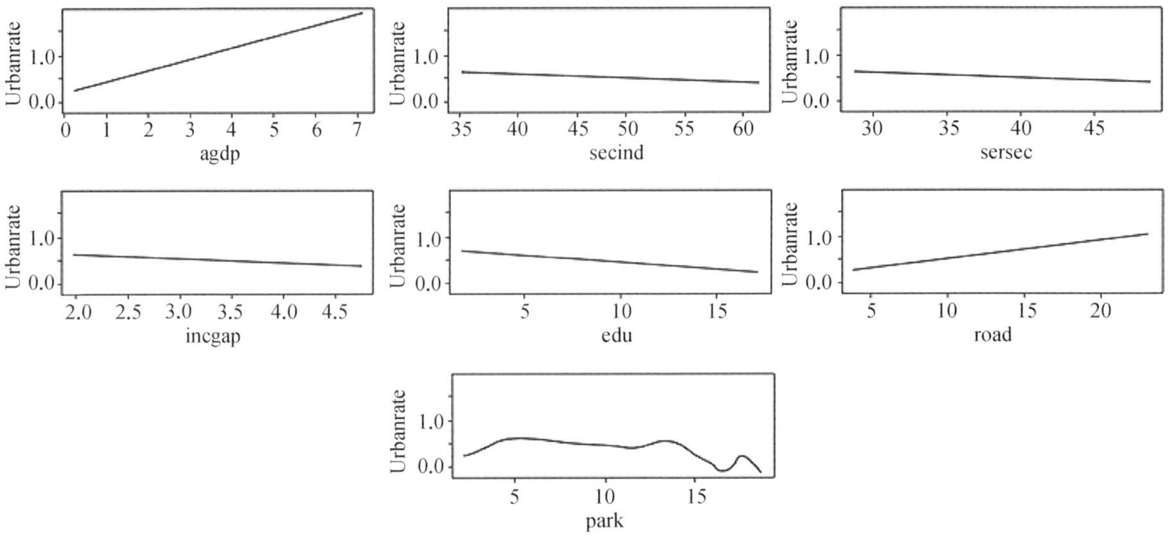

图 4-7 中西部地区平滑系数动态面板模型土地城市化率与各自变量拟合图

4.4 本章研究结论与政策启示

我们首先根据 Turnbull(2004)及 Litchberg 和 Ding(2009)的模型，构建一个符合中国实际土地利用情况的动态最优化模型，论证不同经济发展阶段土地城市化率与环境质量变化之间的关系，然后利用平滑系数动态模型的半参数估计对土地城市化率和环境质量之间的关系进行实证分析，得出以下结果：在我国现阶段，土地城市化率与环境质量之间总体上呈现出一种显著的负向相关性，并处于由第Ⅰ阶段向第Ⅱ阶段过渡的阶段。土地城市化率和环境质量均受经济发展阶段的影响。在经济发展的早期阶段，土地城市化率是引起环境质量下降的主要原因之一。随着经济的进一步发展，土地城市化率和环境质量之间呈现出“互动”的关系。随着土地城市化率的提高，城市化开始由注重规模扩张转向注重质量提高，环境质量的改善成为质量型城市化追求的主要目标之一。反过来，随着环境质量需求的提高，要求政府加大环境保护投入，同时用地指标向服务业或高新技术产业倾斜，城市化向更高水平发展。国家可以在土地利用政策上加以引导，使得企业或地方政府在用地过程中偏向于服务业或高新技术产业，淘汰占地面积大、高投入、高耗能、高污染和低效益[①]的落后产业，逐步实现土地城市化率和环境质量呈现正向关系的良性循环。

通过以上结论，给出以下政策启示：(1) 应大力推动绿色城镇化建设，提倡绿色生产方式，构建绿色城市发展体系。我国现阶段的城市化已发展到由注重城市化规模扩张转入注重城市化质量提高的阶段，城市环境质量的改善和提高是考量城市化质量的一个重要方面。因此，国家应大力推动绿色城镇化建设，提倡绿色生产方式，推进城市化的绿色

① 即“三高一低”企业。

转型。(2) 加强土地供给侧结构性改革,支撑绿色城镇化建设。中央政府可以从土地供给侧的角度,制定相关政策引导土地指标向绿色清洁生产行业倾斜,推动我国绿色低碳循环发展产业体系的快速建立,同时增加环境治理投入,以尽快实现土地城市化率和环境质量呈现正向的良性互动关系。

参考文献

[1] 陈昌兵.城市化、房地产与宏观调控[J].经济学动态,2015(1): 29-41.

[2] 陈思霞,卢洪友.公共支出结构与环境质量: 中国的经验分析[J].经济评论,2014(1): 70-80.

[3] 程开明.城市化、技术创新与经济增长: 基于创新中介效应的实证研究[J].统计研究,2009,26(5): 40-46.

[4] 董直庆,蔡啸,王林辉.技术进步方向、城市用地规模和环境质量[J].经济研究,2014,49(10): 111-124.

[5] 范剑勇,莫家伟,张吉鹏.居住模式与中国城镇化: 基于土地供给视角的经验研究[J].中国社会科学,2015(4): 44-63.

[6] 葛扬,钱晨."土地财政"对经济增长的推动作用与转型[J].社会科学研究,2014(1): 28-34.

[7] 罗能生,李佳佳,罗富政.中国城镇化进程与区域生态效率关系的实证研究[J].中国人口·资源与环境,2013,23(11): 53-60.

[8] 吕萍,周滔,张正峰,等.土地城市化及其度量指标体系的构建与应用[J].中国土地科学,2008,22(8): 24-28.

[9] 王兵,唐文狮,吴延瑞,等.城镇化提高中国绿色发展效率了吗?[J].经济评论,2014(4): 38-49.

[10] 王贤彬,张莉,徐现祥.地方政府土地出让、基础设施投资与地方经济增长[J].中国工业经济,2014(7): 31-43.

[11] 杨继生,徐娟.环境收益分配的不公平性及其转移机制[J].经济研究,2016,51(1): 155-167.

[12] 喻开志,黄楚蘅,喻继银.城镇化对中国经济增长的影响效应分析[J].财经科学,2014(7): 52-60.

[13] 中国经济增长与宏观稳定课题组,陈昌兵,张平,等.城市化、产业效率与经济增长[J].经济研究,2009,44(10): 4-21.

[14] 中国经济增长前沿课题组,张平,刘霞辉.城市化、财政扩张与经济增长[J].经济研究,2011,46(11): 4-20.

[15] 中国金融四十人论坛课题组,蔡洪滨,李波,等.土地制度改革与新型城镇化[J].金融研究,2013(5): 114-125.

[16] 周飞舟,王绍琛.农民上楼与资本下乡: 城镇化的社会学研究[J].中国社会科学,2015(1): 66-83.

[17] Bloom D E, Canning D, Fink G. Urbanization and the wealth of nations[J]. Science, 2008,

319(5864): 772 - 775.

[18] Breusch T S, Pagan A R. A simple test for heteroscedasticity and random coefficient variation[J]. Econometrica, 1979, 47(5): 1287 - 1294.

[19] Brückner M. Economic growth, size of the agricultural sector, and urbanization in Africa[J]. Journal of Urban Economics, 2012, 71(1): 26 - 36.

[20] Entwisle B, Stern P. Population, land use, and environment: Research directions[M]. Washington: The National Academies Press, 2005.

[21] Lichtenberg E, Ding C R. Local officials as land developers: Urban spatial expansion in China[J]. Journal of Urban Economics, 2009, 66(1): 57 - 64.

[22] Montgomery M R. How large is too large? implications of the city size literature for population policy and research[J]. Economic Development and Cultural Change, 1988, 36(4): 691 - 720.

[23] Montgomery M R. The urban transformation of the developing world[J]. Science, 2008, 319(5864): 761 - 764.

[24] Rakodi C. The Urban Challenge in Africa: Growth and Management of its Large Cities[M]. New York: The United Nations University Press, 1997.

[25] Turnbull G K. Urban growth controls: Transitional dynamics of development fees and growth boundaries[J]. Journal of Urban Economics, 2004, 55(2): 215 - 237.

[26] UNCHS. The state of the world's cities: 2001[M] Nairobi: United Nations Centre for Human Settlements(Habitat), 2001.

[27] Xu B, Lin B Q. How industrialization and urbanization process impacts on CO_2 emissions in China: Evidence from nonparametric additive regression models[J]. Energy Economics, 2015, 48: 188 - 202.

[28] Zhang C G, Lin Y. Panel estimation for urbanization, energy consumption and CO_2 emissions: A regional analysis in China[J]. Energy Policy, 2012, 49: 488 - 498.

[29] Zhang K H, Song S F. Rural - urban migration and urbanization in China: Evidence from time-series and cross-section analyses[J]. China Economic Review, 2003, 14(4): 386 - 400.

第5章　经济发展、土地城市化与生态服务价值

——兼论土地城市化与生态服务价值增加能否实现共赢[①]

5.1　土地城市化与生态服务价值协同促进的可能性及意义

随着经济的快速发展，土地城市化给生态服务带来了压力。在经济高质量发展阶段，如何协调经济发展与生态保护，以实现城市发展与生态服务价值增加两者双赢局面，具有重要的现实意义。

现有的许多文献都论证了土地城市化与生态服务价值之间的负向关系（Carreno et al., 2012；Fontana et al., 2013；Goldstein et al., 2012；Lyu et al., 2018；Nelson et al., 2009, 2010；Peng et al., 2017；Solecki et al., 2005）。这些研究表明，土地城市化导致土地利用变化，并通过改变生态系统结构、生态栖息地和生态系统循环过程而降低了生态系统服务的价值和功能（Fontana et al., 2013；Goldstein et al., 2012；Karevia et al., 2007；Nelson et al., 2009；Peng et al., 2017；Rahman et al., 2019；Solecki et al., 2005；Wan et al., 2015）。然而，生态服务价值不仅受土地使用变化的影响，还受土地利用结构的影响（Chuai et al., 2016；Wang et al., 2014）。土地利用结构的变化会导致生态系统功能结构的变化，并影响生物地球化学循环、土壤更新、水循环等生态过程，从而引起生态服务价值的变化（Grimm et al., 2013；Strohschon et al., 2013；Su et al., 2010）。进而，土地利用结构可以引起产业结构和污染排放的变化，并进一步影响生态服务价值。那么，是否可以通过优化土地利用结构来促进生态服务价值的增加？土地利用结构的优化会导致生态系统功能结构的优化及完善，协调土地利用对生物地球化学循环、土壤更新、水循环和其他生态过程等的影响，降低土地利用对生态服务价值的影响。同时，土地利用结构的优化还会导致产业结构优化升级，减少生产过程中的污染排放，进一步降低人类生产活动对生态服务价值的影响。现有研究很少从土地利用结构优化进而导致产业结构优化升级的角度探究土地城市化对生态服务价值的影响。本章从土地利用结构优化的角度探讨了土地城市化与生态服务价值之间相互协调促进的可能性。此外，由于城市扩张引起的土地利用变化导致生态服务供给减少及生态服务的稀缺，而居民的生态服务需求和生态服务的支

---

① 本章相关研究内容已发表：Wu Y, Tang M, Zhang Z, et al. Whether urban development and ecological protection can achieve a win-win situation—the nonlinear relationship between urbanization and ecosystem service value in China[J]. Sustainability, 2019, 11(12): 3277.

付意愿则随着生活水平的提高而增加(Nguyena et al., 2017; Quintas-Soriano et al., 2016)。因此,本章还考虑了居民对生态服务的支付意愿。

现有文献中关于城市化和生态服务价值的研究方法可以大致分为参数模型和非参数模型。参数模型通常先验地设定了估计函数的形式和一些有限的参数集,而非参数模型则不假设任何估计函数的形式,并且认为数据分布不能用有限的参数集来定义(Baglan et al., 2014; Bolund and Hunhammar,1999)。然而,参数模型容易受到模型设定错误和内生性问题的困扰(Baglan et al., 2014)。逆向因果关系和遗漏变量导致土地城市化与生态服务价值之间存在内生性问题(Bolund and Hunhammar, 1999; Peng et al., 2017)。传统的计量经济模型通过使用工具变量来解决内生性问题。然而,有效的工具变量很难确定,并且无法很好地解决内生性问题,特别是存在异质性时(Chib et al., 2009)。并且,随着回归函数维度的增加,纯非参数技术越来越不可行(Vieu et al., 1994)。因此,本章采用半参数模型来缓解纯非参数模型中存在的"维数诅咒"问题。空间适应性半参数模型是一种运用惩罚样条函数拟合曲线的方法,样条函数的惩罚参数在偏差和方差之间能够较好地达到平衡和折中,且能够在空间上变化,以适应回归模型可能存在的空间异质性(Ruppert et al., 2003),同时也能够有效解决生态过程和模式中存在的空间异质性和复杂性。因此,本章运用空间自适应半参数模型研究土地城市化与生态服务价值之间的关系是较为合理的。

为了全面分析城市化与生态服务之间的权衡,本章系统地探讨了经济发展与生态保护的双赢局面。首先,本章中人均生态服务价值的计算是基于生产过程中污染排放的负面影响及居民对生态服务的支付意愿的。其次,本章利用空间自适应半参数模型,定量分析了土地城市化与人均生态服务价值之间的关系。此外,本章讨论了实现土地城市化和生态服务价值增加协调促进的具体途径。研究结果可以为实现城市可持续发展方面的政策制定提供参考。

5.2 土地城市化影响生态服务价值的理论机制

生态服务价值主要取决于以下三个方面。(1)具有生态效益的土地面积(AEB)。农业用地(如耕地、园地和森林地)和未利用土地(如河流、湖泊和湿地)都对生态服务价值产生正面影响。(2)生产过程中产生的污染对生态服务价值的负面影响(NEP)。工业生产过程中排放的废水、废气和工业粉尘对大气环境、水环境和土壤质量等产生负面影响,进而对生态服务价值产生负面影响。值得注意的是,土地城市化对生态服务价值还有许多其他负面影响,如城市热岛效应、暴洪、碳封存、生物多样性等(Rahman et al., 2019)。然而,本章主要通过产业结构改变来探讨土地利用结构对生态服务价值的影响,因为不同行业的污染物排放存在差异。因此,本章仅关注土地城市化过程中污染物排放对生态服务价值的负面影响的衡量。(3)居民对生态服务的支付意愿(WTP)。居民对环境基础设施和生态产品的需求随着经济发展水平和收入的增加而增加,生态服务意愿的增加将导致生态服务价值的提高。

经济的快速发展刺激了大量农业用地或未利用地转化为城市建设用地。土地用途的转变不仅直接减少了可用于生态服务的土地面积,更损害了生态系统的功能完整性,进而导致了生态服务价值的显著下降。承载在城市建设用地上的生产活动排放出大量污染，生态系统功能进一步受到污染的破坏。然而，当污染对经济发展产生制约作用时，土地利用结构将发生变化。在这一过程中，农业用地将主要转变为第三产业用地或高新技术产业用地。与第二产业用地或工业用地相比，第三产业用地或高新技术产业用地的污染排放强度较小，对生态系统功能的损害也较轻。此外，随着生活水平的提高，居民对生态服务费用的支付意愿也随之增加。

土地城市化对生态服务价值的影响机制如图 5-1 所示。在经济发展初期，经济以粗放式发展模式为主，中央政府以 GDP 和税收等经济发展总量指标考核地方政府，为了增加地方 GDP 总量和税收，地方政府以低价出让工业用地吸引投资的方式进行招商引资（陶然等，2009），工业用地的土地利用效率较低，同时其污染严重，这使得生态环境质量及生态服务价值有所下降；当经济发展到高级阶段时，经济发展以集约式发展模式为主，农业用地指标以转为第三产业用地或高新技术产业用地为主，土地利用结构的优化促进产业结构高级化及能源消费结构清洁化，降低生产过程对生态环境的负面影响。与此同时，国家和居民均意识到生态环境保护的重要性，国家在土地政策和产业政策上向服务业和高新技术产业倾斜，并且出台环境规制政策控制环境污染程度，居民对生态服务的支付意愿也相应提高，这使得生态环境质量和生态服务价值有所增加。

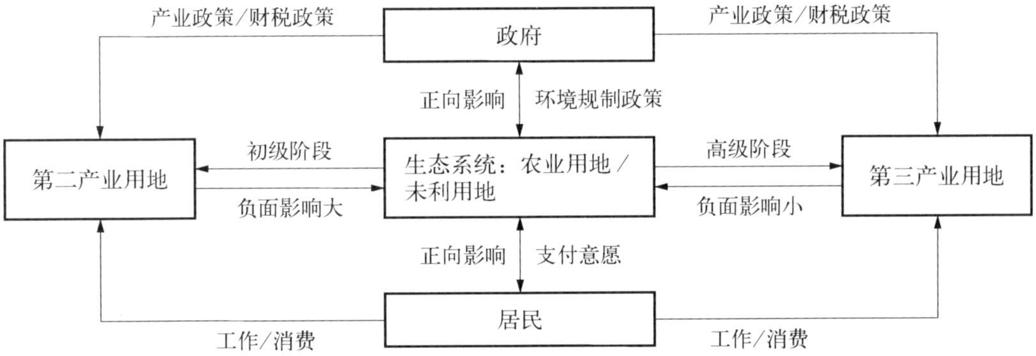

图 5-1 土地城市化对生态服务价值的影响机制

当生产过程产生的污染的负面影响超过生态效益土地产生的生态服务价值与居民的支付意愿之和，即 NEP>AEB+WTP 时，土地城市化对人均生态服务价值的影响为负。当生态服务价值和居民的支付意愿之和超过污染的负面影响（即 AEB+WTP>NEP）时，土地城市化对人均生态服务价值的影响为正。此外，我们假设土地城市化与生态服务价值之间存在 U 形曲线关系（图 5-2）。

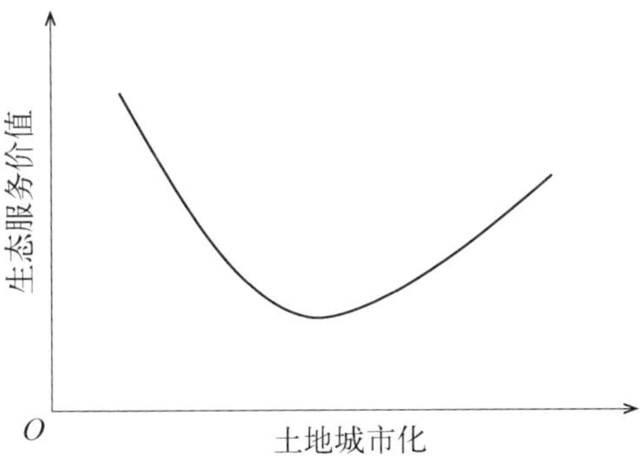

图 5-2 土地城市化和生态服务价值之间的 U 形曲线关系

5.3 土地城市化影响生态服务价值的实证分析

5.3.1 计量模型

为了避免参数模型中存在的内生性问题和非参数模型中的“维数诅咒”问题,同时考虑到土地城市化对生态服务价值的影响存在空间异质性,本章采用空间自适应半参数模型来分析土地城市化对生态服务价值的影响。由于各个省份的地理范围不同,具有生态服务价值的土地面积差异较大,使用人均生态服务价值可以更恰当地反映出各个省份生态系统服务供给的效应。为实证研究土地城市化与生态服务价值之间的关系,以人均生态服务价值(y)为因变量,以土地城市化率(x_1)为自变量,影响城市化的因素包括经济发展水平、产业结构、城市基础设施、地方公共财政支出等。因此,本研究选取人均 GDP(x_2)、第二产业和第三产业产值之和占 GDP 的比重(x_3)、地方财政支出(x_4)、每万人专任教师数(x_5)、每千人医疗卫生机构床位数(x_6)作为控制变量。运用这些变量,建立空间自适应半参数模型如下:

$$\ln y = \beta_0 + \beta_1 x_2 + \beta_2 x_3 + \beta_3 x_4 + \beta_4 x_5 + \beta_5 x_6 + f(x_1) + \sum_{k=1}^{K_m} b_k (x_1 - \kappa_k^m)_+^p \quad (5-1)$$

式中,β_0 为常数项;β_i 为相应线性控制变量的系数,$i = 1, 2, \cdots, 6$;$f(x_1)$ 为非参数项;κ_k^m 为节点,$k = 1, 2, \cdots, K_m$;K_m 为节点的维数;当 $(x_1 - \kappa_k^m) > 0$ 时,$(x_1 - \kappa_k^m)_+^p$ 等于 $(x_1 - \kappa_k^m)^p$,否则为 0,且 b_k 为其系数;p 为第 k 个节点的次数。

5.3.2 数据来源和描述性统计

1. 土地生态服务价值的测算

在测算土地生态服务价值时,首先要充分考虑到耕地、园地、牧草地、湿地、森林以及水利设施用地等自然生态系统所承载的正向生态服务价值。与此同时,不可忽视的是建设用地对生态服务价值产生的负向效应。这主要体现在工业生产活动中所排放的废水、废气及粉尘等污染物上,它们对自然环境的侵蚀与破坏,直接或间接地削弱了土地生态系统的服务功能,降低了其整体价值。此外,随着社会经济的稳步发展和居民收入水平的持续提升,人们对美好生活的向往日益增强,这一趋势促使居民生态需求不断攀升,并自然转化为对生态服务价值更高的支付意愿。

在测算土地生态服务价值时,首先根据谢高地等(2008)关于 2007 年各土地类型(草地、森林、湿地、河流/湖泊等)的单位面积生态服务价值,以及 2007 年中国各省域的耕地、园地、牧草地、森林、人造林、湿地、水利设施用地面积,测算出 2007 年中国各省域的土地生态服务价值总量,再除以各省域的人口总量,得到 2007 年各省域的人均土地生态价值。由于要考虑居民收入提高带来的支付意愿增强的效应,因此将 2007 年各省域的生态服务价值按人均 GDP 折算出 2003—2015 年各省域的人均生态服务价值。

其计算公式如下：

$$y_{1it} = \frac{\sum_{j=1}^{5} k_j A_{ij}}{P_i} \cdot \frac{AGDP_{it}}{AGDP_{i,\ 2007}} \qquad (5-2)$$

式中，i 代表省域，$i = 1, 2, \cdots, 30$；j 代表不同的土地类型，t 代表年份，$t = 2003, 2004, \cdots, 2015$；$k_j$ 代表第 j 种土地类型的单位面积生态服务价值，A_{ij} 代表省域 i 土地类型 j 的土地面积，P_i 是省域 i 的人口数，$AGDP_{it}$、$AGDP_{i,\ 2007}$ 分别代表省域 i 第 t 年和 2007 年的人均 GDP，y_{1it} 是省域 i 第 t 年的人均土地生态服务价值。

各土地类型的单位面积生态服务价值如表 5－1 所示。

表 5－1　中国 2007 年生态系统单位面积生态服务价值

土地类型	耕地	牧草地/园地	森林/人造林	湿地	水利设施用地
单位面积生态服务价值/[（元/公顷）/年]	3 547.89	5 241	12 628.69	24 597.21	20 366.69

以上测算的仅仅是土地生态服务价值正向效应部分，由于工业生产过程排放的废水[①]对土壤质量造成负面影响，因此需要将这一土地生态服务价值的负面效应予以去除，将人均生态服务价值的对数值减去人均废水排放总量的对数值作为综合人均生态服务价值的度量，其公式如下：

$$\ln y_{it} = \ln y_{1it} - \ln y_{2it} \qquad (5-3)$$

式中，$\ln y_{it}$ 代表省域 i 第 t 年的综合人均生态服务价值；y_{1it} 代表省域 i 第 t 年的人均生态服务价值，$\ln y_{2it}$ 是省域 i 第 t 年的人均废水排放总量。

2. 各自变量说明及数据来源

为了实证分析土地城市化率对综合人均生态服务价值的影响及其关系，选取的控制变量主要有人均 GDP、第二产业和第三产业产值之和占 GDP 的比重、每万人专任教师数、地方财政支出、每千人医疗卫生机构床位数五个变量，各变量解释说明及数据来源如下：

（1）土地城市化率。利用中国 30 个省（自治区、直辖市）的建成区面积除以市辖区总土地面积得到各省（自治区、直辖市）2003—2015 年的土地城市化率数据，数据来源于历年的《中国城市统计年鉴》。由于数据搜集上的困难，中国香港、澳门、台湾及西藏自治区数据未包括在内。

---

① 工业生产过程排放的废气、粉尘等对大气环境造成污染，不对土地质量产生直接影响，故这里不考虑工业生产过程排放的废气、粉尘等因素。

（2）人均 GDP。人均 GDP 可以反映地区经济发展水平，经济发展水平的提高促使居民收入有所增加，从而对土地生态服务价值的支付意愿增强，有利于人均土地生态服务价值的提高。数据来源于历年的《中国统计年鉴》。

（3）第二、三产业产值之和占 GDP 的比重。将各省（自治区、直辖市）每年的第二、三产业产值加和再除以当年 GDP 得到这一指标的数据，该指标可以用来反映产业结构，在城市化推进过程中，大量农村人口走向城市，农业生产逐渐被工业和服务业取代，第二、三产业产值之和占 GDP 的比重不断提高，但第二、三产业的发展也不可避免地对土地及大气环境造成了一定的污染，进而使得人均生态服务价值下降。数据来源于历年的《中国统计年鉴》。

（4）地方财政支出。地方财政支出投向基本建设，与投向教育、医疗、城市公园绿地及水利设施等民生工程项目的比例，即构成了地方财政支出结构。这一结构不仅深刻影响着经济发展、产业结构以及城市化率等宏观经济变量，还通过一系列连锁反应，间接地对人均生态服务价值产生影响。数据来源于历年的《中国财政年鉴》。

（5）每万人专任教师数。将各省（自治区、直辖市）的专任教师数除以人口总量得到这一指标，每万人专任教师数反映一个地区的教育水平，对城市化率产生影响，从而间接对人均生态服务价值产生影响。数据来源于历年的《中国统计年鉴》。

（6）每千人医院床位数。每千人医院床位数反映地方医疗设施水平，对城市化率产生影响，从而间接对人均生态服务价值产生影响。数据来源于历年的《中国统计年鉴》。

各变量的描述性统计如表 5－2 所示。

表 5－2　各变量描述性统计

变　量	代号	单位	均值	标准差	最大值	最小值
人均生态服务价值	y	—	0.646	2.235	8.994	-3.23
土地城市化率	x_1	%	6.002	4.121	19.737	0.009
人均 GDP	x_2	元/人	31 651.197	21 853.257	107 960	3 603
第二、三产业产值之和占地区 GDP 的比重	x_3	—	0.876	0.064	0.996	0.630
地方财政支出	x_4	亿元	2 324.276	1 927.041	12 827.8	105.4
每万人专任教师数	x_5	人	10.268	5.385	32.569	2.796
每千人医疗卫生机构床位数	x_6	张	3.669	1.09	6.368	1.528

5.3.3 实证结果

1. 人均生态服务价值的空间布局

表 5－3 中显示了 2003 年、2007 年和 2015 年各省（自治区、直辖市）的人均生态服务

价值。从表 5－3 的结果及人均生态服务价值的空间分布可以看出，中部和西部省（自治区、直辖市）的人均生态服务价值均高于东部地区，中部和西部省（自治区、直辖市）的人均生态服务价值增长率也高于东部地区，2007—2015 年所有区域的增长率都高于 2003—2007 年的增长率，人均生态服务价值的空间分布在 2003—2015 年略有变化。

表 5－3　2003 年、2007 年和 2015 年各省（自治区、直辖市）人均生态服务价值测算结果

省（自治区、直辖市）	人均生态服务价值		
	2003 年	2007 年	2015 年
青海	260.46	255.39	8 050.95
新疆	30.09	55.02	802.79
海南	48.63	133.26	218.41
内蒙古	7.88	23.36	194.79
宁夏	3.84	3.70	53.42
甘肃	3.37	8.28	45.80
黑龙江	2.28	5.32	15.93
贵州	1.17	4.15	10.65
陕西	0.76	1.24	10.61
云南	2.32	5.31	10.30
吉林	1.87	2.84	8.70
四川	0.28	0.65	7.21
广西	0.26	0.37	3.85
重庆	0.06	0.31	3.26
江西	0.66	0.93	2.47
北京	0.47	1.02	2.03
福建	0.34	0.46	1.10
湖北	0.20	0.42	1.98
湖南	0.18	0.45	1.89
辽宁	0.29	0.50	1.65
天津	0.44	0.63	1.62
山西	0.51	0.78	1.48
安徽	0.21	0.36	1.31
河北	0.15	0.32	0.75

续 表

省(自治区、直辖市)	人均生态服务价值		
	2003 年	2007 年	2015 年
浙江	0.13	0.20	0.60
广东	0.13	0.12	0.41
上海	0.12	0.21	0.40
河南	0.06	0.13	0.37
江苏	0.04	0.07	0.34
山东	0.10	0.13	0.27

数据来源：作者根据式(5-2)和式(5-3)以及相关数据自行测算。

2. 全国层面土地城市化和人均生态服务价值之间的关系

运用空间自适应半参数模型，对综合人均生态服务价值进行计量分析，土地城市化率和综合人均土地生态服务价值的拟合曲线如图 5-3 所示，基于自适应半参数回归模型的土地城市化率与综合人均土地生态服务价值估计结果如表 5-4 所示，非参结果中的自由度、节点数及统计量 Spar 值说明模型拟合效果较好。从图 5-3 和表 5-4 的结果可以看出：

(1) 土地城市化率和人均土地生态服务价值呈现 U 形曲线关系，验证了假说 1 和假说 2 的结论，即：在经济发展初期阶段，土地城市化率对人均土地生态服务价值的影响是负向的，当经济发展到高级阶段时，人均土地生态服务价值随着土地城市化率的提高而增加。现有样本大部分位于 U 形曲线左边和中间底部阶段，只有极少量样本位于 U 形曲线右边。这说明，我国大部分地区仍处于土地城市化率伴随着人均土地生态服务价值下降的阶段，一部分地区处于保持平稳和即将上升的阶段，极少部分地区处于土地城市化率与人均生态服务价值同步提升的阶段。因此，国家应出台政策措施，实施环境规制政策、建设用地减量化政策，调整产业结构，使各省(自治区、直辖市)尽快进入土地城市化率与人均生态服务价值同步提升的阶段。

(2) 人均 GDP 对人均土地生态服务价值的影响是正向的，这说明经济发展水平的提高、居民收入的增加均有利于人均土地生态服务价值的增加；第二、三产业产值之和占 GDP 的比重对人均土地生态服务价值的影响是负向的，第二、三产业产值比重的增加不利于人均土地生态服务价值的增加，这与第二、三产业中污染产业仍占较大比重有关，因此应进一步增加服务业、高新技术产业所占比重，提高经济发展效率，降低产业发展所产生的污染；地方财政支出对人均土地生态服务价值的影响是负向的，这说明，现阶段我国地方财政投向教育、医疗、城市公园绿地、水利设施等民生工程所占比重不大，未来需要加大城市公共品投入比重；每万人专任教师数对人均土地生态服务价值的影响是负向的，这说明，每万人专任教师数较多即教育资源丰富的地区其人均土地生态服务价值反而不高；每千人医院床位数对人均土地生态服务价值的影响是正向的，这说明，每千人医疗卫生机构床位数即医疗设施丰富的地区其人均土地生态服务价值也高。

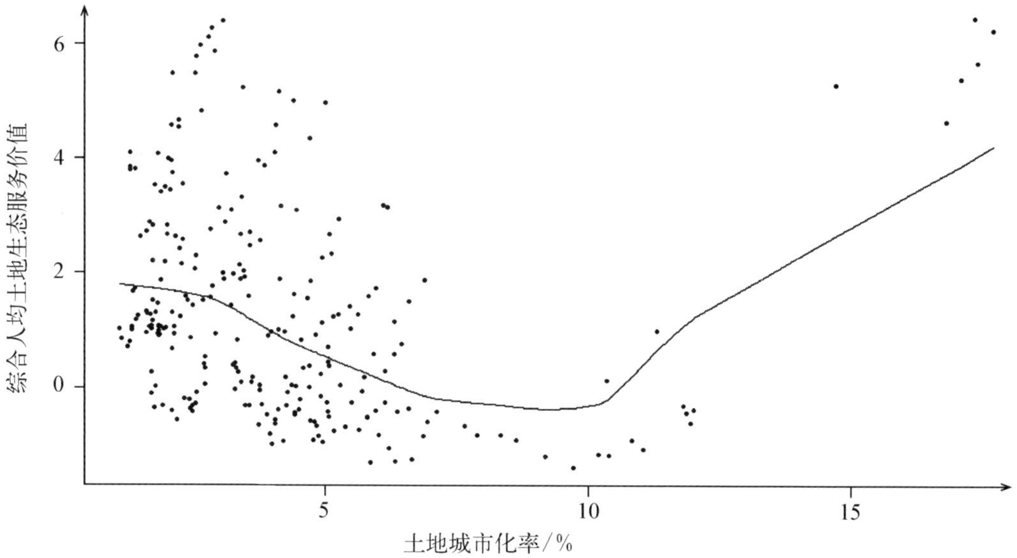

图 5－3　全国层面土地城市化率与综合人均土地生态服务价值的拟合曲线

表 5－4　基于自适应半参数回归模型的土地城市化率与综合人均土地生态服务价值估计结果

	变　量	系　数
参数结果	人均 GDP	4.307E－05 *** (0.000)
	第二、三产业产值之和占 GDP 的比重	－11.16 *** (0.000)
	地方财政支出	－5.252E－04 *** (0.000 0)
	每万人专任教师数	－0.154 *** (0.000 0)
	每千人医疗卫生机构床位数	1.394 *** (0.000 0)
非参结果	df	5.944
	spar	5.891
	knots	36

注：(1) 各变量系数括号中数值为其对应的 p 值；(2) *** 表示 1%的统计显著水平。

3. 分区域土地城市化率和人均生态服务价值之间的关系

东部地区的土地城市化率与人均生态服务价值之间的拟合曲线如图 5 - 4 所示。当土地城市化率较低时,人均生态服务价值急剧下降。随着土地城市化率的提高,人均生态服务价值趋于稳定,且显示出缓慢增长的迹象。

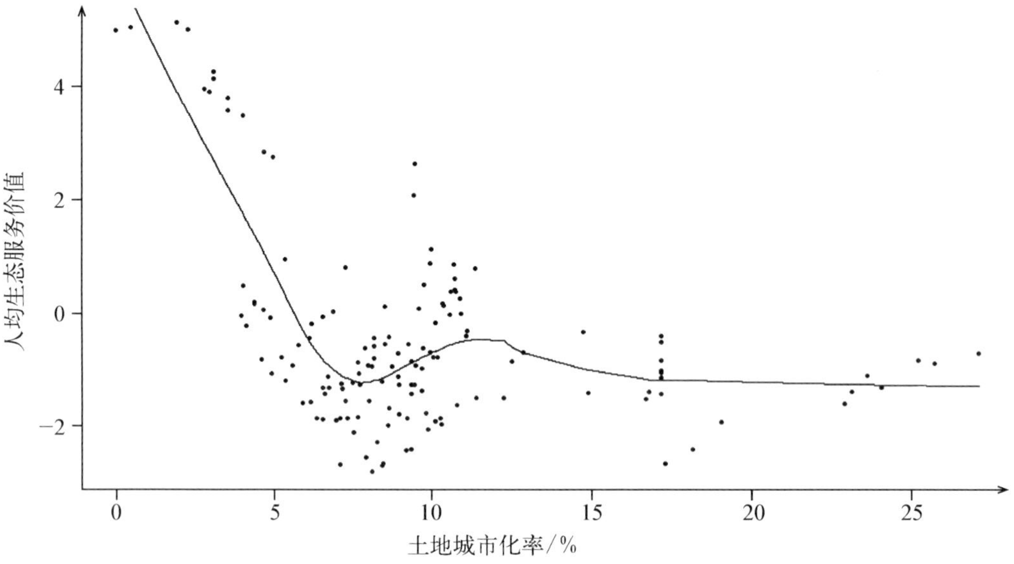

图 5 - 4 东部地区土地城市化率与人均生态服务价值的拟合曲线

东部地区土地城市化率和人均生态服务价值的估计结果如表 5 - 5 所示。人均 GDP 与人均生态服务价值正相关,因此,经济增长能够促进人均生态服务价值的增加。第二、三产业产值之和占 GDP 的比重与人均生态服务价值呈负相关,这表明需要优化产业结构以进一步发展第三产业或高新技术产业,以降低生产活动对生态系统的影响。地方财政支出和每万人专任教师数均与人均生态服务价值负相关,而每千人医疗卫生机构床位数与人均生态服务价值正相关。东部地区的系数方向与整个国家的方向相同。与全国层面的结果相比,人均 GDP 对人均生态服务价值的影响更大。第二、三产业产值之和占 GDP 的比重对人均生态服务价值的负面影响程度更大。与全国层面的结果相比,东部地区地方财政支出和每万人专任教师数的负面影响程度更小,而每千人医疗卫生机构床位数的正向影响程度更大。这些结果表明,与全国层面相比,东部地区的经济发展、公共支出和公共服务供给与人均生态服务价值的影响更大。但是,产业结构与人均生态服务价值的负面影响也大于全国层面。因此,东部地区应进一步调整优化产业结构,大力发展服务业和高新技术产业,以减少生产活动对生态系统的负面影响。

中西部地区的土地城市化率与人均生态服务价值之间的拟合曲线如图 5 - 5 所示。

在图 5 - 5 中,中西部地区的土地城市化率与人均生态服务价值之间呈 U 形曲线关系。对于中西部地区,当土地城市化率低于 10%时,随着土地城市化率的提高,人均生态

表 5－5　东部地区土地城市化率与人均生态服务价值估计结果

	变　量	系　数
参数结果	人均 GDP	5.24E－05*** (0.000)
	第二、三产业产值之和占 GDP 的比重	－13.33*** (0.000)
	地方财政支出	－2.23E－04*** (0.000)
	每万人专任教师数	－4.51E－03 (0.816)
	每千人医疗卫生机构床位数	0.39*** (0.003)
非参结果	df	5.97
	spar	3.86
	knots	33

注：(1) 各变量系数括号中数值为其对应的 p 值；(2) *** 表示 1%的统计显著水平。

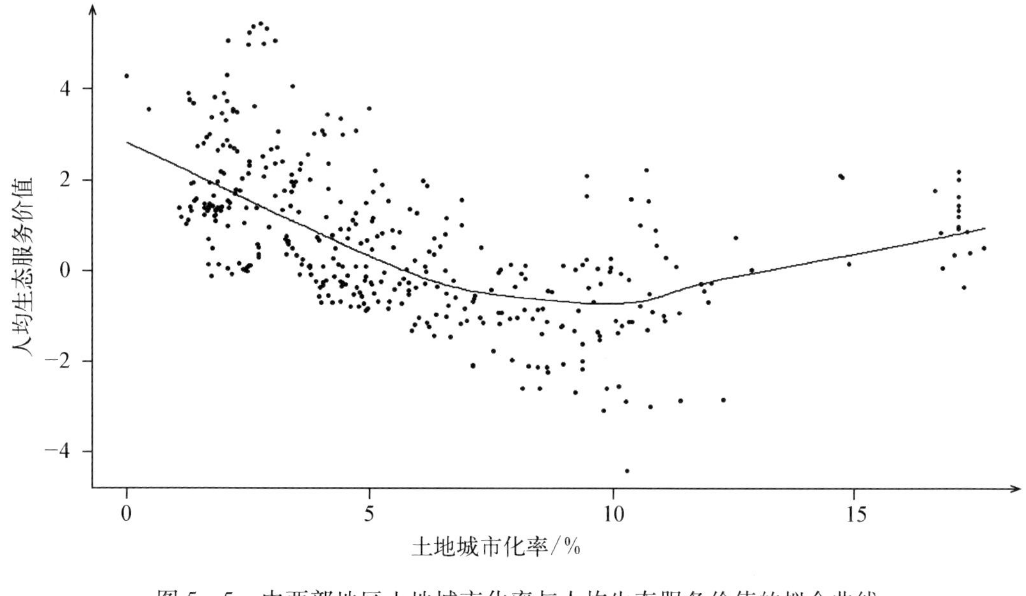

图 5－5　中西部地区土地城市化率与人均生态服务价值的拟合曲线

服务价值呈现下降趋势。但是，当土地城市化率超过 10%时，土地城市化率的提高使得人均生态服务价值呈缓慢上升的趋势。结果表明，土地城市化的推进并未全面影响中西部地区的生态服务功能。政府应当强化环境规制政策、优化土地利用政策，并灵活运用财税激励政策，以促使中西部地区在提高城市化水平的同时，也能进一步提升人均生态服务价值。

中西部地区土地城市化率和人均生态服务价值之间的空间自适应半参数回归模型估计结果如表5-6所示。结果表明：(1) 人均GDP与人均生态服务价值呈正相关，因此经济发展水平的提高能够提升人均生态服务价值。(2) 第二、三产业产值之和占GDP的比重与人均生态服务价值也呈现正相关的关系。(3) 地方财政支出和每万人专任教师数均与人均生态服务价值负相关，而每千人医疗卫生机构床位数与人均生态服务价值正相关。与东部地区的结果不同，中西部地区的产业结构与人均生态服务价值之间的关系是正的。

表5-6 中西部地区土地城市化率和人均生态服务价值估计结果

	变量	系数
参数结果	人均GDP	8.35E-03 (0.127)
	第二、三产业产值之和占GDP比重	771.20 (0.443)
	地方财政支出	-0.23*** (0.000)
	每万人专任教师数	-79.89*** (0.000)
	每千人医疗卫生机构床位数	368.7*** (0.000)
非参结果	df	2.00
	spar	35.15
	knots	35

注：(1) 各变量系数括号中数值为其对应的p值；(2) ***表示1%的统计显著水平。

5.4 本章研究结论与政策启示

土地城市化促进了土地利用方式和结构的变化。土地利用的无序性和土地利用结构的不合理导致生态系统的服务功能下降。本章运用空间自适应半参数回归模型对土地城市化率与人均生态服务价值之间的关系进行实证分析。通过理论研究和实证分析，提出了促进土地城市化与生态服务价值协调并进、实现双赢局面的策略框架。

实证结果证实了以下假设：土地城市化率与人均生态服务价值之间的关系为U形曲线。大多数样本位于U形曲线的左边及中间底部位置。U形曲线的右侧只有很少的观测样本。这一结果表明，中国大部分地区仍处于土地城市化进程降低了人均生态服务价值的初级发展阶段，但实证结果也显示了土地城市化能够促进人均生态服务价值增加的趋势。中央政府应尽快加强出台土地利用政策、环境规制政策及其他措施以促进产业结构的优化及调整，使得每个省（自治区、直辖市）都可以尽快进入土地城市化与生态服务价值协同促进的高质量发展阶段。

在证明了土地城市化可以促进人均生态服务价值增加并实现双赢之后，关键问题是中央和地方政府出台的哪些政策可以进一步增强这种效果。本节从土地利用政策和环境规制政策两个方面提出实现土地城市化与生态服务价值双赢的政策建议。

（1）土地利用政策。首先，政府应制定差异化的土地供应政策，使土地利用指标向第三产业和高科技产业等倾斜，并减少落后和高耗能行业的土地指标供应。其次，政府应实施建设用地减量化的政策，以遏制建设用地空间的扩大。最后，政府应通过跨区域土地发展权交易促进生态空间和基本农田的保护。

（2）环境规制政策。首先，政府应加强执行严格的环境规制政策，以保护生态环境。其次，政府应逐步加强实施以市场化机制为导向的环境政策，例如环境税和排污权交易制度，政府应对污染排放征收环境税，并为具有生态效益的技术提供补贴。政府还应持续优化生态保护区的排污权交易体系，确保其公平、高效、透明。通过建立健全的排污权交易市场机制，引导企业合理配置排污资源，降低整体污染排放水平。最后，政府应建立完善的区域间和流域生态补偿机制。

参考文献

[1] 孙建伟.二氧化硫对玉米细胞过氧化氢酶活性的影响[J].作物学报，2007，33(12)：1968-1971.

[2] Baglan D, Yoldas E. Non-linearity in the inflation - growth relationship in developing economies: Evidence from a semiparametric panel model[J]. Economics Letters, 2014, 125(1): 93-96.

[3] Bolund P, Hunhammar S. Ecosystem services in urban areas[J]. Ecological Economics, 1999, 29(2): 293-301.

[4] Bryan B A, Ye Y Q, Zhang J E, et al. Land-use change impacts on ecosystem services value: Incorporating the scarcity effects of supply and demand dynamics[J]. Ecosystem Services, 2018, 32: 144-157.

[5] Carreño L, Frank F C, Viglizzo E F. Tradeoffs between economic and ecosystem services in *Argentina* during 50 years of land-use change[J]. Agriculture, Ecosystems & Environment, 2012, 154: 68-77.

[6] Chib S, Greenberg E, Jeliazkov I. Estimation of semiparametric models in the presence of endogeneity and sample selection[J]. Journal of Computational and Graphical Statistics, 2009, 18(2): 321-348.

[7] Chuai X W, Huang X J, Wu C Y, et al. Land use and ecosystems services value changes and ecological land management in coastal Jiangsu, China[J]. Habitat International, 2016, 57: 164-174.

[8] Costanza R, d'Arge R, de Groot R, et al. The value of the world's ecosystem services and natural capital[J]. Nature, 1997, 387: 253-260.

[9] Costanza R, de Groot R, Sutton P, et al. Changes in the global value of ecosystem services[J]. Global Environmental Change, 2014, 26: 152-158.

[10] Deng X Z, Huang J K, Rozelle S, et al. Economic growth and the expansion of urban land in China [J]. Urban Studies, 2010, 47(4): 813-843.

[11] Deng X Z, Huang J K, Rozelle S, et al. Growth, population and industrialization, and urban land expansion of China[J]. Journal of Urban Economics, 2008, 63(1): 96-115.

[12] Deng X Z, Li Z H, Gibson J. A review on trade-off analysis of ecosystem services for sustainable land-use management[J]. Journal of Geographical Sciences, 2016, 26(7): 953-968.

[13] Deng X Z, Li Z H, Huang J K, et al. A revisit to the impacts of land use changes on the human wellbeing via altering the ecosystem provisioning services[J]. Advances in Meteorology, 2013, 2013: 907367.

[14] Fontana V, Radtke A, Bossi Fedrigotti V, et al. Comparing land-use alternatives: Using the ecosystem services concept to define a multi-criteria decision analysis[J]. Ecological Economics, 2013, 93: 128-136.

[15] Goldstein J H, Caldarone G, Duarte T K, et al. Integrating ecosystem-service tradeoffs into land-use decisions[J]. Proceedings of the National Academy of Sciences of the United States of America, 2012, 109(19): 7565-7570.

[16] Grimm N B, Chapin F S III, Bierwagen B, et al. The impacts of climate change on ecosystem structure and function[J]. Frontiers in Ecology and the Environment, 2013, 11(9): 474-482.

[17] Kallas Z, Gómez-Limón J A, Arriaza M. Are citizens willing to pay for agricultural multifunctionality? [J]. Agricultural Economics, 2007, 36(3): 405-419.

[18] Kareiva P, Watts S, McDonald R, et al. Domesticated nature: Shaping landscapes and ecosystems for human welfare[J]. Science, 2007, 316(5833): 1866-1869.

[19] Krivobokova T, Crainiceanu C M, Kauermann G. Fast adaptive penalized splines[J]. Journal of Computational and Graphical Statistics, 2008, 17(1): 1-20.

[20] Lichtenberg E, Ding C R. Local officials as land developers: Urban spatial expansion in China[J]. Journal of Urban Economics, 2009, 66(1): 57-64.

[21] Li Y, Zhao X Y. An empirical study of the impact of human activity on long-term temperature change in China: A perspective from energy consumption[J]. Journal of Geophysical Research: Atmospheres, 2012, 117(D17): D17117.

[22] Lyu R F, Zhang J M, Xu M Q, et al. Impacts of urbanization on ecosystem services and their temporal relations: A case study in Northern Ningxia, China[J]. Land Use Policy, 2018, 77: 163-173.

[23] Nelson E, Mendoza G, Regetz J, et al. Modeling multiple ecosystem services, biodiversity conservation, commodity production, and tradeoffs at landscape scales[J]. Frontiers in Ecology and the Environment, 2009, 7(1): 4-11.

[24] Nelson E, Sander H, Hawthorne P, et al. Projecting global land-use change and its effect on ecosystem service provision and biodiversity with simple models[J]. PLoS One, 2010, 5(12):

e14327.
[25] Nguyen H H, Dargusch P, Moss P, et al. Land-use change and socio-ecological drivers of wetland conversion in Ha Tien Plain, Mekong Delta, Vietnam[J]. Land Use Policy, 2017, 64: 101 – 113.
[26] Peng J, Tian L, Liu Y X, et al. Ecosystem services response to urbanization in metropolitan areas: Thresholds identification[J]. The Science of the Total Environment, 2017, 607/608: 706 – 714.
[27] Quintas-Soriano C, Castro A J, Castro H, et al. Impacts of land use change on ecosystem services and implications for human well-being in Spanish drylands[J]. Land Use Policy, 2016, 54: 534 – 548.
[28] Rahman M A, Moser A, Anderson M, et al. Comparing the infiltration potentials of soils beneath the canopies of two contrasting urban tree species[J]. Urban Forestry & Urban Greening, 2019, 38: 22 – 32.
[29] Rahman M A, Moser A, Rötzer T, et al. Comparing the transpirational and shading effects of two contrasting urban tree species[J]. Urban Ecosystems, 2019, 22(4): 683 – 697.
[30] Ruppert D, Wand M P, Caroll R J. Semi-parametric regression[M]. Cambridge: Cambridge University Press, 2003.
[31] Solecki W D, Rosenzweig C, Parshall L, et al. Mitigation of the heat island effect in urban New Jersey[J]. Global Environmental Change Part B: Environmental Hazards, 2005, 6(1): 39 – 49.
[32] Song W, Deng X Z, Yuan Y W, et al. Impacts of land-use change on valued ecosystem service in rapidly urbanized North China Plain[J]. Ecological Modelling, 2015, 318: 245 – 253.
[33] Strohschön R, Wiethoff K, Baier K, et al. Land use and water quality in Guangzhou, China: A survey of ecological and social vulnerability in four urban units of the rapidly developing megacity [J]. International Journal of Environmental Research, 2013, 7(2): 343 – 358.
[34] Su W Z, Gu C L, Yang G S, et al. Measuring the impact of urban sprawl on natural landscape pattern of the Western Taihu Lake watershed, China[J]. Landscape and Urban Planning, 2010, 95(1/2): 61 – 67.
[35] Turnbull G K. Urban growth controls: Transitional dynamics of development fees and growth boundaries[J]. Journal of Urban Economics, 2004, 55(2): 215 – 237.
[36] Vallero D A. Fundamentals of air pollution[M]. 5th ed. Waltham, MA: Elsevier Science, 2014.
[37] Vieu P. Choice of regressors in nonparametric estimation[J]. Computational Statistics & Data Analysis, 1994, 17(5): 575 – 594.
[38] Wang W J, Guo H C, Chuai X W, et al. Temporospatial variations of ecosystems services value brought by land use change and its solution in China[J]. Environmental Science & Policy, 2014, 44: 62 – 72.
[39] Wan L L, Ye X Y, Lee J, et al. Effects of urbanization on ecosystem service values in a mineral resource-based city[J]. Habitat International, 2015, 46: 54 – 63.
[40] Xie G D, Zhen L, Lu C X, et al. Expert knowledge based valuation method of ecosystem services in China[J]. Journal of Natural Resources, 2008, 23(5): 911 – 919.

第 6 章　经济发展、土地城市化与生态效率
——基于产业结构高级化的中介效应分析①

6.1　实现土地城市化与生态效率协同促进的重要性及必要性

改革开放以来,中国经济长期保持快速增长的态势。伴随着经济的快速发展,土地城市化的进程也在不断加快(Zhang and Xu, 2017)。土地城市化导致大量土地资源被占用、生态系统遭到破坏以及环境退化(Bai et al., 2018)。但是,实现土地城市化与生态环境保护之间的平衡甚至双赢对于促进经济的可持续发展至关重要。城市生态效率是表征城市可持续性发展的重要指标(Hicks and Dietmar, 2007),提高并优化城市生态效率能够确保生态环境随着经济增长而改善(Fan et al., 2017)。在快速的城市化进程中,土地城市化与城市生态效率之间的协调将有利于可持续的经济增长。因此,有必要研究如何通过在土地城市化过程中提高城市生态效率以实现城市的可持续发展。

1991 年世界可持续发展工商理事会(World Business Council for Sustainable Development, WBCSD)首次提出生态效率的概念,主要是指通过提供满足人类需求的具有价格竞争力的商品和服务,同时逐步降低生态影响和资源利用强度来实现生态效率的提升(Schmidheiny and WBCSD, 1992)。生态效率是一种相对度量,用于权衡产品生产系统的生态环境绩效与产品价值二者之间的关系(ISO 14045: 2012)。理想情况下,可以通过减少产品生产系统对生态环境的负面影响,同时保持或增加产品产值来提高生态效率(Seppäläa et al., 2005; Mickwitz et al., 2006)。简单来说,生态效率可以通过评估经济价值与其对生态环境造成的负面影响之间的比率来衡量(Huang et al., 2014)。然而,为了综合考虑经济价值和生态环境绩效,应基于投入产出分析方法度量生态效率(Caiado et al., 2017; Huang et al., 2018b)。通常,对生态效率的度量方法包括指标体系法、生命周期评估法、数据包络分析法(Data Envelopment Analysis, DEA)和随机前沿分析法等(Bai et al., 2018)。但是,使用传统的 DEA 和其他方法很难解决存在多个决策单元和非期望产出条件下生态效率的测算。因此,本章使用具有非期望产出的 Slack - based 模型(SBM)评估城市生态效率。

现有文献就城市化对生态系统服务功能、生态效率(Bai et al., 2018; Liu et al.,

---

① 本章相关研究内容已发表: Tang M, Li Z, Hu F, et al. How does land urbanization promote urban eco-efficiency? The mediating effect of industrial structure advancement[J]. Journal of Cleaner Production, 2020, 272: 122798.

2012）等的影响进行了深入研究（Fontana et al., 2013; Nelson et al., 2009; Solecki et al., 2005），同时，对城市化过程中的环境质量和生态服务价值（Carreno et al., 2012; Lyu et al., 2018; Nelson et al., 2010）也开展了系统性的研究。然而，大多数研究从人口城市化（Bai et al., 2018）、经济城市化、社会城市化、城市形态（Liu et al., 2012）、城市集聚（Huang et al., 2018a）、城市紧凑性（Liu et al., 2012）和人口密度（Liu et al., 2012）等角度进行研究。结果发现，土地利用强度的增加会对生态效率产生负面影响。然而，也有文献认为，新型城市化和高效的土地利用政策能够通过提高城市集群化程度、提升技术水平，以及改变城市产业结构等来提高生态效率（Bai et al., 2018; Zhao et al., 2018; Huang et al., 2018b; Peng et al., 2017; Zhou et al., 2018）。但是很少有研究关注土地城市化通过产业结构升级促进城市生态效率提升的影响机制及中介机制。

在土地城市化过程中，土地利用结构受土地利用政策与环境规制政策等多重因素的影响。通过调控土地供给指标，我们能够有效地重塑土地利用结构及其空间分布格局，进而推动产业结构的优化升级与能源消费结构的绿色转型（Wang et al., 2016）。Deng 等（2014）提出土地利用结构是协调经济生产和生态保护的基本要素。Wang 等（2015）证明了不同经济部门土地利用结构与社会生产之间在统计上的显著关系。在政府政策（如土地利用政策、环境规制政策及其他政策）引导下的土地城市化可以促进土地利用结构优化，从而促进产业结构高级化。产业结构高级化一方面可以增加经济产出，但另一方面也可以减少生产活动对生态环境系统的负面影响，从而提高城市生态效率。

为了论证土地城市化和生态环境保护能够取得双赢结果的可能性，本章创新性地探索了土地城市化如何通过产业结构高级化进而提升城市生态效率。首先，本章分析了土地城市化影响生态效率的影响机制及中介机制，并建立了一个简单的宏观经济模型进行论证。其次，本章运用带期望产出的 SBM 模型度量城市生态效率，并实证研究了中国 285 个地级市的土地城市化与城市生态效率之间的线性和非线性关系。再次，本章运用中介效应模型对土地城市化通过产业结构高级化提升城市生态效率的中介效应进行了实证分析。本章的研究结论可以为政府制定土地利用、环境规制、财税等政策以促进城市可持续发展提供参考。

6.2　土地城市化与生态效率能够协同促进的理论机制分析

6.2.1　影响机制分析

土地城市化虽然增加了经济总产出，但其导致的土地利用变化及其承载在城市建设用地上的人类生产生活活动却损害了生态环境系统的功能。影响生态环境质量的因素主要包括以下三类。(1) 能够供给具有生态服务功能、生态效益的生态用地。这些生态服务功能包括生态系统产品供给（食物、纤维和薪柴）、淡水提供、气候调节、生物多样性（遗传资源、生化物质和文化利益）、增强土壤肥力等（DeFries et al., 2004）。(2) 产业用地排放的污染和土地利用变化对生态环境系统的损害。环境污染不仅直接损害生态系统，如导致森林破坏和荒漠化，还通过温室效应、酸雨和臭氧层破坏等间接影响生态系统的稳定。这些污染排放无疑对生态环境质量产生了负面效应（Nelson et al.，2010）。同时，土地利用变化也深刻影响着生态系统的生态过程，如能量交换、水循环、土壤侵蚀和沉积，以及生化循环等，进而进一步削弱生态环境质量。在土地城市化的进程中，农业用地或未利用地的转化尤为显著，对生态环境质量构成了不可忽视的负面影响（Carreno et al.，2012）。（3）人工绿地的生态效应。借助经济增长产生的收入来投资建设城市绿色空间、城市公园和其他生态场所，从而能够提高生态环境质量。生态效率的定义是在确保不降低生态环境质量的基础上，实现经济产出最大化。如果经济产出的增长低于（高于）对生态环境的破坏，那么生态效率就会下降（提高）。

图6-1描绘了土地城市化对城市生态效率的影响机制。城市土地是国有的，因此土地要素可以参与到宏观经济的调控之中（Gao and Ma，2015；Yang et al.，2019）。国家统一供给城市建设用地，涵盖第二产业与第三产业用地，更好地促进土地资源的高效及公平配置。同时，结合市场机制的灵活性来配置资源，不仅能够显著提升经济与技术发展的水平，还能有效优化产业结构与能源消费结构，推动经济的可持续发展。

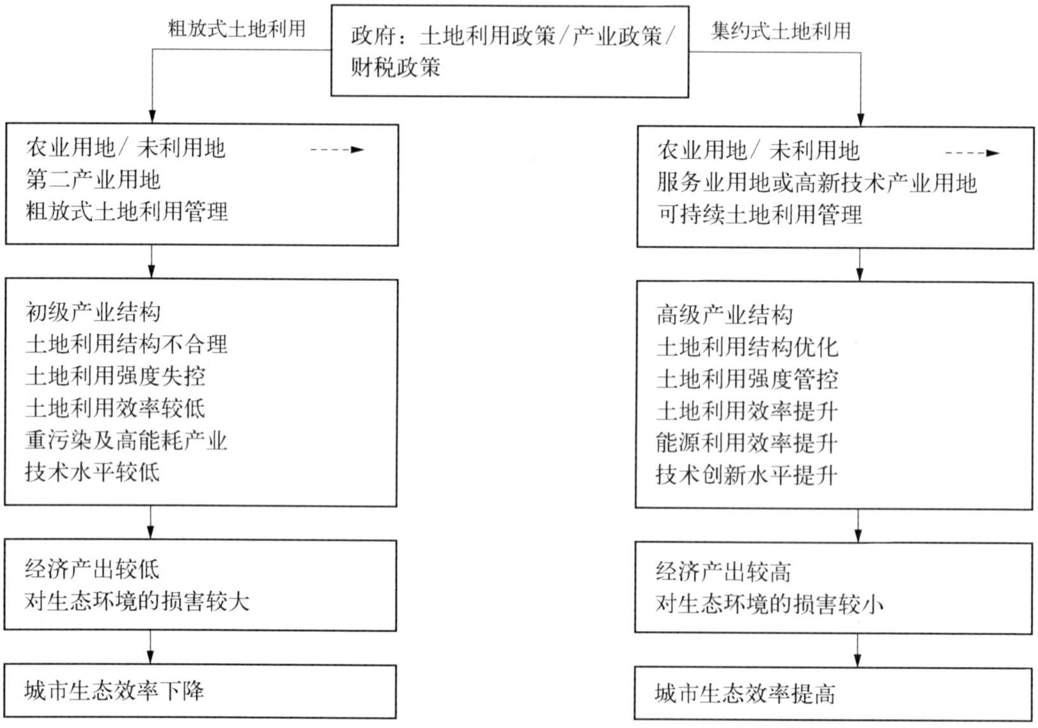

图6-1 土地城市化对城市生态效率的影响机制

在经济发展的不同阶段，政府政策（例如土地利用政策和环境规制政策、产业金融政策和财税政策等）是异质的。在粗放式土地城市化阶段，依照政府的土地利用政策，农业用地或未利用地主要转化为第二产业用地。这一土地转用结构带来的城市土地利用结构可能使得第二产业尤为集中，给城市生态环境系统带来了不良后果，包括高能耗、废气和废水排放，以及农田过度快速流失等（Chen and Zhao, 2019）。重新配置的土地利用结构将形成初级产业结构（Liu et al., 2012; Huang et al., 2018a）。在此阶段，粗放式的土地利用会导致土地利用结构不合理、土地利用强度失控以及土地利用效率较低。不合理的土地利用结构会进一步深刻影响生态系统的组成和营养结构。失控的土地利用强度会影响城市景观，并破坏生物圈和生态系统的平衡等。土地利用效率较低导致更多的空气污染排入大气中，更多的废水排入水环境系统中。这些因素导致生物多样性降低、碳排放增加、土地荒漠化，以及严重的土壤污染、空气污染和水污染等，从而造成更大的生态环境破坏及质量下降。同时，由于初级产业结构及技术水平较低，导致经济产出也减少（Li et al., 2018）。此外，由于政府和居民在此阶段很少关注生态建设和生态效应，因此在粗放式发展阶段，土地城市化会对城市生态效率产生负面影响。

但是，在集约化的城市土地利用过程中，农业用地或未利用地主要转化为服务业用地或高新技术产业用地。城市产业用地结构从低效益利用向高效益利用转变（Yang et al., 2019），这种调整可以促进产业结构的升级及高级化（Yang et al., 2019）。产业结构高级化可以通过两种方式提高城市生态效率：增加经济产出并降低其对生态环境的影响（Huang et al., 2018b; Zhou et al., 2019）。高端产业的发展通过促进技术及人力资本水平的提高进而增加经济产出。产业结构高级化能够促进能源消耗效率的提高，同时，由此产生的技术溢出效应能够降低污染减排成本。因此，产业结构高级化可以降低生产过程对生态环境的负面影响（Liu et al., 2012; Zhou et al., 2017）。通过合理安排土地利用政策和环境规制政策促进土地的高效利用，从而优化土地利用结构、调控土地利用强度并提高土地利用效率。这能进一步优化生态系统结构，平衡生物圈和生态圈，并提高生态系统的能量转换效率，从而降低土地利用对生态环境的损害（Chen et al., 2020; Lai et al., 2016）。因此，产业结构高级化和可持续的土地利用管理可以促进城市土地的高效利用，从而降低对生态环境的负面影响并提高城市生态效率（Shu and Xiong, 2019; Yin et al., 2020）。此外，还可以将经济产出产生的收入用于生态建设，以进一步增加生态效益，并降低对生态环境系统的损害。所有这些因素均促使土地城市化对提升城市生态效率产生积极作用。政府政策引导下的土地城市化能够促进土地的集约高效利用，优化土地利用结构，促进产业结构高级化，进而提升城市生态效率。

6.2.2　理论模型分析

在粗放式土地利用阶段，农业用地或未利用地主要转化为第二产业用地。这种土地转用结构，以及粗放式土地使用管理和承载在土地上的人类生产和生活等活动，降低了生态环境质量，从而进一步导致经济产出的损失。通过假设生态环境的质量会影响生产率，将与生态环境质量下降相关的负外部性引入生产函数（Annicchiarico and Di Dio, 2015; Heutel, 2012），粗放式土地利用阶段的经济产出函数可表示为

$$Y_t = [1 - D(EM_t)]A_t K_{y,t}^{\alpha} N_{y,t}^{1-\alpha} \tag{6-1}$$

式中，Y_t 为 t 时期的产出水平；$K_{y,t}$ 为 t 时期的资本投入；$N_{y,t}$ 为 t 时期的建设用地面积；α 为资本的产出弹性；$1-\alpha$ 为土地的产出弹性；A_t 为 t 时期的技术水平；EM_t 为生态环境质量；$D(EM_t)$ 为生态环境下降的产出损失函数，且满足 $D'(EM_t) > 0$。

式（6-2）表示了粗放式土地利用阶段的生态环境质量函数。生态环境的质量与土地利用变化和人类活动对生态环境的损害有关。在土地城市化过程中，农业用地或未利用地的转化导致具有生态效益的土地（包括园地、林地、河流、湖泊、湿地等）大量减少，从而损害了生态环境质量。同时，不合理的土地利用结构、失控的土地利用强度及由于粗放式土地利用管理导致的土地利用效率低下等因素也对生态环境质量有所损害。此外，包括企业生产和居民生活在内的人类活动也损害了生态环境质量。但是，政府、企业和居民在环境保护方面所做出的努力对生态环境质量也将产生积极的影响。这些努力包括生态恢复和生态系统的重建以及大气、水环境和土壤的保护等，例如，通过建造人工森林、公园和绿地，保护生物多样性，出台环境规制政策，企业购买环保设施的投资活动，以及对技术研发的投资等。具有生态效益的土地和为环境保护付出的努力对生态环境质量产生积极的正向影响。

$$EM_t = EM_{\text{land}}(t) + EM_{\text{ind}}(t) \tag{6-2}$$

式中，EM_t 为生态环境质量；$EM_{\text{land}}(t)$ 为 LUCC 对生态环境质量的影响；$EM_{\text{ind}}(t)$ 为人类活动对生态环境质量的影响，包括企业生产和居民生活。

在粗放式土地利用阶段，由于经济增长和财政收入的官员考核压力，地方政府积极吸引投资。因此，大量的农业用地或未利用地被转化为第二产业中的工业用地。但是，这种土地转用大大减少了具有生态效益的土地。同时，政府粗放式土地利用管理下土地利用变化导致土地利用结构不合理、土地利用强度失控，严重破坏了生态环境系统。来自第二产业用地，尤其是工业生产过程中的污染物排放也对生态环境系统造成了严重破坏。而且，在这一阶段，政府、企业和居民对生态产品、生态效益和环境质量的重视程度不高，政府和企业对生态环境保护的投入不多。所有这些因素均会导致生态环境质量的下降。在这一阶段，尽管经济产出总量增加，但是边际经济产出在下降。同时，由于污染物存量的增加，对生态环境质量的边际负面影响有所增加，这使得粗放式土地利用阶段城市生态效率有所下降。

在集约式土地利用阶段，土地利用结构发生变化，污染排放下降，生态系统损害成为经济发展的制约因素。由于政府出台了高新技术产业发展政策，调整了财税政策，农业用地或未利用地更多地转化为服务业用地或高新技术产业用地。土地利用结构的变化促进了产业结构的升级和高级化。政府出台一系列土地利用政策、环境规制政策及其配套措施构建必要的外部压力与动力机制，引导并激励企业开展技术创新活动，否则，企业面临难以承担的政策实施成本，进而引发利润的大幅下滑乃至亏损。这一阶段产品部门的经济产出函数表示如下：

$$Y_t = \Phi_t(\varphi, K_{rd,t}) A_t K_{y,t}^{\alpha} N_{y,t}^{1-\alpha} \tag{6-3}$$

$$\Phi_t(\varphi, K_{rd,t}) = \varphi K_{rd,t} + \Phi_0 \tag{6-4}$$

式中，Φ_t 为 t 时期的生态环境技术水平，代表技术补偿效应；Φ_0 为生态环境技术的初始水平；$K_{rd,t}$ 为技术升级或创新所付出的努力。

以上分析表明企业的创新投资可以增加经济产出。生态环境质量函数与式(6－2)相同。但是，在这一阶段，由于土地价格和其他成本的大幅上涨，农业用地或未利用地向城市建设用地的转化大大减少，从而保护了生态有益的土地。在集约式土地利用阶段，政府、企业和居民为生态环境保护所做的努力程度要比在粗放式土地利用阶段的努力程度高。政府对土地的可持续管理导致了土地利用结构的优化、土地利用强度的调控以及土地的高效利用，从而进一步降低了土地城市化对生态环境系统的影响。经济产出的增加使人们有可能在人造森林、城市公园和绿地等方面进行更多投资建设，以促进生态环境质量的改善。第三产业或高新技术产业用地上的污染排放相对低于第二产业用地尤其是工业用地上的污染排放，由此导致对生态环境系统的破坏也较小。此外，居民更喜欢使用节能环保型产品，倾向于采用绿色通勤方式，这进一步降低了居民活动对生态环境系统的影响。这一方面增加了经济产出，另一方面降低了对生态环境系统的破坏，使得土地集约利用阶段土地城市化对城市生态效率的提升产生了积极的正向影响。

6.2.3　研究假设

根据以上分析，我们提出土地城市化与城市生态效率之间存在 U 形曲线(图 6－2)关系的研究假设。U 形曲线的左侧(阶段Ⅰ)对应于粗放式土地城市化阶段和初级产业结构。U 形曲线的右侧(阶段Ⅲ)对应于集约式土地城市化阶段和高级化产业结构。但是，中间存在一个政策调整和过渡阶段(阶段Ⅱ)。政府应积极调整土地利用政策、环境规制政策、产业政策以及财税政策，使得中国尽快进入土地集约利用和产业结构高级化的阶段Ⅲ。根据以上的机制分析及理论分析，本章提出以下研究假设：土地城市化可以通过促进产业结构高级化来提高城市生态效率，而产业结构高级化则是通过土地利用结构进行调整。

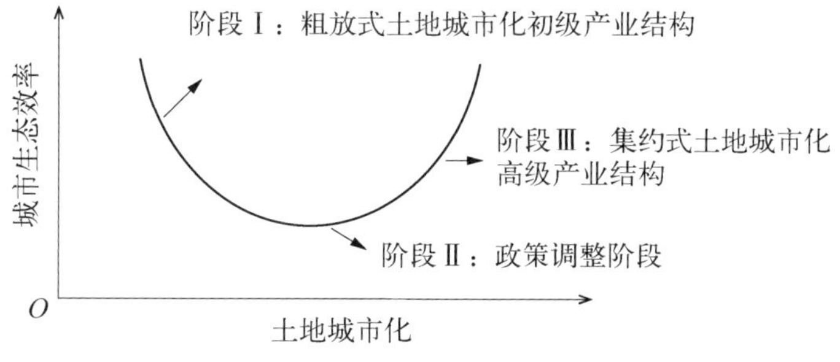

图 6－2　土地城市化和城市生态效率之间的 U 形曲线关系

6.3 研究方法和数据

6.3.1 城市生态效率测算：带非期望产出的 SBM 模型

在衡量城市生态效率时，需要同时考虑期望产出和非期望产出。在度量城市生态效率时，运用带非期望产出的 SBM 模型是较为合适的方法。基于 Telle 与 Larsson（2007），以及 Xie 等（2017b）的方法，本研究采用带非期望产出的 SBM 模型来测算城市生态效率。

假设一个决策系统有 n 个决策单元 DMU_j，$j = 1, 2, \cdots, n$，每一决策单元包含三类投入产出变量，分别为 m 个投入变量（$i=1, 2, \cdots, m$），s_1 个期望产出变量及 s_2 个非期望产出变量。这些投入产出变量分别记为 $x \in R^m$、$y^g \in R^{s_1}$ 和 $y^b \in R^{s_2}$，且矩阵 $\boldsymbol{X}$、$\boldsymbol{Y}^g$ 和 $\boldsymbol{Y}^b$ 分别表示为 $\boldsymbol{X} = [x_1, x_2, \cdots, x_n] \in R^{m\times n}$，$\boldsymbol{Y}^g = [y_1^g, y_2^g, \cdots, y_n^g] \in R^{s_1\times n}$，以及 $\boldsymbol{Y}^b = [y_1^b, y_2^b, \cdots, y_n^b] \in R^{s_2\times n}$。假定满足以下条件：$\boldsymbol{X} > 0$，$\boldsymbol{Y}^g > 0$，$\boldsymbol{Y}^b > 0$。

生产可能性集为

$$\boldsymbol{P} = \{(x, y^g, y^b) \mid x \geqslant \boldsymbol{X}\lambda,\ y^g \leqslant \boldsymbol{Y}^g\lambda,\ y^b \leqslant \boldsymbol{Y}^b\lambda,\ \lambda \geqslant 0\} \tag{6-5}$$

基于可变收益的带非期望产出的 SBM 模型如下：

$$\rho^* = \min \frac{1 - \dfrac{1}{m}\sum_{i=1}^{m}\dfrac{s_i^-}{x_{i0}}}{1 + \dfrac{1}{s_1 + s_2}\left(\sum_{i=1}^{s_1}\dfrac{s_i^g}{y_{i0}^g} + \sum_{i=1}^{s_2}\dfrac{s_i^b}{y_{i0}^b}\right)} \tag{6-6}$$

满足：

$$\begin{cases} x_0 = \boldsymbol{X}\lambda + s^- \\ y_0^g = \boldsymbol{Y}^g\lambda - s^g \\ y_0^b = \boldsymbol{Y}^b\lambda + s^b \\ s^- \geqslant 0,\ s^g \geqslant 0,\ s^b \geqslant 0,\ \lambda \geqslant 0 \end{cases} \tag{6-7}$$

式中，s^-、s^g 和 s^b 分别代表投入变量、期望产出变量、非期望产出变量；λ 是权重向量；目标函数 $\rho^* \in [0, 1]$，且分别关于 s^-、s^g 和 s^b 严格递减。

6.3.2 产业结构高级化的测算

产业结构高级化有利于生态环境的改善，在产业发展、技术创新、污染减排及节能减排等方面具有巨大潜力（Mi et al.，2015；Wang et al.，2016）。通过产业结构高级化，现有的生产要素可以更有效地发挥作用,从而提高城市生产效率。

产业结构高级化的计算方法如下(Chen and Zhao, 2019):首先,根据第一产业、第二产业和第三产业占地区 GDP 的比例组成一个三维向量 $\boldsymbol{X}_0 = (x_{10}, x_{20}, x_{30})$。然后,分别测算 $\boldsymbol{X}_0$ 与向量 $\boldsymbol{X}_1 = (1, 0, 0)$、$\boldsymbol{X}_2 = (0, 1, 0)$ 和 $\boldsymbol{X}_3 = (0, 0, 1)$ 之间的夹角,计算公式如下:

$$\theta_j = \arccos\left\{\frac{\sum_{i=1}^{3}(x_{ij} \cdot x_{i0})}{\left[\sum_{i=1}^{3}(x_{ij}^2)\right]^{1/2}\left[\sum_{i=1}^{3}(x_{i0}^2)\right]^{1/2}}\right\},\ j = 1, 2, 3 \tag{6-8}$$

最后,产业结构高级化指标根据下式进行测算:

$$W = \sum_{k=1}^{3}\sum_{j=1}^{k}\theta_j \tag{6-9}$$

W 的值越大,产业结构高级化水平越高。

6.3.3　环境规制强度的测算:熵值法

熵值可用于判断事件的随机性、无序性及指标的分散程度。某个指标的熵值越高(越低),该指标的变化程度越高(越低),则其权重越低(越高)。本研究运用熵值法测算环境规制强度。

6.3.4　数据来源及处理

以城市生态效率为因变量,以土地城镇化率为核心自变量,以产业结构高级化为中介变量,对土地城市化与城市生态效率之间的关系进行实证分析。控制变量包括人均 GDP、研究支出占财政支出的比例、环境规制强度及对外国直接投资(FDI)依赖度。研究样本为 2003—2013 年中国 285 个地级市组成的面板数据集,由于数据搜集上的困难,中国香港、澳门、台湾及西藏自治区的地级市层面数据未包括在内。原始数据来自《中国统计年鉴》(2004—2014)、《中国城市统计年鉴》(2004—2014)、《中国环境统计年鉴》(2004—2014)、《中国土地资源统计年鉴》(2004—2014)和 CEIC 中国经济数据库等。

运用带非期望产出的 SBM 模型,城市生态效率可以通过一系列指标来衡量,包括投入变量、期望产出变量和非期望产出变量(表 6-1)。土地城市化率是根据城市市辖区建设用地的比例来衡量的。运用熵值法,以及各城市的二氧化硫去除率、烟尘去除率、工业固体废弃物综合利用率、生活污水处理率和无害生活垃圾处理率等数据,测算每个城市的环境规制强度。利用每个城市的 FDI 与 GDP 的比率度量 FDI 依赖度。

表 6－1 测算生态效率的投入变量、期望产出变量、非期望产出变量

变量类型	变　量
投入变量	资本投入、劳动投入、建设用地面积、水资源消费量、电力消费量
期望产出变量	地区生产总值[a]、财政收入、人均城市绿地面积
非期望产出变量	废水、废气排放

注：以 2003 年价格为基期。

各变量的描述性统计如表 6－2 所示。

表 6－2 变量的描述性统计

变　量	单　位	观察值	均值	标准差
城市生态效率	无	3 135	0.323	0.287
土地城市化率	%	3 107	8.387	9.755
产业结构高级化	无	3 130	6.31	0.347
人均 GDP	万元	3 133	2.736	2.612
研究支出占财政支出比重	%	3 130	1.135	1.197
环境规制强度	无	3 113	0.62	0.151
FDI 依赖度	无	3 024	0.022	0.024

6.4 计量模型

6.4.1 土地城市化影响城市生态效率的基准模型

研究土地城市化与城市生态效率之间关系的基准模型如下：

$$\ln eco_{it} = \beta_0 \ln urbanrate_{it} + \gamma X_{it} + \alpha_t + v_i + \varepsilon_{it} \qquad (6-10)$$

$$\ln eco_{it} = \beta_0 \ln urbanrate_{it} + \beta_1 \ln urbanrate_{it}^{\ 2} + \gamma X_{it} + \alpha_t + v_i + \varepsilon_{it} \qquad (6-11)$$

式中，$\ln eco$ 为城市生态效率的对数；$\ln urbanrate$ 为土地城市化率的对数；X_{it} 为人均 GDP、研究支出占财政支出比重、环境规制强度和 FDI 依赖度；α_t 为时间效应；v_i 为个体效应；ε_{it} 为误差项；β_0、β_1 和 γ 分别是土地城市化率、土地城市化率二次项和控制变量的系数。

6.4.2　土地城市化影响城市生态效率的中介效应模型

为了度量土地城市化对城市生态效率产生影响的中介效应，建立实证模型如下：

$$\ln eco_{it} = c\ln urbanrate_{it} + \gamma X_{it} + \alpha_t + v_i + \varepsilon_{it} \tag{6-12}$$

$$\ln advindstr_{it} = a\ln urbanrate_{it} + \gamma X_{it} + \alpha_t + v_i + \varepsilon_{it} \tag{6-13}$$

$$\ln eco_{it} = c'\ln urbanrate_{it} + b\ln advindstr_{it} + \gamma X_{it} + \alpha_t + v_i + \varepsilon_{it} \tag{6-14}$$

式中，$\ln advindstr$ 是产业结构高级化的对数。如果参数 a、b 和 c 都显著，且 c' 也是显著的，则在土地城市化对城市生态效率的影响过程中，产业结构高级化这一变量起着部分中介效应。如果 a、b、c 是显著的，但 c' 不显著，则土地城市化对城市生态效率的影响完全是通过产业结构高级化的中介效应来实现的。

6.5　土地城市化与城市生态效率的实证结果及讨论

6.5.1　土地城市化和城市生态效率之间的关系

表 6－3 给出了土地城市化率和城市生态效率之间的实证结果。结果表明，土地城市化对城市生态效率产生了负面影响。这表明由于土地城市化占用了大量农业用地和生态用地，导致生态环境质量下降。尽管城市建设用地的扩张增加了经济产出，但土地利用变化及承载在城市建设用地上的人类活动严重破坏了生态环境系统。土地城市化率的提高虽能增加经济产出及政府财政收入。但是，该地区的农业用地和生态用地的生态效益大大降低。同时，污染排放等非期望产出也会增加，从而导致城市的生态效率有所下降。

表 6－3　土地城市化率和城市生态效率的基准模型估计结果

变　量	模型 1	模型 2	模型 3	模型 4
$\ln urbanrate$	-1.2081^{***} (0.000)	-1.4161^{***} (0.000)	-2.3665^{***} (0.000)	-3.4001^{***} (0.000)
$\ln urbanrate^2$	—	—	0.4636^{***} (0.000)	0.7001^{***} (0.000)
常数项	0.7743^{***} (0.005)	1.034^{*} (0.076)	0.8099^{***} (0.003)	1.6574^{***} (0.004)
控制变量	No	Yes	No	Yes
地区固定效应	Yes	Yes	Yes	Yes

续 表

变 量	模型 1	模型 2	模型 3	模型 4
时间固定效应	Yes	Yes	Yes	Yes
样本	285	285	285	285
F 统计量	6.8	5.8	12.46	12.82

注：(1) 括号中数值是估计系数对应的 p 值；(2) *、** 和 *** 分别表示 10%、5% 和 1% 的统计显著性水平。

引入土地城市化率的二次项后的估计结果表明，土地城市化与城市生态效率之间呈 U 形曲线关系。这表明在粗放式的城市土地利用阶段，土地城市化会对城市生态效率产生负面影响。随着经济发展和政府政策的推进，在城市土地集约化利用阶段，土地城市化对城市生态效率的影响可能会从负面影响转变为正向影响关系。这与 Bai 等(2018)得出城市化与城市生态效率之间呈 N 形关系的结果是一致的，同时也与城市化与生态环境质量之间呈现双指数曲线和倒 U 形曲线关系的结果是一致的(Wang et al., 2014)。经济发展初期，粗放式土地城市化导致城市生态环境系统和资源的过度开发，以及生态环境的恶化，从而导致城市生态效率下降。然而，当经济发展到一定程度，集约式土地城市化促进了低碳和绿色发展模式及土地的集约高效利用，从而促进了城市生态效率的反弹。

根据模型 3 的估计，土地城市化率对数的拐点为 2.552 3，其对应的数值为 12.84%。根据模型 4 的估计，加上控制变量的影响后，土地城市化率的对数拐点为 2.428 3，与土地城市化率的对应值为 11.34%。现有的大多数样本位于 U 形曲线的左侧，占 74.1%～77.8%。U 形曲线的右侧仅占一小部分样本，占 22.2%～25.9%。这些主要是位于 U 形曲线右侧的东部地区的地级市。这表明，在抽样期间，中国大多数地级市仍处于 U 形曲线左侧的土地城市化的扩展阶段。因此政府应当灵活运用土地利用政策、环境法规及财税政策等多元工具，助力更多地级市顺利迈入土地集约型城市化发展的新阶段，确保土地城市化与城市生态效率之间形成相互促进的良性循环。

6.5.2 土地城市化对城市生态效率的中介效应

表 6-4 给出了基于中介效应模型的土地城市化对城市生态效率影响的实证结果。土地城市化对城市生态效率具有负面且显著的影响，对产业结构高级化具有正向且显著的影响，而产业结构高级化对城市生态效率的影响也是正的。因此，根据中介效应模型，产业结构高级化这一中介变量在土地城市化对城市生态效率的影响之中具有部分正向的中介效应。第二产业尤其是工业用地比例过高，往往成为制约城市生态效率提升的瓶颈；相反，第三产业及高新技术产业的占比较高，则成为推动城市生态效率显著提升的关键因素(Zhou et al., 2018, 2019)。

表 6-4　土地城市化对城市生态效率产生影响的中介效应模型估计结果

变　量	ln *eco*	ln *advindstr*	ln *eco*
ln *urbanrate*	-1.404 3 ** (0.000)	0.001 5 ** (0.041)	-1.418 0 *** (0.000)
ln *advindstr*	—	—	9.002 9 ** (0.039)
常数项	0.504 4 (0.353)	1.820 8 *** (0.000)	-15.888 2 ** (0.046)
控制变量	Yes	Yes	Yes
固定效应	Yes	Yes	Yes
观察值	2 972	2 971	2 971
F 统计量	14.89	290.79	13.13

注：(1) 括号中数值是估计系数对应的 p 值;(2) *、** 和 *** 分别表示 10%、5%和 1%的统计显著性水平。

实证结果表明,尽管现阶段大多数城市的土地城市化对城市生态效率的影响为负,但产业结构高级化的中介效应可能将土地城市化对城市生态效率的影响由负转变为正。根据实证结果,并结合我国当前的实际经济发展状况,可以判断我国目前仍处于政策调整的第二阶段(阶段Ⅱ)。政府应鼓励土地的集约高效及高质量利用,使得我国尽快进入土地城市化与城市生态效率两者之间能够协调促进的第三阶段(阶段Ⅲ)。政府可以通过调整并优化土地利用政策、环境规制政策以及财税政策等来实现这一目标。例如,土地指标的供给向战略性新兴产业、先进制造业或高新技术产业等倾斜。通过土地利用和环境规制政策来限制效率低下、能耗高、污染程度严重的产业。

由于土地城市化可以通过促进产业结构高级化进而提高城市生态效率,因此政府应通过土地利用政策改变产业结构,从而实现土地的高效利用及城市生态效率的提升(Li et al., 2019)。与此同时,政府还可以运用土地租金和土地价格杠杆促进集约式土地利用,实施土地利用的激励政策和约束机制,以引导高端产业的集聚,积极部署战略性新兴产业、先进制造业和高新技术产业。此外,政府还应建立低效建设用地再开发和闲置土地再利用的激励机制(Peters et al., 2019),提高现有存量建设用地的利用效率,进一步促进土地的高效利用。政府应加强产业与土地利用之间的空间协同作用,加强国土空间规划体系与产业发展规划、产业政策等之间的协调(Dong et al., 2017),土地指标应集中于既能促进经济发展,又能确保资源和生态环境保护的产业。

6.5.3　土地城市化对城市生态效率产生影响的异质性分析

秦岭—淮河线是划分我国南方和北方的主要分界线,其划分的主要依据是温度和降水(气候因素)。北方地区包括北京、天津、河北、山西、内蒙古、吉林、辽宁、黑龙江、河南、山东、陕西、甘肃、青海、宁夏和新疆,南方地区包括上海、江苏、浙江、福建、安徽、江西、湖南、湖北、广东、广西、海南、四川、重庆、云南和贵州。北方和南方城市的稳健性分析的结果如表 6-5 所示。实证结果表明,北方城市的土地城市化对城市生态效率的负面影响大于南方城市。

表 6-5 南方和北方城市的实证结果

变 量	北方地区		南方地区	
	ln *eco*	ln *eco*	ln *eco*	ln *eco*
ln *urbanrate*	-2.115** (0.000)	-3.289*** (0.000)	-0.309 (0.105)	-0.306 (0.129)
常数	2.034*** (0.000)	3.415*** (0.000)	-0.834*** (0.005)	-1.313** (0.024)
控制变量	No	Yes	No	Yes
固定效应	Yes	Yes	Yes	Yes
观察值	1 438	1 329	1 666	1 654
F 统计值	94.895	27.517	2.635	1.016

注:(1)括号中数值是估计系数对应的 p 值;(2) *、** 和 *** 分别表示 10%,5%和 1%的统计显著性水平。

造成这一结果的主要原因是中国北方和南方地区的资源、地理区位、城市的经济发展模式等因素的异质性影响。中国北方地区拥有丰富的矿产资源,例如煤炭、石油和铁矿石等。因此,北方地区逐渐形成了以重污染和能源密集型行业(如采矿、冶金和机械制造)为主的产业结构。北部地区土地资源相对丰富,因此很容易形成粗放式的城市经济发展模式。故而南部地区缺乏煤炭和石油等工业原材料,土地资源也稀缺。这使得南方地区难以形成以高污染和高能耗产业为主导的产业结构。故而,南方地区主要依靠资本、技术和人力资本来发展原材料、燃料等资源和能源消耗较少的高科技产业。此外,南方地区土地资源的稀缺性也迫使土地集约利用成为一种较普遍的城市经济发展模式。这些因素均导致北方地区的土地城市化对城市生态效率的负面影响程度比南方地区更大。

根据经济发展水平,可将中国划分为四大经济区:东部、中部、西部和东北。将中部、西部和东北地区合并为中西部地区,对东部和中西部地区进行异质性分析。东部地区包括北京、天津、河北、上海、江苏、浙江、福建、山东、广东和海南 10 个省份,其余省份属于中西部地区。东部和中西部城市的稳健性分析的实证结果如表 6-6 所示。中西部地区土地城市化对城市生态效率的影响程度和显著性高于东部地区。东部地区的土地集约利用程度大于中西部地区,且东部地区的经济发展和技术水平比中西部地区要高(Liu et al., 2012)。与中西部地区相比,东部地区的土地集约利用程度更高,土地利用管理政策及措施更可持续化以及产业结构高级化程度更高，这使得东部地区土地城市化对城市生态效率的负面影响要小于中西部地区。此外，东部地区的经济发达城市更有可能制定严格的环境规制政策，迫使具有高能耗和重污染排放的工厂迁往中西部地区经济欠发达的城市（Qu and Long, 2018），这将进一步增加土地城市化对中西部地区城市生态效率的负面影响程度。

表 6－6　东部及中西部城市的实证结果

变　量	东部城市		中西部城市	
	ln *eco*	ln *eco*	ln *eco*	ln *eco*
ln *urbanrate*	−0.057 ** （0.073）	−0.092 *** （0.005）	−0.054 ** （0.036）	−0.108 *** （0.000）
常数项	−1.2 *** （0.000）	−1.495 *** （0.000）	−1.382 *** （0.000）	−1.571 *** （0.000）
控制变量	No	Yes	No	Yes
固定效应	Yes	Yes	Yes	Yes
观察值	937	934	2 167	2 049
F 统计量	3.226	5.778	4.405	5.016

注：（1）括号中数值是估计系数对应的 p 值；（2）*、** 和 *** 分别表示 10%、5% 和 1% 的统计显著性水平。

因此，政府应针对不同地区实施差异化的土地价格和建设用地管理政策。在分配城市建设用地指标时，应在土地使用权转让合同中纳入控制指标，如投资强度、容积率、绿地率和生态系统保护要求（Newbold et al., 2015）。对于在这些控制指标中表现良好的企业，应优先考虑增加土地指标的激励，进一步降低其用地成本等激励措施。

6.6　本章研究结论与政策建议

本章首先探讨了经济快速发展过程中土地城市化对城市生态效率的影响机制。结果表明，土地城市化的中介影响机制是通过改变土地利用结构影响产业结构高级化，进而提升城市生态效率。然后，应用中介效应模型来验证这种中介影响机制。此外，本章对基准模型和异质性分析也进行了实证研究。通过理论和实证分析得出以下结论。（1）土地城市化对城市生态效率产生负面影响。（2）引入二次项后土地城市化与城市生态效率之间呈现 U 形曲线关系。尽管土地城市化对城市生态效率的总体影响是负面的，但其影响机制可能会从负面转变为正向影响。（3）产业结构高级化的中介变量在土地城市化与城市生态效率之间具有部分正向的中介效用。（4）北方地区土地城市化对城市生态效率的负面影响大于南方地区，中西部地区土地城市化对城市生态效率的影响程度和显著程度均高于东部地区。

基于以上的研究结论,本章提出以下政策建议:首先,政府应通过合理协调三种主要的土地利用类型(生态用地、农业用地和城市土地),优化城市土地利用结构。其次,应通过集约高效的土地利用来促进产业结构高级化。通过将更多的土地指标转移到服务业或高新技术产业来培育高附加值和技术创新产业,同时减少那些创新性较低、能耗较高的产业的土地供应指标。通过将产业用地价格与产业绩效联系起来,也可以实现高质量和高效土地利用的目标。最后,政府应大力减少低效建设用地的开发,挖潜现有闲置或低效建设用地。同时可以实施政府管制下的跨区域土地指标交易,以促进高质量和高效的土地利用。

参考文献

[1] Annicchiarico B, Di Dio F. Environmental policy and macroeconomic dynamics in a new Keynesian model[J]. Journal of Environmental Economics and Management, 2015, 69: 1-21.

[2] Bai Y P, Deng X Z, Jiang S J, et al. Exploring the relationship between urbanization and urban eco-efficiency: Evidence from prefecture-level cities in China[J]. Journal of Cleaner Production, 2018, 195: 1487-1496.

[3] Caiado R G G, de Freitas Dias R, Mattos L V, et al. Towards sustainable development through the perspective of eco-efficiency-A systematic literature review[J]. Journal of Cleaner Production, 2017, 165: 890-904.

[4] Carreño L, Frank F C, Viglizzo E F. Tradeoffs between economic and ecosystem services in *Argentina* during 50 years of land-use change[J]. Agriculture, Ecosystems & Environment, 2012, 154: 68-77.

[5] Chen Y Q, Zhao L M. Exploring the relation between the industrial structure and the eco-environment based on an integrated approach: A case study of Beijing, China[J]. Ecological Indicators, 2019, 103: 83-93.

[6] Chen G Z, Li X, Liu X P, et al. Global projections of future urban land expansion under shared socioeconomic pathways[J]. Nature Communications, 2020, 11(1): 537.

[7] DeFries R S, Foley J A, Asner G P. Land-use choices: Balancing human needs and ecosystem function[J]. Frontiers in Ecology and the Environment, 2004, 2(5): 249-257.

[8] Deng X Z, Zhang F, Wang Z, et al. An extended input output table compiled for analyzing water demand and consumption at County level in China[J]. Sustainability, 2014, 6(6): 3301-3320.

[9] Deutz P, Gibbs D. Industrial ecology and regional development: Eco-industrial development as cluster policy[J]. Regional Studies, 2008, 42(10): 1313-1328.

[10] Dong L A, Liang H W, Zhang L G, et al. Highlighting regional eco-industrial development: Life cycle benefits of an urban industrial symbiosis and implications in China[J]. Ecological Modelling, 2017, 361: 164-176.

[11] Fan Y P, Bai B Y, Qiao Q, et al. Study on eco-efficiency of industrial parks in China based on data

envelopment analysis[J]. Journal of Environmental Management, 2017, 192: 107-115.

[12] Fontana V, Radtke A, Bossi Fedrigotti V, et al. Comparing land-use alternatives: Using the ecosystem services concept to define a multi-criteria decision analysis[J]. Ecological Economics, 2013, 93: 128-136.

[13] Gao Y, Ma Y J. What is absent from the current monitoring: Idleness of rural industrial land in suburban Shanghai[J]. Habitat International, 2015, 49: 138-147.

[14] Gonzalez O, MacKinnon D P. A bifactor approach to model multifaceted constructs in statistical mediation analysis[J]. Educational and Psychological Measurement, 2018, 78(1): 5-31.

[15] Heutel G. How should environmental policy respond to business cycles? Optimal policy under persistent productivity shocks[J]. Review of Economic Dynamics, 2012, 15(2): 244-264.

[16] Hicks C, Dietmar R. Improving cleaner production through the application of environmental management tools in China[J]. Journal of Cleaner Production, 2007, 15(5): 395-408.

[17] Huang J H, Yang X G, Cheng G, et al. A comprehensive eco-efficiency model and dynamics of regional eco-efficiency in China[J]. Journal of Cleaner Production, 2014, 67: 228-238.

[18] Huang Y E, Li L, Yu Y T. Do urban agglomerations outperform non-agglomerations? A new perspective on exploring the eco-efficiency of Yangtze River Economic Belt in China[J]. Journal of Cleaner Production, 2018, 202: 1056-1067.

[19] Huang Y E, Li L, Yu Y T. Does urban cluster promote the increase of urban eco-efficiency? Evidence from Chinese cities[J]. Journal of Cleaner Production, 2018, 197: 957-971.

[20] Environmental Management-Eco-Efficiency Assessment of Product Systems-Principles Requirements and Guidelines: ISO 14045: 2012[S].[2024-02-01]. http://iso.org/standard/43262.html.

[21] Lai L, Huang X J, Yang H, et al. Carbon emissions from land-use change and management in China between 1990 and 2010[J]. Science Advances, 2016, 2(11): e1601063.

[22] Li S J, Zhou C S, Wang S J, et al. Dose urban landscape pattern affect CO_2 emission efficiency? Empirical evidence from megacities in China[J]. Journal of Cleaner Production, 2018, 203: 164-178.

[23] Li J G, Zou C X, Li Q, et al. Effects of urbanization on productivity of terrestrial ecological systems based on linear fitting: A case study in Jiangsu, Eastern China[J]. Scientific Reports, 2019, 9: 17140.

[24] Liu Y, Song Y, Arp H P. Examination of the relationship between urban form and urban eco-efficiency in China[J]. Habitat International, 2012, 36(1): 171-177.

[25] Lyu R F, Zhang J M, Xu M Q, et al. Impacts of urbanization on ecosystem services and their temporal relations: A case study in Northern Ningxia, China[J]. Land Use Policy, 2018, 77: 163-173.

[26] Mi Z F, Pan S Y, Yu H, et al. Potential impacts of industrial structure on energy consumption and CO_2 emission: A case study of Beijing[J]. Journal of Cleaner Production, 2015, 103: 455-462.

[27] Mickwitz P, Melanen M, Rosenström U, et al. Regional eco-efficiency indicators - a participatory approach[J]. Journal of Cleaner Production, 2006, 14(18): 1603-1611.

[28] Nelson E, Mendoza G, Regetz J, et al. Modeling multiple ecosystem services, biodiversity conservation, commodity production, and tradeoffs at landscape scales[J]. Frontiers in Ecology and the Environment, 2009, 7(1): 4-11.

[29] Nelson E, Sander H, Hawthorne P, et al. Projecting global land-use change and its effect on ecosystem service provision and biodiversity with simple models[J]. PLoS One, 2010, 5(12): e14327.

[30] Newbold T, Hudson L N, Hill S L L, et al. Global effects of land use on local terrestrial biodiversity [J]. Nature, 2015, 520(7545): 45-50.

[31] Peng C, Song M L, Han F. Urban economic structure, technological externalities, and intensive land use in China[J]. Journal of Cleaner Production, 2017, 152: 47-62.

[32] Peters M K, Hemp A, Appelhans T, et al. Climate-land-use interactions shape tropical mountain biodiversity and ecosystem functions[J]. Nature, 2019, 568(7750): 88-92.

[33] Qu Y, Long H L. The economic and environmental effects of land use transitions under rapid urbanization and the implications for land use management[J]. Habitat International, 2018, 82: 113-121.

[34] Schmidheiny S, World Business Council for Sustainable Development. Changing Course: A global business perspective on development and the environment[M]. Cambridge: MIT Press, 1992.

[35] Seppäläa J, Melanen M, Mäenpää I, et al. How can the eco-efficiency of a region be measured and monitored? [J]. Journal of Industrial Ecology, 2005, 9(4): 117-130.

[36] Shu H, Xiong P P. Reallocation planning of urban industrial land for structure optimization and emission reduction: A practical analysis of urban agglomeration in China's Yangtze River Delta[J]. Land Use Policy, 2019, 81: 604-623.

[37] Solecki W D, Rosenzweig C, Parshall L, et al. Mitigation of the heat island effect in urban New Jersey[J]. Global Environmental Change Part B: Environmental Hazards, 2005, 6(1): 39-49.

[38] Telle K, Larsson J. Do environmental regulations hamper productivity growth? How accounting for improvements of plants' environmental performance can change the conclusion [J]. Ecological Economics, 2007, 61(2/3): 438-445.

[39] Wang S J, Ma H T, Zhao Y B. Exploring the relationship between urbanization and the eco-environment—a case study of Beijing-Tianjin-Hebei region[J]. Ecological Indicators, 2014, 45: 171-183.

[40] Wang Z, Deng X Z, Li X B, et al. Impact analysis of government investment on water projects in the arid Gansu Province of China[J]. Physics and Chemistry Earth, Parts A/B/C, 2015, 79/80/81/82: 54-66.

[41] Wang Z, Deng X Z, Bai Y P, et al. Land use structure and emission intensity at regional scale: A case study at the middle reach of the Heihe River Basin[J]. Applied Energy, 2016, 183: 1581-1593.

[42] Xie R H, Yuan Y J, Huang J J. Different types of environmental regulations and heterogeneous influence on "green" productivity: Evidence from China[J]. Ecological Economics, 2017, 132:

104 - 112.

[43] Yang Y T, Jiang G H, Zheng Q Y, et al. Does the land use structure change conform to the evolution law of industrial structure? An empirical study of Anhui Province, China[J]. Land Use Policy, 2019, 81: 657 - 667.

[44] Yin G Y, Lin Z L, Jiang X L, et al. How do the industrial land use intensity and dominant industries guide the urban land use? Evidences from 19 industrial land categories in ten cities of China[J]. Sustainable Cities and Society, 2020, 53: 101978.

[45] Zhang W J, Xu H Z. Effects of land urbanization and land finance on carbon emissions: A panel data analysis for Chinese Provinces[J]. Land Use Policy, 2017, 63: 493 - 500.

[46] Zhao Z, Bai Y P, Wang G F, et al. Land eco-efficiency for new-type urbanization in the beijing-Tianjin-hebei region[J]. Technological Forecasting and Social Change, 2018, 137: 19 - 26.

[47] Zhou X Y, Lei K, Meng W, et al. Industrial structural upgrading and spatial optimization based on water environment carrying capacity[J]. Journal of Cleaner Production, 2017, 165: 1462 - 1472.

[48] Zhou C S, Shi C Y, Wang S J, et al. Estimation of eco-efficiency and its influencing factors in Guangdong Province based on Super-SBM and panel regression models[J]. Ecological Indicators, 2018, 86: 67 - 80.

[49] Zhou Y, Kong Y, Sha J, et al. The role of industrial structure upgrades in eco-efficiency evolution: Spatial correlation and spillover effects[J]. The Science of the Total Environment, 2019, 687: 1327 - 1336.

第7章　经济发展、土地城市化与碳减排：来自中国地级市层面的证据[①]

7.1　实现土地城市化与碳减排协同促进的重要性及必要性

随着城市化的持续推进，越来越多的耕地、林地和湿地等已转变为建设用地，这极大地影响了陆地生态系统中的碳储存。土地利用变化是陆地生态系统碳储存的主要驱动力（Chuai et al., 2013, 2014）。土地利用类型由高植被生物量区域向低植被生物量区域过渡的过程中，会导致碳释放到大气中，进而影响碳排放水平（Peters et al., 2019）。中国通过土地城市化和土地资源配置极大地促进了经济增长。然而，城市土地的快速扩张可能导致土地利用/覆盖变化（LUCC）、不合理的土地分配结构和不受控制的土地开发强度（Yang et al., 2019）。这里需要注意的是，LUCC是陆地生态系统碳储存的主要驱动力（Chuai et al., 2014）。在土地城市化过程中，大量农业用地转化为建设用地。例如，中国城市建设用地面积从1999年的20 877 km^2增加到2017年的55 155.5 km^2，增加了164%。我国第二产业用地一直占建设用地的20%左右，大大超过了国际平均水平（5%～8%）。制造业较为发达的城市，如珠三角地区、长三角地区，二级工业用地比例一般超过40%。高比例的第二产业用地导致产业结构升级缓慢、能源消费结构不合理、能源效率低，导致更多的CO_2被释放到大气中（Zhou et al., 2019b）。再者，中国的土地开发强度也超过了合理水平，上海、深圳等经济发达城市的水平甚至接近50%。土地开发强度过大严重影响了生态系统平衡，进而影响固碳（Xie et al., 2018；Li et al., 2018）。由于不合理的土地城市化增加了碳排放，有必要深入研究土地城市化对CO_2排放的影响机制。探索这一机制的研究有利于通过土地利用优化和产业结构调整，促进城市化与CO_2减排的协调发展。

在现有研究中，土地利用与CO_2排放之间的关系已得到了广泛研究（Lai et al., 2016; Chuai et al., 2016）。总体而言，以往关于城市化与碳排放关系的研究主要集中在四个方面。第一类研究认为，快速城市化在短期和长期都会增加CO_2的排放（Sheng and Guo, 2016）；第二类研究认为，城市化有助于降低碳排放规模、人均碳排放量和碳强度（Yao et al., 2018）；第三类研究认为，城市化对碳排放没有显著影响（Rafiq et al., 2016; Behera

---

① 本章相关研究内容已发表：Tang M, Hu F. How does land urbanization promote CO_2 emissions reduction? Evidence from Chinese prefectural-level cities[J]. Frontiers in Environmental Science, 2021, 9: 766839.

and Dash, 2017）；第四条研究路线的结果显示，城市化与 CO_2 排放之间呈 U 曲线形关系（Zhang et al., 2017； Martínez-Zarzoso and Maruotti, 2011）。此外，在深入剖析城市化与 CO_2 排放之间的关系的过程中，还考察了一些中介变量包括但不限于技术进步、产业结构变迁、能源消费结构的优化以及外国直接投资的流入等因素（Wang et al., 2013；Wang et al., 2018b）。一些研究与区域和行业的异质性和空间溢出有关（Zhang et al., 2016； Liu and Liu, 2019）。尽管各种研究探讨了城市化对 CO_2 排放的影响，以及如何实现经济增长和碳减排协调的机制（Bekun et al., 2019,2021a），但仍有两个局限性限制了我们对可持续发展的理解。第一，土地城市化对 CO_2 减排的影响机制尚未深入探讨，这将制约我们通过土地利用优化和产业结构调整实现经济发展和碳减排的双赢。第二，以前的研究采用参数计量经济模型，这可能导致模型设置错误。为了填补这些研究差距，本章从理论上探讨了土地城市化促进 CO_2 减排的机制，并采用自适应半参数模型和中介效应模型进行了实证检验。

事实上，土地城市化对碳排放的影响机制与人口城市化或经济城市化有很大不同。现有文献中的城市化一般指人口城市化或经济城市化。从人口城市化或经济城市化角度的研究，主要是探讨城市人口或产业集聚后，居民消费、产业结构、技术效率的变化对碳排放的影响。值得注意的是，土地城镇化与人口城镇化有很大不同。土地城市化对 CO_2 排放的影响受到自然、经济、社会和其他因素的影响。一方面，在土地城市化过程中，土地利用类型的变化会引起直接碳排放量的变化。比如土地由林地、湿地等转化而来，这对城市建设用地来说，碳排放系数会大大增加。另一方面，土地城市化进程还会通过土地要素上的人类活动引起产业结构、技术效率、能源利用效率和碳排放效率的变化，进而间接影响碳排放水平。因此，有必要从土地利用变化、土地要素上人类活动引起的产业结构和技术效率变化等因素出发，深入探讨土地城市化影响 CO_2 排放的机制。

LUCC 和陆地上的人类活动是陆地生态系统碳储量的两个主要驱动因素。在土地利用从高植被生物量向低植被生物量转化的过程中，碳被释放到大气中，这会影响碳排放水平（Peters et al., 2019）。随着土地城市化的发展，越来越多的耕地、林地和草地被转化为城市建设用地，换句话说，这些土地从碳汇转化为碳源（Chuai et al., 2013, 2014, 2016）。现有的研究已经广泛地探索了 LUCC 对 CO_2 排放的影响（Muñoz-Rojas et al., 2011； Dang et al., 2014； Chuai et al., 2013, 2016； Bossio et al., 2020）。然而，有效的土地利用管理和产业结构调整对 CO_2 减排的影响受到的关注相对较少。可持续土地利用管理通过运行机制、价格体系、土地所有权制度等可以促进土地利用结构的优化、土地利用强度的合理控制、土地利用效率的提高（Bateman et al., 2013； Cavender-Bares et al., 2015）。值得注意的是，土地利用结构优化、土地利用强度调控、土地利用效率提高都直接或间接影响碳排放过程和碳排放水平（Cumming et al., 2014； Chen et al., 2020）。然而，现有的研究没有整合这三个视角，未能充分探索土地城市化减少 CO_2 排放的内在和中介机制。因此，本章将优化土地利用结构、合理控制土地利用强度、提高土地利用效率等因素整合到一个完整的理论框架中，探索土地城市化促进碳减排的机制。这正是本章最重要的创新之处。

本章做出了两个关键贡献：第一，将土地利用优化和高质量产业发展纳入统一框架，从理论上深入探讨了土地城市化对 CO_2 排放的影响机制；第二，应用回归对人口、财富和技术的随机影响（STIRPAT）模型和空间自适应半参数（SASP）模型来研究土地城市化与 CO_2 排放之间的关系，以适应随机因素和空间异质性。此外，本研究为了进一步探究土地城市化对总 CO_2 排放量的影响，特别构建了一个中介效应模型。该模型旨在深入分析高级产业结构、单位 GDP 二氧化碳排放量以及单位土地 CO_2 排放量等因素在土地城市化与总 CO_2 排放量之间的作用机制。

7.2 土地城市化影响碳排放的理论机制

在本节中，我们采用 Kaya 恒等式将 CO_2 排放的驱动因素分解为四个方面：土地规模、土地利用结构、土地利用强度和碳排放强度（Grossman and Krueger, 1995; Wu et al., 2015）。根据一个国家或地区的土地利用模式、产业结构、技术水平、政府调控政策和居民生活方式，土地城市化大致可分为粗放和集约两个阶段。本节从土地利用粗放和集约两个阶段探讨了土地城市化对碳排放的影响机制（见图 7－1）。

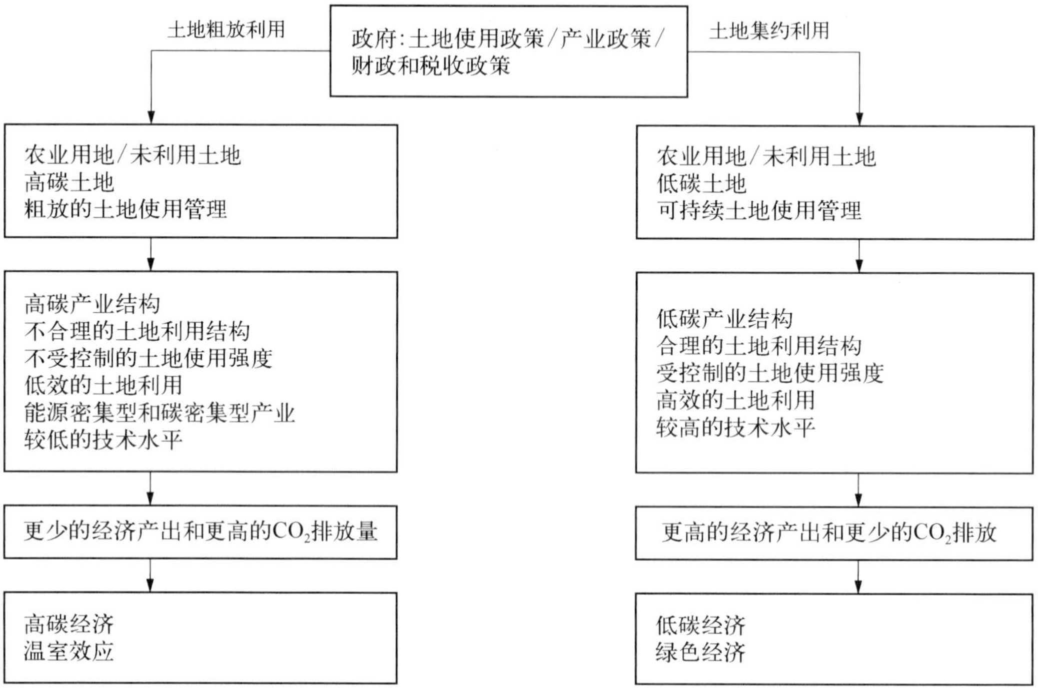

图 7－1　土地城市化对碳排放的影响机制

7.2.1 理论机制

首先，我们采用 Kaya 恒等式将 CO_2 排放的驱动因素分解为四个方面：土地规模、土地利用结构、土地利用强度和碳排放强度(Grossman and Krueger, 1995; Wu et al., 2015)。基于土地使用的 CO_2 排放分解模型如式(7－1)所示。CO_2 排放总量首先分解为不同土地利用类型的碳排放。其次,将每种土地利用类型的 CO_2 排放量分解为土地总规模、土地利用结构、土地利用强度和碳排放强度的乘积。因此,我们能够将每单位土地的碳排放分解为不同土地利用类型的土地利用结构、土地利用强度和碳排放强度的乘积之和,如式(7－2)所示。

$$C_t = \sum_{i=1}^{n} C_{it} = \sum_{i=1}^{n} \frac{C_{it}}{GDP_{it}} \cdot \frac{GDP_{it}}{L_{it}} \cdot \frac{L_{it}}{L_t} \cdot L_t \tag{7-1}$$

$$\frac{C_t}{L_t} = \sum_{i=1}^{n} \frac{C_{it}}{GDP_{it}} \cdot \frac{GDP_{it}}{L_{it}} \cdot \frac{L_{it}}{L_t} = \sum_{i=1}^{n} I_{it} \cdot D_{it} \cdot S_{it} \tag{7-2}$$

式中, C_t 为 t 期的 CO_2 排放总量; C_{it} 为 t 期第 i 类土地利用的 CO_2 排放量; L_t 为 t 期土地总面积; S_{it} 为第 i 类土地利用的面积占总土地面积的比例,可以表示为土地利用结构, $S_{it} = L_{it}/L_t$; D_{it} 为 t 期 i 类土地利用的经济产出,可表示为土地利用强度, $D_{it} = GDP_{it}/L_{it}$; I_{it} 为 t 期 i 类土地利用单位 GDP 的 CO_2 排放量,可视为碳排放强度, $I_{it} = C_{it}/GDP_{it}$。

要减少单位土地的 CO_2 排放量,必须优化土地利用结构,降低碳排放强度,并根据碳排放分解模型调节土地利用强度对 CO_2 排放的影响。对于中央政府和地方政府来说,可以通过两种方式减少土地利用对 CO_2 排放的影响:优化空间土地利用结构和创新空间土地治理。值得注意的是,通过严格控制城市建设用地扩张和土地开发强度,合理压缩工矿用地规模和比例,同时优化建设用地结构,调整优化土地开发格局,进而可以有效减少 CO_2 排放(Sadorsky, 2014)。同时,通过加速土地利用类型的转变,政府要按照严格控制总量、盘活存量、优化结构、提高效率的原则,推进土地集约利用。

7.2.2　粗放式土地城市化阶段

当经济处于城市化和工业化的初级阶段时,土地城市化的模式主要是粗放型的(Dong et al., 2019; Jiang and Lin, 2012)。在这一阶段产业结构以高碳产业为主,企业技术水平和能源效率低导致碳排放强度高。同时,政府减少碳排放的力度相对较弱,居民的消费偏好也不是以低碳节能产品为主的(Zhang and Da, 2015)。上述这些因素导致了高水平的碳排放。

首先,由于经济发展阶段仍处于初级阶段,技术水平相对不高,企业仍主要投资于能源、电力、化工、建筑等高碳行业,难以实现产业结构升级和转型(Lu et al., 2019)。此外,技术水平的限制导致企业能源利用效率较低,进而导致碳排放强度较高,从而增加了企业的碳排放水平。

其次,政府控制碳减排的力度不够,无论是产业发展还是土地利用都没有出台合理的碳排放控制政策(Yi and Li, 2018)。一方面,地方政府官员在产业发展过程中,要通过经济绩效考核和政治晋升来大力提升地方经济绩效(Liu et al., 2020)。从理性的角度来看,地方政府官员不会对高碳行业的企业投资进行严格限制,导致碳排放大幅增加。另一方面,政府的土地使用管理方式不合理。例如,大量的低碳土地(如林地和湿地)被转化为城市建设用地,导致碳排放量的大量增加(Zhang et al., 2020)。由于建设用地是碳排放的净来源,城市建设用地的扩张会导致碳排放急剧增加(Lai et al., 2016)。此外,不当的土地利用管理方式导致土地利用结构不合理、土地利用强度失控、土地利用效率低下等一系列问题(Yue et al., 2017)。土地配置结构的变化改变了碳排放过程,改变了能源消费结构,导致城市碳排放水平的变化。过度的土地开发强度会破坏生物圈原有的碳平衡,影响碳排放过程,促进碳排放水平的增加(Li et al., 2021a)。土地利用效率影响能源利用效率,进而影响碳排放水平。

最后,居民节能减排意识不强也在一定程度上导致了碳排放水平的上升。在缺乏政府和第三方机构宣传和引导的情况下,居民不会将绿色、低碳、节能产品作为主要消费偏好,反而可能偏好高碳产品(Rosner et al., 2021)。

在城市化和工业化初期,地方政府出于经济增长和财政收入的考核压力,都在积极招商引资。相应地,农业用地或未利用地主要转化为高碳工业用地。土地资源配置下的土地利用结构导致高碳产业集中,对生物圈系统碳循环产生不良后果(Chen and Zhao, 2019)。同时,高耗能、高污染、高碳产业形成以低端制造业为主的高碳产业结构(Liu et al., 2012; Huang et al., 2018)。此外,地方政府的土地供应策略和不合理的土地使用管理往往进一步强化了产业结构的刚性,抑制了高碳向低碳的产业结构转型(Xie et al., 2018; Yang et al., 2018)。在这一阶段单位土地产量并不高,经济增长是以过度的能源消耗为代价的。能源利用效率也较低,碳强度相对较高,导致工业生产过程中排放大量 CO_2 (Zhang et al., 2016)。当前阶段,这种高耗能、高碳密集、低能效的产业结构,以及不合理的土地使用管理,显著增加了单位土地的 CO_2 排放量。因此,在土地粗放利用阶段,生产过程和土地利用转换的 CO_2 排放水平相对较高(Zhang and Xu, 2017)。

下面我们建立一个简单的经济模型来说明土地城市化在土地粗放利用阶段对碳排放的影响。碳减排的投入造成了一定的经济产出损失,这一时期的生产函数如式(7-3)所示。更具体地说,生产函数确定经济产出 Y_t 是技术水平 A_t、资本 K_t、能源消耗 E_t 和土地资源消耗 N_t 的函数。此外, $D(EM_t)$ 是产出损失函数, EM_t 是 CO_2 排放水平。

$$Y_t = [1 - D(EM_t)]A_t K_t^{\alpha} E_t^{\beta} N_t^{\gamma} \tag{7-3}$$

式中,α、β、γ 分别为资本 K_t、能源 E_t 和土地资源 N_t 的产出弹性系数。

式(7-4)为显示 CO_2 排放水平的函数。CO_2 排放主要是由工业生产活动中的能源消耗和土地利用变化(如土地类型的变化,包括森林和草地变为耕地、湿地变为建设用地、农业用地变为建设用地等)引起的。

$$EM_t = EM_{\text{ind}}(t) + EM_{\text{Land}}(t) = B_t E_t^{\rho} + C_t N_t^{\lambda} \tag{7-4}$$

式中, EM_t 表示 CO_2 的排放水平; EM_{ind} 表示工业生产活动中能源消耗造成的 CO_2 排放量; EM_{Land} 表示土地利用变化引起的 CO_2 排放量; E_t 和 N_t 分别表示能源消耗和土地资源消耗;

B_t 和 C_t 分别表示能源效率和土地利用效率；ρ 和 λ 分别表示能源和土地资源的弹性。

在土地粗放利用阶段，以高碳产业为基础的产业结构、低能源效率和高碳强度增加了 CO_2 排放。同时，有限的土地利用管理水平和较低的土地利用效率也进一步增加了 CO_2 的排放（Chuai et al., 2013; Lai et al., 2016）。所有这些因素都增加了这一时期单位土地的碳排放量。

7.2.3 集约式土地城市化阶段

当经济发展到集约用地阶段，农用用地主要向低碳产业建设用地转型。此时土地利用结构从低效率转向高效率（Yang et al., 2019）。优化土地利用结构可以促进低碳产业结构和清洁能源消费结构（Xu et al., 2018）。需要注意的是，低碳的产业结构和清洁的能源消费结构可以减少生产过程和土地利用变化对 CO_2 排放的负面影响（Huang et al., 2018; Zhou et al., 2019b; Bekun et al., 2021b, 2021c）。这种效应体现在两个方面：（1）结构优化效应，即高耗能、重污染行业的减少降低了人类对碳排放的干预的必要程度（Zhou et al., 2017; Li et al., 2017）；（2）技术溢出效应，即高端产业的发展促进了技术进步，从而导致能源效率的提高（Liu et al., 2012; Zhou et al., 2017）。因此，在此期间，每单位土地的碳排放量下降。

在优质土地利用阶段，政府实施土地利用和碳减排政策，引导企业进行技术改造、升级或创新。这一时期的生产函数如式（7－5）所示。值得注意的是，企业的技术改造、升级或创新活动对经济产出具有溢出效应。

$$Y_t = \Phi_t A_t K_t^{\alpha} E_t^{\beta} N_t^{\gamma} \tag{7-5}$$

式中，Φ_t 表示技术改造、升级或创新的溢出效应。

在这一阶段，能源和土地利用效率由于技术创新的溢出效应而提高，因此碳排放水平下降。与此同时，可持续的土地使用管理（由土地使用法规政策导致）进一步导致碳排放水平的下降。通过制定合理有效的土地利用调控政策，政府可以促进土地利用结构优化、土地利用强度管控、土地利用效率提高，从而降低土地利用对碳排放的负面影响。此外，政府还可以通过政策宣传和引导，促进居民消费向绿色、低碳、节能产品转变，从而进一步减少碳排放（Bekun et al., 2021d）。在此期间，CO_2 排放水平的表达示如式（7－6）所示。低碳的产业结构、可持续的土地利用管理、结构优化效应和技术创新的溢出效应最终会减少碳排放，从而进一步导致这一阶段单位土地碳排放量的下降（Poumanyvong and Kaneko, 2010）。

$$EM_t = EM_{\mathrm{ind}}(t) + EM_{\mathrm{Land}}(t) = B_t \frac{E_t^{\rho}}{\Phi_t} + C_t \frac{N_t^{\lambda}}{\Phi_t} \tag{7-6}$$

7.2.4 土地城市化与碳排放的关系

根据上述分析，我们假设土地城市化和碳排放之间存在倒 U 形关系（图 7－2）。倒 U

形曲线的左侧(第一阶段)对应的是粗放的城市用地和高碳的产业结构。倒 U 形曲线右侧(第三阶段)对应的是城市土地集约利用和低碳产业结构。但中间有一个政策调整阶段(第二阶段)。中国政府需要积极优化土地利用管理,调整环境法规、产业政策和财税政策,这样才能快速进入土地集约利用和低碳产业结构的第三阶段。

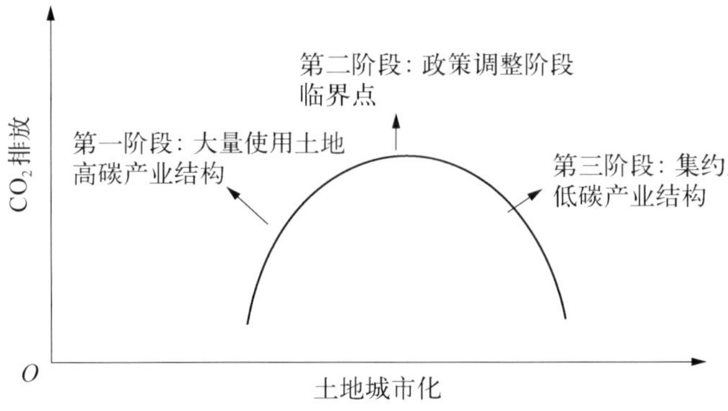

图 7-2 土地城市化与 CO_2 排放之间的倒 U 形关系

7.3 计量模型

7.3.1 计量经济模型:STIRPAT 模型

根据 Ehrlich 和 Holdren(1971)提出的 IPAT 模型,人类活动对环境的影响主要由三个因素决定:人口(P)、富裕水平(A)和技术(T)。具体而言,IPAT 模型将经济增长与环境影响纳入统一分析框架,并已被广泛应用于环境评估研究领域(Kassouri et al., 2021)。此后,Dietz 和 Rosa(1997)扩展了 IPAT 框架,提出了包含随机成分的随机 IPAT 模型(STRIPAT)。根据 STRIPAT 模型,人类活动对环境的影响(I)可表示为

$$I_{it} = a_i P_{it}^b A_{it}^c T_{it}^d e_{it} \quad (7-7)$$

式中,I_{it} 表示人类活动对环境的影响;P_{it} 表示人口规模;A_{it} 表示富裕程度;T_{it} 表示地级市 i 在时期 t 的技术水平。a_i 为常数项,b、c 和 d 分别表示 P、A 和 T 的指数,变量 e_{it} 代表随机误差项。通过在式(7-7)两边取对数,得到一个线性方程:

$$\ln P_{it} = u_i + b\ln P_{it} + c\ln A_{it} + d\ln T_{it} + \varepsilon_{it} \quad (7-8)$$

一些研究,如 Poumanyvong 和 Kaneko(2010)、Zhang et al.(2017)和 Kassouri(2021)在 STIRPAT 模型中加入了变量"城市化"。在本研究中,我们将变量"土地城市化"添加到该模型中,遵循在之前的几项研究中广泛使用的 STIRPAT 模型的对数线性版本(Poumanyvong and Kaneko, 2010; Kassouri et al., 2021; Kassouri, 2021),扩展后的 STIRPAT 模型如下:

$$\ln C_{it} = u_i + b\ln P_{it} + c\ln A_{it} + d\ln T_{it} + \beta \cdot landrate_{it} + \varepsilon_{it} \tag{7-9}$$

式中，$landrate_{it}$ 代表地级市 i 在时期 t 的土地城市化率；C_{it} 为地级市 i 在时期 t 的总碳排放量。由于本研究还分析了土地城市化对第二产业、第三产业、能源和家庭部门 CO_2 排放量的影响，C_{it} 也代表了这些部门的 CO_2 排放量。

此外，为了研究土地城市化与 CO_2 排放之间的非线性关系，还给出了一个包含土地城市化率二次项的模型，如下所示：

$$\ln C_{it} = u_i + b\ln P_{it} + c\ln A_{it} + d\ln T_{it} + \beta \cdot landrate_{it} + \gamma \cdot landrate_{it}^2 + \varepsilon_{it} \tag{7-10}$$

此外，我们用式(7－10)中的部门 CO_2 排放量代替因变量"总碳排放量（C_{it}）"，包括第二产业（$C1_{it}$）、第三产业（$C2_{it}$）、能源（$C3_{it}$）和家庭（$C4_{it}$）部门，实证分析了土地城市化与部门 CO_2 排放之间的关系。

7.3.2　计量经济学模型：空间自适应半参数模型(SASP)

假设变量"土地城市化率"以二次项的形式存在于上述 STIRPAT 模型中。事实上，该模型设置中可能存在错误设定。此外，土地城市化对 CO_2 排放的影响呈现空间异质性和空间溢出效应(Li et al., 2021b)。为了避免模型设定错误和非参数模型中的维数灾难，以及适应不同城市间的空间异质性，我们应用 SASP 模型分析土地城市化对 CO_2 排放的影响机制，本章建立的 SASP 模型见式(7－11)(Ruppert et al., 2003)。

$$\ln C_{it} = \beta_0 + \beta_1 \ln P_{it} + \beta_2 \ln A_{it} + \beta_3 \ln T_{it} + f(landrate) + \sum_{k=1}^{K_m} b_k (landrate - \kappa_k^m)_+^p \tag{7-11}$$

式中，β_0 为常数；β_i 为每个线性变量的系数（$i = 1, 2, 3$）；$f(landrate)$ 为非参数项；κ_k^m 为节点，$\kappa_k^m (k = 1, 2, \cdots, K_m)$，其中 K_m 为节点的维数；如果（$x_1 - \kappa_k^m$）> 0，则（$x_1 - \kappa_k^m)_+^p$ 等于（$x_1 - \kappa_k^m)^p$，b_k 是它的系数；m 为节点的类型；p 为第 k 个节点的指数幂。

7.3.3　实证模型：中介效应模型

中介效应模型被用来检验自变量 Z 是否通过中介变量 M 影响因变量 Y，可以使用结构方程模型进行分析(Gonzalez and Mackinnon, 2016)。本章所运用的中介效应模型的具体方程如下：

$$\ln C_{it} = c \cdot landrate_{it} + \delta Z_{it} + \mu_i + \varepsilon_{it} \tag{7-12}$$

$$M_{it} = a \cdot landrate_{it} + \delta Z_{it} + \mu_i + \varepsilon_{it} \tag{7-13}$$

$$\ln C_{it} = c' \cdot landrate_{it} + bM_{it} + \delta Z_{it} + \mu_i + \varepsilon_{it} \tag{7-14}$$

式中，M_{it} 表示中介变量，即产业结构高级化、单位 GDP 的 CO_2 排放量或单位土地的 CO_2 排放量；Z_{it} 表示控制变量；μ_i 表示固定效应；ε_{it} 为随机误差项。

在式（7-12）~式（7-14）中，如果系数 a、b 和 c 都是显著的，且 c' 也是显著的，那么对于中介变量存在部分中介效应。或者，如果系数 c' 不显著，则中介变量存在完全中介效应。中介效应等同于间接效应（ab），总效应（c）、直接效应（c'）和间接效应（ab）之间的关系如下（Mackinnon et al.，1995；Yao et al.，2018）：

$$c = c' + ab \tag{7-15}$$

7.4 数据来源

本章研究样本包括 2012 年和 2015 年全国 285 个地级市，由于数据搜集上的困难，中国香港、澳门、台湾及西藏自治区的地级市层面数据未包括在内。CO_2 排放数据包括以下类型：CO_2 排放总量，第二产业部门、第三产业部门、能源部门和家庭部门的 CO_2 排放量，单位 GDP 的 CO_2 排放量和单位土地的 CO_2 排放量。CO_2 排放数据来自中国城市 GHG 工作组建立的 2012 年和 2015 年中国城市温室气体排放数据集。数据基于中国高空间分辨率排放网格数据库（CHRED 3.0）。值得注意的是，该数据集基于点排放源、线排放源和面排放源建立了一种自下而上的空间化方法，以实现 1 km 的温室气体排放网格数据。高级产业结构是根据 Chen 和 Zhao（2019）的方法计算的。土地城市化率是指建设用地占城市土地面积的比例。数据来自《中国国土资源统计年鉴》。此外，还从《中国城市统计年鉴》中收集了关于人口、人均国内生产总值和专利授权数量的数据。每个变量的描述性统计见表 7-1。

表 7-1 每个变量的描述性统计

变量	缩写	单位	平均值	最大值	最小值
CO_2 排放总量	C_{it}	万吨	3 840.42	27 677.32	229.9
第二产业部门 CO_2 排放量	$C1_{it}$	万吨	3 010.69	17 518.99	10.1
第三产业部门 CO_2 排放量	$C2_{it}$	万吨	101.41	3 276.29	0.53
能源部门 CO_2 排放量	$C3_{it}$	万吨	3 218.69	22 098.15	165.65
家庭部门 CO_2 排放量	$C4_{it}$	万吨	105.99	2 146.5	0.71
人均 GDP	A_{it}	元	59 370.73	293 346	10 981
人口	P_{it}	万人	148.23	2 129.09	15.1
专利授予量	T_{it}	项	4 243.7	90 298	—
土地城市化率	*landrate*	%	8.99	77.32	0.19
高级产业结构	AIS_{it}	—	6.74	7.59	4.76

续　表

变　　量	缩　写	单　位	平均值	最大值	最小值
单位 GDP 的 CO_2 排放量	CEG_{it}	吨/万元	2.48	25.61	0.16
单位土地的 CO_2 排放量	CEN_{it}	吨/平方公里	4 417.62	43 648.19	39.89

7.5　实证结果

7.5.1　土地城市化与 CO_2 排放总量之间的实证结果

使用 STIRPAT 和 SASP 模型，土地城市化和 CO_2 排放总量的实证结果见表 7－2，土地城市化率和 CO_2 排放总量的拟合曲线见图 7－3。而表 7－2 的第 2 列中的结果是根据式(7－9)的模型估计的。表 7－2 中的第 3 列显示了基于式(7－10)的模型的参数估计结果。表 7－2 中的第 4 列显示了基于式(7－11)模型的参数估计结果，式(7－11)的非参数估计结果如图 7－3 所示。结果表明，土地城市化率对 CO_2 排放总量的影响是正向的；然而，土地城市化率与碳排放总量之间的关系在加入土地城市化率的二次项后呈现倒 U 形曲线。图 7－3 的结果表明，随着土地城市化率的增加，总碳排放量也相应增加，但增加的速度在样本期间放缓。当土地城市化率相对较低时，高能耗和低能效的工业结构会促进 CO_2 排放总量增加。随着土地城市化率的提高，资源环境约束和政府管制促进了结构优化和技术溢出效应。同样，中国政府可以通过优化土地利用监管政策体系，驱动土地利用结构优化、土地利用强度管控、土地利用效率提升，从而实现碳减排。这些影响导致 CO_2 排放总量减少，这与 Martínez-Zarzoso 和 Maruotti(2011)、Yao 等(2018)及 Wang 等(2021b)的结果一致。现阶段中国 CO_2 排放量的增幅有所放缓。中国政府应实施有效政策，促进土地可持续利用管理、低碳产业结构转型、能源结构优化和技术创新，尽快进入土地城市化率提高和 CO_2 减排的双赢阶段。

表 7－2　基于参数和半参数模型的土地城市化与 CO_2 排放总量之间的估算结果

变　　量	STIRPAT 模型 1	STIRPAT 模型 2	SASP 模型
人口	0.310 6*** (0.000)	0.311 1*** (0.000)	0.336 6*** (0.000 0)
人均 GDP	0.509 0*** (0.000)	0.498 5*** (0.000)	0.509 2*** (0.000 0)
技术水平	0.067 2** (0.023)	0.062 3** (0.038)	0.059 1** (0.034 7)

续 表

变　量	STIRPAT 模型 1	STIRPAT 模型 2	SASP 模型
土地城市化率	0.008 7*** (0.005)	0.014 5** (0.043)	—
土地城市化率平方	—	-0.000 1 (0.370)	—
常数项	0.388 6 (0.549)	0.503 3 (0.447)	0.323 0 (0.612 7)
样本数	570	570	570
F 统计量	82.21	65.9	—
时间效应	是	是	—
个体效应	是	是	—
自由度	—	—	1
Spar 统计量	—	—	51 130
节点数	—	—	34

注：括号内为 p 值；***、** 和 * 分别表示 1%、5% 和 10% 水平的统计显著性。

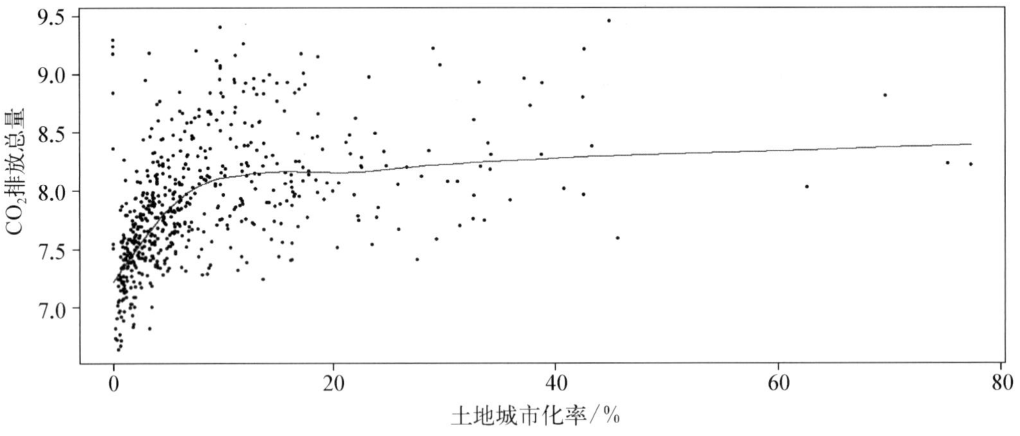

图 7-3　土地城市化率与 CO_2 排放总量的拟合曲线

反向因果关系和遗漏变量会导致土地城市化与碳排放之间的内生性(Zhang et al., 2017; Wang et al., 2021b)。为了进一步对表 7-3 中的基准回归结果进行稳健性检验并解决内生性问题,我们选择土地城市化的工具变量,并应用两阶段最小二乘法(2SLS)、广义矩法(GMM)和有限信息最大似然法(LIML)进行回归分析(Xu et al., 2021; Nepal et al., 2021; Safiullah et al., 2021)。根据现有文献,我们分别选择夜间灯光数据、土地出让宗数和土地出让面积作为土地城市化的工具变量。夜间灯光数据来自 Suomi NPP 卫星上的 Visible Infrared Imaging Radiometer Suite（VIIRS）传感器，该传感器在没有月光的夜晚，对人类居住区的人工照明光源进行空间直观观测（Wang et al.，2018a）。土地出让宗数和土地出让面积数据来源于《中国国土资源年鉴》和《中国国土资源统计年鉴》。夜间灯光数据是经济发展的良好工具变量，包括土地城市化（Mellander et al.，2015；Xu et al.，2021）。土地出让规模和面积也是土地城市化的合理工具变量，因为它们与土地城市化直接相关，但它们也是中央政府控制的外生变量。基于工具变量分析的土地城市化率与 CO_2 排放总量之间的回归结果如表 7－3 所示。结果表明，土地城市化率对 CO_2 排放总量的影响是稳健的。基于 2SLS、GMM 和 LIML 方法估算的土地城市化率对 CO_2 排放总量显现出积极且显著的影响效应，并且与 OLS 方法和表 7.2 的结果一致。

表 7－3　基于工具变量分析的土地城市化率与 CO_2 排放总量之间的估算结果

变　量	OLS	2SLS	GMM	LIML
土地城市化率	0.009*** (0.003)	0.065*** (0.019)	0.069*** (0.018)	0.112*** (0.034)
人口	0.337*** (0.052)	0.478*** (0.080)	0.467*** (0.079)	0.594*** (0.124)
人均 GDP	0.509*** (0.062)	0.375*** (0.089)	0.339*** (0.085)	0.265** (0.135)
技术水平	0.059** (0.028)	−0.073 (0.056)	−0.058 (0.049)	−0.183* (0.094)
常数项	0.323 (0.638)	1.545* (0.902)	1.848** (0.856)	2.553* (1.337)
R^2	0.389	0.007	—	—
N	570	570	570	570

注：括号内为 p 值；***、** 和 * 分别表示 1%、5%和 10%水平的统计显著性。

为了进一步分析哪些部门导致了碳排放总量的增加，我们实证分析了土地城市化与部门碳排放之间的关系。土地城市化率和部门 CO_2 排放量之间的估算结果如表 7－4 所示。结果表明，随着土地城市化率的增加，第二产业部门、第三产业部门、能源部门和家庭部门的 CO_2 排放量也在增加。此外，当土地城市化率增加一个百分点时，第三产业部门和家庭部门的 CO_2 排放增量高于第二产业部门和能源部门。这可能是产业集聚效应和能源供需结构调整造成的。然而，第三产业部门和家庭部门的活动相对分散，其绿色消费观念尚未牢固树立，节能产品没有得到广泛使用。因此，中国政府亟需进一步深化改革，以减少第二产业及能源密集型部门的 CO_2 排放量。同时，应出台并落实一系列高效政策，以激励第三产业部门及家庭部门积极参与 CO_2 减排行动，共同推动绿色低碳发展。

表 7-4 土地城市化率和部门 CO_2 排放量之间的估算结果

变量	第二产业部门	第三产业部门	能源部门	家庭部门
人口	0.296 1*** (0.000)	0.725 2*** (0.000)	0.327 8*** (0.000)	0.562 5*** (0.000)
人均 GDP	0.648 1*** (0.000)	0.394 7*** (0.000)	0.576 9*** (0.000)	−0.235 2*** (0.005)
技术水平	0.048 8 (0.234)	−0.066 6 (0.136)	0.042 7 (0.197)	0.061 5 (0.119)
土地城市化率	0.009 7** (0.025)	0.016 6*** (0.000)	0.010 3*** (0.003)	0.026 2*** (0.000)
常数项	−1.284 3 (0.155)	−3.529 7*** (0.000)	−0.498 1 (0.494)	3.345 7*** (0.000)
样本数	570	570	570	570
F 统计量	48.09	49.79	68.72	57.09
时间效应	是	是	是	是
个体效应	是	是	是	是

注：括号内为 p 值；***、** 和 * 分别表示 1%、5% 和 10% 水平的统计显著性。

7.5.2 产业结构高级化中介效应的实证结果

为了验证土地城市化能否通过产业结构优化促进 CO_2 减排，我们采用中介效应模型进行了实证分析。土地城市化通过促进产业结构高级化进而降低 CO_2 排放的中介效应结果如表 7-5 所示。

表 7-5 高级产业结构的中介效应

变量	CO_2 排放总量	产业结构高级化	CO_2 排放总量
土地城市化率	0.008 7*** (0.005)	0.008 8*** (0.000)	0.013 6 (0.204)
产业结构高级化	—	—	−0.535 6*** (0.000)
人口	0.311 1*** (0.000)	−0.025 4 (0.252)	0.324 7*** (0.000)
人均 GDP	0.509 6*** (0.000)	0.137 7*** (0.000)	0.435 8*** (0.000)

续　表

变　　量	CO_2 排放总量	产业结构高级化	CO_2 排放总量
技术水平	0.067 7 ** (0.020)	0.047 8 *** (0.000)	0.042 2 (0.143)
常数项	0.377 3 (0.559)	4.948 1 *** (0.000)	−2.272 7 *** (0.005)
F 统计量	83.57	53.99	76.07
R^2	0.374 6	0.286 8	0.404 2
样本数	570	570	570
时间效应	是	是	是
个体效应	是	是	是

注：括号内为 p 值；***、** 和 * 分别表示 1%、5%和 10%水平的统计显著性。

表 7－5 显示，土地城市化率对 CO_2 排放总量和产业结构高级化的影响是正向且显著的。当土地城市化和产业结构高级化包含在一个模型中时，土地城市化率对 CO_2 排放总量的影响为正但不显著，而产业结构高级化对 CO_2 排放总量的影响为负向且显著。从中介效应模型可以看出，产业结构高级化在土地城市化率对 CO_2 排放总量的影响中具有完全的负向中介效应。如表 7－5 所示，产业结构高级化的中介效应为−0.004 7[0.008 8×(−0.535 6)≈−0.004 7]，这说明在其他条件不变的情况下，由于产业结构高级化的影响，土地城镇化率每提高 1%，可产生 47 吨碳减排。这一发现与 Wang 等(2013)和 Wang 等(2021a)的研究结果一致，即土地城市化降低了对碳排放的促进作用，这可能是由于产业升级、能源消费转型和能源效率的提高。产业结构对 CO_2 排放的影响是能源使用效率、能源消费结构和技术进步共同作用的结果，具有一定的复杂性。随着中国第三产业产值的增加和城市化质量的提高，产业发展对能源的需求在减少(Li et al., 2017)。产业结构高级化对 CO_2 排放产生递减和负面影响，产业结构优化升级可视为中国碳减排的有效手段(Wang et al., 2019)。最终，这意味着政府分配给先进制造业、高科技产业或数字经济的土地指标越多，就越有可能优化土地使用结构，从而促进产业结构高级化，进而进一步减少 CO_2 排放。

7.5.3　单位国内生产总值 CO_2 排放量中介效应的实证结果

为了验证土地城市化是否能够通过降低单位 GDP 的 CO_2 排放量来促进碳减排，我们同样运用中介效应模型进行了分析，实证结果如表 7－6 所示。

表 7-6　单位国内生产总值 CO_2 排放量的中介效应

变　量	CO_2 排放总量	单位 GDP 的 CO_2 排放量	CO_2 排放总量
土地城市化率	0.008 7*** (0.005)	-0.002 81*** (0.005)	0.009 3*** (0.000)
单位 GDP 的 CO_2 排放量	—	—	0.197 4*** (0.000)
人口	0.311 1*** (0.000)	—	0.364 0*** (0.000)
人均国内生产总值	0.509 6*** (0.000)	—	0.471 9*** (0.000)
技术水平	0.067 7** (0.020)	—	0.158 0*** (0.000)
常数项	0.377 3 (0.559)	2.750 8*** (0.000)	-0.582 3 (0.233)
F 统计量	83.57	7.99	203.25
R^2	0.374 6	0.013 4	0.644 4
观察	570	570	570
时间效应	是	是	是
个体效应	是	是	是

注：括号内为 p 值；***、** 和 * 分别表示 1%、5% 和 10% 水平的统计显著性。

表 7-6 显示，土地城市化率对 CO_2 排放总量的影响是正向且显著的，而对单位 GDP 的 CO_2 排放量的影响是显著负向的。当将土地城市化率和单位 GDP 的 CO_2 排放量放在一个模型中时，土地城市化率对总碳排放量的影响是正向且显著的，单位 GDP 的 CO_2 排放量对总 CO_2 排放量的影响也是正向且显著的。从中介效应模型可以看出，单位 GDP 的 CO_2 排放量在土地城市化率对 CO_2 排放总量的影响中具有部分负向的中介效应。如表 7-6 所示，总效应系数 c 为 0.008 7，显著性水平为 1%，而直接效应系数 c' 为 0.009 3，显著性水平为 1%。据此，单位 GDP 的 CO_2 排放量的中介效应为 -0.000 6（$-0.00281\times0.1974\approx-0.0006$，$0.0087=0.0093-0.00281\times0.1974$），说明土地城市化率对碳排放总量存在掩蔽效应。这一结果与 Rafiq 等（2016）、Wang 等（2019）和 Wang 等（2021b）的观点一致，即土地城市化带来的能源消费结构转变、能源效率提高和技术进步导致了能源强度和碳排放的降低。这意味着在土地城市化过程中，政府可以通过优化土地利用结构和提高土地利用效率来减少单位 GDP 的 CO_2 排放量，从而实现碳减排。要降低单位 GDP 碳排放强度，应从以下三个方面采取积极措施：一是政府采取措施调整能源消费结构，减少化石能源消费，提高清洁能源消费比重（Zhang et al.，2021）；二是通过促进企业技术创新和提高

市场化程度来提高能源效率（Chen et al., 2021）；三是加强土地管理政策引导，促进低碳产业发展，比如地方政府从土地指标上限制高碳产业进入。

7.5.4　单位土地 CO_2 排放中介效应的实证结果

为了验证土地城市化是否能够通过减少单位土地的 CO_2 排放量来促进碳减排，我们采用中介效应模型进行了实证分析。表 7－7 显示了土地城市化通过减少单位土地的 CO_2 排放量对促进碳减排的中介效应的实证结果。

表 7－7　单位土地 CO_2 排放量的中介效应

变　量	CO_2 排放总量	单位土地的 CO_2 排放量	CO_2 排放总量
土地城市化率	0.008 7*** (0.005)	66.974 9*** (0.001)	0.005 1* (0.077)
单位土地的 CO_2 排放量	—	—	5.43×10^{-5}*** (0.000)
人口	0.311 1*** (0.000)	879.105 9** (0.013)	0.274 5*** (0.000)
人均 GDP	0.509 6*** (0.000)	2 275.299*** (0.000)	0.392 9*** (0.000)
技术水平	0.067 7** (0.020)	506.806 9*** (0.009)	0.031 2 (0.254)
常数项	0.377 3 (0.559)	−28 592.5*** (0.000)	1.870 5*** (0.003)
F 统计量	83.57	42.86	93.60
R^2	0.374 6	0.236 3	0.457 5
样本数	570	570	570
时间效应	是	是	是
个体效应	是	是	是

注：括号内为 p 值；***、** 和 * 分别表示 1%、5%和 10%水平的统计显著性。

表 7－7 显示，土地城市化率对 CO_2 排放总量的影响是正向且显著的，土地城市化率对单位土地 CO_2 排放的影响也是正向且显著的。当将土地城市化率和单位土地 CO_2 排放量放在一个模型中时，土地城市化率对总碳排放量的影响是显著正向的，单位土地 CO_2 排放量对总 CO_2 排放量的影响也是显著正向的。从中介效应模型可以看出，单位土地 CO_2 排放量在土地城市化对 CO_2 排放总量的影响中起到了部分正向的中介作用。如表 7－7

所示，总效应系数 c 为 0.008 7，显著性水平为 1%，而直接效应系数 c' 为 0.005 1，显著性水平为 10%。相应地，单位土地 CO_2 排放量的中介效应为 0.003 6($66.974\ 9\times5.43\times10^{-5}\approx0.003\ 6$，$0.008\ 7=0.005\ 1+66.974\ 9\times5.43\times10^{-5}$)，占总效应的 41%。这与 Wang 等(2021a)认为提高土地利用效率和优化土地利用强度可以缓解碳排放增加的观点一致。最终，这意味着在土地城市化过程中，政府可以通过减少单位土地的 CO_2 排放量来实现碳减排。因此，中央和地方政府应采取有效措施，促进土地利用优化和绿色低碳发展。首先，政府应着力优化建设用地结构，大幅降低工业用地规模和比例(Liu et al., 2018a)。其次，政府应促进林地和湿地规模的增加，以增加碳汇。再次，政府应合理控制土地开发强度，保持生物圈的碳平衡和可持续性(Wang and Feng, 2015；Guo et al., 2017；Dong et al., 2018)。最后，政府应进一步提高土地利用效率，促进低碳产业结构转型、能源结构优化和技术创新。

7.6 进一步讨论

城市 CO_2 排放量的增加主要是由 LUCC 和人类活动(包括生产活动和居住活动)造成的。现有文献对 LUCC 引起的 CO_2 排放进行了深入研究，这是陆地生态系统碳储存的主要驱动力(Chuai et al., 2014)。首先，可以改变植被的覆盖度、生物量、碳密度和碳储量，从而直接影响 CO_2 的排放(Zhu et al., 2019)。其次，对土壤有机碳也有深远的影响(Zhu et al., 2019)。在主要的土地利用类型中，林地、湿地和未利用地促进净碳吸收，而耕地、草地和城市建设用地促进净碳排放。从林地、湿地和未利用地到其他类型的变化，尤其是城市建设用地的变化，将大大减少植被生物量，并向大气中释放更多的 CO_2(Houghton, 2003；Bailis and McCarthy, 2011)。随着城市开发强度的加大，越来越多的耕地、林地和草地被转化为城市建设用地。CO_2 排放的另一个主要驱动力是工矿用地上的生产活动所需的能源消耗、运输用地的废气排放以及住宅区的供暖等。城市建设用地的碳排放强度远远高于其他土地类型。建设用地中，工矿用地碳排放强度最大，交通用地次之，城乡居住用地最少。

本章从土地利用结构优化、土地利用强度管控、土地利用效率提升的角度，创新性地探索了土地城市化与碳减排协同推进的可能性。更为重要的是，研究发现了强有力的证据支持基于土地利用优化的土地城市化与碳排放之间的 EKC 假说。此外，这项研究为环境库兹涅茨曲线假说的有效性提供了新的见解，重点是优化土地城市化如何能够减少碳排放。中国的土地归国家和集体所有，政府控制农用地或未利用地转为城市建设用地的土地指标。在此框架下，政府可以通过调控城市建设用地的供给来影响城市土地利用结构，进而通过优化土地利用类型来影响 CO_2 排放水平。增加 CO_2 排放强度低的土地利用类型的比例有利于降低碳排放水平。同时，政府也可以通过调控土地使用强度来促进碳减排。过度的土地使用强度会破坏大气和生物圈的平衡。这将影响生态系统对碳封存的影响，进而增加 CO_2 的排放。此外，土地利用效率的提高有助于减少 CO_2 排放。土地利用效率的提高体现在技术水平、能源利用效率等方面的提高，从而导致 CO_2 排放量的减少。

值得注意的是，本研究将土地利用优化和产业发展纳入统一框架，分析土地城市化对碳排放的影响。高质量的土地利用和土地城市化有助于碳排放规模、人均碳排放和碳强度的下降(Yao et al., 2018)。本研究结果与 Yao 等(2018)、Xie 等(2018)和 Wang 等(2021a)的研究结果一致，表明合理、高效、可持续的土地城市化有利于碳减排。高质量、可持续的土地城市化主要通过影响产业结构、能源强度、能源消费结构和技术创新等中介变量从而促进低碳发展(Li et al., 2018)。更为重要的是，在土地城市化过程中，政府可以通过创新土地利用政策，促进土地利用结构优化、土地利用强度合理管控、土地利用效率提高，从而大力推进碳减排和低碳发展。

政府应出台土地政策，促进土地利用结构的优化、土地利用强度的管控和土地利用效率的提高。首先，政府应科学制定国土空间规化体系，重点是低碳发展(Zhang et al., 2018)。单位土地碳排放量等指标应纳入土地利用空间规划(Wang et al., 2021a)。地方政府可以通过设定碳排放上限或评估工业园区单位工业用地的能耗来控制区域土地利用强度，优化土地利用结构。其次，中央政府应严格控制耕地、林地、湿地等土地指标转化为城市建设用地。这可以促进土地利用结构的优化，减少低碳土地向高碳土地的转化。再次，政府应建立完善的开发强度控制体系，实施容积率控制原则，抑制土地过度开发强度对生物圈碳平衡的破坏。最后，地方政府应进一步优化产业政策，提高区域土地利用效率。政府有关部门可以利用土地使用、能源使用等指标对开发区内的企业进行绩效考核。此外，政府还可以出台财税优惠措施，鼓励企业提高土地利用效率和能源利用效率。

与此同时，政府应进一步调整能源消费结构，培育低碳产业结构，提高能源利用效率，降低碳排放强度。首先，政府应促进能源消费结构优化，降低碳排放强度(Wang et al., 2021a)。这需要逐步降低煤炭、焦炭等高碳能源的比重，从化石燃料转向充分开发利用太阳能、风能等可再生低碳能源。同时大力发展新型环保能源，促进能源消费结构优化(Wang et al., 2013)。此时，政府也有必要实施财政补贴、税收优惠等政策措施，鼓励企业优化能源消费结构。其次，政府应高度重视产业结构升级，优化产业结构，适当降低第二产业比重，大力发展第三产业和新兴低碳产业，推动传统高耗能产业升级和集群化发展(Wang et al., 2013)。最后，政府还应采取积极措施促进技术水平进步，提高碳排放效率(Wang et al., 2021b)。为此，政府应设定单位 GDP 碳排放量的削减目标，采取加快低碳技术研发、推广节能新产品新技术、实施激励政策等多种措施加强节能减排，提高能源利用效率(Wang et al., 2013; Wang et al., 2016)。

最后，政府还应努力提高公众的低碳意识，加强低碳经济、低碳消费和绿色消费的普及，促进家庭坚持可持续消费模式(Wang et al., 2013;Liu et al., 2018b)。政府可以通过建设低碳生态城市，鼓励居民形成低碳生活方式和低碳交通习惯，如绿色通勤(包括普及共享自行车、地铁系统、电动和混合动力汽车等)，促进低碳发展(Li et al., 2021b)。具体来说，中央政府对地方政府的评价标准应该多样化。可以弱化 GDP 考核，相应强调绿色低碳发展指标等环境绩效，从而促使单位土地碳排放水平的下降，实现土地城市化与碳减排的双赢。

虽然我们仅使用两年的横截面数据来形成面板数据进行实证分析，但这将刺激发展中国家对土地利用的研究，以减少 CO_2 排放，实现低碳发展。在未来，更多的微观和高分辨率数据可以用来分析土地利用和 CO_2 排放之间的关系。

7.7 本章研究结论与政策建议

本章探讨了中国土地城市化对 CO_2 排放的影响机制。首先，研究试图揭示不同经济发展阶段土地城市化对 CO_2 排放的影响机制。理论分析表明，在土地粗放利用阶段，能源密集型产业结构、能源利用效率低、土地利用管理水平低、土地利用效率低都导致单位土地 CO_2 排放量增加。然而，在高质量土地利用阶段，先进的产业结构和清洁能源消费结构等结构优化效应、技术创新的溢出效应和高水平的土地利用管理导致 CO_2 排放规模和单位土地 CO_2 排放量下降。其次，通过 STIRPAT 模型和空间自适应半参数模型探讨了土地城市化对 CO_2 排放的影响机制，以适应不同城市之间的随机因素和空间异质性。同时，利用中介效应模型研究了产业结构高级化、单位 GDP 的 CO_2 排放量和单位土地 CO_2 排放量的中介机制。实证结果表明，高质量的土地利用可以促进土地利用结构的优化，从而降低单位土地碳排放量或单位 GDP 碳排放量，实现碳减排和低碳发展。最后，高质量的土地利用可以通过促进产业结构高级化来实现碳减排。平心而论，政府应该通过优化空间土地使用监管和创新空间土地治理来努力减少碳排放。

政府可以采取多种措施来减少 CO_2 排放。首先，政府应通过制定科学的土地利用空间规划和合理的土地利用政策，优化土地利用结构，合理控制土地利用强度，促进城市建设用地的有效利用。单位土地的碳排放量等指标可以纳入国土空间规划体系。地方政府可以为企业设定碳排放上限和能耗上限，以限制对高碳行业的投资，促进低碳发展。同时，地方政府可以进一步利用财税政策鼓励企业提高技术水平、土地利用效率、能源利用效率等。此外，中央政府应严格控制低碳用地向高碳用地转化的用地指标，建立完善的土地开发强度控制制度，实施容积率控制。其次，政府应特别注重培育低碳、节能和环保产业，并鼓励这些产业的发展，以优化高级产业结构。应通过开发和引进新能源技术和环境友好型技术，探索、开发和应用可再生、新型和绿色能源，以实现碳减排目标。最后，政府还应努力提高公众的低碳意识，倡导家庭实行低碳消费模式。

本研究首次通过整合土地利用结构优化、土地利用强度调控、土地利用效率提升、产业结构优化、碳效率提升来考察土地城市化对碳排放的影响。然而，本研究仍存在一定的局限性。由于数据有限，这项研究的时间范围仅限于两年的高分辨率网格数据。实证过程中的内生性需要得到进一步解决。在进一步的研究中，随着更多可用的高分辨率数据，本研究可以扩展以获得更多关于土地城市化和 CO_2 排放之间关系的信息。治疗效果模型或随机对照试验方法可用于解决进一步研究中的内生性问题。通过整合土地利用优化、产业结构升级和能源利用效率提高，进一步研究土地城市化与碳排放之间的非线性关系仍有待进一步开展。

参考文献

[1] Bailis R, McCarthy H. Carbon impacts of direct land use change in semiarid woodlands converted to biofuel plantations in India and Brazil[J]. GCB Bioenergy, 2011, 3(6): 449-460.

[2] Behera S R, Dash D P. The effect of urbanization, energy consumption, and foreign direct investment on the carbon dioxide emission in the SSEA (South and Southeast Asian) region[J]. Renewable and Sustainable Energy Reviews, 2017, 70: 96-106.

[3] Bekun F V, Emir F, Sarkodie S A. Another look at the relationship between energy consumption, carbon dioxide emissions, and economic growth in South Africa[J]. The Science of the Total Environment, 2019, 655: 759-765.

[4] Bekun F V, Gyamfi B A, Onifade S T, et al. Beyond the environmental Kuznets Curve in E7 economies: Accounting for the combined impacts of institutional quality and renewables[J]. Journal of Cleaner Production, 2021, 314: 127924.

[5] Bekun F V, Adedoyin F F, Lorente D B, et al. Designing policy framework for sustainable development in Next-5 largest economies amidst energy consumption and key macroeconomic indicators[J]. Environmental Science and Pollution Research International, 2022, 29(11): 16653-16666.

[6] Bekun F V, Alola A A, Gyamfi B A, et al. The environmental aspects of conventional and clean energy policy in sub-Saharan Africa: Is N-shaped hypothesis valid? [J]. Environmental Science and Pollution Research International, 2021, 28(47): 66695-66708.

[7] Bekun F V, Alola A A, Gyamfi B A, et al. The relevance of EKC hypothesis in energy intensity real-output trade-off for sustainable environment in EU-27[J]. Environmental Science and Pollution Research, 2021, 28(37): 51137-51148.

[8] Bossio D A, Cook-Patton S C, Ellis P W, et al. The role of soil carbon in natural climate solutions [J]. Nature Sustainability, 2020, 3(5): 391-398.

[9] Chen Z, Song P, Wang B L. Carbon emissions trading scheme, energy efficiency and rebound effect -Evidence from China's provincial data[J]. Energy Policy, 2021, 157: 112507.

[10] Chen Y Q, Zhao L M. Exploring the relation between the industrial structure and the eco-environment based on an integrated approach: A case study of Beijing, China[J]. Ecological Indicators, 2019, 103: 83-93.

[11] Chuai X W, Huang X J, Lai L, et al. Land use structure optimization based on carbon storage in several regional terrestrial ecosystems across China[J]. Environmental Science & Policy, 2013, 25: 50-61.

[12] Chuai X W, Huang X J, Wang W J, et al. Spatial simulation of land use based on terrestrial ecosystem carbon storage in coastal Jiangsu, China[J]. Scientific Reports, 2014, 4: 5667.

[13] Chuai X W, Huang X J, Qi X X, et al. A preliminary study of the carbon emissions reduction effects of land use control[J]. Scientific Reports, 2016, 6: 36901.

[14] Dang Y A, Ren W, Tao B, et al. Climate and land use controls on soil organic carbon in the loess plateau region of China[J]. PLoS One, 2014, 9(5): e95548.

[15] Dietz T, Rosa E A. Effects of population and affluence on CO_2 emissions[J]. Proceedings of the National Academy of Sciences of the United States of America, 1997, 94(1): 175 - 179.

[16] Dong F, Bian Z F, Yu B L, et al. Can land urbanization help to achieve CO_2 intensity reduction target or hinder it? Evidence from China[J]. Resources, Conservation and Recycling, 2018, 134: 206 - 215.

[17] Dong F, Wang Y, Su B, et al. The process of peak CO_2 emissions in developed economies: A perspective of industrialization and urbanization[J]. Resources, Conservation and Recycling, 2019, 141: 61 - 75.

[18] Ehrlich P R, Holdren J P. Impact of population growth[J]. Science, 1971, 171(3977): 1212 - 1217.

[19] Gonzalez O, MacKinnon D P. A bifactor approach to model multifaceted constructs in statistical mediation analysis[J]. Educational and Psychological Measurement, 2018, 78(1): 5 - 31.

[20] Grossman G M, Krueger A B. Economic growth and the environment[J]. The Quarterly Journal of Economics, 1995, 110(2): 353 - 377.

[21] Guo R, Zhao Y R, Shi Y, et al. Low carbon development and local sustainability from a carbon balance perspective[J]. Resources, Conservation and Recycling, 2017, 122: 270 - 279.

[22] Houghton R A. Revised estimates of the annual net flux of carbon to the atmosphere from changes in land use and land management 1850 - 2000[J]. Tellus B: Chemical and Physical Meteorology, 2003, 55(2): 378.

[23] Huang Y E, Li L, Yu Y T. Does urban cluster promote the increase of urban eco-efficiency? Evidence from Chinese cities[J]. Journal of Cleaner Production, 2018, 197: 957 - 971.

[24] Jiang Z J, Lin B Q. China's energy demand and its characteristics in the industrialization and urbanization process[J]. Energy Policy, 2012, 49: 608 - 615.

[25] Kassouri Y. Monitoring the spatial spillover effects of urbanization on water, built-up land and ecological footprints in sub-Saharan Africa[J]. Journal of Environmental Management, 2021, 300: 113690.

[26] Kassouri Y, Alola A A, Savaş S. The dynamics of material consumption in phases of the economic cycle for selected emerging countries[J]. Resources Policy, 2021, 70: 101918.

[27] Lai L, Huang X J, Yang H, et al. Carbon emissions from land-use change and management in China between 1990 and 2010[J]. Science Advances, 2016, 2(11): e1601063.

[28] Li J S, Guo X M, Chuai X W, et al. Reexamine China's terrestrial ecosystem carbon balance under land use-type and climate change[J]. Land Use Policy, 2021, 102: 105275.

[29] Li J B, Huang X J, Chuai X W, et al. The impact of land urbanization on carbon dioxide emissions in the Yangtze River Delta, China: A multiscale perspective[J]. Cities, 2021, 116: 103275.

[30] Li Z L, Sun L, Geng Y, et al. Examining industrial structure changes and corresponding carbon emission reduction effect by combining input-output analysis and social network analysis: A

comparison study of China and Japan[J]. Journal of Cleaner Production, 2017, 162: 61-70.

[31] Li S J, Zhou C S, Wang S J, et al. Dose urban landscape pattern affect CO_2 emission efficiency? Empirical evidence from megacities in China[J]. Journal of Cleaner Production, 2018, 203: 164-178.

[32] Liu F Y, Liu C Z. Regional disparity, spatial spillover effects of urbanisation and carbon emissions in China[J]. Journal of Cleaner Production, 2019, 241: 118226.

[33] Liu D Y, Xu C F, Yu Y Z, et al. Economic growth target, distortion of public expenditure and business cycle in China[J]. China Economic Review, 2020, 63: 101373.

[34] Liu Y, Song Y, Arp H P. Examination of the relationship between urban form and urban eco-efficiency in China[J]. Habitat International, 2012, 36(1): 171-177.

[35] Liu Y S, Li J T, Yang Y Y. Strategic adjustment of land use policy under the economic transformation[J]. Land Use Policy, 2018, 74: 5-14.

[36] Liu B Q, Tian C, Li Y Q, et al. Research on the effects of urbanization on carbon emissions efficiency of urban agglomerations in China[J]. Journal of Cleaner Production, 2018, 197: 1374-1381.

[37] Lu H F, Guo L J, Zhang Y T. Oil and gas companies' low-carbon emission transition to integrated energy companies[J]. The Science of the Total Environment, 2019, 686: 1202-1209.

[38] MacKinnon D P, Warsi G, Dwyer J H. A simulation study of mediated effect measures[J]. Multivariate Behavioral Research, 1995, 30(1): 41.

[39] Martínez-Zarzoso I, Maruotti A. The impact of urbanization on CO_2 emissions: Evidence from developing countries[J]. Ecological Economics, 2011, 70(7): 1344-1353.

[40] Mellander C, Lobo J, Stolarick K, et al. Night-time light data: A good proxy measure for economic activity? [J]. PLoS One, 2015, 10(10): e0139779.

[41] Muñoz-Rojas M, De la Rosa D, Zavala L M, et al. Changes in land cover and vegetation carbon stocks in Andalusia, Southern Spain(1956-2007)[J]. The Science of the Total Environment, 2011, 409(14): 2796-2806.

[42] Nepal R, Musibau H O, Jamasb T. Energy consumption as an indicator of energy efficiency and emissions in the European Union: A GMM based quantile regression approach[J]. Energy Policy, 2021, 158: 112572.

[43] Peters M K, Hemp A, Appelhans T, et al. Climate-land-use interactions shape tropical mountain biodiversity and ecosystem functions[J]. Nature, 2019, 568(7750): 88-92.

[44] Poumanyvong P, Kaneko S. Does urbanization lead to less energy use and lower CO_2 emissions? A cross-country analysis[J]. Ecological Economics, 2010, 70(2): 434-444.

[45] Rafiq S, Salim R, Nielsen I. Urbanization, openness, emissions, and energy intensity: A study of increasingly urbanized emerging economies[J]. Energy Economics, 2016, 56: 20-28.

[46] Rosner Y, Amitay Z, Perlman A. Consumer's attitude, socio-demographic variables and willingness to purchase green housing in Israel[J]. Environment, Development and Sustainability, 2022, 24(4): 5295-5316.

[47] Ruppert D, Wand M P, Carroll R J. Semiparametric Regression[M]. Cambridge, UK: Cambridge University Press, 2003.

[48] Sadorsky P. The effect of urbanization on CO_2 emissions in emerging economies[J]. Energy Economics, 2014, 41: 147-153.

[49] Safiullah M, Kabir M N, Miah M D. Carbon emissions and credit ratings[J]. Energy Economics, 2021, 100: 105330.

[50] Sheng P F, Guo X H. The long-Run and short-Run impacts of urbanization on carbon dioxide emissions[J]. Economic Modelling, 2016, 53: 208-215.

[51] Wang L Y, Fan H, Wang Y K. Estimation of consumption potentiality using VIIRS night-time light data[J]. PLoS One, 2018, 13(10): e0206230.

[52] Wang Z H, Feng C. Sources of production inefficiency and productivity growth in China: A global data envelopment analysis[J]. Energy Economics, 2015, 49: 380-389.

[53] Wang P, Wu W S, Zhu B Z, et al. Examining the impact factors of energy-related CO_2 emissions using the STIRPAT model in Guangdong Province, China[J]. Applied Energy, 2013, 106: 65-71.

[54] Wang Y A, Li L, Kubota J, et al. Does urbanization lead to more carbon emission? Evidence from a panel of BRICS countries[J]. Applied Energy, 2016, 168: 375-380.

[55] Wang S J, Zeng J Y, Huang Y Y, et al. The effects of urbanization on CO_2 emissions in the Pearl River Delta: A comprehensive assessment and panel data analysis[J]. Applied Energy, 2018, 228: 1693-1706.

[56] Wang Y N, Li X B, Kang Y Q, et al. Analyzing the impact of urbanization quality on CO_2 emissions: What can geographically weighted regression tell us? [J]. Renewable and Sustainable Energy Reviews, 2019, 104: 127-136.

[57] Wang H, Lu S Y, Lu B, et al. Overt and covert: The relationship between the transfer of land development rights and carbon emissions[J]. Land Use Policy, 2021, 108: 105665.

[58] Wang W Z, Liu L C, Liao H A, et al. Impacts of urbanization on carbon emissions: An empirical analysis from OECD countries[J]. Energy Policy, 2021, 151: 112171.

[59] Wu C F, Li G, Yue W Z, et al. Effects of endogenous factors on regional land-use carbon emissions based on the grossman decomposition model: A case study of Zhejiang Province, China[J]. Environmental Management, 2015, 55(2): 467-478.

[60] Xie H L, Zhai Q L, Wang W, et al. Does intensive land use promote a reduction in carbon emissions? Evidence from the Chinese industrial sector[J]. Resources, Conservation and Recycling, 2018, 137: 167-176.

[61] Xu H, Brown D G, Moore M R, et al. Optimizing spatial land management to balance water quality and economic returns in a Lake Erie watershed[J]. Ecological Economics, 2018, 145: 104-114.

[62] Xu L, Fan M T, Yang L L, et al. Heterogeneous green innovations and carbon emission performance: Evidence at China's city level[J]. Energy Economics, 2021, 99: 105269.

[63] Yang Y T, Jiang G H, Zheng Q Y, et al. Does the land use structure change conform to the

evolution law of industrial structure? An empirical study of Anhui Province, China[J]. Land Use Policy, 2019, 81: 657-667.

[64] Yao X L, Kou D, Shao S A, et al. Can urbanization process and carbon emission abatement be harmonious? New evidence from China[J]. Environmental Impact Assessment Review, 2018, 71: 70-83.

[65] Yi Y Y, Li J X. The effect of governmental policies of carbon taxes and energy-saving subsidies on enterprise decisions in a two-echelon supply chain[J]. Journal of Cleaner Production, 2018, 181: 675-691.

[66] Yue Y J, Ye X Y, Zou X Y, et al. Research on land use optimization for reducing wind erosion in sandy desertified area: A case study of Yuyang County in Mu Us Desert, China[J]. Stochastic Environmental Research and Risk Assessment, 2017, 31(6): 1371-1387.

[67] Zhang Y J, Da Y B. The decomposition of energy-related carbon emission and its decoupling with economic growth in China[J]. Renewable and Sustainable Energy Reviews, 2015, 41: 1255-1266.

[68] Zhang Y F, Guo S Y, Shi X P, et al. A market instrument to achieve carbon neutrality: Is China's energy-consumption permit trading scheme effective? [J]. Applied Energy, 2021, 299: 117338.

[69] Zhang Y, Liu Y F, Wang Y H, et al. Urban expansion simulation towards low-carbon development: A case study of Wuhan, China[J]. Sustainable Cities and Society, 2020, 63: 102455.

[70] Zhang N, Wang B, Chen Z F. Carbon emissions reductions and technology gaps in the world's factory, 1990-2012[J]. Energy Policy, 2016, 91: 28-37.

[71] Zhang W J, Xu H Z. Effects of land urbanization and land finance on carbon emissions: A panel data analysis for Chinese Provinces[J]. Land Use Policy, 2017, 63: 493-500.

[72] Zhang N, Yu K R, Chen Z F. How does urbanization affect carbon dioxide emissions? A cross-country panel data analysis[J]. Energy Policy, 2017, 107: 678-687.

[73] Zhang G L, Zhang N, Liao W M. How do population and land urbanization affect CO_2 emissions under gravity center change? A spatial econometric analysis[J]. Journal of Cleaner Production, 2018, 202: 510-523.

[74] Zhou X Y, Lei K, Meng W, et al. Industrial structural upgrading and spatial optimization based on water environment carrying capacity[J]. Journal of Cleaner Production, 2017, 165: 1462-1472.

[75] Zhou C S, Wang S J, Wang J Y. Examining the influences of urbanization on carbon dioxide emissions in the Yangtze River Delta, China: Kuznets curve relationship[J]. The Science of the Total Environment, 2019, 675: 472-482.

[76] Zhou Y, Kong Y, Sha J, et al. The role of industrial structure upgrades in eco-efficiency evolution: Spatial correlation and spillover effects[J]. The Science of the Total Environment, 2019, 687: 1327-1336.

[77] Zhu E Y, Deng J S, Zhou M M, et al. Carbon emissions induced by land-use and land-cover change from 1970 to 2010 in Zhejiang, China[J]. The Science of the Total Environment, 2019, 646: 930-939.

第 8 章　命令控制型与市场型环境政策：最优转换时机及对环境效率的异质性影响[①]

8.1　探究命令控制型到市场型环境政策最优转换时机的重要意义

为了确保经济增长与环境保护二者之间的协同，中央政府及地方政府出台了一系列环境规制政策（Fullerton and Kim，2008；Xie et al.，2017b），这些政策主要可分为命令控制型和市场型两类。随着经济发展和市场体系的逐步完善，许多国家越来越倾向于实施市场型环境政策（Xiao et al.，2018）。从命令控制型向市场型环境政策的转变是经济进一步发展之后的必然趋势（Shinkuma and Sugeta，2016；Li et al.，2019）。然而，确定从命令控制型向市场型环境政策转变的最优转换时机是非常关键的。如果无法准确捕捉到这一最优转换时机，政府就可能无法实施有效的环境政策，从而对环境效率产生不利影响（Agliardi and Sereno，2011；Ozcan et al.，2020）。因此，从命令控制型向市场型环境政策转变的最优转换时机值得进一步研究。

对于处于不同经济发展阶段的地区来说，其适宜采用的环境政策是截然不同的，同时这些不同的环境政策对环境效率的影响也是异质的。我国的经济发展在区域层面存在极大的不平衡，不同地区的经济发展基础、资源禀赋、环境污染程度和技术创新能力均不相同（Hattori，2017；成艾华和赵凡，2018）。对于处于不同经济发展阶段的地区，当地政府将实施差异化的环境政策，这将进一步对其环境效率产生区域异质性影响（Becker，2011；Cai et al.，2016）。因此，在实证分析环境政策与环境效率之间的关系时，有必要运用能够适应空间异质性的实证模型。

现有文献对命令控制型和市场型环境政策各自的相对优点进行了广泛的研究（Berman and Bui，2001；Albrizio et al.，2017；Xie et al.，2017b；Li et al.，2019），同时现有研究对它们也进行了深入比较（Ryan，2012；Annicchiarico and Di Dio，2015；Dissou and Karnizova，2016）。一些研究断言，命令控制型政策更为有效，因为它可以带来立竿见影的

---

① 本章相关研究内容已发表：Tang M，Li X，Zhang Y，et al. From command-and-control to market-based environmental policies：Optimal transition timing and China's heterogeneous environmental effectiveness[J]. Economic Modelling，2020，90：1－10.

减排效果（Bergquist et al.，2013）。然而，命令控制型政策可能会使企业付出高昂的代价，并削弱其竞争力。许多研究认为市场型政策比命令控制型政策更为有效，因为市场机制更有利于提高资源配置效率（Acemoglu et al.，2012，2016；Aghion et al.，2016；Dissou and Karnizova，2016），并且有利于激励企业创新（Acemoglu et al.，2012，2016；Fischer and Springborn，2011）。但是，对于环境政策的最优转换时机及其对环境效率的异质性影响，现有研究的关注较少。同时值得注意的是，成功实施市场型环境政策需要拥有相对健全的市场体系来支持市场机制作用的发挥。因此，从实际角度出发，主要问题不是关注哪个政策最有效，而是关注在经济发展的特定阶段哪个政策最有效。因此，在宏观经济决策过程中对决定环境政策最优转换时机的因素和变量的研究至关重要。

为了分析从命令控制型向市场型环境政策转变的最优转换时机，本章构建了一个宏观经济模型，该模型反映了减排成本与环境政策的创新补偿效果之间的权衡。该模型的关键性决定因素是企业进行污染减排或创新的动机，这不仅取决于经济的发展阶段，而且还受市场体系的完善程度、技术发展水平和污染存量等因素的影响（Johnstone et al.，2017；Jaffe et al.，2002）。在经济发展的早期阶段，资本的边际产出仍然较高，污染物存量水平较低，从而降低了污染减排投资的边际损失。当企业的污染减排投资的边际产出损失不足以抵消相应资本的边际产出时，企业仅会考虑进行末端污染治理（Zeng et al.，2019）。在此阶段，政府应实施命令控制型政策，以直接限制企业的污染物排放。资本的边际产出随着经济发展而下降，而边际减排成本则不断增加。当污染减排投资造成的边际产出损失超过其相应资本的边际产出时，企业必须进行技术升级或创新。如果企业继续进行末端污染治理，则可能会遭受利润损失（Rubashkina et al.，2015）。因此，在这一阶段，政府应实施市场型环境政策以提高环境政策实施的效率。

8.2 命令控制型到市场型环境政策最优转换时机的理论分析

在构建宏观经济模型以识别环境政策的最优转换时机时，有必要在传统生产函数中引入反映污染排放对经济产出产生影响的变量（Heutel，2012）。在环境规制强度较低的时期，由于减排成本效应，污染物排放将导致产出损失。因此，生产函数中应包括一个损失因子（Annicchiarico and Di Dio，2015）。在环境规制强度较高的阶段，由于创新补偿的作用，环境规制政策将促使企业进行创新。因此，应该在生产函数中加入补偿因子。

在环境政策类型从命令控制型过渡到市场型的过程中，环境规制强度将存在一个阈值。当环境规制强度小于该阈值时，生产函数如式（8－1）所示。根据Heutel（2012）以及Annicchiarico和Di Dio（2015）的研究，假设污染物存量会影响生产率，将与环境恶化相关的负外部性引入生产函数。

$$Y_t = [1 - D(X_t)] A_t K_{y,t}^{\alpha} E_{d,t}^{1-\alpha} \tag{8-1}$$

式中，Y_t 为时期 t 的产出水平；$K_{y,t}$ 为时期 t 的资本投入；$E_{d,t}$ 为时期 t 的能源消费；α 为资本的产出弹性，且 $1-\alpha$ 是能源的产出弹性；A_t 为时期 t 的技术水平；X_t 为污染排放的存量水平，$D(X_t)$ 为产出损失因子，且满足 $D'(X_t)>0$。

污染物排放一般与能源消耗有关，并受到政府和企业减排投资的影响（Pang and Shaw, 2011）。污染物排放函数如式（8-2）所示。由于生态系统对污染物排放存在分解和自净化效应，污染物排放的累积存量方程为生态系统自净化后的上一期污染物存量加上当期排放量，如式（8-3）所示（Heutel, 2012）。

$$EM_t = f(E_{d,t}, K_{sd,t}) \tag{8-2}$$

$$X_t = \eta X_{t-1} + EM_t \tag{8-3}$$

式中，$E_{d,t}$ 为时期 t 的能源消费；$K_{sd,t}$ 为企业污染减排的资本投入；η 为生态环境的自净化能力。假定 $f_E(E_{d,t}, K_{sd,t})>0$、$f_K(E_{d,t}, K_{sd,t})<0$、$f_{KK}(E_{d,t}, K_{sd,t})>0$[①]，这意味着边际污染减排效果以一个递增的速度在下降。

政府和企业投入的资本 $K_{sd,t}$ 用于污染减排，这将减少污染排放量 EM_t，进而减少污染排放存量 X_t。X_t 的减少将导致产出损失因子 $D(X_t)$ 的下降，从而导致产出 Y_t 的增加。与减排活动能增加产出相比，企业也可以通过投资于生产活动以增加产出。因此，企业将权衡污染减排投资（$K_{sd,t}$）和生产性资本投入（$K_{y,t}$）的经济增长效应，并将评估由单位污染减排投资引起的边际产出损失和单位生产性资本投入带来的边际产出增加。图 8-1 显示了产出、污染减排投资和生产性资本投入之间的关系。生产性资本投入与产出之间呈现凹函数关系，污染减排资本与产出之间呈现凸函数关系。当两条曲线的切线斜率相等即两种资本的边际产出相等时，存在一个资本投资的阈值及环境规制强度的阈值（ϕ^*）。当环境规制强度小于该阈值 ϕ^* 时，污染减排资本的边际产出损失小于生产性资本的边际产出，企业倾向于通过末端治理污染的方式满足政府的环境规制要求。此时，企业没有动力进行技术升级或创新。当环境规制强度大于阈值 φ^* 时，污染减排资本的边际产出损失大于生产性资本的边际产出。此时，企业将无法通过末端治理污染的方式满足政府的环境规制要求。结果，企业必须通过技术升级或创新来遵守政府的环境法规要求（Khanna, 2001）。

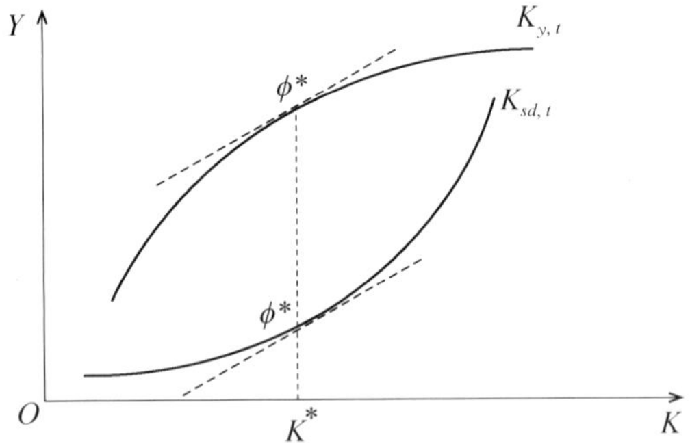

图 8-1 产出、污染减排投资和生产性资本投入之间的关系

每单位产出的污染排放可用于衡量环境效率。当污染存量较低时，由污染物存量引起的产出损失［$D(X_t)$］是可以忽略不计的。但是，单位污染物存量的减少会导致产出损失因子有较大的变化［因为 $D'(X_t)$ 较大］。因此，由单位污染减排资本引起的边际产出损

① f_E 代表生产函数 $f(E_{d,t}, K_{sd,t})$ 对第一个变量 $E_{d,t}$ 的导数；f_K 代表生产函数 $f(E_{d,t}, K_{sd,t})$ 对第二个变量 $K_{sd,t}$ 的导数；f_{KK} 代表生产函数 $f(E_{d,t}, K_{sd,t})$ 对第二个变量 $K_{sd,t}$ 的二阶导数。

失减少了。由于污染减排资本投入导致的边际产出损失的减少低于资本投入带来的边际产出的增加,因此污染排放的减少值小于产出水平的减少值。因此,当环境规制强度低于阈值 ϕ^* 时,环境效率有所降低。

当进入环境规制强度大于阈值 ϕ^* 的阶段时,企业应依赖技术升级或创新来补偿污染减排的资本投入。此时,生产函数如式(8－4)和式(8－5)表示(Fischer and Springborn, 2011; Aghion et al., 2016; Albrizio et al., 2017)。

$$Y_t = \Phi_t(\varphi, K_{rd,t}) A_t K_{y,t}^{\alpha} E_{d,t}^{1-\alpha} \tag{8-4}$$

$$\Phi_t(\phi, K_{rd,t}) = \phi K_{rd,t} + \Phi_0 \tag{8-5}$$

式中,Φ_t 为时期 t 的环境技术水平,代表技术创新补偿效应;Φ_0 为初始技术水平;$K_{rd,t}$ 为技术升级或创新的资本升级。

这一阶段,污染排放方程如式(8－6)所示(Heutel, 2012),其以能源消耗与环境技术水平的比率进行度量。

$$EM_t = \frac{E_{d,t}}{\Phi_t} \tag{8-6}$$

政府规制引导企业进行创新投资,这将减少污染物排放并提高产出水平,从而提高环境效率。

根据以上理论分析,我们可以得出结论:从命令控制型到市场型的最优转换时机是污染物减排资本投入造成的边际产出损失等于该资本投入带来的边际产出。

在最优转换时机之前,由于污染物减排资本的投入而导致的边际产出损失要低于资本投入所带来的边际产出。在这一阶段,企业将无动力进行技术升级或创新,政府应实施命令控制型环境政策控制污染排放总量。为了满足政府环境规制政策的要求,企业将增加对末端污染治理的投资,这相当于减少用于经济产出的资本投入。同时,污染存量的增加将导致生产效率降低。从投入和产出的角度看,这一阶段环境效率将会降低。

然而,在最优转换时机之后,污染减排投入所造成的边际产出损失要大于资本投入所带来的边际产出。企业无法通过增加污染减排投入来增加总产出。因此,企业要么停止生产,要么试图通过技术升级或创新来增加产量。在此阶段,企业有动力进行技术升级或创新。同时,政府可以逐步实施市场型环境政策,这会激励企业增加进行技术创新的投入,从而减少污染排放并增加产量,以促进环境效率的提高。

8.3 实证模型、数据和变量

8.3.1 实证模型:空间自适应半参数模型

根据上述影响机制的分析,环境规制强度对环境效率的影响将呈现非线性关系。根据现有文献，选取技术创新、人均 GDP、城市化率和 FDI 依赖度等变量作为控制变量（Blackman，2010）。由于不同地区的实际客观条件不同，环境规制强度对环境效率的影响存在空间异质性。因此，本研究建立了一个空间自适应半参数面板模型进行实证分析，如式（8－7）所示。在该模型中，X_{11} 和 X_{12} 均为非线性变量，Z 为一系列线性控制变量（Zhu et al.，2012；Huang et al.，2019），且从全国、东部地区和中西部地区三个层面进行了实证。

$$Y = f(X_{1i}) + \beta Z + \sum_{k=1}^{K_m} b_k (X_{1i} - \kappa_k^m)_+^p \tag{8-7}$$

式中，Y 为环境效率；$f(X_{1i})$（$i = 1, 2$）为非参数项，且 X_{11}、X_{12} 分别为命令控制型和市场型环境规制强度；Z 包含四个线性控制变量：环境创新、FDI 依赖度、人均 GDP 和城市化率；β 为四个线性控制变量对应的系数。式（8－7）中最后一项是惩罚函数，其中 κ_k^m 表示第 k 个节点，K_m 为节点个数，b_k 为惩罚项系数，p 为惩罚项的次数。

8.3.2 数据和变量

1. 数据来源

实证研究的样本为 2007—2015 年中国 30 个省（自治区、直辖市）的面板数据。由于数据难以搜集，该研究未包括中国香港、澳门、台湾和西藏自治区的数据。数据来自《中国统计年鉴》（2008—2016）、《中国城市统计年鉴》（2008—2016）、《中国人口统计年鉴》（2008—2016）、《中国人口和就业统计年鉴》（2008—2016）、《中国环境统计年鉴》（2008—2016）以及中国国家统计局的官方网站。本节分别从全国、东部地区和中西部地区三个层面进行了实证分析。东部地区包括北京、天津、河北、上海、江苏、浙江、福建、山东、广东和海南，中西部地区包括其余的省份。

2. 环境规制强度的测算

鉴于数据的可用性和一致性，命令控制型环境规制强度主要是根据每个省份的环境保护系统内工作人员数量（X_{11}）来度量的，该指标可用于衡量政府在环境保护方面的努力和执行环境法规的能力（Levinson，1996）；市场型环境规制强度主要使用各地区排污费（X_{12}）进行度量。为了确保可比性，将数据除以相应省份的工业产值，然后根据正向指标的最小-最大归一化方法对结果进行标准化，如式（8－8）所示。

$$X_{1ijt}^* = \frac{X_{1ijt} - \min_j(X_{1ijt})}{\max_j(X_{1ijt}) - \min_j(X_{1ijt})} \quad i = 1, 2; j = 1, 2, \cdots, 30 \tag{8-8}$$

式中，X_{1ijt}^* 代表类型为 i 的省份 j 时期 t 的环境规制强度的标准化值；X_{11jt} 是省份 j 时期 t 的环保系统工作人员数量除以省级工业产值的结果；X_{12jt} 是省份 j 时期 t 的排污费除以省级工业产值的结果；变量 $\max_j(X_{1ijt})$ 和 $\min_j(X_{1ijt})$ 分别代表 30 个省份指标 X_{1ijt} 的最大值和最小值。

3. 环境效率的测算

以资本和劳动力为投入变量，以各省份 GDP 为期望产出，以污染物排放（包括废水和废气排放）为非期望产出，运用 SBM 模型测算 2007—2015 年各省份的环境效率。

4. 其他控制变量

其他各控制变量的定义如表 8－1 所示。

表 8－1　其他控制变量的定义

变　量	定　义
技术创新	R&D 支出与地区 GDP 的比例
FDI 依赖度	地区 FDI 除以地区 GDP
人均 GDP	人均 GDP 的对数
城市化率	城市人口除以总人口

5. 描述性统计

因变量及各自变量的描述性统计如表 8－2 所示，其结果表明数据的集中分布趋势。

表 8－2　因变量和自变量的描述性统计

变　量	观测值	均　值	标准差	最大值	最小值
环境效率	270	0.770	0.095	1.000	0.669
命令控制型环境规制强度	270	0.409	0.283	1.000	0.000
市场型环境规制强度	270	0.271	0.238	1.000	0.000
技术创新	270	1.231	0.891	5.823	0.213
FDI 依赖度	270	0.375	0.554	5.846	0.051
人均 GDP	270	3.798	2.104	10.690	0.729
城市化率	270	0.536	0.137	0.896	0.000

8.4　实证结果

8.4.1　环境规制强度和环境效率之间的散点图

在运用空间自适应半参数模型进行分析之前，先以二次曲线形式绘制了全国层面、东部地区和中西部地区的环境规制强度和环境效率的散点图，结果如图 8－2、图 8－3 及图8－4

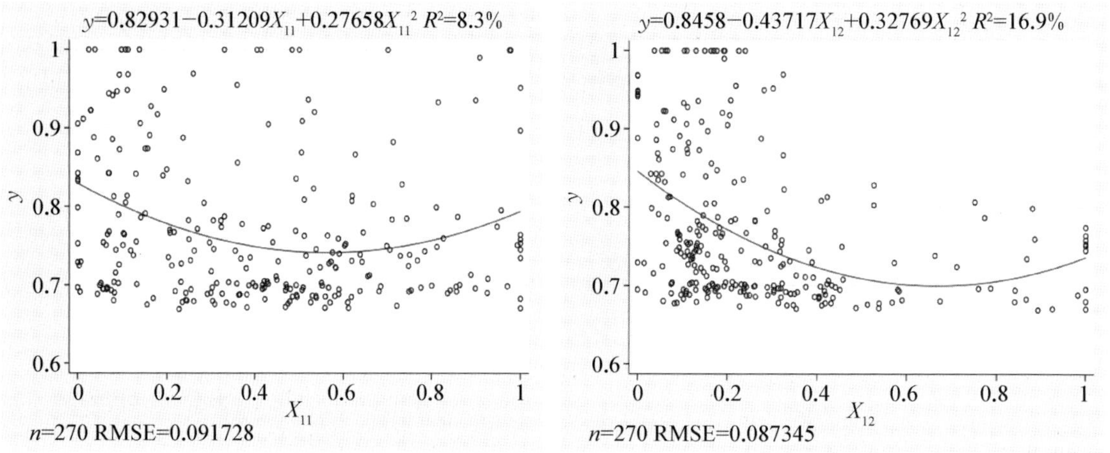

图 8－2　全国层面命令控制型和市场型环境规制强度与环境效率的拟合曲线

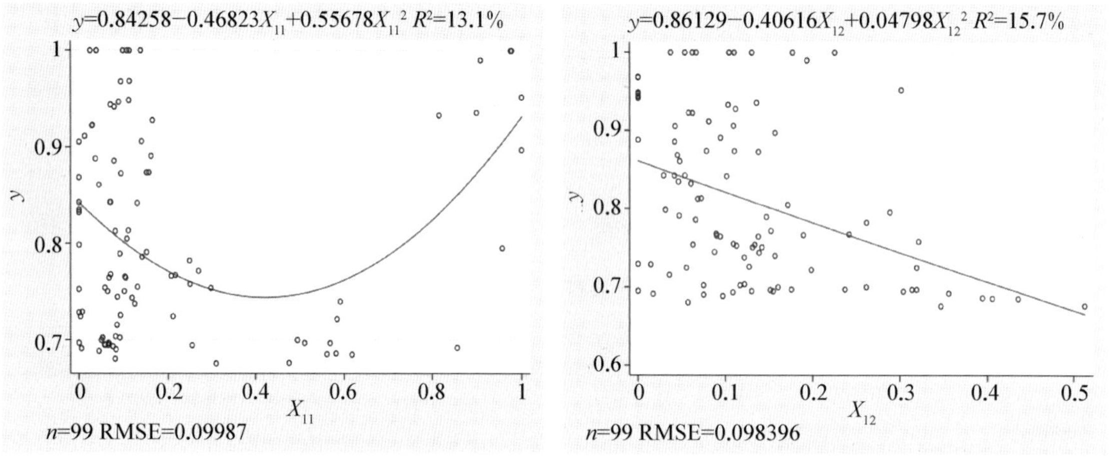

图 8－3　东部地区命令控制型和市场型环境规制强度与环境效率的拟合曲线

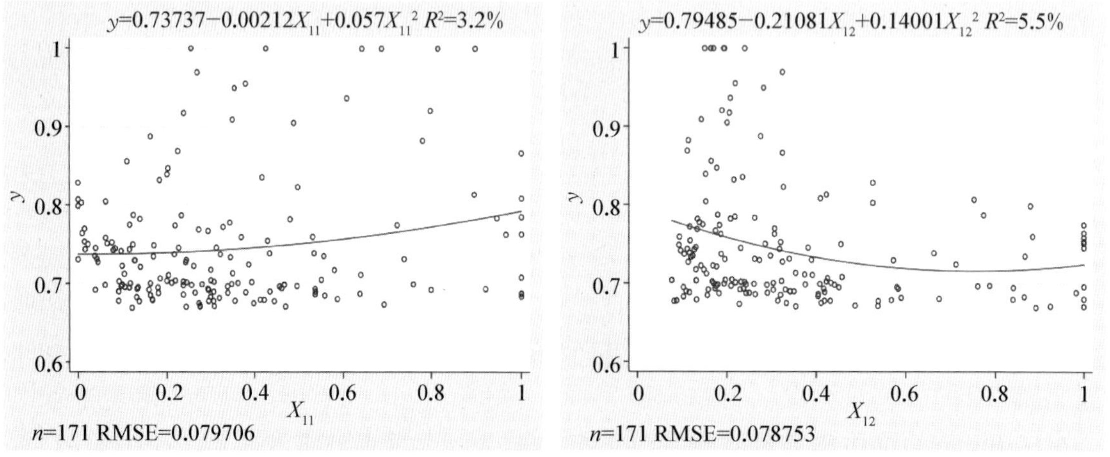

图 8－4　中西部地区命令控制型和市场型环境规制强度与环境效率的拟合曲线

所示。结果表明，环境规制强度与环境效率之间存在 U 形曲线关系。命令控制型环境规制强度与环境效率之间的 U 形曲线关系比市场型环境规制强度的关系更明显，而与中西部地区相比，东部地区的 U 形曲线关系更明显。东部和中西部地区的市场型环境规制强度的大多数样本数据位于 U 形曲线的左侧。

8.4.2 全国层面环境规制强度和环境效率之间的实证结果

全国层面命令控制型和市场型环境规制强度与环境效率的拟合曲线如图 8－5 所示。从图 8－5 可以看出，命令控制型环境规制强度与环境效率之间呈 U 形曲线关系，市场型环境规制强度与环境效率之间呈 L 形曲线关系。尽管大多数样本数据位于 U 形曲线的左侧，但命令控制型环境政策确实可以提高某些地区的环境效率。中国已显现出借助命令控制型环境政策推动环境效率提升的显著趋势。与此同时，市场型环境规制强度对环境效率的负面影响程度正以逐步减缓的速度趋于减弱。

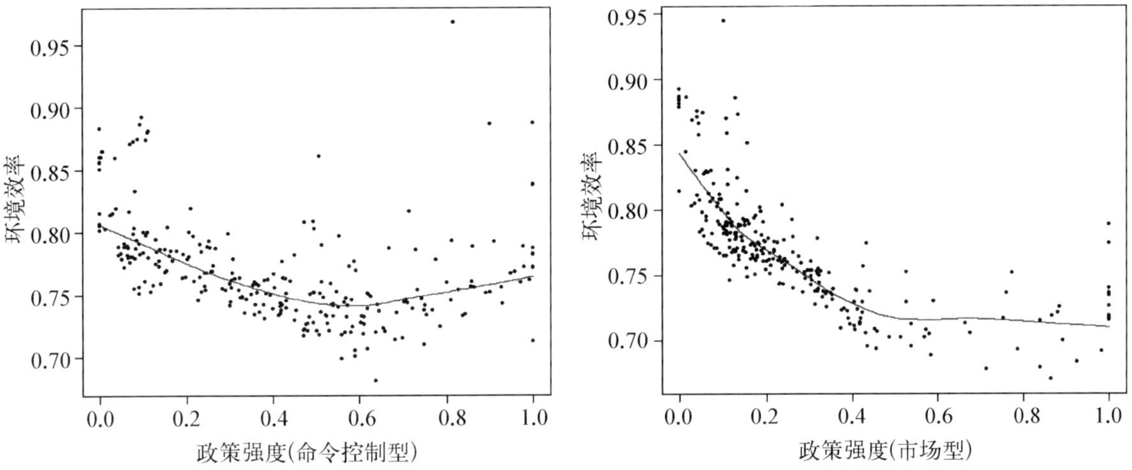

图 8－5　全国层面命令控制型和市场型环境规制强度与环境效率的拟合曲线

尽管命令控制型环境政策可以提高环境效率，但将导致更高的实施成本并对经济发展产生扭曲效应。在大多数地区，市场型环境政策与环境效率之间呈负面影响关系。然而，市场型的环境规制强度的增加阻止了环境效率的进一步降低，这并不意味着市场型环境政策无法提高环境效率。相反，这意味着当前我国市场体系还不完善，市场经济尚未达到市场型环境政策可以显著提高环境效率的阶段。可以预期，通过进一步改善市场体系的健全程度、提高经济发展程度，并有效实施市场型环境政策将能够显著提升环境效率。未来，政府应进一步完善市场体系，以便更有效地实施市场型环境政策。

表 8－3 显示了全国层面命令控制型和市场型环境政策的线性控制变量的估计结果。

表 8-3 全国层面线性控制变量的估计结果

变量	命令控制型	市场型
技术创新	0.027 4*** (0.000 7)	0.016 1* (0.053 1)
FDI 依赖度	0.033 9*** (0.001 3)	0.025 8*** (0.015 1)
人均 GDP	-0.010 2** (0.026 8)	-0.010 3** (0.015 7)
城市化率	0.209 9*** (0.004 3)	0.188 0*** (0.009 5)
常数项	0.644 0*** (0.000 0)	0.704 7** (0.000 0)
自由度	1.242	1.871
Spar 统计量	3.641	1.949
节点个数	35	35
观测值	270	270

注：括号内为 p 值，*、** 和 *** 分别代表 1%、5% 和 10% 水平的统计显著性。

从表 8-3 的估计结果可以看出，技术创新对环境效率具有显著的正向影响，技术创新促进了先进环保技术的开发和利用，以及传统产业的升级（Sun et al., 2019）。FDI 依赖度对环境效率具有正向影响，外国直接投资可以通过促进经济增长和环境技术进步来提高环境效率（Ning et al., 2016）。人均 GDP 对环境效率产生负面影响，这表明中国仍然位于环境库兹涅茨曲线的左侧。城市化率对环境效率产生正向影响，说明城市化率的提高有利于资源的集约高效利用，从而提高了环境效率。

8.4.3 东部地区环境规制强度和环境效率之间的实证结果

东部地区环境规制强度和环境效率之间的拟合曲线如图 8-6 所示。命令控制型环境规制强度与环境效率之间基本上呈 N 形曲线关系。大多数样本处于第一个波峰之前的上升阶段。尽管一些地区呈现下降趋势，但一些环境规制强度和环境效率较高的异常值使得它们之间的关系再次呈现上升趋势。市场型环境规制强度与环境效率之间的总体趋势在下降。

对于东部地区，命令控制型环境政策可以提高环境效率。但是，从长远来看，仍然需要依靠市场型环境政策来提高环境效率。这是因为命令控制型环境政策扭曲了经济发展并降低了资源配置效率。图 8-6 右侧显示了市场型环境规制强度与环境效率之间的下

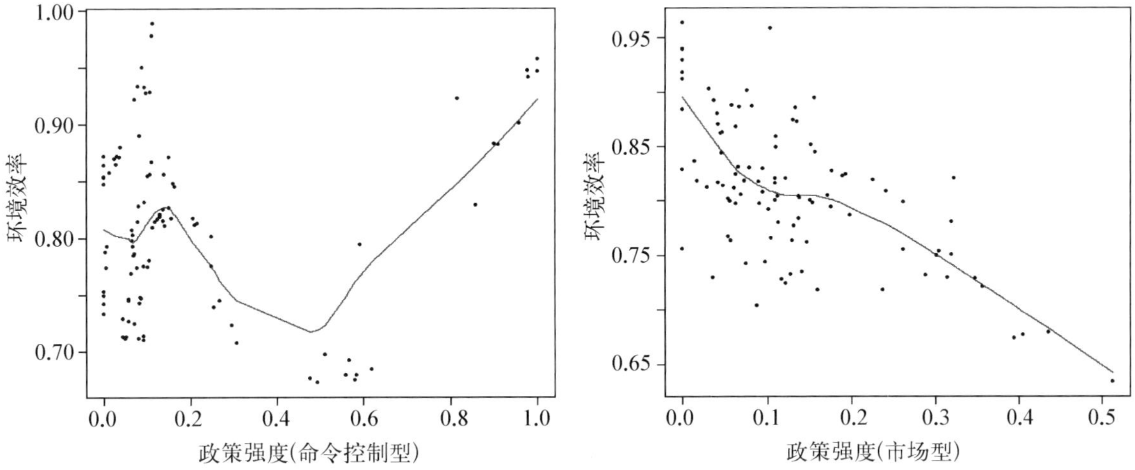

图 8－6　东部地区命令控制型和市场型环境规制强度与环境效率的拟合曲线

降趋势，这主要是由于几个异常值所致。实际上，大多数样本都处于初始下降阶段或中间平稳阶段，只有少量样本数据处于二次下降阶段。东部地区的市场体系相对健全，可以在东部地区逐步实施市场型环境政策。因此，为促使市场型环境政策和环境效率保持正向关系，东部地区地方政府应进一步加强市场体系的建设以及市场型环境规制政策的有效实施。

表 8－4 显示了东部地区命令控制型和市场型环境政策的线性控制变量的估计结果。表 8－4 中系数的符号与表 8－3 中的符号基本相似，只有技术创新系数的符号变为负，而且不显著。这意味着东部地区可能已经发展到依靠创新绩效而不仅仅是靠增加 R&D 支出来提高环境效率的阶段。

表 8－4　东部地区线性控制变量的估计结果

变　　量	命令控制型	市 场 型
技术创新	−0.002 7 (0.791 4)	−0.014 7 (0.225 1)
FDI 依赖度	0.002 3 (0.866 7)	0.002 2 (0.879 4)
人均 GDP	−0.020 1*** (0.005 9)	−0.023 2*** (0.005 3)
城市化率	0.742 9*** (0.000 0)	0.499 1*** (0.002 1)
常数项	0.596 6 (0.354 0)	0.681 2*** (0.000 0)
自由度	6.728	1

续 表

变 量	命令控制型	市 场 型
Spar 统计量	0.125 8	3 201
节点个数	21	21
观测值	99	99

注：括号内为 p 值，*、** 和 *** 分别表示 1%、5%和 10%水平的统计显著性。

8.4.4 中西部地区环境规制强度和环境效率之间的实证结果

中西部地区命令控制型和市场型环境规制强度与环境效率的拟合曲线如图 8－7 所示。由于命令控制型环境规制强度与环境效率之间的拟合曲线基本上为一条水平线，它们之间的关系是不可区分的。市场型环境规制强度和环境效率之间基本上呈现倾斜的 Z 形曲线关系。大多数样本数据处于轻微上升的开始或下降阶段，少部分样本数据点位于后续的稳定阶段。

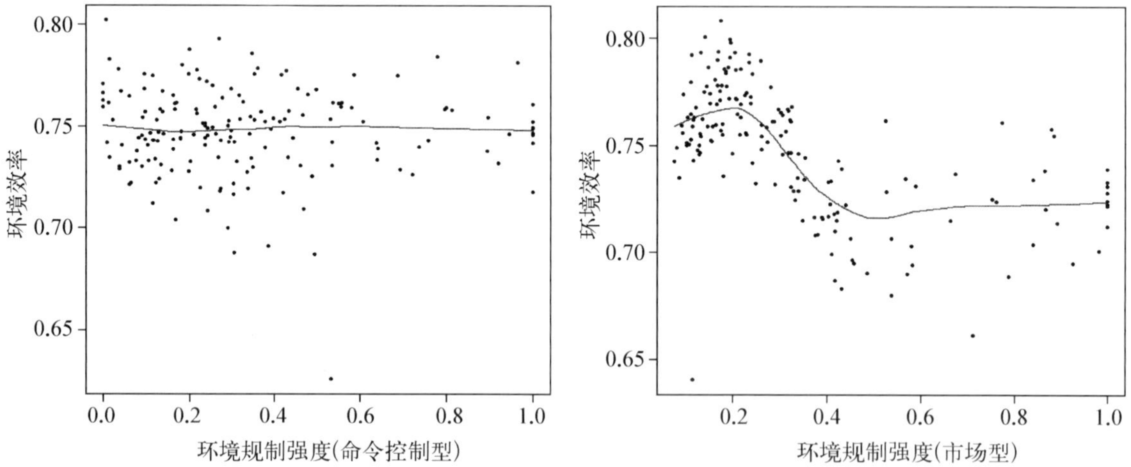

图 8－7 中西部地区命令控制型和市场型环境规制强度与环境效率的拟合曲线

图 8－7 显示的结果表明，命令控制型环境规制强度对环境效率的影响不明显，因此中西部地区仍然需要加强命令控制型环境政策的实施。市场型环境规制强度对环境效率的影响已经下降并逐渐稳定，因此中西部地区应进一步提高市场体系的健全程度，加强市场型环境政策的实施，以提升其环境效率。

中西部地区命令控制型和市场型环境政策的线性控制变量的估计结果如表 8－5 所示。表 8－5 中系数的符号与表 8－3 中的符号基本相同。只有 FDI 依赖度的系数的符号由正变为负，这意味着中西部地区在吸引外资的过程中可能会吸引环境污染严重或能耗高的企业。

表 8-5　中西部地区线性控制变量的估计结果

变　量	命令控制型	市场型
技术创新	0.068 4*** (0.000 0)	0.060 8*** (0.000 2)
FDI 依赖度	-0.158 6* (0.077 7)	-0.139 4* (0.098 6)
人均 GDP	-0.017 1*** (0.004 9)	-0.011 1** (0.049 3)
城市化率	0.108 6 (0.145 8)	0.122 1* (0.099 2)
常数项	0.735 1*** (0.000 0)	0.735 1*** (0.000 0)
自由度	1	3.419
Spar 统计量	2 773	0.618
节点个数	40	39
观测值	171	171

注：括号内为 p 值，*、** 和 *** 分别表示 1%、5% 和 10% 水平的统计显著性。

8.5　本章研究结论与政策启示

本章研究确定了从命令控制型到市场型环境政策的最优过渡时机，同时还研究了命令控制型到市场型环境政策在经济发展的不同阶段对环境效率的异质性影响。在理论分析的基础上，运用空间自适应半参数模型实证分析两种类型环境规制强度与环境效率之间的非线性关系。通过理论分析和实证研究，可以确定处于不同经济发展阶段的地区所适宜采用的环境政策类型。

在理论贡献方面，本研究发现，当污染减排投入导致的边际产出损失等于生产性资本投入带来的边际产出时，从命令控制型到市场型过渡的最优时机就出现了。在此最优时机之前，政府应采用命令控制型环境政策定量控制总污染排放，以防止环境恶化。在此最优时机之后，政府可逐步过渡到市场型环境政策，从而促进环境效率的提升。

通过实证分析得出以下结论：(1) 全国层面命令控制型环境政策与环境效率之间呈现 U 形曲线关系，市场型环境政策与环境效率之间呈现 L 形曲线关系。(2) 对于东部地区，命令控制型环境政策与环境效率保持 N 形曲线关系，市场型环境政策对环境效率的负面影响程度正在下降；(3) 对于中西部地区，命令控制型环境政策与环境效率之间呈现出难以清晰界定的关系,而市场型环境政策与环境效率之间存在倾斜的 Z 形曲线关系。这些结果表明:(1) 对于全国层面和东部地区,命令控制型环境政策可以提高环境效率,而市场型环境政策仍然不能提高环境效率;(2) 对于中西部地区,命令控制型和市场型环境政策均不能显著提高环境效率;(3) 中国已进入有必要从命令控制型向市场型环境政策过渡的发展阶段;(4) 中央政府应继续加强市场体系的建设及完善,促使市场型环境政策能有效改善环境效率。

在经济发展的初期,存在技术和人力资本等经济发展客观条件的约束。在这一阶段,高能耗、高污染的行业普遍存在。同时,污染减排投入的边际产出损失小于生产性资本投入带来的边际产出。因此,在没有激励技术升级或创新的情况下,企业只有通过末端治理的方式减少污染排放。此时,政府的环境政策应主要以命令控制型为主。随着经济的进一步发展,单位资本投资的边际产出倾向于随着总产出的增加而下降。随着经济的增长,自然界的污染物存量增加,污染减排投资的边际产出损失也相应增加。当污染减排投入的边际产出损失等于或超过生产性资本所带来的边际产出时,企业几乎没有动力通过末端污染治理的方式减少污染排放,因为这会减少其利润。因此,企业有通过技术升级和创新减少污染排放的动机。在这一阶段,政府实施市场型环境政策可以极大地激励企业进行创新,以促进经济增长和环境保护的可持续发展。

应该承认,在实际的政策制定过程中,可能很难捕捉到最优转换时机。从命令控制型到市场型环境政策的过渡不是一蹴而就的过程。在以命令控制型为主的环境政策阶段也应实施一些市场型的环境政策。实际上,从以命令控制型为主的环境政策阶段向以市场型为主的环境政策阶段的成功过渡是一个逐步的变革过程,这可以通过政府、企业和居民的共同协作来实现。

参考文献

[1] 成艾华,赵凡.基于偏离份额分析的中国区域间产业转移与污染转移的定量测度[J].中国人口·资源与环境,2018,28(05):49-57.

[2] Acemoglu D, Aghion P, Bursztyn L, et al. The environment and directed technical change[J]. The American Economic Review, 2012, 102(1): 131-166.

[3] Acemoglu D, Akcigit U, Hanley D, et al. Transition to clean technology[J]. Journal of Political Economy, 2016, 124(1): 52-104.

[4] Aghion P, Dechezleprêtre A, Hemous D, et al. Carbon *Taxes*, path dependency and directed technical change: Evidence from the auto industry[J]. SSRN Electronic Journal, 2016: 124(1), 1-51.

[5] Agliardi E, Sereno L. The effects of environmental taxes and quotas on the optimal timing of emission reductions under Choquet-Brownian uncertainty[J]. Economic Modelling, 2011, 28(6): 2793-2802.

[6] Albrizio S, Kozluk T, Zipperer V. Environmental policies and productivity growth: Evidence across

industries and firms[J]. Journal of Environmental Economics and Management, 2017, 81: 209 - 226.

[7] Annicchiarico B, Di Dio F. Environmental policy and macroeconomic dynamics in a new Keynesian model[J]. Journal of Environmental Economics and Management, 2015, 69: 1 - 21.

[8] Baglan D, Yoldas E. Non-linearity in the inflation - growth relationship in developing economies: Evidence from a semiparametric panel model[J]. Economics Letters, 2014, 125(1): 93 - 96.

[9] Becker R A. Local environmental regulation and plant-level productivity[J]. Ecological Economics, 2011, 70(12): 2516 - 2522.

[10] Berman E, Bui L T M. Environmental regulation and productivity: Evidence from oil refineries[J]. Review of Economics and Statistics, 2001, 83(3): 498 - 510.

[11] Bergquist A K, Söderholm K, Kinneryd H, et al. Command-and-control revisited: Environmental compliance and technological change in Swedish industry 1970 - 1990[J]. Ecological Economics, 2013, 85: 6 - 19.

[12] Blackman A. Alternative pollution control policies in developing countries [J]. Review of Environmental Economics and Policy, 2010, 4(2): 234 - 253.

[13] Cai H B, Chen Y Y, Gong Q. Polluting thy neighbor: Unintended consequences of China's pollution reduction mandates[J]. Journal of Environmental Economics and Management, 2016, 76: 86 - 104.

[14] Chib S, Greenberg E, Jeliazkov I. Estimation of semiparametric models in the presence of endogeneity and sample selection[J]. Journal of Computational and Graphical Statistics, 2009, 18(2): 321 - 348.

[15] Dissou Y, Karnizova L. Emissions cap or emissions tax? A multi-sector business cycle analysis[J]. Journal of Environmental Economics and Management, 2016, 79: 169 - 188.

[16] Drucker J, Feser E. Regional industrial structure and agglomeration economies: An analysis of productivity in three manufacturing industries[J]. Regional Science and Urban Economics, 2012, 42(1/2): 1 - 14.

[17] Fischer C, Springborn M. Emissions targets and the real business cycle: Intensity targets versus caps or taxes[J]. Journal of Environmental Economics and Management, 2011, 62(3): 352 - 366.

[18] Fukuyama H, Weber W L. A directional slacks-based measure of technical inefficiency[J]. Socio-Economic Planning Sciences, 2009, 43(4): 274 - 287.

[19] Fullerton D, Kim S R. Environmental investment and policy with distortionary taxes, and endogenous growth[J]. Journal of Environmental Economics and Management, 2008, 56(2): 141 - 154.

[20] Greenstone M, Hanna R M. Environmental regulations, air and water pollution, and infant mortality in India[J]. American Economic Review, 2014, 104(10): 3038 - 3072.

[21] Hattori K. Optimal combination of innovation and environmental policies under technology licensing [J]. Economic Modelling, 2017, 64: 601 - 609.

[22] Heutel G. How should environmental policy respond to business cycles? Optimal policy under

persistent productivity shocks[J]. Review of Economic Dynamics, 2012, 15(2): 244-264.

[23] Huang B, Lee T H, Ullah A. Combined estimation of semiparametric panel data models[J]. Econometrics and Statistics, 2020, 15: 30-45.

[24] Stavins R N, Jaffe A B, Newell R G. Environmental policy and technological change[J]. SSRN Electronic Journal, 2002, 22(1-2): 41-70.

[25] Johnstone N, Managi S, Rodríguez M C, et al. Environmental policy design, innovation and efficiency gains in electricity generation[J]. Energy Economics, 2017, 63: 106-115.

[26] Khanna M. Non-mandatory approaches to environmental protection[J]. Journal of Economic Surveys, 2001, 15(3): 291-324.

[27] Krivobokova T, Crainiceanu C M, Kauermann G. Fast adaptive penalized splines[J]. Journal of Computational and Graphical Statistics, 2008, 17(1): 1-20.

[28] Levinson A. Environmental regulations and manufacturers' location choices: Evidence from the Census of Manufactures[J]. Journal of Public Economics, 1996, 62(1/2): 5-29.

[29] Li H L, Zhu X H, Chen J Y, et al. Environmental regulations, environmental governance efficiency and the green transformation of China's iron and steel enterprises[J]. Ecological Economics, 2019, 165: 106397.

[30] Liu M D, Shadbegian R, Zhang B. Does environmental regulation affect labor demand in China? Evidence from the textile printing and dyeing industry[J]. Journal of Environmental Economics and Management, 2017, 86: 277-294.

[31] Ning L T, Wang F, Li J A. Urban innovation, regional externalities of foreign direct investment and industrial agglomeration: Evidence from Chinese cities[J]. Research Policy, 2016, 45(4): 830-843.

[32] Ozcan B, Tzeremes P G, Tzeremes N G. Energy consumption, economic growth and environmental degradation in OECD countries[J]. Economic Modelling, 2020, 84: 203-213.

[33] Pang A, Shaw D. Optimal emission tax with pre-existing distortions[J]. Environmental Economics and Policy Studies, 2011, 13(2): 79-88.

[34] Rubashkina Y, Galeotti M, Verdolini E. Environmental regulation and competitiveness: Empirical evidence on the Porter Hypothesis from European manufacturing sectors[J]. Energy Policy, 2015, 83: 288-300.

[35] Ruppert D. Selecting the number of knots for penalized splines[J]. Journal of Computational and Graphical Statistics, 2002, 11(4): 735-757.

[36] Ruppert D, Wand M P, Carroll R J. Semiparametric Regression[M]. Cambridge, UK: Cambridge University Press, 2003.

[37] Ryan S P. The costs of environmental regulation in a concentrated industry[J]. Econometrica, 2012, 80(3): 1019-1061.

[38] Shinkuma T, Sugeta H. Tax versus emissions trading scheme in the long Run[J]. Journal of Environmental Economics and Management, 2016, 75: 12-24.

[39] Sun X X, Zhou X L, Chen Z W, et al. Environmental efficiency of electric power industry, market

segmentation and technological innovation: Empirical evidence from China[J]. The Science of the Total Environment, 2020, 706: 135749.

[40] Telle K, Larsson J. Do environmental regulations hamper productivity growth? How accounting for improvements of plants' environmental performance can change the conclusion [J]. Ecological Economics, 2007, 61(2/3): 438 - 445.

[41] Vieu P. Choice of regressors in nonparametric estimation [J]. Computational Statistics & Data Analysis, 1994, 17(5): 575 - 594.

[42] Williams R C III. Growing state - federal conflicts in environmental policy: The role of market-based regulation[J]. Journal of Public Economics, 2012, 96(11/12): 1092 - 1099.

[43] Xiao B W, Fan Y, Guo X D. Exploring the macroeconomic fluctuations under different environmental policies in China: A DSGE approach[J]. Energy Economics, 2018, 76: 439 - 456.

[44] Xie R H, Yuan Y J, Huang J J. Different types of environmental regulations and heterogeneous influence on "green" productivity: Evidence from China[J]. Ecological Economics, 2017, 132: 104 - 112.

[45] Zeng B X, Zhu L, Yao X. Policy choice for end-of-pipe abatement technology adoption under technological uncertainty[J]. Economic Modelling, 2020, 87: 121 - 130.

[46] Zhu H M, You W H, Zeng Z F. Urbanization and CO_2 emissions: A semi-parametric panel data analysis[J]. Economics Letters, 2012, 117(3): 848 - 850.

第 9 章　土地生态价值与居民收入的关系研究
——基于引入土地资本的内生经济增长模型的分析[①]

9.1　土地生态价值与居民收入关系研究的必要性

改革开放以来,中国经济一直保持持续高速增长的态势。然而,伴随着经济的快速发展,大量的农业用地转化为建设用地,虽然单位土地的经济产出大大提高,但这种以高能耗和高污染为特征的粗放型增长方式给国家和人民带来了沉重的资源和环境代价(杨继生等,2013)。土地污染严重,土地的生态服务功能大幅度减弱,土地的生态价值持续降低。土地的生态服务功能主要是指土地通过其各组成要素和土地上的各种生物相互作用,并不断进行彼此之间的物质转化和能量交换,从而使得土地生态系统具有对人类的生态和环境保护方面的作用和功能(刘学录和曹爱霞,2008)。土地的生态功能包括两个方面:一是土地资源具有保护和改善生态环境的作用与能力,如防风固沙、保护土壤、涵养水源、调节气候、净化环境等;二是为维系生物多样性和唯一性提供生态空间保证,如提供生物栖息地等。土地按其用途可分为农业用地、建设用地和未利用地三种类型。农业用地中的耕地、园地、林地、草地和养殖用地等都具有一定的生态功效,未利用地中的荒草地、沼泽地、河流和湖泊水面等也具有一定的生态功效,未经人类开发或受人类影响较小的天然草地、天然林地、天然湿地和天然水域等也具有一定的生态功效,但建设用地的生态功效较弱或者说基本上不具有生态功效。

在考虑土地的利用时,不能仅仅看到其经济价值,我们还需要考虑其自然价值和社会价值(本章不考虑土地的社会价值),而土地的生态价值是土地自然价值中最重要的部分。造成土地的生态服务功能和土地的生态价值下降的原因不仅与政府、企业和个人的生态意识薄弱,以及相关的法律法规不健全有关,而且与土地的生态价值难以量化也有一定关系,即土地利用对环境的外部性难以度量。因此,我们有必要对土地的生态价值进行计算,而且在进行土地生态价值的计算时,不仅要考虑土地的防风固沙、保护土壤、涵养水源、调节气候、净化环境、提供生物栖息地、维系生物多样性等功能,还要考虑一定的宏观经济变量对土地生态价值的影响。党的十八届三中全会就“加快生态文明建设制度”提出“健

① 本章相关研究内容已发表:唐茂钢,王克强,刘红梅.土地生态价值与居民收入的关系研究——基于引入土地资本的内生经济增长模型的分析[J].经济评论,2015(5):84-99.

全自然资源资产产权制度和用途管制制度”“划定生态保护红线”以及“实行资源有偿使用制度和生态补偿制度”。中央政府已意识到生态文明建设的重要性，而土地是生态文明建设的重要载体，这说明我们必须对土地生态价值的本质进行研究，对土地的生态价值进行测算，同时还需要对土地的生态价值与 GDP、居民收入等宏观经济变量的关系进行深入研究。

9.2　土地生态价值的计算、影响因素分析及其与居民收入关系和计量方法的文献综述

本节将从土地生态价值的计算、土地生态价值的影响因素、土地生态价值与居民收入之间的关系以及计量方法四个方面进行文献综述。

首先，在生态价值的计算方面，现有文献主要参考谢高地等(2008)给出的 2002 年和 2007 年各种土地利用类型的单位生态服务价值系数进行计算。谢高地等(2008)在 Costanza 等(1997)生态服务价值评估体系的基础上，通过对具有生态学背景的专业人员进行问卷调查，计算出了中国 2002 年和 2007 年森林、草地、农田、湿地、河流、湖泊等土地利用类型的单位生态服务价值。蔡邦成等(2006)利用两种典型的生态服务价值系数对昆山的生态服务价值进行计算。郝慧梅和任志远(2007)构造了土地利用变化生态效应指数和生态效应度等指标。姚成胜等(2009)应用谢高地等人的生态服务价值系数，分析了 1995—2005 年福建省土地利用变化所引起的生态服务价值的变化。但是这些文献主要是从生态学的角度对土地生态价值进行计算，没有考虑宏观经济变量对土地生态价值的影响。李胜兰等(2014)基于地方政府竞争的视角，以能够同时反映经济发展和生态环境状况的“生态效率”作为衡量指标，运用 DEA 方法测算了 1997—2010 年中国 30 个省(自治区、直辖市)(不包括中国西藏和港澳台地区)的区域生态效率，并检验了环境规制对中国区域生态效率的影响。本章主要利用谢高地等(2008)的生态服务价值系数，并借鉴李胜兰等(2014)提出的区域生态效率的计算方法对土地生态价值进行计算。

其次，现有文献中对于土地生态价值影响因素的研究主要集中在以下几个方面：(1) 土地生态价值的空间动态效应研究(胡和兵等，2013；刘钊等，2013；陈美球等，2013；董川永和高俊峰，2014)；(2) GDP、人口和城市化水平等经济变量对土地生态价值以及生态服务价值的影响(蔡邦成，2006；姚成胜等，2009；姚远等，2013)；(3) 土地利用变化、土地整理等土地类相关变量对生态服务价值的影响以及土地利用与生态服务价值的耦合机制研究(梁欣等，2006；田华文等，2008；李冰等，2012；赵丹等，2013；胡喜生等，2013；吴蒙等，2013；赵微等，2013；张舟等，2013；王燕等，2014；Fontana et al.，2013；杨俊等，2014；周涛和李天宏，2014)。

再次，本章借鉴环境与经济增长关系方面文献的理论模型构建所需的土地生态价值和居民收入之间关系的理论模型。Wang 和 Chuang(2011)构建了一个包含生产部门和环境部门的两部门环境经济增长模型。黄茂兴和林寿富(2013)把环境当作具有再生能力的生产要素，将其引入罗默(Romer)模型并对其进行扩展，构建了考虑污染损害、环境管理等要素的五部门内生增长模型，从理论上分析了环境的消耗、再生以及管理等因素在可持

续发展过程中的作用。杨继生等(2013)构建了环境和社会健康成本测度模型,分析了粗放的经济增长模式所引发的环境和社会健康成本问题。包群等(2013)采用倍差法考察了地方环境立法监管的实际效果。此外,还有一部分文献将环境或生态资本作为内生的经济增长变量,建立了经济增长模型,讨论环境的外部性以及生态资本与物质资本、人力资本的分配等(范金和胡汉辉,2002;刘凤良和郭杰,2002)。本章主要在 Wang 和 Chuang(2011)以及黄茂兴和林寿富(2013)的基础上,通过构建模型得到土地生态价值的表达式,并探讨土地生态价值与居民收入的关系。

最后,在计量方法上,参数回归模型通常设定了计量模型的具体形式,而实际上因变量和自变量之间的函数关系有可能不是这样。非参数回归模型不直接假定因变量和自变量之间的具体函数形式,而是直接对因变量与自变量的数据进行拟合。为捕捉到数据的空间异质性,不同的地区需要有不同的平滑因子。空间自适应方法的主要思想是在不同的区位使用不同的平滑数量,可以更好地捕捉到空间异质性的信号。Ruppert 等(2003)描述了带惩罚样条函数的空间自适应这一方法的拓展。Land 和 Brezger(2004)在允许平滑参数是局部自适应的前提下,建立单变量和双变量的空间自适应贝叶斯惩罚样条平滑方法。Baladandayuthapani 等(2005)利用不同的方法,将方差函数的惩罚样条估计包含到惩罚函数中。Krivobokova 等(2008)运用了与 Baladandayuthapani 等类似的方法,但是其使用的算法是拉普拉斯变换方法而不是基于马尔科夫链的蒙特卡罗(MCMC)方法,从而在速度上获得较好的改进。Leitenstorfer 和 Tutz(2007)通过利用节点的模型选择和助推方法(a version of boosting)得到空间自适应的平滑方法。Crainiceanu 等(2007)提出了运用空间适应的贝叶斯惩罚样条方法(Spatially Adaptive Bayesian Penalized Splines with Heteroscedastic Errors)来估计误差是异方差情形时的非参数模型。Baladandayuthapani 等(2008)指出以往的惩罚性的样条回归模型由于没有考虑空间适应的问题,当函数变化幅度很大时估计不准确,该文建立了一个完全的贝叶斯分层结构来解决这个问题,并利用蒙特卡罗方法从后验信息中随机抽取样本作为参考,该方法能够同时估计出光滑函数和惩罚样条曲线。Scheipl 和 Kneib(2009)提出对于具有高度变化的曲率和不连续性的函数,运用局部自适应并带惩罚的样条进行估计时,使用后尾收缩的先验信息,这种先验信息利用正态分布和变化的指数——伽玛分布的方差结合体,可以得出一个完全的贝叶斯分层结构,其推断由基于马尔科夫链的蒙特卡罗方法得到。

现有的研究文献中,土地生态价值的计算主要参考谢高地等(2008)给出的 2002 年和 2007 年各种土地利用类型的单位生态服务价值系数进行计算,仅仅从生态学的角度对土地生态价值进行计算,土地生态价值不仅与耕地、林地、园地、草地、森林、湿地、河流、湖泊这些体现土地的自然生态价值的变量有关,而且与经济发展程度也有一定关系。因此,应将生态变量和经济变量相结合,再对土地生态价值进行计算。同时,现有文献中深入探究土地生态价值与经济增长以及宏观经济变量之间关系的研究很少,利用非参数和半参数方法对土地生态价值的影响因素进行分析的文献也较为鲜见。

本章首先在 Wang 和 Chuang(2011)、黄茂兴和林寿富(2013)等文献的基础上,将土地资本分为土地经济资本和土地生态资本,土地经济资本主要作为最终产品的生产要素,土地生态资本作为土地生态产品的生产要素,而居民的效用决定于物质产品消费和生态产品消费这两种消费。政府的目标是在一定的约束条件下,使得无穷期的居民消费效用最大化,在此条件下得出土地生态价值的表达式,以及土地生态价值与人均 GDP 及居民收入的关系。然后,在利用谢高地等(2008)的生态系统服务价值系数的基础上,同时借鉴李胜兰等(2014)提出的区域生态效率的计算方法(即利用 DEA 方法)对土地生态价值进行计算。并利用自适应半参数模型(Adaptive Semiparametric Regression)对土地生态价值与人均 GDP、居民收入(分为农村居民收入和城镇居民收入)的影响关系进行计量分析,利用 R 程序中的 AdaptFit 模块对数据进行估计,对结果进行解释分析,最后总结相关结论,并给出一定的政策建议。

9.3　土地生态价值与居民收入关系的理论模型

土地不仅是一种资源,而且可以看作一种资产和资本,土地资产是指具有明确的权属关系和排他性并具有经济价值的土地资源,土地资本是为改良土地而投入的并附着在土地上的资本(原玉廷和彭邓民,2013)。但随着经济发展及环境的恶化,人们越来越重视生态环境的好坏,土地资本不仅包含能产生经济效应的物质资本或经济资本,而且应包含能产生生态效应的自然资本或生态资本。生态资本实质上是人造自然资本,包括能够直接进入当前社会生产和社会再生产过程的自然资源,即可再生的及可耗竭的自然资源总量,以及环境消纳并转化成废物的自净能力(史仕新和刘鸿渊,2004)。

根据 Wang 和 Chuang(2011)设定经济部门和环境部门生产函数的类似形式,本章土地的经济产出和生态产出均采用 AK 模型的形式,土地的经济产出 $Y(t)$ 的生产函数形式如式(9-1)所示,土地的生态产出 $E(t)$ 的生产函数形式如式(9-2)所示。其中 $N_1(t)$ 为土地资本中作为经济产出的要素,$N_2(t)$ 为土地资本中作为生态产出的要素,当然 $N_1(t)$ 和 $N_2(t)$ 中也凝结有物质资本和人力资本,A、B 分别代表经济产出部门和生态产出部门外生的生产技术水平。其中,A 的大小与政府和企业在研发方面的投入有关,B 的大小决定于三方面:一是土地生态功能的自身修复能力;二是政府在土地生态和环境方面的投入和管理效率;三是生产过程对土地生态和环境的破坏。前两个方面对 B 的大小起正向作用,第三个方面对 B 的大小起负向作用。

$$Y(t) = A \cdot N_1(t) \tag{9-1}$$

$$E(t) = B \cdot N_2(t) \tag{9-2}$$

对于政府来说,一方面,需要大力发展宏观经济,促使经济长期增长,促进就业岗位的增加和居民收入的提高;另一方面,不能片面追求经济增长而使环境恶化。例如,放任工业企业随意排放废水废气等,这样虽然能够短期促进经济增长,促进就业,但是却使环境进一步恶化,反而得不偿失。国家会在土地的经济产出和生态产出中作出权衡,进而制定相应的促进经济发展和保护土地生态环境方面的政策，同时也可以通过制定影响物质消费和生态消费的相应政策达到政府期望的目标。为此，我们设定土地的经济资本和生态资本的动态演化方程如式（9－3）和式（9－4）所示，其中 $C(t)$ 和 $R(t)$ 分别为居民的物质消费和生态消费（不考虑经济资本和生态资本的折旧）。

$$\dot{N}_1(t) = AN_1(t) - C(t) \tag{9-3}$$

$$\dot{N}_2(t) = BN_2(t) - R(t) \tag{9-4}$$

对居民来说，其效用取决于其消费水平和生活质量，从生活质量的角度看，人们不仅要吃好、穿好，而且要居有定所，且随着生活水平的提高和环境恶化程度的加剧，人们对生态产品和生态服务的需求有所上升。因此，居民的效用取决于物质消费和生态消费这两种消费。Selden 和 Song（1995）以及 Wang 和 Chuang（2011）认为最终产品消费和环境消费产生的效用是具有加性可分（Additively Separable）性质的。据此，我们认为居民的物质消费和生态消费也是具有加性可分性质的，居民的效用函数如式（9－5）所示。其中，θ 为跨期替代弹性的倒数（即跨期替代弹性 $\sigma = 1/\theta$），决定了居民在不同时期之间转移其消费的意愿，θ 越小，随着消费 C 和 R 的增加，边际效用下降就越慢，居民就更愿意变动其消费（庄子银，2004）。

$$U(C(t), R(t)) = \frac{C(t)^{1-\theta} - 1}{1-\theta} + \frac{R(t)^{1-\theta} - 1}{1-\theta}, \theta \in (0, 1) \tag{9-5}$$

如果政府的目标是使得无穷期的由式（9－5）所表示的居民效用之和最大，前提约束是资本约束式（9－3）和式（9－4），则该动态最优化问题如式（9－6）、式（9－7）、式（9－8）所示。

$$\max_{C(t), R(t)} \int_0^{\infty} e^{-\rho t}\left[\frac{C(t)^{1-\theta} - 1}{1-\theta} + \frac{R(t)^{1-\theta} - 1}{1-\theta}\right] dt \tag{9-6}$$

s. t.

$$\dot{N}_1(t) = AN_1(t) - C(t), N_1(0) = N_{10} \text{ 给定} \tag{9-7}$$

$$\dot{N}_2(t) = BN_2(t) - R(t), N_2(0) = N_{20} \text{ 给定} \tag{9-8}$$

式中，ρ 为时间折旧率。定义 $\mu(t)$、$\nu(t)$ 分别为土地的经济资本和生态资本的影子价格，则上述动态最优化问题的现时汉密尔顿函数如式（9－9）所示。

$$H = \left[\frac{C(t)^{1-\theta} - 1}{1-\theta} + \frac{R(t)^{1-\theta} - 1}{1-\theta}\right] + \mu(t)[AN_1(t) - C(t)] + v(t)[BN_2(t) - R(t)] \tag{9-9}$$

汉密尔顿函数的一阶条件如式（9－10）所示。

$$\frac{\partial H}{\partial C} = \frac{\partial H}{\partial R} = 0, \frac{\partial H}{\partial N_1} = \rho\mu - \dot{\mu}, \frac{\partial H}{\partial N_2} = \rho v - \dot{v} \tag{9-10}$$

于是有：

$$C^{-\theta} = \mu \tag{9-11}$$

$$R^{-\theta} = v \tag{9-12}$$

$$\mu A = \rho\mu - \dot{\mu} \tag{9-13}$$

$$vB = \rho v - \dot{\nu} \tag{9-14}$$

由式(9-11)和式(9-12)可得到式(9-15)：

$$\frac{\mu}{\nu} = \left(\frac{C}{R}\right)^{-\theta} \tag{9-15}$$

式(9-15)表明，土地的经济资本和生态资本的影子价格的比值是居民的物质消费和生态消费的比值的函数。当居民普遍追求物质消费时，企业以生产物质产品和追求经济利润为主，此时土地的经济资本价值高；而当居民普遍意识到生态和环境保护的重要性时，国家也出台相应的有利于生态和环境保护的政策，此时土地的生态资本价值高。

由式(9-13)和式(9-14)得出土地的经济资本和生态资本的影子价格如式(9-16)和式(9-17)所示。其中，$\mu(\infty) = \lim\limits_{t\to\infty}\mu(t)$，$v(\infty) = \lim\limits_{t\to\infty}v(t)$，并假设$\mu(\infty)$和$v(\infty)$是确定的常数。

$$\mu(t) = \mu(\infty)\mathrm{e}^{(A-\rho)t} \tag{9-16}$$

$$v(t) = v(\infty)\mathrm{e}^{(B-\rho)t} \tag{9-17}$$

式(9-16)表明土地的经济资本的影子价格取决于经济部门生产技术水平与时间折现率之差。式(9-17)表明土地的生态资本的影子价格取决于土地生态产出部门生产技术水平与时间折现率之差。当国家政策以促进经济发展为主，经济产出效率A提高，此时土地经济资本价值有所上升；而当国家意识到土地生态环境保护的重要性时，便会出台相应的政策以促进生态和环境保护，进而促使生态产出效率B提高，此时土地生态资本价值有所上升。

在经济发展初期，国家政策以促进经济发展为主，政府对土地生态功能的保护不够重视，企业的生产过程对土地生态功能的破坏严重，这使得B减小，由式(9-17)可知土地的生态价值降低。随着经济的进一步发展，国家意识到生态保护和环境保护的重要性，这会加大生态保护和环境保护方面的投入，增强生态保护和环境保护方面的管理力度，使得B增加，由式(9-17)知这会促使土地生态价值有所增加。随着经济的发展和居民收入的提高，居民在生态保护和环境保护方面的意识增强，这也促使土地的生态价值有所提高。通过以上分析，我们可以得到以下两个假说。

假说一：在经济发展水平较低时，居民收入水平较低，政府以经济发展为主要目标，国家政策以促进经济发展为主，对土地生态功能重视程度和投入不足，企业的生产过程对土地生态功能破坏严重，这使得土地生态价值降低。

假说二：在经济发展水平较高时，居民收入水平较高，居民对生态环境的需求上升，国家意识到生态环境保护的重要性，也有能力加大生态保护和环境保护方面的投入，这会促使土地生态价值增加。

9.4 计量模型

通常来说，参数回归模型设定了计量模型的具体形式，而实际上因变量和自变量之间的函数关系有可能不是这样的，非参数回归模型不假定因变量与自变量之间的函数形式，而是直接对因变量与自变量的数据进行拟合，但是非参数回归模型会带来“维数诅咒”的问题，而且边界上数据拟合的误差较大。针对这些问题，我们利用自适应半参数回归模型进行计量分析。

对于非参数回归模型 $y_i = m(x_i) + \varepsilon_i$，$i = 1, 2, \cdots, n$，假设其中 $m(x)$ 的表达式为

$$m(x) = m(x, \theta_X) = \beta_0 + \beta_1 x + \cdots + \beta_p x^p + \sum_{k=1}^{K_m} b_k (x - \kappa_k^m)_+^p \tag{9-18}$$

其中，$\boldsymbol{\beta} = (\beta_0, \beta_1, \cdots, \beta_p)^{\mathrm{T}}$，$\boldsymbol{b} = (b_1, b_2, \cdots, b_{k_m})^{\mathrm{T}}$，$\boldsymbol{\theta}_X = (\boldsymbol{\beta}^{\mathrm{T}}, \boldsymbol{b}^{\mathrm{T}})^{\mathrm{T}}$，且 $\kappa_1^m < \kappa_2^m < \cdots < \kappa_{k_m}^m$，$a_+^p$ 为$\{\max(a, 0)\}^p$。

为避免过度拟合的问题，假设 $b_k \sim N(0, \sigma_b^2(\kappa_k^m))$，$\varepsilon_i \sim N(0, \sigma_\varepsilon^2(x_i))$（其中，符号“~”代表 b_k 所服从的分布），根据 Crainiceanu 等（2007）的研究，带惩罚性的样条模型为

$$\begin{cases} y_i = \beta_0 + \beta_1 x_i + \cdots + \beta_p x_i^p + \sum_{k=1}^{K_m} b_k (x_i - \kappa_k^m)_+^p + \varepsilon_i \\ \varepsilon_i \sim N(0, \sigma_\varepsilon^2(x_i)), i = 1, 2, \cdots, n \\ b_k \sim N(0, \sigma_b^2(\kappa_k^m)), k = 1, 2, \cdots, K_m \end{cases} \tag{9-19}$$

假设 $\sigma_\varepsilon^2(x_i)$ 和 $\sigma_b^2(\kappa_k^m)$ 均利用对数线性模型来模拟，如式（9－20）、式（9－21）所示。将 $\sigma_b^2(\kappa_k^m)$ 假设成对数线性形式是为了建立空间适应方法来模拟 $\sigma_b^2(\kappa_k^m)$，利用此方法可以捕捉到数据的空间异质性，因为不同的地区需要有不同的平滑因子。同时，允许不同的地区有不同的平滑因子，还会降低数据拟合的均方误差值，提高推断的准确性（Ruppert et al., 2003）。

$$\begin{cases} \ln(\sigma_\varepsilon^2(x_i)) = \gamma_0 + \gamma_1 + \cdots + \gamma_p x_i^p + \sum_{s=1}^{K_s} c_s (x_i - \kappa_s^\varepsilon)_+^p \\ c_s \sim N(0, \sigma_c^2), s = 1, 2, \cdots, K_\varepsilon \end{cases} \tag{9-20}$$

$$\begin{cases} \ln(\sigma_b^2(x)) = \delta_0 + \delta_1 + \cdots + \delta_p x^q + \sum_{s=1}^{K_b} d_s (x_i - \kappa_s^b)_+^q \\ d_s \sim N(0, \sigma_d^2), s = 1, 2, \cdots, K_b \end{cases} \tag{9-21}$$

参照 Baladandayuthapani 等（2008）的结论，β_0，β_1，⋯，β_p 的先验分布是均值为 0 和较大方差的正态分布，$\{b_k\}_{k=1}^{K_m}$ 的先验分布独立地服从正态分布，即 $b_k \sim N(0, \sigma_b^2(\kappa_k^m))$，$k = 1, 2, \cdots, K_m$，$\sigma_\varepsilon^2(x_i)$ 和 $\sigma_b^2(\kappa_k^m)$ 的先验分布均为逆伽玛分布，即 $\sigma_\varepsilon^2(x_i) \sim IG(m_\varepsilon, n_\varepsilon)$，$\sigma_b^2(\kappa_k^m) \sim IG(m_b, n_b)$。

为了讨论土地生态价值与居民收入的关系，本章以单位土地生态价值为因变量，以农村居民人均纯收入和城镇居民家庭人均可支配收入为人均收入水平变量，以人均 GDP 作为经济发展水平变量来研究土地生态价值与居民收入的关系。黄茂兴和林寿富（2013）利用污染损害和经济增长的联立方程模型进行计量分析，其中，污染损害方程选取人均环境污染治理投资额和能源强度作为环境污染的控制变量。受此启发，我们也选取了能够控制土地生态价值的控制变量，如各地区自然保护区面积、各地区城市绿地和公园面积及各地区工业废水排放总量。因此，为了对各地区单位土地生态价值的影响因素进行分析，我们选择的自变量为各地区农村居民人均纯收入、城镇居民家庭人均可支配收入、人均 GDP、各地区自然保护区面积、各地区城市绿地和公园面积、各地区工业废水排放总量。

根据以上分析，本章中的单位土地生态价值分别受人均 GDP（用 x_1 表示）、农村居民人均纯收入（用 x_2 表示）和城镇居民家庭人均可支配收入（用 x_3 表示）影响的自适应半参数计量回归模型分别如式（9－22）、式（9－23）和式（9－24）所示（对每一变量取对数，为避免多重共线性，不将人均 GDP、农村居民人均纯收入和城镇居民家庭人均可支配收入放入同一模型中）。

$$\ln y = \beta_0 + \beta_1 \ln x_4 + \beta_2 \ln x_5 + \beta_3 \ln x_6 + \beta_4 \ln x_7 + f(\ln x_1) + \sum_{k=1}^{K_{1m}} b_k (\ln x_1 - \kappa_{1k}^m)^p + \varepsilon \tag{9-22}$$

$$\ln y = \beta_0 + \beta_1 \ln x_4 + \beta_2 \ln x_5 + \beta_3 \ln x_6 + \beta_4 \ln x_7 + f(\ln x_2) + \sum_{k=1}^{K_{2m}} b_k (\ln x_2 - \kappa_{2k}^m)_+^p + \varepsilon \tag{9-23}$$

$$\ln y = \beta_0 + \beta_1 \ln x_4 + \beta_2 \ln x_5 + \beta_3 \ln x_6 + \beta_4 \ln x_7 + f(\ln x_3) + \sum_{k=1}^{K_{3m}} b_k (\ln x_3 - \kappa_{3k}^m)_+^p + \varepsilon \tag{9-24}$$

式中，y 为单位土地生态价值；x_4 为人口数；x_5 为各地区自然保护区面积；x_6 为各地区城市绿地和公园面积；x_7 为各地区工业废水排放总量。K_{1m}、K_{2m}、K_{3m} 分别为人均地区生产总值、农村居民人均纯收入和城镇居民家庭人均可支配收入的节点（knots）个数，κ_{1k}^m、κ_{2k}^m、κ_{3k}^m 分别为这三个自变量的各个节点值。$\varepsilon_i \sim N(0, \sigma_\varepsilon^2(x_i))$，$b_k \sim N(0, \sigma_b^2(\kappa_k^m))$，$\sigma_\varepsilon^2(x_i)$ 和 $\sigma_b^2(\kappa_k^m)$ 的设定分别如式（9－20）和式（9－21）所示。

为了便于比较，将单位土地生态价值受人均 GDP（x_1）、农村居民人均纯收入（x_2）和城镇居民家庭人均可支配收入（x_3）的参数估计结果与自适应半参数计量模型的结果进行比较。单位土地生态价值的参数计量模型如式(9-25)~式(9-27)所示。

$$\ln y = \beta_0 + \beta_1 \ln x_1 + \beta_2 \ln x_4 + \beta_3 \ln x_5 + \beta_4 \ln x_6 + \beta_5 \ln x_7 + \varepsilon \qquad (9-25)$$

$$\ln y = \beta_0 + \beta_1 \ln x_2 + \beta_2 \ln x_4 + \beta_3 \ln x_5 + \beta_4 \ln x_6 + \beta_5 \ln x_7 + \varepsilon \qquad (9-26)$$

$$\ln y = \beta_0 + \beta_1 \ln x_3 + \beta_2 \ln x_4 + \beta_3 \ln x_5 + \beta_4 \ln x_6 + \beta_5 \ln x_7 + \varepsilon \qquad (9-27)$$

各变量的意义与式(9-22)~式(9-24)类似,参数部分的 ε 仍假设服从正态分布。

9.5 实证分析

9.5.1 数据来源

由于数据获取及数据的限制,本章选取的研究期间为 2003—2011 年,研究样本为中国 31 个省(自治区、直辖市)。因变量和自变量的描述及数据来源如下所示。

1. 因变量

全国各省(自治区、直辖市)2003—2011 年的单位土地生态价值,通过谢高地等(2008)给出的 2002 年和 2007 年各种土地类型的单位生态服务价值进行计算,并根据李胜兰等(2014)提出的区域生态效率的计算方法,即数据包络分析(DEA)的方法进行调整。将全国各省(自治区、直辖市)的耕地、林地、园地、草地、森林、湿地、河流、湖泊等的面积作为 DEA 中的投入项,各省(自治区、直辖市)的人口死亡率作为产出项,按照 CCR(Charnes et al., 1978)模型计算出 2003—2011 年各地区土地生态效率的数值。将按照 DEA 方法计算出来的土地生态效率的数值与通过谢高地等(2008)给出的 2002 年和 2007 年各种土地类型的单位生态服务价值计算出来的数值相乘,得出所需的土地生态价值。按照该方法计算出来的土地生态价值,不仅可以反映各省(自治区、直辖市)的耕地、林地、园地、草地、森林、湿地、河流、湖泊等所体现的自然生态价值,而且可以体现经济发展程度对土地生态价值的影响。各地区耕地、林地、园地、草地、森林、湿地、河流、湖泊等的面积数据来自历年的《中国国土资源年鉴》《中国国土资源统计年鉴》《全国土地利用变更调查报告》《中国统计年鉴》和中经网统计数据库。

2. 自变量

包括各地区人均 GDP、农村居民人均纯收入、城镇居民家庭人均可支配收入、人口数、各地区自然保护区面积、各地区城市绿地和公园面积以及各地区工业废水排放总量。

各变量的描述及数据来源如下。

(1) 人均地区生产总值。各地区人均 GDP 数据来源于历年的《中国统计年鉴》。为消除物价因素的影响,我们以 2003 年地区生产总值数据为基期,根据各年各地区不变价生产总值指数换算成不变价地区生产总值(单位：亿元)，并除以每年年底人口数，得到人均 GDP 的数据。

(2) 人口数。用各地区每年年底人口数数据进行度量，该数据来源于历年的《中国统计年鉴》。

(3) 居民收入。居民收入数据来自历年的《中国统计年鉴》。居民收入部分包含两个指标，分别为农村居民人均纯收入和城镇居民家庭人均可支配收入。

(4) 各地区自然保护区面积。《中华人民共和国自然保护区条例》第二条定义的“自然保护区”为“对有代表性的自然生态系统、珍稀濒危野生动植物物种的天然集中分布区、有特殊意义的自然遗迹等保护对象所在的陆地、陆地水体或者海域，依法划出一定面积予以特殊保护和管理的区域”。该数据来源于历年的《中国统计年鉴》。

(5) 各地区城市绿地和公园面积。城市绿地和公园面积指用作园林和绿化的各种绿地面积。该数据来自历年的《中国统计年鉴》。

(6) 各地区工业废水排放总量。该数据来自历年的《中国统计年鉴》。

9.5.2　描述性统计分析

各变量描述性统计分析如表 9-1 所示，单位土地生态价值与人均 GDP、农村居民人均纯收入、城镇居民家庭人均可支配收入之间的散点图如图 9-1~图 9-3 所示。从各主要变量的描述性统计和图 9-1~图 9-3 的散点图中可以看出以下几点规律：(1) 单位土地生态价值的平均值为 208 923.7 元/公顷，即单位生态用地的生态价值为 20.9 元/平方米，该数值大于单位农业用地产出的平均值，而小于单位建设用地产出的平均值；(2) 所有变量中，各地区自然保护区面积、各地区城市绿地和公园面积、各地区工业废水排放总量这三个变量的变异系数较大，即这三个变量的单位平均值上的波动较大；(3) 从图 9-1~图 9-3 可以看出，单位土地生态价值与人均地区生产总值、农村居民人均纯收入、城镇居民家庭人均可支配收入之间均呈现出一种正相关的关系。即随着人均地区生产总值、农村居民人均纯收入、城镇居民家庭人均可支配收入的提高，单位土地生态价值有所增加。

表 9-1　主要变量描述性统计

变量	变量意义	平均值	最大值	最小值	标准差	变异系数
y	单位土地生态价值	208 923.7 元/公顷	1 110 823.5 元/公顷	55 938.07 元/公顷	96 313.45	0.46
x_1	人均地区生产总值	23 200.01 元/人	85 213.00 元/人	3 685.63 元/人	16 065.73	0.69
x_2	农村居民人均纯收入	4 693.3 元/人	16 053.79 元/人	1 564.66 元/人	2 540.66	0.54
x_3	城镇居民家庭人均可支配收入	13 571.12 元/人	36 230.48 元/人	6 530.48 元/人	5 479.56	0.40

续 表

变量	变 量 意 义	平均值	最大值	最小值	标准差	变异系数
x_4	人口数	4 217.86 万人	10 505.00 万人	270.00 万人	2 682.56	0.64
x_5	各地区自然保护区面积	4 812.23 万公顷	41 502.77 万公顷	91.00 万公顷	8 697.70	1.81
x_6	各地区城市绿地和公园面积	54.42 万公顷	420.37 万公顷	0.01 万公顷	65.74	1.21
x_7	各地区工业废水排放总量	90 857.33 万吨	785 586.50 万吨	612.00 万吨	95 640.56	1.05

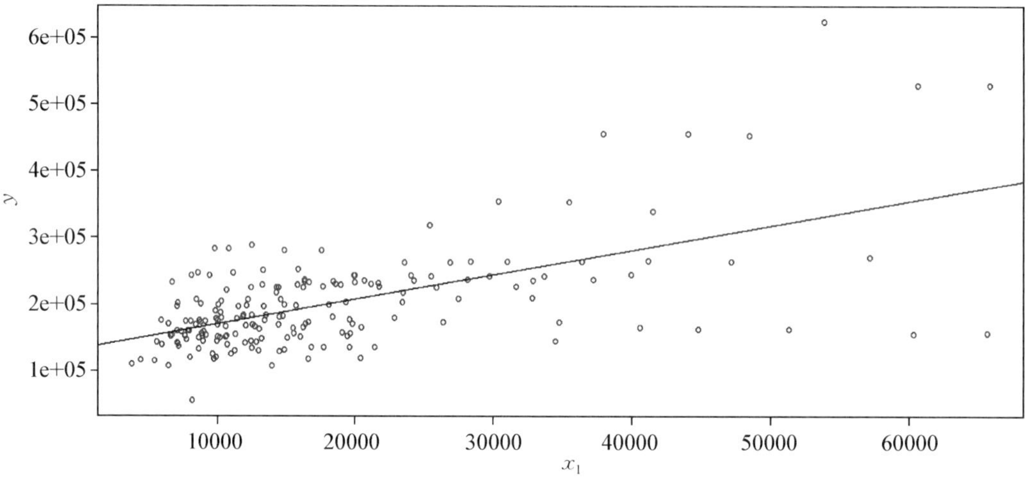

图 9－1 单位土地生态价值与人均地区生产总值散点图

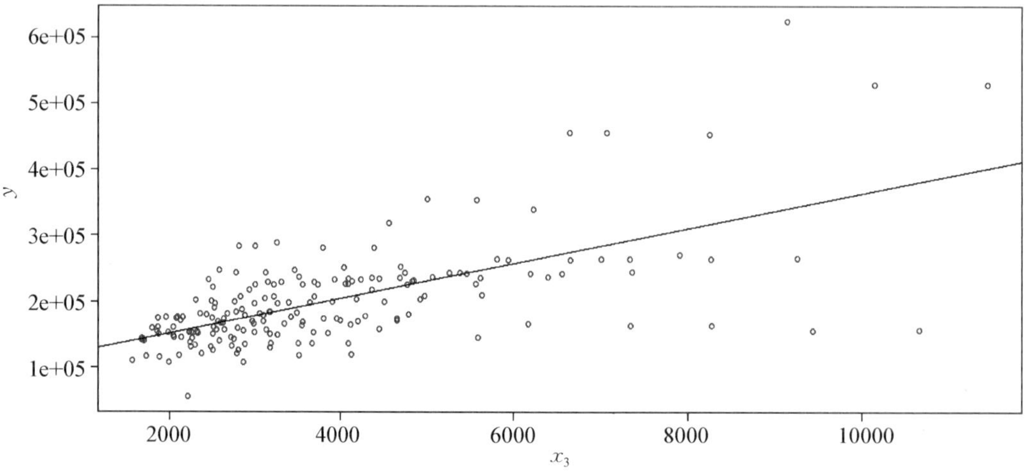

图 9－2 单位土地生态价值与农村居民人均纯收入散点图

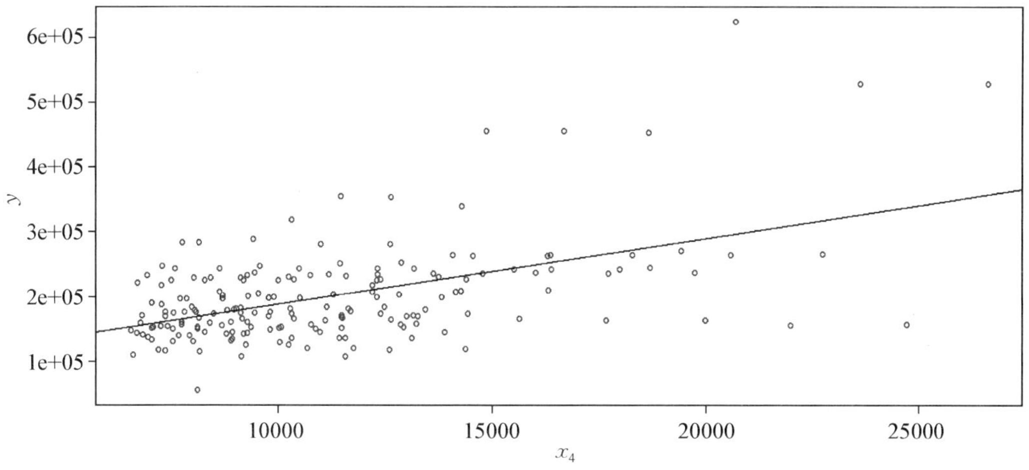

图 9-3　单位土地生态价值与城镇居民家庭人均可支配收入散点图

9.5.3 计量结果

将单位土地生态价值、人均地区生产总值、农村居民人均纯收入、城镇居民家庭人均可支配收入、人口数、各地区自然保护区面积、各地区城市绿地和公园面积、各地区工业废水排放总量这些变量取对数之后，再运用自适应半参数模型进行估计。为与该结果进行比较，先运用式（9-25）~式（9-27）所示的参数回归模型进行计量分析，其计量结果如表 9-2 所示。其中，模型 1 是考虑单位土地生态价值与人均地区生产总值之间的关系，模型 2 是考虑单位土地生态价值与农村居民人均纯收入之间的关系，模型 3 是考虑单位土地生态价值与城镇居民家庭人均可支配收入之间的关系。

表 9-2　2003—2011 年单位土地生态价值参数回归模型计量结果

变　量	模型 1	模型 2	模型 3
$\ln x_1$	0.304 9*** (10.547 2)	—	—
$\ln x_2$	—	0.411 5*** (7.531)	—
$\ln x_3$	—	—	0.348 3*** (7.221 5)
$\ln x_4$	-0.031 9 (-0.713 4)	-0.033 8 (-0.682 8)	-0.121 6** (-2.612 6)
$\ln x_5$	-0.025 1* (-1.960 2)	-0.007 1 (-0.492 8)	-0.029 7** (-2.145 3)

续 表

变 量	模型 1	模型 2	模型 3
$\ln x_6$	−0.055 1** (−2.972 0)	−0.126 4*** (−5.365 9)	−0.043 6** (−2.176 9)
$\ln x_7$	0.054 9* (1.817 5)	0.105*** (3.330 9)	0.108 5*** (3.416 9)
常数项	−1.372 7E+13* (−1.703 3)	−7.331E+12 (−0.894)	−9.767 7E+12 (−1.119 8)
调整 R^2	0.41	0.31	0.30
样本量	279	279	279

注：(1) 各变量系数括号内的数值为其对应的 t 值；(2) *、** 和 *** 分别表示 10%、5%和 1%的统计显著水平。

从表 9－2 可以看出，在模型 1 中，人均 GDP 对数的系数显著为正。这说明，随着人均 GDP 的增加，单位土地生态价值随之上升。在模型 2 和模型 3 中，农村居民人均纯收入和城镇居民家庭人均可支配收入对数的系数均显著为正。这说明，在样本期范围内，随着农村居民人均纯收入和城镇居民家庭人均可支配收入的增加，单位土地生态价值均有所上升。当居民收入较高时，居民对生态环境的需求上升，要求更高质量的生态环境，要求国家重视生态环境的保护，此时由于经济发展程度也较高，国家也有能力会加大生态保护和环境保护方面的投入，这就会促使土地生态价值有所增加。虽然这三个模型的拟合优度不高，但是人均 GDP、农村居民人均纯收入和城镇居民家庭人均可支配收入对数的系数均显著为正，模型的拟合优度不高是由于一部分对土地生态价值产生影响的变量没有放进模型中，但是不影响人均 GDP、农村居民人均纯收入、城镇居民家庭人均可支配收入与单位土地生态价值之间的较强的正向相关的关系。

表 9－2 中的参数模型设定了计量模型的具体形式，而实际上单位土地生态价值与人均 GDP、农村居民人均纯收入和城镇居民家庭人均可支配收入之间的关系有可能不是这样，非参数模型不假定因变量与自变量之间的函数形式，而是直接对因变量与自变量的数据进行拟合，但是非参数模型会带来“维数诅咒”的问题，而且边界上数据拟合的误差较大。针对这些问题，下面运用式(9－22)～式(9－24)所示的自适应半参数回归模型进行计量分析。基于自适应半参数回归模型的单位土地生态价值的估计结果如表 9－3 所示，单位土地生态价值与人均地区生产总值、农村居民人均纯收入、城镇居民家庭人均可支配收入的拟合曲线如图 9－4～图 9－9 所示。

从表 9－3 中非参部分的结果看，模型 1、模型 2、模型 3 的自由度分别为 2.715、1.525、2.442，拟合时自由度越高，拟合函数越不光滑；模型 1、模型 2、模型 3 的 Spar 值分别为 4.68、5.707、2.268，Spar 值为模型的平滑参数，平滑参数为平滑误差和偏误误差的比值，即 σ_ε^2 与 σ_u^2 的比值，平滑参数越大，拟合函数越光滑，从这些数值中可以判断，模型的拟合效果较好。

表9-3　基于自适应半参数回归模型的单位土地生态价值估计结果

变　　量		模型1	模型2	模型3
$\ln x_4$		-0.128*** (0.006)	-0.096** (0.025)	-0.18*** (0.000)
$\ln x_5$		-0.032** (0.012)	-0.02* (0.092)	-0.034*** (0.007)
$\ln x_6$		0.044* (0.079)	0.02 (0.423)	0.073*** (0.002)
$\ln x_7$		0.052* (0.069)	0.034 (0.212)	0.064** (0.021)
常数项		11.19*** (0.000)	9.923*** (0.000)	11.52*** (0.000)
非参结果	自由度	2.175	1.525	2.442
	Spar统计量	4.68	5.707	2.268
	节点数	38	38	38

注：(1) 各变量系数括号中数值为其对应的p值；(2) *、**和***分别表示10%、5%和1%的统计显著水平。

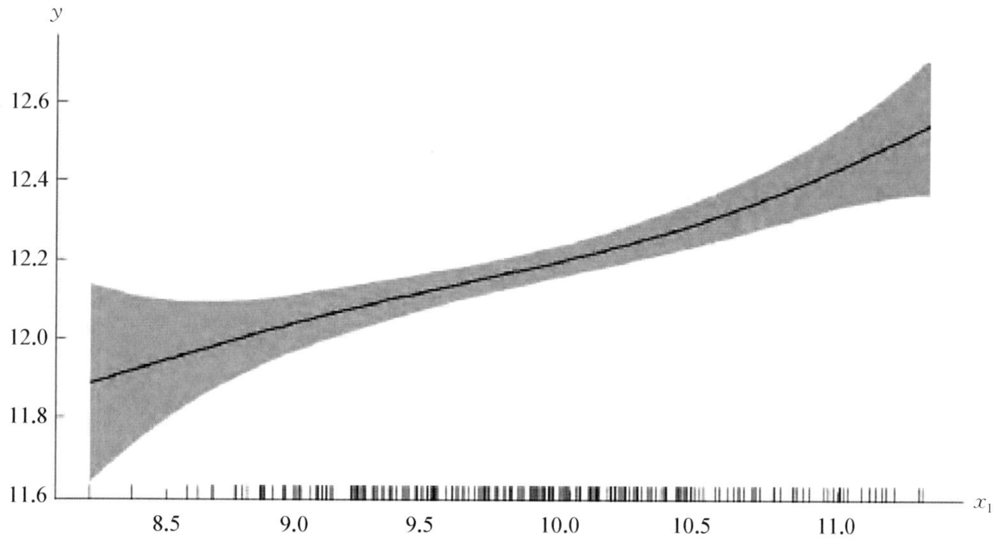

图9-4　土地生态价值与人均GDP的拟合曲线图(加入控制变量)

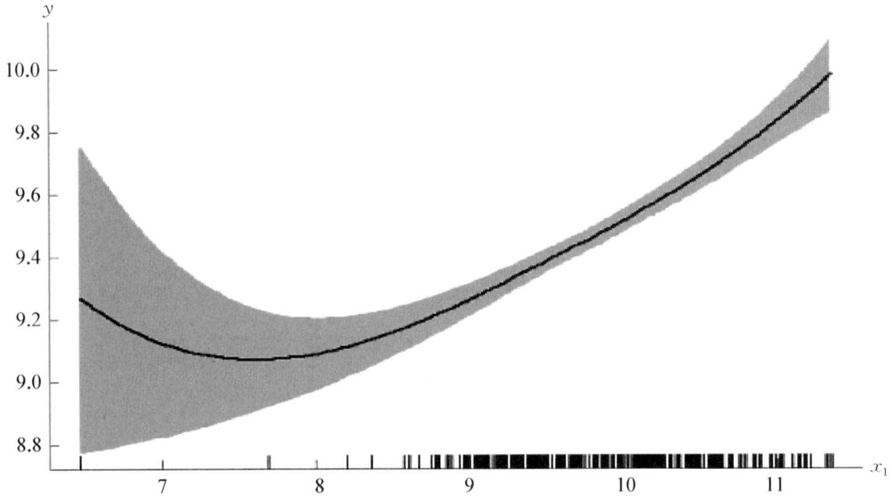

图 9－5　土地生态价值与人均 GDP 的拟合曲线图

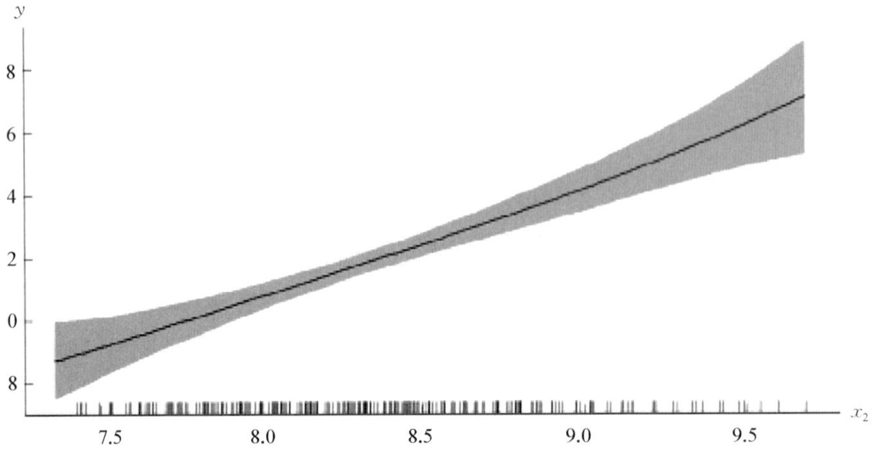

图 9－6　土地生态价值与农村居民人均纯收入的拟合曲线图（加入控制变量）

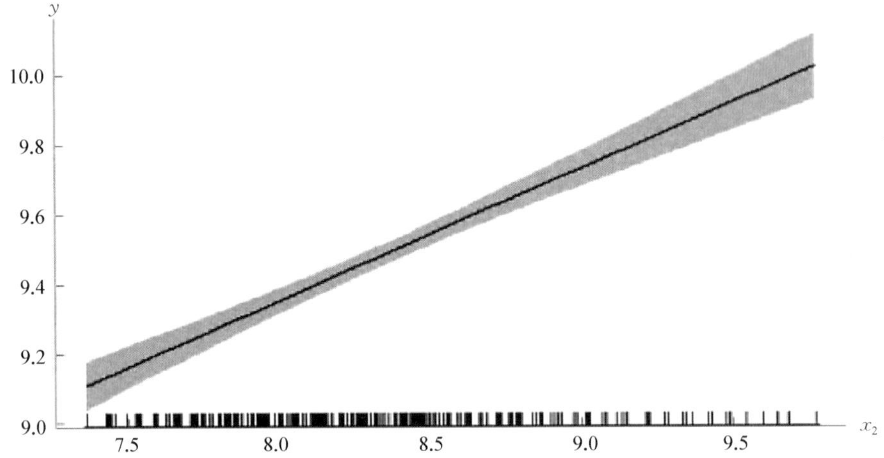

图 9－7　土地生态价值与农村居民人均纯收入的拟合曲线图

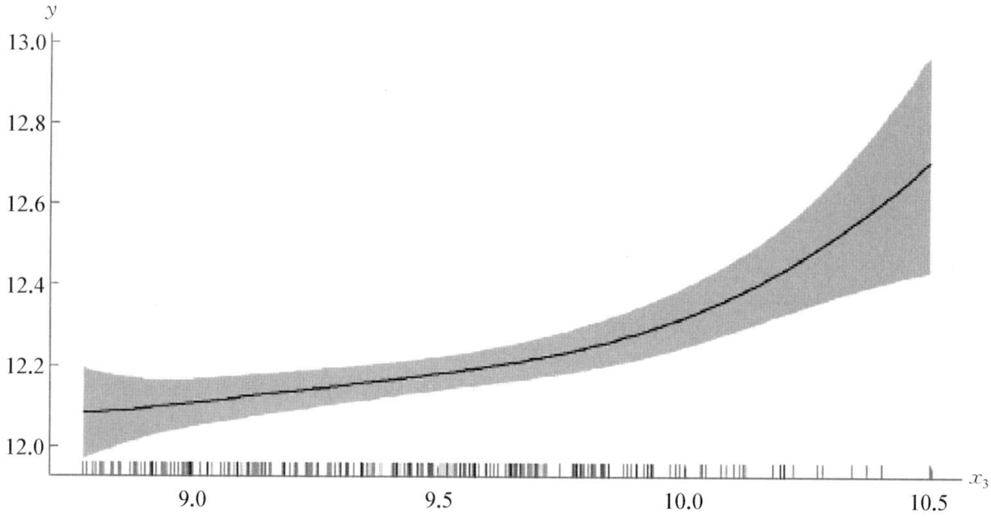

图 9-8　土地生态价值与城镇居民家庭可支配收入的拟合曲线图(加入控制变量)

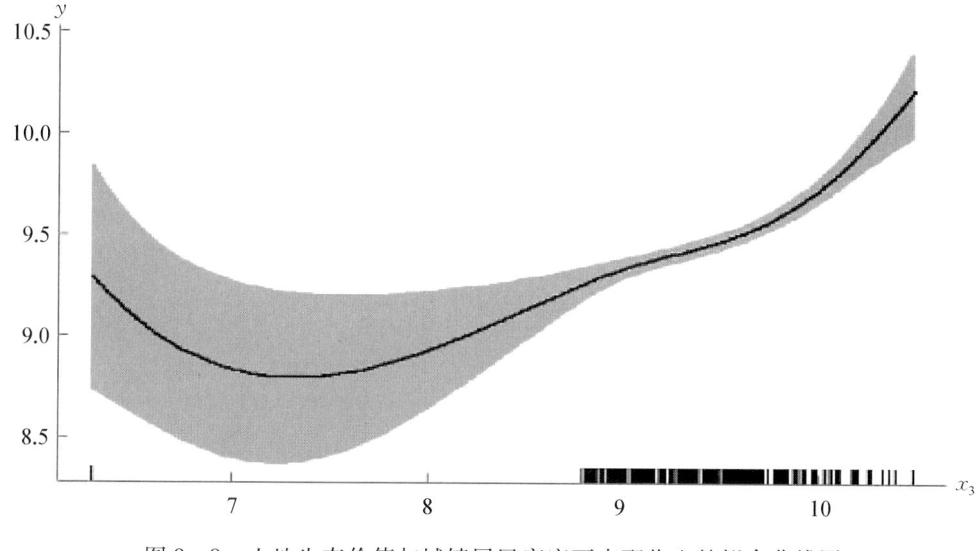

图 9-9　土地生态价值与城镇居民家庭可支配收入的拟合曲线图

图 9-4 是在加入其他控制变量时单位土地生态价值与人均 GDP 的拟合曲线图，图 9-5 是单独考虑单位土地生态价值与人均 GDP 的拟合曲线图；图 9-6 是在加入其他控制变量时单位土地生态价值与农村居民人均纯收入的拟合曲线图，图 9-7 是单独考虑单位土地生态价值与农村居民人均纯收入的拟合曲线图；图 9-8 是在加入其他控制变量时单位土地生态价值与城镇居民家庭人均可支配收入的拟合曲线图，图 9-9 是单独考虑单位土地生态价值与城镇居民家庭人均可支配收入的拟合曲线图。

从图 9-4、图 9-6 及图 9-8 的土地生态价值与人均 GDP、农村居民人均纯收入、城镇居民家庭人均可支配收入的拟合曲线图可以看出，在样本期内，随着人均地区生产总值、农村居民收入和城镇居民收入的上升，单位土地生态价值也随之增加，且单位土地生态价值随着城镇居民收入增加的幅度要更大一些。图 9－5 的土地生态价值与人均地区生产总值拟合曲线图呈现出一定的 U 形曲线关系，图 9－9 的土地生态价值与城镇居民家庭可支配收入的拟合曲线图也呈现出一定的 U 形曲线关系。这说明，在经济发展初期，国家政策以促进经济发展为主，生产过程对土地生态功能破坏严重，土地生态价值降低。而随着经济的发展及居民收入的增加，国家意识到生态保护和环境保护的重要性，会加大生态保护和环境保护方面的投入和管理力度，这从国家的环境污染治理投资总额和工业污染治理投资总额可以看出，2003 年国家的环境污染治理投资总额为 1 627.7 亿元，2012 年为 8 253.46 亿元，2012 年是 2003 年的 5 倍多，2003 年国家的工业污染治理投资总额为 221.8 亿元，2012 年为 500.5 亿元，2012 年是 2003 年的 2 倍多；此外，国家在土地生态保护和环境保护方面的执法力度也有所增强。国家加大生态保护和环境保护方面的投入和管理力度的同时，居民在生态保护和环境保护方面的意识增强，也有利于土地生态资本积累的增加，这均会促使土地生态价值有所增加。这就验证了假说二是正确的。同时，这也说明，2003 年之后国家出台的保护生态和环境的政策法规具有一定的效果，至少说明对土地生态价值的增加具有一定的效果。由于谢高地等（2008）仅给出 2002 年和 2007 年各种土地利用类型的单位生态系统服务价值系数，且因为 2003 年之后土地分类标准与 2002 年及以前的土地类型有所调整，这使得更早的土地生态价值不容易计算，但我们可以从图 9－5～图 9－9 的拟合曲线图看出假说一结论的正确性。但是，随着经济的发展和居民收入的提高，居民在生态保护和环境保护方面的意识增强，与未来的生态消费相比，居民更加注重今天的生态消费，即式（9－12）中的 θ 变大，或者说土地生态价值的度量标准增加，从式（9－12）看这使得土地的生态价值有所降低，但现实情况是否这样，这需要时间的检验。

9.6 本章结论与政策建议

本章首先构建引入了土地资本的内生经济增长模型，得出土地生态价值的表达式，探讨了土地生态价值与居民收入之间的关系，并利用自适应半参数模型对土地生态价值与人均 GDP、人均收入（包括农村居民人均纯收入和城镇居民家庭人均收入）的关系进行计量分析，得出以下结论：（1）在经济发展初期，国家政策以促进经济发展为主，生产过程对土地生态功能破坏严重，土地生态价值降低；（2）随着经济的进一步发展，国家意识到生态保护和环境保护的重要性，会加大生态保护和环境保护方面的投入，这会促使土地生态价值有所增加；（3）随着经济的发展和居民收入的提高，居民在生态保护和环境保护方面的意识增强，土地生态资本的积累增加，国家也有能力加大对生态环境保护的投入，这促使土地的生态价值有所提高。

通过以上结论，我们给出以下政策建议。（1）对土地生态价值进行科学合理的测算。可以借鉴本章综合运用生态学和经济学方法，将生态变量和经济变量相结合，对各种利用类型的土地的生态价值进行量化，并且其计算结果要能够随着经济水平和消费水平的提高呈动态变化。(2) 重视土地生态环境的保护,加大土地生态环境保护的投入,增加土地生态资本积累,提升土地生态价值。改革开放以来,我国经济快速发展,经济总量已居世界第二位,但也产生了环境污染和生态功能破坏严重等问题。因此,国家需要加大生态环境保护方面的投入,增加土地生态资本积累,提升土地生态价值。(3) 将提升土地生态价值的目标与转变经济增长方式相结合。我国经济快速发展,使得居民收入大幅增长,居民的生态保护和环境保护意识有所增强,国家的经济发展也处于转型时期,可以将提升土地生态价值的目标与转变经济增长方式相结合。例如,可以利用税收、利润或价格等经济手段限制粗放利用土地的行为,这既可以提升土地生态价值,也可以促进经济转型。(4) 制定合理的有利于土地生态环境保护的制度。一方面,应建立清晰的土地生态产权制度,只有建立一整套包括生态产权界定、流转、保护的生态产权制度,国家才能有效地对生态资产行使公共管理职能。另一方面,国家可探索建立跨区域的生态补偿机制,促进生态保护外部性的内部化,这有利于实现生态补偿机制的市场化管理,实现不同地区和不同群体利益的公平配置和合理分配。

参考文献

[1] 包群,邵敏,杨大利.环境管制抑制了污染排放吗?[J].经济研究,2013,48(12):42-54.

[2] 蔡邦成,陆根法,宋莉娟,等.土地利用变化对昆山生态系统服务价值的影响[J].生态学报,2006,26(9):3005-3010.

[3] 陈美球,赵宝苹,罗志军,等.基于 RS 与 GIS 的赣江上游流域生态系统服务价值变化[J].生态学报,2013,33(9):2761-2767.

[4] 董川永,高俊峰.太湖流域西部圩区陆地生态系统维持和调节功能量化评估[J].自然资源学报,2014,29(3):420-430.

[5] 范金,胡汉辉.环境 Kuznets 曲线研究及应用[J].数学的实践与认识,2002,32(6):944-951.

[6] 郝慧梅,任志远.基于生态服务价值的土地利用/覆盖变化生态效应测评[J].资源科学,2007,29(6):90-97.

[7] 胡和兵,刘红玉,郝敬锋,等.城市化流域生态系统服务价值时空分异特征及其对土地利用程度的响应[J].生态学报,2013,33(8):2565-2576.

[8] 黄茂兴,林寿富.污染损害、环境管理与经济可持续增长——基于五部门内生经济增长模型的分析[J].经济研究,2013,48(12):30-41.

[9] 李胜兰,初善冰,申晨.地方政府竞争、环境规制与区域生态效率[J].世界经济,2014,37(4):88-110.

[10] 梁欣,臧淑英,张思冲.基于土地利用变化的生态服务价值损益估算——以大庆市为例[J].自然灾害学报,2006,15(2):68-72.

[11] 刘凤良,郭杰.资源可耗竭、知识积累与内生经济增长[J].中央财经大学学报,2002(11):64-67.

[12] 刘学录,曹爱霞.土地生态功能的特点与保护[J].环境科学与管理,2008,33(10):54-57.

[13] 史仕新,刘鸿渊.人力资本、生态资本及技术进步的经济增长模型[J].财经科学,2004(5):

62 - 66.
[14] 田华文,孟庆香,曲晨晓,等.土地整理对区域生态系统服务价值的影响分析[J].水土保持研究,2008,15(6): 167 - 169.
[15] 谢高地,甄霖,鲁春霞,等.一个基于专家知识的生态系统服务价值化方法[J].自然资源学报,2008,23(5): 911 - 919.
[16] 杨继生,徐娟,吴相俊.经济增长与环境和社会健康成本[J].经济研究,2013,48(12): 17 - 29.
[17] 姚成胜,朱鹤健,吕晞,等.土地利用变化的社会经济驱动因子对福建生态系统服务价值的影响[J].自然资源学报,2009,24(2): 225 - 233.
[18] 姚远,丁建丽,张芳,等.土地利用变化的人文驱动因子对新疆生态系统服务价值的影响[J].水土保持通报,2013,33(5): 298 - 304.
[19] 原玉廷,彭邓民.刍议马克思土地资本理论与我国土地改革现实——兼论构建中国特色土地经济学理论体系[J].经济问题,2013(1): 23 - 26.
[20] 庄子银.高级宏观经济学[M].武汉: 武汉大学出版社,2004.
[21] Baladandayuthapani V, Mallick B K, Carroll R J. Spatially adaptive Bayesian penalized regression splines (P-splines) [J]. Journal of Computational and Graphical Statistics, 2005, 14(2): 378 - 394.
[22] Charnes A, Cooper W W, Rhodes E. Measuring the efficiency of decision making units[J]. European Journal of Operational Research, 1978, 2(6): 429 - 444.
[23] Costanza R, d'Arge R, de Groot R, et al. The value of the world's ecosystem services and natural capital[J]. Nature, 1997, 387(6630): 253 - 260.
[24] Crainiceanu C M, Ruppert D, Carroll R J, et al. Spatially adaptive Bayesian penalized splines with heteroscedastic errors[J]. Journal of Computational and Graphical Statistics, 2007, 16(2): 265 - 288.
[25] Fontana V, Radtke A, Bossi Fedrigotti V, et al. Comparing land-use alternatives: Using the ecosystem services concept to define a multi-criteria decision analysis[J]. Ecological Economics, 2013, 93: 128 - 136.
[26] Krivobokova T, Crainiceanu C M, Kauermann G. Fast adaptive penalized splines[J]. Journal of Computational and Graphical Statistics, 2008, 17(1): 1 - 20.
[27] Lang S, Brezger A. Bayesian p-splines[J]. Journal of Computational and Graphical Statistics, 2004, 13(1): 183 - 212.
[28] Ruppert D, Wand M P, Carroll R J. Semiparametric Regression[M]. Cambridge, UK: Cambridge University Press, 2003.
[29] Selden T M, Song D Q. Neoclassical growth, the J curve for abatement, and the inverted U curve for pollution[J]. Journal of Environmental Economics and Management, 1995, 29(2): 162 - 168.
[30] Wang Y C, Chuang Y C. Environmental resilience and economic growth: Command economy's optimization and environmental Kuznets curve[J]. Economic Modelling, 2011, 28(6): 2854 - 2861.

第 10 章　市场失灵、排污权交易与污染减排：来自中国工业企业的证据[①]

10.1　研究问题的提出

经济学中的一个普遍观点是，相较于传统的命令与控制型环境政策而言，可交易排放许可（Transferable Discharge Permits, TDP）系统能够以一种更灵活的方式，更有效地推动污染减排目标的实现（Malik, 2002; Bruneau, 2004; Li et al., 2016; Liu et al., 2020; Wei et al., 2021）。Montgomery（1972）提供了一个严格的证据，证明 TDP 系统在理论上可以为污染控制提供一种具有成本效益的政策工具。然而，值得注意的是，这一属性只有在产出市场和排放许可市场完善、企业合规的前提下才成立。这要求企业成为价格接受者，与交易相关的交易成本较小，企业自愿遵守其许可限制（Malik, 2002）。事实上，有几个因素可能对 TDP 系统的优势产生不利影响（Stavins, 1995）。例如，企业可能具备能够影响许可证价格的市场势力，许可证市场交易成本可能很高，对个人污染收益有私人知识的企业可能不会向政府披露这一信息，他们可能选择在排放许可证市场上进行不合规的活动（Malik, 2002; Bruneau, 2004）。因此，TDP 系统的效率可能没有理论模型中预期的那么高。然而，关于这一问题的实证研究却很少。为了弥补这一研究差距，本章以中国二氧化硫（SO_2）排放交易政策为准自然实验，考察市场失灵和企业策略性行为对污染减排的影响。

为了满足政府的环境监管要求，企业将采取各种策略性行动。然而，在不完全市场上，不同类型的公司会有不同的表现。低生产率的企业倾向于通过减少产量、企业迁移、改变行业或直接停止生产，以满足政府排放监管目标（Li et al., 2016; Liu et al., 2020）。当产出市场和排污许可市场不完善，或者排污许可交易机制不完善时，企业会采取策略性行为以实现收益最大化（Montero, 1997; Coria, 2009; Hatcher, 2012）。具有市场势力的企业在产品市场上通常表现为寡头，在 TDP 体系中也会操纵排放许可市场（Wang et al., 2019）。具有这种市场势力的公司能够通过扭曲许可证价格，以增加其竞争对手在产品市场上的成本（Hahn, 1984; Hintermann, 2017）。因此，市场势力的存在加剧了 TDP 制度的低效。

同时，排放许可证市场的交易成本降低了 TDP 制度的效益（Woerdman, 2001）。

---

① 本章相关研究内容已发表：Tang M, Li Z, Hu F, et al. Market failure, tradable discharge permit, and pollution reduction: Evidence from industrial firms in China[J]. Ecological Economics, 2021, 189: 107180.

Stavins(1995)分析了交易成本对污染控制市场绩效的影响。结果表明,交易成本可能会降低交易量,增加减排成本。交易成本的增加降低了卖方收到的价格,提高了买方支付的价格(Stavins, 1995)。Kerr 和 Maré(1998)通过计量经济学方法估计了交易成本对美国逐步减少铅排放期间建立的可交易许可证市场有效性的影响,并发现炼油厂在面临高交易成本的情况下不太可能进行交易。

与产品市场和排放许可市场相关的市场失灵也影响技术进步的速度和方向。这些市场失灵为在环境政策中促进、发展和采用对环境有利的技术提供了强有力的机会(Montero, 1998)。Kumar 和 Managi(2009)与 Tietenberg(2010)认为许可证市场建立了一个明确的价格信号,与命令控制型政策相比,为企业提供了更好的投资环境研究和开发(R&D)的激励。由于不完全竞争的许可证市场,排放许可交易机制增加了企业加快减排技术扩散的经济激励(Requate,2005)。异质性企业可以在可能的排他性操纵下扭曲产出和市场价格,这种策略性行为会对企业预期的技术采用效益和技术扩散过程产生影响(Fudenberg and Tirole, 1985)。

中国最早的碳排放交易出现在 20 世纪 80 年代末的上海,黄浦江沿岸 60 多家化工企业实施了化学需氧量(Chemical Oxygen Demand, COD)总量控制指标有偿转移,共计 30 余次排污权转移交易(Liu et al., 2020)。此后,中国开始结合新项目讨论和试点排污权交易。1989 年,原国家环境保护总局发布了《大气污染物排放许可证制度试点工作方案》。然而,由于法律和监管的限制、有限的经验和实施的挑战,这些试点主要是概念性的。20 世纪 90 年代,中国探索了缓解 SO_2 排放有害影响的 TDP 制度。1993 年,原国家环境保护总局开始探索大气排污权交易政策的实施,并在太原、包头等城市进行了试点。2001 年,南通天生港发电有限公司和南京醋酸纤维有限公司在南通进行了中国第一次 SO_2 排放交易。2002 年,原国家环境保护总局在山东、山西、江苏、河南、上海、天津、柳州 7 个省市开展了 SO_2 排放权交易试点(Hou et al., 2020)。2007 年,为进一步扩大试点范围,国家批准在江苏、天津、浙江、湖北、重庆、湖南、内蒙古、河北、陕西、河南、山西等地实施排污权有偿使用和交易试点。此后,排污许可证交易涉及的污染物数量逐渐增加,年交易量也逐渐增加(Qi et al., 2018)。本章选取 2007 年作为 SO_2 排放权交易政策试点年进行计量分析。

鉴于我国目前的市场体系尚不完善,SO_2 排污权交易政策的试点为在市场失灵的情况下研究排污权交易对污染减排的绩效影响提供了契机。为了探讨 TDP 政策对污染减排的影响,本章采用三重差分(DDD)法来捕捉 TDP 政策对促进污染减排的因果效应,并分析具体的影响机制。本研究整体上作出以下三点贡献。第一,这是首次在考虑市场失灵和企业策略性行为的情况下,系统评估中国污染控制 TDP 政策的实施绩效。第二,采用 DDD 方法解释 TDP 政策促进污染减排未观察到的原因。第三,使用了企业层面的微观匹配样本,并结合了中国工业企业(CIF)和中国工业企业污染排放(CIFPE)数据库,样本不仅包含与企业相关的经济和财务指标,还包含企业层面的一系列各种污染物排放指标,这为我们的研究提供了可靠经验证据的基础。

10.2 文献回顾与理论基础

10.2.1 不完全市场竞争

1. 交易成本

当一家公司获得排放许可证时，它将获得排放许可证规定数量的排放授权。排污许可证的设立赋予企业事实上的产权。事实上，交易成本在市场经济中无处不在，任何产权转让都可能产生交易成本，因为交易各方必须相互寻找、沟通和交换信息（Stavins，1995）。一般来说，交易成本通常包括搜索成本、谈判成本、批准成本、监控成本、执行成本和保险成本等（Dudek and Wiener, 1996）。此外，Mullins 和 Baron（1997）将交易成本细分为直接成本（例如，启动和完成交易所花费的资金）和机会成本（例如，延迟和管理关注造成的时间和资源损失）。此外，Furubotn 和 Richter（2005）将交易成本细分为固定成本和可变成本，其中只有后者取决于交易量。现有研究从理论和实证两方面分析了交易成本对 TDP 政策绩效的影响。Hahn 和 Hester（1989）在三个美国环境项目中确定了交易成本的一些来源，并强调了行政机制在降低交易成本潜力方面的重要性。Stavins（1995）使用了一个简单的模型，从理论上论述了交易成本对企业成本收益的影响效应。Foster 和 Hahn（1995）使用交易特定数据来考虑交易成本对洛杉矶排放交易市场价格的影响。Montero（1998）建立了包括交易成本和不确定性的理论模型，并进行数值模拟，以显示可销售排放许可证对减排市场绩效和总控制成本的影响。

设计和运行 TDP 项目涉及大量工作。例如，政府应首先设定总排放控制目标，然后以排放配额的形式将部分目标分配给排放源（Foster and Hahn, 1995）。它还涉及设计交易规则、收集、验证和管理排放数据；管理津贴交易；执行该项目并惩罚违规行为（Hahn and Hester, 1989）。如果交易规则简单、交易信息容易获取，那么搜索成本和谈判成本相对较小（Kerr and Maré, 1998）。同样，如果政府颁布的法律和法规清晰完整，那么交易排放许可证有效性的私人信息产生的交易成本可能很小（Armstrong, 2008）。

一般来说，交易成本在产出市场和许可证交易市场中无处不在。因此，深入探究 SO_2 排放交易政策如何通过降低交易成本来有效减少污染，构成了本研究的一大核心贡献。监测污染排放和执行环境政策的交易成本通常由政府当局承担。由于难以衡量交易成本，如交易双方之间的搜索成本和谈判成本，因此本研究仅侧重于分析包含监测和执行的交易成本。

2. 市场势力

排放许可和产品市场中存在市场势力的效率和影响已被许多研究所检验（Malueg, 1990；Innes et al., 1991；Sartzetakis, 1997, 2004）。Hahn（1984）是第一个在可转让产权市场背景下分析市场势力的学者。此后，Misiolek 和 Elder(1989)研究了一种特殊情况，在这种情况下，占主导地位的公司可以利用其在排放许可市场上的势力(排他性操纵)来限制竞争对手进入特定地区，从而提高其生产成本。此外，van Egeren 和 Weber(1996)提出了一个在可销售的排放许可市场中运营的不合规公司的模型。Malik(2002)探讨了排放许可市场中具有市场势力的公司不遵守规定的影响，并确定了占主导地位的公司持有超过其排放水平的许可证的条件。此外，Armstrong(2008)在动态捕捞配额分配模型中考虑了市场势力和效率，并引入了配额分配取决于历史配额获取的新机制。随后，Hatcher(2012)研究了一家占主导地位的公司在产品配额市场中的合规行为，该公司可以在配额和产品市场上行使市场势力。

当可交易许可市场中存在具有市场势力的企业时，其成本效益均衡结果发生变化。然而，具有市场势力的公司往往被鼓励进行更多的研发投资，并更早地采用新的减排技术，特别是在不完全竞争的许可证市场中(Fudenberg and Tirole, 1985; Huisman and Kort, 2003; Wang et al., 2019)。这是因为在不完全竞争的市场中，每家公司从策略效应中获得的收益都大于完全竞争的市场(Bruneau, 2004; Requate, 2005; Coria, 2009; Wang et al., 2019)。此外，产品和许可市场中不对称企业的策略性行为加速了新减排技术的扩散，这促使所有企业更早地采用新技术(Coria, 2009; Hatcher, 2012)。因此，本研究的另一个目的是实证分析具有市场势力的企业是否有动机增加研发投资，并采用减排技术，以实现TDP 政策下的污染减排。此外，我们还研究了提高技术采用率和扩散率是否有助于政策的污染减排效果，并促进企业的技术进步。

10.2.2 企业策略性行为

1. 控制生产或者降低污染排放强度

为了满足政府的环境法规要求，企业面临着减少产量或降低污染排放强度的选择。在排污权交易机制下，企业倾向于通过优化资源配置来提高产出，显著降低污染排放强度(Liu et al., 2020)。特别是在市场化程度高的地区，企业更倾向于优化资源配置以降低其污染排放强度。然而，污染排放强度的降低往往会提高特定技术和投入的污染消减成本。这是因为资源必须从有利产出的生产转移到污染减排活动，从而增加已放弃的生产水平(Liu et al., 2020)。事实上，统计数据表明，随着 GDP 的快速增长，中国的污染排放强度大幅下降(Li et al., 2016)。因此，分析在市场失灵的情况下，TDP 政策是通过减少产出来促进减排，还是通过降低排放强度来促进减排，是十分必要的。这正是本研究的机理分析所要涉及的。

2. 前端处理或末端处理

根据政府的环境法规，企业必须处理生产过程中产生的污染。因此，企业有动力在能够产生较少污染排放的工艺相关技术或能够在投入较少的情况下抑制污染排放的技术（例如开发脱硫装置）上进行研发投资。这些与工艺相关的技术通常被细分为前端处理技术、清洁生产技术和末端处理技术（Frondel et al., 2007）。特别地，清洁生产通过使用更清洁的原材料、改进产品设计和在生产源头提高生产技术来减少 SO_2 的排放量，而末端技术则通过实施附加措施来抑制污染排放（Wang et al., 2019）。通常情况下，诸如脱硫过滤器等末端处理技术的设计目的是减少作为生产副产物产生的有害物质。相比之下，清洁生产措施通常会导致副产品以及能源和资源投入的减少（Mantovani et al., 2017）。

企业常常希望创新能够抵消或至少减少环境监管带来的负担和成本。清洁技术和环境政策的潜在的好处包括降低成本、提高竞争力、为环境良好的产品和工艺创造新的市场，以及对就业产生积极影响。然而，与末端处理技术相比，清洁生产技术更容易实现这些优势，因为末端处理技术主要实现环境保护功能（Wu et al., 2019）。

特别需要指出的是，技术越清洁，单位产量排放就越低，但边际生产成本也越高。相反，在使用末端处理技术的情况下，不改变生产工艺就可以减少部分污染物排放（Li et al., 2017）。由于这个原因，尽管前端技术和末端技术都需要增加生产成本，但从长远来看，清洁技术有可能改善生产过程。因此，有必要实证分析在 TDP 政策下，企业是否通过前端处理或末端处理技术进行减排。这也正是本章机制分析所要研究的问题。

3. 中性技术进步或有偏技术进步

事实上，技术进步往往不是独立于资本、劳动力、能源、污染减排投入，以及处于中性状态的其他生产要素。技术进步影响要素份额的变化，并偏向于特定的因素，这导致了技术进步的要素偏向（Hicks, 1963）。环境规制诱导的技术进步对污染减排投入与其他因素之间的边际替代率有影响。它有两个影响技术变化方向的因素——创新产品的要素价格和市场规模（Acemoglu, 2002, 2003, 2007）。价格效应导致技术变化偏向于相对稀缺的生产要素，而市场规模效应导致技术变化偏向于相对丰富的生产要素，从而为偏向技术变化提供了微观基础（Acemoglu et al., 2012；Xiu et al., 2019；Wiskich, 2021）。

在 TDP 政策下，企业有动力增加对污染治理技术的投资，这将导致环境污染技术变革的偏向性。许多现有的研究集中在这方面，并表明市场激励的环境法规导致企业的技术进步偏向，特别是在市场不完善的情况下。Sanstad 等（2006）提出了能源增强技术变化和部门生产率增长趋势的估计。Otto 等（2007）通过建立一个可计算的一般均衡模型来研究能源偏向的技术变化。Kumar 和 Managi（2009）使用定向产出距离函数测量了能源价格引起诱导的外生技术变化。Aghion 等（2012）指出，在环境规制的诱导下，企业更倾向于促进清洁生产技术的创新。Krysiak（2011）研究了环境规制诱导的技术进步追求最佳技术选择的条件。Acemoglu 等（2012）研究了环境税和研发补贴对技术变革的影响。Haas 和 Kempa（2018）使用了一个具有定向技术变化的模型，从理论上分析了可观测的异质性能源的强度发展。相比之下，本研究在机制分析中实证考察了中国的 TDP 政策是促进中性技术进步还是偏向技术进步，探究 TDP 政策如何通过促进技术进步促进污染减排。

10.3 数据来源与计量模型

10.3.1 数据来源

本研究的微观企业数据来源于 CIF 数据库(1998—2012 年)和 CIFPE 数据库(1998—2012 年)。CIFPE 数据库包括占中国主要污染物排放总量 85%的工业企业,数据中有工业产出、能源投入和污染排放的信息等。为了确保这些数据的完整性和准确性,其由污染企业独立上报,地方环保部门收集,最后县级环保部门进行监测和不定期检查。CIFPE 数据库被认为是中国最全面、最可靠的微观企业污染排放数据(Zhang et al., 2018)。CIFPE 数据库包括所有规模以上(即产值超过 500 万元)的国有和非国有工业企业的信息。所有企业的总产值占中国工业总产值的 90%以上(Cui et al., 2020)。这个数据库包含了关于公司的丰富信息,但也存在样本混淆,指标不连续、不一致等缺点(Brandt et al., 2012; Zhang et al., 2018)。

基于 Brandt 等(2012)的方法,我们对 CIF 数据库和 CIFPE 数据库进行了匹配。首先,根据公司代码,对这两个数据库逐年进行匹配;对未匹配成功的数据集,根据公司名称进行再次匹配。其次,根据法人代表的姓名、地址、邮编、电话号码、行业代码、主要产品等信息,对不同年份的公司是否为同一公司进行识别和核对。最后,对数据进行了如下处理:(1) 剔除不符合中国会计准则的样本,被删除的样本主要包括员工人数少于 8 人的公司,总资产低于流动资产或固定资产净值的样本,流动资产、固定资产、净固定资产、销售总额或总产量为负的样本,以及污染物排放为负的样本;(2) 行业代码在样本期内分别于 2002 年和 2011 年进行了两次修订,并按照本研究中 2002 年的标准进行统一;(3) 由于部分公司的成立日期不一致,我们使用了企查查(https://www.qcc.com/)和百度搜索(https://www.baidu.com/)网站的信息进行更正。

本章通过樊纲市场化指数(王小鲁等,2017)来衡量某一地区的市场化程度。当某一地区在 1998—2006 年的市场化指数大于平均水平时,该地区被定义为市场化程度高的地区,反之则被定义为市场化程度低的地区。表 10-1 给出了市场化程度高和市场化程度低的样本各变量的描述性统计。从表 10-1 可以看出,市场化程度高的地区 SO_2 的平均排放量显著低于市场化程度低的地区。但在资本投入、劳动力、企业年龄、中间投入等方面,各地区间差异不显著。

图 10-1 和图 10-2 分别显示了高、低市场化地区实施 TDP 政策前后企业的 SO_2 排放情况。如图 10-1 所示,对于市场化程度较高的地区,2007 年之前,试点地区和非试点地区的 SO_2 排放量呈现出几乎平行的趋势,而 2007 年 TDP 政策实施后 SO_2 排放量急剧下降。2007 年以后,虽然非试点地区 SO_2 排放量也呈现下降趋势,但降幅远小于试点地区。如图 10-2 所示,对于市场化程度较低的地区,2007 年以前,试点地区和非试点地区的 SO_2 排放量基本呈现平行趋势。2007 年以后,试点地区和非试点地区的 SO_2 排放量均略

表 10 - 1　核心变量的描述性统计

变　量	观测值	均值	标准差	最小值	最大值
面板 A：市场化程度高的样本					
SO_2	316 326	58.77	137.24	0.00	789.08
L	385 961	441.94	586.08	30.00	2 886.00
K	387 012	157 804.59	333 497.54	876.70	1 705 389.38
age	387 302	13.17	12.19	1.00	50.00
Y_add	374 109	35 721.90	67 092.21	-6 538.31	325 240.69
面板 B：市场化程度低的样本					
SO_2	148 045	99.43	187.25	0.00	789.08
L	159 351	467.15	615.28	30.00	2 886.00
K	161 656	162 641.98	340 606.61	876.70	1 705 389.38
age	161 957	14.36	14.00	1.00	50.00
Y_add	154 039	30 016.97	59 928.52	-6 538.31	325 240.69

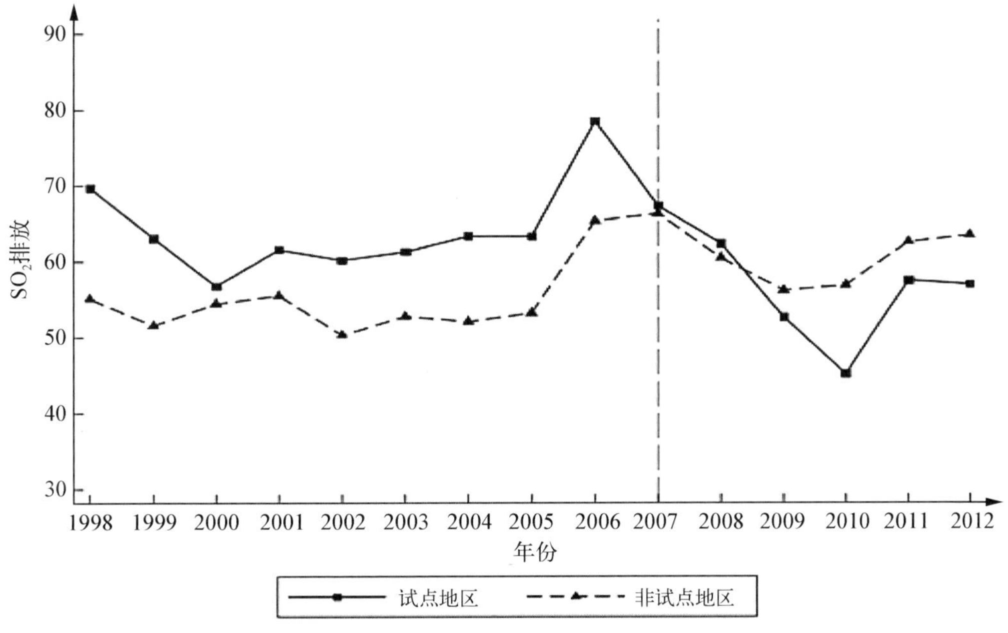

图 10 - 1　TDP 政策实施前后市场化程度较高地区企业的 SO_2 排放

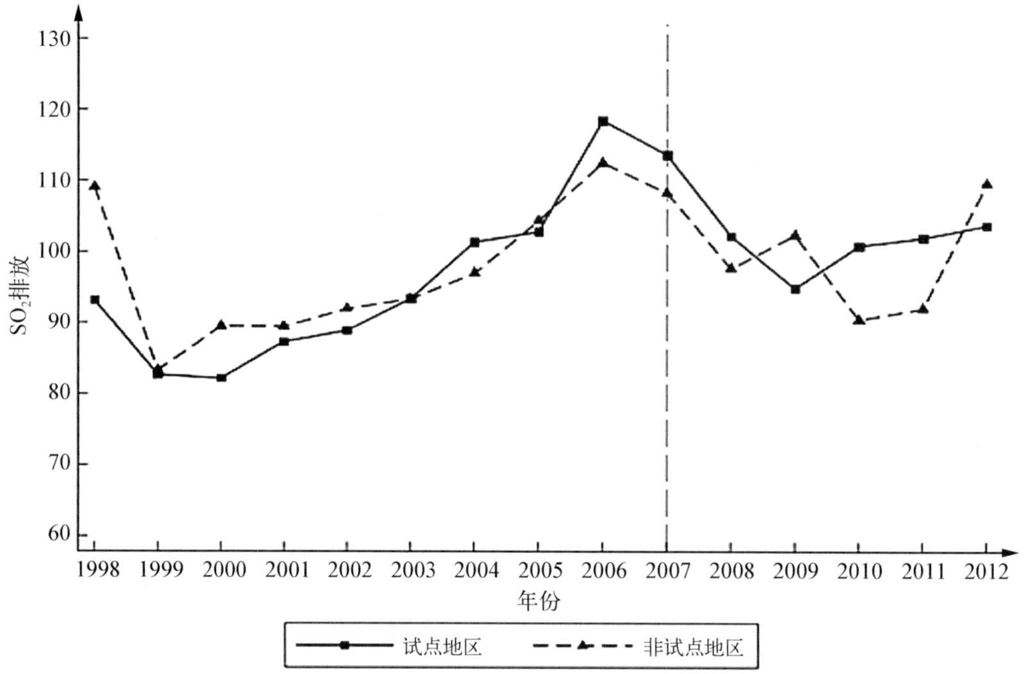

图 10-2　TDP 政策实施前后市场化程度较低地区企业的 SO_2 排放

有下降,但随后迅速增加。此外,试点地区 SO_2 排放量的下降速度并未超过非试点地区。总之,对于市场化程度高的地区,TDP 政策的实施显著降低了 SO_2 排放,而对于市场化程度低的地区效果不明显。这表明 DDD 模型的平行趋势假设大致可以用图形来验证。

10.3.2　计量模型

传统的双重差分(difference-in-differences, DID)模型要求样本数据满足平行趋势假设:处理组和控制组在政策干预之前应有相同的变化趋势(Abadie, 2005)。但是,如果违反平行趋势假设,则需要控制趋势差的影响,否则混合趋势差的影响会导致处理效应发生偏误。因此,DDD 模型可以通过引入新的控制组来控制趋势差异对处理效应识别的干扰(Deschenes and Meng, 2018)。DDD 方法在 DID 框架中添加了一个控制组,以解释无法观察到的、DID 可能无法捕捉到的组别和时间特征交互效应。在本研究中,由于处理组和控制组的市场化程度不同,对 TDP 政策的实施产生了不同的影响,从而导致了估计结果的偏差。

以 TDP 政策为准自然实验,本章采用 DDD 模型分析市场失灵对污染减排的影响。根据 Qi 等(2018)和 Cui 等(2020),本章的实证模型如下:

$$Emission_{ijt} = \beta_0 + \beta_1 treat_r \times post_t \times index_r + \beta_2 treat_r \times index_r + \beta_3 post_t \times index_r + \beta_4 treat_r \times post_t + \sum_s \lambda_s \times X_{it} + \mu_i + \gamma_t + \delta_j + \varepsilon_{ijt} \quad (10-1)$$

式中，$Emission_{ijt}$ 表示第 t 年 j 行业 i 公司的 SO_2 排放量；我们选择樊纲市场化指数来代表市场化程度，$index_r$ 表示市场化程度的虚拟变量，如果 1998—2006 年某企业所在省份的市场化指数高于其平均水平，则其值为 1，否则为 0；$treat_r$ 表示 TDP 政策的试点地区的虚拟变量，如果企业处于该政策的试点区域，则虚拟变量的值为 1，否则为 0；$post_t$ 表示政策试点时期的虚拟变量；在试点期间（2007—2012 年）取值为 1，在非试点期间（1998—2006 年）取值则为 0。

式（10－1）中，i、j、r、t 分别表示工业企业、行业、区域、时间；β_0 是常数项；β_1 是核心的 DDD 估计值，衡量了在不同市场化程度下，TDP 政策对企业 SO_2 排放的净影响；μ_i 表示企业固定效应，控制了不随行业和时间而变化，而是随企业个体而变化的因素；γ_t 为时间固定效应；δ_j 为行业固定效应；ε_{ijt} 表示产业层面聚类的标准误；X_{it} 表示其他控制变量，如员工人数（L）、固定资产（K）、企业年龄（age）和工业企业增加值（$Y\text{-}add$）等。

员工人数（L）的数据直接来自 CIF 数据库。固定资产（K）数据代表企业在每个时期的资本投入，使用永续盘存法进行计算（Liu et al., 2020）。工业企业的增加值数据也来自 CIF 数据库，但 2001 年、2004 年、2008 年、2009 年和 2012 年的数据缺失。我们对 2004 年的缺失值进行处理，计算公式如下（Li and Zhang, 2019）：工业增加值＝产品销售收入+期末库存－期初库存－中间投入品+2004 年应缴增值税。其余年份的缺失值按如下公式处理（Li and Zhang, 2019）：工业增加值＝工业总产值－中间投入＋当年应纳税额增值税。此外，我们根据公式（Li and Zhang, 2019）对 2008—2012 年企业中间投入的缺失值进行如下处理：中间投入＝存货－库存产品＋主营业务成本－主营业务应付工资总额。Gray 等（2014）认为，成立时间越长的公司的污染水平可能更高，因此可能面临更严格的政府监管及审查。此外，成立时间越长的公司更有动力和能力通过创新来控制污染排放。因此，我们在模型中引入了企业年龄这一控制变量，并定义为当年减去企业成立年，再加上 1。最后，我们取每个控制变量取其对数值。

10.4　排污权交易影响污染减排的实证结果

10.4.1　基准回归结果

表 10－2 显示了 TDP 政策对公司 SO_2 排放的基准回归结果。第（1）列显示了没有控制变量并且只控制了企业固定效应的估计结果；第（2）列显示了加上控制变量且控制企业固定效应的结果；第（3）列和第（4）列显示的分别是企业和行业固定效应被控制住以及企业和时间固定效应被控制住的回归结果。最后一列展示了加入所有控制变量及控制企业、时间和行业固定效应的回归结果。这些结果表明 TDP 政策在市场化程度高的地区显著促进了 SO_2 减排（减少了大约 10.4%）。这些结果与 Zhang 等（2019）、Hou 等（2020）、Hu 等（2020），以及 Wei 等（2021）的结论一致，表明实施 SO_2 排放交易机制显著降低了

SO_2的排放，且碳排放交易机制对碳排放量有着显著的负面影响。以市场为导向的环境规制政策激励了企业增加清洁生产及采取减排技术，并加强了能源消费结构的优化，进一步减少了污染排放。这是因为企业尤其是拥有市场势力的企业能够通过采取策略性行动来获利。

表 10－2　TDP 政策对公司 SO_2 排放的基准回归结果

变　量	(1) $\ln(SO_2)$	(2) $\ln(SO_2)$	(3) $\ln(SO_2)$	(4) $\ln(SO_2)$	(5) $\ln(SO_2)$
post×treat×index	−0.201*** (0.040)	−0.178*** (0.033)	−0.179*** (0.033)	−0.104** (0.043)	−0.104** (0.043)
treat×post	0.068* (0.039)	0.051 (0.033)	0.050 (0.033)	−0.022 (0.033)	−0.023 (0.032)
treat×index	1.048** (0.427)	1.207*** (0.413)	1.201*** (0.369)	1.209*** (0.349)	1.208*** (0.323)
post×index	0.067*** (0.022)	0.052*** (0.018)	0.053*** (0.018)	0.002 (0.033)	−0.000 (0.034)
ln *L*	—	0.173*** (0.008)	0.170*** (0.008)	0.135*** (0.011)	0.134*** (0.011)
ln *K*	—	−0.007 (0.012)	−0.003 (0.012)	0.108*** (0.008)	0.108*** (0.008)
ln *age*	—	0.039*** (0.009)	0.038*** (0.009)	0.039*** (0.008)	0.038*** (0.008)
ln *Y_add*	—	0.064*** (0.006)	0.064*** (0.006)	0.065*** (0.005)	0.065*** (0.005)
R^2	0.821	0.824	0.825	0.826	0.826
样本数	436 418	392 554	392 547	392 554	392 547
企业固定效应	Yes	Yes	Yes	Yes	Yes
时间固定效应	No	No	No	Yes	Yes
行业固定效应	No	No	Yes	No	Yes

注：圆括号内为聚类到行业的稳健标准误。*、**、***分别表示在10%、5%、1%水平上是显著的。

10.4.2　稳健性检验

1. 平行趋势检验和动态效应检验

DDD 模型是建立在处理组和控制组的变化都保持相同趋势的假设条件之下的，满足这一条件的，我们就称满足平行趋势。总体而言，上一部分的基准回归结果只研究了 TDP 政策的平均效果。然而，许多政策的实施都只在中国转型的前期有效果。随着时间的推移，政策实施程度的下降会减弱政策的动态效应（Fan and Zhao，2019）。由此，本研究根据 Li 等（2016）的成果，采用事件研究法来检验 TDP 政策实施的平行趋势，并观察政策实施的动态效应。特别地，本研究将式（10－1）中的虚拟变量替换为 TDP 政策实施前后几年对应的虚拟变量，而被解释变量保持不变。回归模型如下：

$$Emission_{ijt} = \beta_0 + \sum_{t=-6}^{5} \beta_1 treat_r \times yr_t \times index_r + \sum_s \lambda_s \times X_{it} + \mu_i + \gamma_t + \delta_j + \varepsilon_{ijt} \tag{10-2}$$

式中，$treat_r \times yr_t$ 为 TDP 政策实施的虚拟变量。t 为负数时代表 TDP 政策实施前 t 年的虚拟变量，同样，t 为正数时代表 TDP 政策实施后 t 年的虚拟变量。

考虑到 TDP 政策实施之前是一段很长的时间，本研究采取了超过 6 年的时间作为政策实施前的基准组。图 10－3 显示了估计的系数值 $\{\beta_{-6}, \beta_{-5}, \beta_{-4}, \cdots, \beta_3, \beta_4, \beta_5\}$ 以及 90% 的置信区间。结果显示，在政策实施前的系数都不显著，表明处理组和控制组在 TDP 政策实施前都满足平行趋势假设。同时，图 10－3 也显示了 TDP 政策实施后 SO_2 排放量显著下降。TDP 政策实施后的系数显示了极其显著的动态效应，且在政策实施后的第三年达到顶峰。这表明 TDP 政策平行趋势假设被证实，且 TDP 政策的实施具有动态效应。

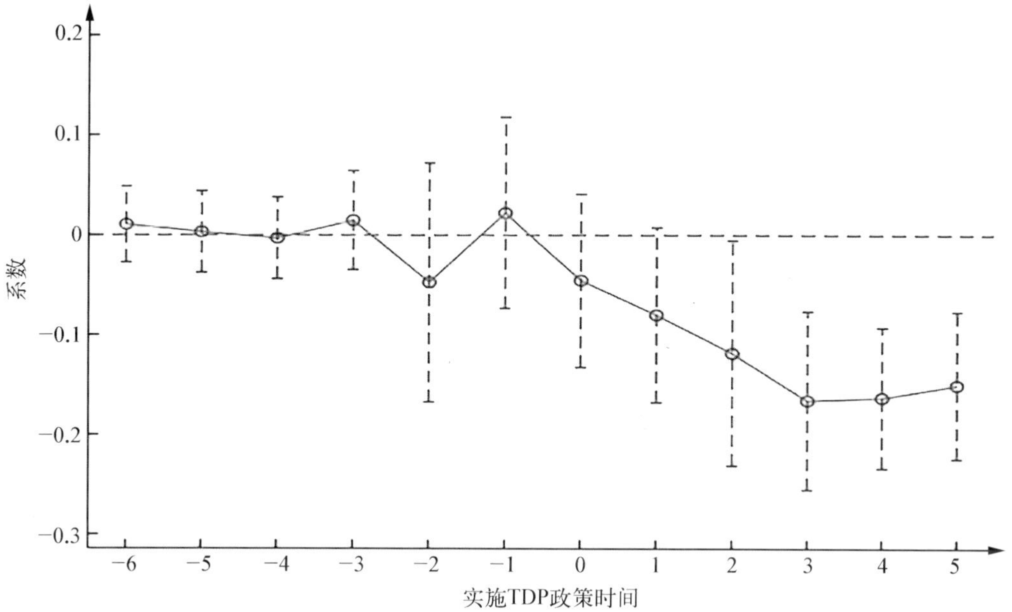

图 10－3　平行趋势检验和动态效应分析

2. 安慰剂检验

为了排除 TDP 政策对企业 SO_2 排放的减少不是由于其他非观测遗漏变量所导致的，

我们从所有样本中随机选取 21 907 个样本作为处理组，以实施反事实检验。以表 10－2 第（5）列中的回归结果为基准结果，根据式（10－1），$treat_r \times post_t \times index_r$ 的估计系数 β_1 是：

$$\hat{\beta}_1 = \beta_1 + \lambda \frac{cov(treat_r \times post_t \times index_r,\ \varepsilon_{ijt} \mid X)}{var(treat_r \times post_t \times index_r \mid X)} \qquad (10-3)$$

式中，X 表示所有观测到的控制变量。为了证明 β_1 非偏，我们需要证明 $\lambda = 0$。但是，我们不能确认 λ 是否为 0，并且很难直接检验非观测因素是否会干扰基准回归结果。如果通过计算机模拟证实 $treat_r \times post_t \times index_r$ 对被解释变量没有影响，那我们就可以从 $\hat{\beta}_1 = 0$ 推断出 $\lambda = 0$。

为了证明反事实检验的可识别性，我们根据基准回归模型重复做 500 次估计，图 10－4 为安慰剂检验的结果，其显示了反事实回归系数的概率密度分布。根据随机样本的估计系数都以 0 为中心呈现正态分布，而基准回归结果（-0.104）完全在正态分布的外面。因此，我们可以推断出 $\lambda = 0$，并由此推断没有其他非观测因素影响基准回归结果。综上，结果表明：TDP 政策随机设立并没有影响政策效果，即 2007 年 TDP 政策的实施确实显著降低了企业 SO_2 的排放，且该结果不受非观测因素的影响。

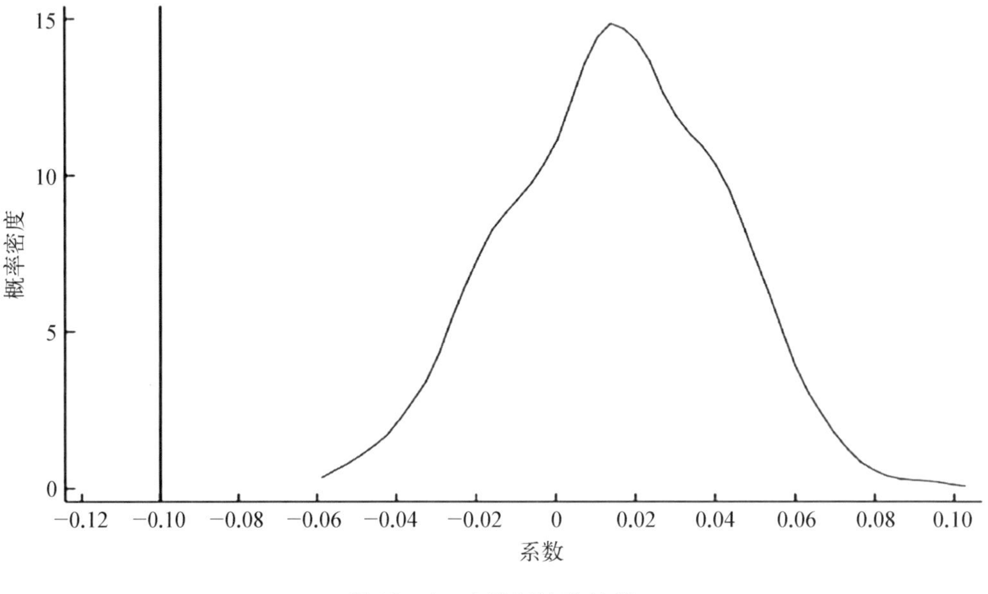

图 10－4 安慰剂检验结果

3. 其他稳健性检验

相关研究表明企业的进入和退出是十分常见的现象（Li et al.，2016；Zhang et al.，2018）。如果在企业的进入和退出中的污染排放量有明显差别，那么企业的进入和退出可能均会导致样本选择偏差的问题。因此，我们必须通过进一步探究企业的进入和退出对基准回归结果的影响来检测其稳健性。我们分别选用剔除进入和退出后的企业，以及同时剔除进入和退出的企业进行回归。结果显示在表 10-3 的第(1)~(3)列中，结果进一步表明基准回归结果是稳健的。

前 CSEPA 在 2007 年"环境保护暴风行动"中在一些地区实施了"区域限批"和"流域限批"。受这项政策影响的地区可能会实施更加严格的环境规制，这项政策和 TDP 政策实施的时间有重合。更重要的是，如果这项政策在控制组和处理组的基准回归中有差别，结果的稳健性可能会受到影响。在去除和"区域限批"和"流域限批"有关的样本后，我们根据式(10-1)再次进行回归。如表 10-3 第(4)列所显示，核心解释变量的系数依旧显著为负，再次表明基准回归结果的稳健性。

表 10-3　其他稳健性检验结果

变　量	(1) eli_ety	(2) eli_eit	(3) eli_ety_eit	(4) limited approval	(5) sht_period
post×treat×index	-0.118** (0.046)	-0.110** (0.045)	-0.130*** (0.047)	-0.084* (0.046)	-0.225** (0.100)
treat×post	-0.012 (0.036)	-0.025 (0.034)	-0.008 (0.038)	-0.042 (0.033)	-0.059 (0.067)
treat×index	1.600*** (0.190)	1.162*** (0.359)	1.578*** (0.198)	1.044*** (0.401)	1.409*** (0.369)
post×index	0.018 (0.032)	0.010 (0.037)	0.036 (0.036)	-0.005 (0.034)	0.133* (0.073)
ln *L*	0.126*** (0.012)	0.134*** (0.012)	0.125*** (0.012)	0.133*** (0.012)	0.236*** (0.022)
ln *K*	0.150*** (0.013)	0.114*** (0.008)	0.160*** (0.013)	0.106*** (0.008)	0.142*** (0.014)
ln *age*	0.026*** (0.008)	0.042*** (0.008)	0.030*** (0.008)	0.039*** (0.008)	0.080*** (0.016)
ln *Y_add*	0.060*** (0.006)	0.063*** (0.005)	0.058*** (0.006)	0.066*** (0.006)	0.075*** (0.008)
R^2	0.830	0.826	0.830	0.827	0.809
样本数	313 932	340 807	271 732	378 206	382 018
个体固定效应	Yes	Yes	Yes	Yes	Yes
时间固定效应	Yes	Yes	Yes	Yes	Yes
行业固定效应	Yes	Yes	Yes	Yes	Yes

注：括号内为聚类到行业的稳健标准误，*、** 和 *** 分别表示在 10%、5%、1%水平上是显著的。

样本中的极端值在基准回归中被缩进了，这会改变回归样本的数量。因此，我们截断了样本的极值并再次进行了回归，如表 10－3 列（5）所示，回归结果进一步表明了基准回归结果的稳健性。

10.5 排污权交易影响污染减排的机制分析

10.5.1 控制生产或减少污染排放强度

为了检验 TDP 政策是通过降低产出还是降低污染排放强度来促进污染减排，我们实证分析了市场化程度不同的地区实施 TDP 政策对企业产出和企业污染排放强度的影响。表 10－4 显示了基于式（10－1）的回归结果，结果表明 TDP 政策的实施没有影响企业产出，但是显著降低了高市场化程度试点地区的污染排放强度。结果更进一步地显示了试点地区的市场化程度高的企业是通过优化资源配置和增加污染减排技术的投入，而不是通过减少产出来降低污染排放强度的。这些结论与 Zhang 等（2019）和 Hou 等（2020）的结论是一致的，揭示了 SO_2 排放交易机制显著降低了 SO_2 排放强度，且 SO_2 排放交易机制对产业碳排放强度的影响是显著负向的。然而，产量增加的结果与 Hou 等（2020）的结论不一致，表明 SO_2 排放交易机制没有增加经济产出或产生经济红利。这一分歧可能是因为 DDD 模型中市场化程度的因素所导致的。

表 10－4 TDP 政策对企业产出和污染排放的影响

变量	(1) ln(output)	(2) ln(output)	(3) ln(SO_2_intw)	(4) ln(SO_2_intw)
post×treat×index	0.073** (0.032)	0.072** (0.032)	−0.003** (0.001)	−0.003** (0.001)
treat×post	−0.071*** (0.022)	−0.072*** (0.022)	0.002** (0.001)	0.002** (0.001)
treat×index	−0.806 (0.767)	−0.758 (0.776)	0.025 (0.023)	0.024 (0.023)
post×index	0.021 (0.018)	0.023 (0.018)	0.002*** (0.001)	0.002*** (0.001)
ln *L*	0.369*** (0.008)	0.370*** (0.007)	−0.000 (0.000)	−0.000 (0.000)
ln *K*	0.231*** (0.006)	0.230*** (0.006)	−0.000** (0.000)	−0.000** (0.000)
ln *age*	0.017*** (0.006)	0.018*** (0.006)	−0.000 (0.000)	−0.000 (0.000)

续 表

变 量	(1) ln(output)	(2) ln(output)	(3) ln(SO_2_intw)	(4) ln(SO_2_intw)
ln *Y_add*	—	—	-0.004 *** (0.000)	-0.004 *** (0.000)
R^2	0.912	0.912	0.713	0.714
样本量	513 311	513 308	392 395	392 388
企业固定效应	Yes	Yes	Yes	Yes
时间固定效应	Yes	Yes	Yes	Yes
行业固定效应	No	Yes	No	Yes

注：括号内为聚类到行业的稳健标准误，*、** 和 *** 分别表示在 10%、5% 和 1% 水平上是显著的。

10.5.2 前端处理和后端处理

为了检验企业是否通过前端处理还是后端处理来减少污染，我们实证检验了不同市场化程度试点地区 TDP 政策实施对企业污染的产生、去除和处理设施的影响。我们用 SO_2 排放总量、SO_2 去除总量和废气处理设备的数量来分别度量污染的产生、去除和污染处理设施。表 10-5 显示了用 SO_2 产生、去除和污染处理设施来代替因变量后，根据式(10-1)得出的回归结果。结果表明 TDP 政策主要激励企业通过前端处理来减少高市场化程度试点地区企业的 SO_2 排放。政策没有激励企业实施后端处理，甚至减少了企业对废气处理设备的购买。这可能是因为高市场化程度试点地区的企业能够通过投资清洁生产的技术或前端处理技术来降低每单位产出的污染排放。这样企业也可以在长期内潜在地改善生产过程，并有效地促进其技术升级，而不仅仅是增加固定投资(陈登科，2020；Cui et al.，2020)。这些结论与 Frondel 等(2007)、Murty 等(2012)和 Chen(2020)等的结果一致，其认为企业倾向于增加对清洁生产技术或前端处理技术的投资，而不是末端处理技术，以抵消环境治理成本。

表 10-5 TDP 政策对污染产生、清除和污染处理设备的影响

变 量	(1) ln(SO_2_gen)	(2) ln(SO_2_gen)	(3) ln(SO_2_rem)	(4) ln(SO_2_rem)	(5) ln(gas_f)	(6) ln(gas_f)
post×treat×index	-0.519 *** (0.133)	-0.526 *** (0.134)	-0.917 *** (0.280)	-0.912 *** (0.282)	-0.041 * (0.024)	-0.041 * (0.024)
treat×post	0.099 (0.089)	0.103 (0.089)	0.303 (0.249)	0.309 (0.249)	-0.012 (0.013)	-0.013 (0.013)

续 表

变 量	(1) ln(SO$_2$_gen)	(2) ln(SO$_2$_gen)	(3) ln(SO$_2$_rem)	(4) ln(SO$_2$_rem)	(5) ln(gas_f)	(6) ln(gas_f)
treat×index	0.907** (0.376)	0.693** (0.309)	-2.837*** (1.038)	-2.903*** (0.896)	-0.226 (0.449)	-0.196 (0.506)
post×index	0.255*** (0.096)	0.251*** (0.096)	0.495*** (0.160)	0.498*** (0.161)	0.023 (0.031)	0.022 (0.031)
ln *L*	0.261*** (0.028)	0.259*** (0.029)	0.159*** (0.029)	0.159*** (0.029)	0.059*** (0.008)	0.058*** (0.008)
ln *K*	0.187*** (0.018)	0.186*** (0.018)	0.227*** (0.042)	0.221*** (0.042)	0.049*** (0.006)	0.049*** (0.006)
ln *age*	0.082*** (0.017)	0.081*** (0.016)	0.040* (0.024)	0.041* (0.024)	0.015*** (0.005)	0.014*** (0.004)
ln *Y_add*	0.087*** (0.010)	0.087*** (0.010)	0.048*** (0.016)	0.049*** (0.016)	0.013*** (0.002)	0.013*** (0.002)
R^2	0.832	0.833	0.689	0.690	0.781	0.782
样本量	311 490	311 483	311 619	311 612	336 121	336 118
企业固定效应	Yes	Yes	Yes	Yes	Yes	Yes
时间固定效应	Yes	Yes	Yes	Yes	Yes	Yes
行业固定效应	No	Yes	No	Yes	No	Yes

注：括号内为聚类到行业的稳健标准误，*、** 和 *** 分别表示在 10%、5%和 1%水平上是显著的。

10.5.3 能源结构的转型

为了更进一步检验 TDP 政策实施是否改变了能源结构转型，我们实证分析 TDP 政策对企业煤炭消费的影响。将因变量分别替换为煤炭总消费量、燃料煤消费量、原煤消费量，根据式（10－1）的回归结果如表 10－6 所示。结果表明，TDP 政策的主要目标是通过减少煤炭消费和促进能源结构转型来实现污染减排，而不是减少产量。特别需要指出的是，用于燃烧的燃料煤的消耗减少，而用于气化的原煤没有受到明显的影响。该结论与 Chen（2020）和 Liu 等（2020）的结论一致。基于市场导向的激励机制，TDP 政策的实施促进了能源结构转型，并提高了资源配置效率（Zhang et al., 2019；陈登科，2020）。能源结构向可再生能源和新能源转型可以鼓励企业增加对污染减排或低碳技术的投资，从而进一步促进污染减排（Cui et al., 2018；Wang et al., 2019）。虽然 TDP 政策为加速企业能源消费转型提供了更为灵活的激励机制，但由于市场体系的不完善和市场参与者追求利润的本质，市场机制可能失效（Medina et al., 2014；Zhang and Zhang, 2019）。为了更好地促进能源结构转型，我们建议将政府干预和市场机制很好地结合起来（Zhang and Zhang，2019）。

表 10 - 6　TDP 政策对能源结构转变的影响

变　量	(1) ln(coal_csn)	(2) ln(coal_csn)	(3) ln(fuel_coal)	(4) ln(fuel_coal)	(5) ln(raw_coal)	(6) ln(raw_coal)
post×treat×index	-0.340*** (0.114)	-0.340*** (0.115)	-0.335** (0.133)	-0.336** (0.134)	-0.019 (0.128)	-0.018 (0.127)
treat×post	-0.132*** (0.043)	-0.134*** (0.043)	-0.179** (0.084)	-0.180** (0.083)	-0.219*** (0.081)	-0.219*** (0.081)
treat×index	1.017 (0.675)	1.074 (0.782)	-0.917 (0.641)	0.914 (0.702)	-2.174 (2.408)	-1.899 (2.116)
post×index	0.366*** (0.102)	0.364*** (0.102)	0.229 (0.162)	0.227 (0.162)	-0.284** (0.127)	-0.281** (0.127)
ln *L*	0.267*** (0.027)	0.265*** (0.027)	0.235*** (0.017)	0.232*** (0.016)	0.081** (0.035)	0.083** (0.035)
ln *K*	0.096*** (0.018)	0.096*** (0.018)	0.086*** (0.020)	0.086*** (0.020)	0.059*** (0.017)	0.057*** (0.017)
ln *age*	0.069*** (0.020)	0.068*** (0.020)	0.078*** (0.023)	0.077*** (0.023)	-0.007 (0.010)	-0.007 (0.010)
ln *Y_add*	0.083*** (0.010)	0.083*** (0.010)	0.069*** (0.007)	0.070*** (0.007)	(0.031) (0.020)	0.032 (0.020)
R^2	0.866	0.867	0.814	0.815	0.893	0.893
样本量	342 659	342 658	330 793	330 792	249 473	249 472
企业固定效应	Yes	Yes	Yes	Yes	Yes	Yes
时间固定效应	Yes	Yes	Yes	Yes	Yes	Yes
行业固定效应	No	Yes	No	Yes	No	Yes

注：括号内为聚类到行业的稳健标准误，*、** 和 *** 分别表示在 10%、5% 和 1% 水平上是显著的。

10.5.4　中性技术进步或有偏技术进步

为了更进一步探究 TDP 政策是否提升了中性技术进步或有偏技术进步，我们实证检验了 TDP 政策对技术进步类型产生影响的异质性。我们用企业的全要素生产率（TFP）来代表中性技术进步；运用 Levinsohn 和 Petrin（2013）的半参数方法进行度量；用 SO_2 排放量与资本投入的比率来代表企业的有偏技术进步（ln(*zk*)）。同时，我们控制了用利息费用代表的资本价格（ln *r*）。表 10 - 7 显示了用中性技术进步、有偏技术进步和企业新产品的价值来代替因变量后，根据式(10－1)所得出的回归结果。结果表明政策主要提升了有偏技术进步而非中性技术进步。由此，我们也观察到政策的实施显著增加了企业新产品的价值。结果显示企业通过减少用污染作为生产要素来提升技术进步，促进企业采用碳减排技术或发展新产品而不是保持中性技术进步(Kumar and Managi, 2009；陈登科，2020)。这更进一步地被新产品所增加的产出价值所证明。尽管 Peng 等(2021)的结果表明 2002 年 SO_2 排放交易政策会显著提高企业的 TFP，但 Hou 等(2020)表明 SO_2 排放交易机制抑制了企业 TFP 的增长，这和本计量分析的结论相一致。更进一步，TDP 政策的实施提高了偏向型技术进步，这一结论与 Otto 等(2007)、Kumar 和 Managi(2009)、Krysiak(2011)、Mcemoglu 等(2012)，以及 Chen(2020)的研究成果相一致。

表 10－7 TDP 政策对技术进步类型的异质性影响

变量	(1) ln(TFP)	(2) ln(TFP)	(3) ln(zk)	(4) ln(zk)	(5) ln(new_product)	(6) ln(new_product)
post×treat×index	0.001 (0.003)	0.001 (0.003)	−0.096** (0.044)	−0.095** (0.044)	0.583*** (0.095)	0.584*** (0.096)
treat×post	0.001 (0.002)	0.001 (0.002)	−0.041 (0.040)	−0.043 (0.040)	−0.511*** (0.083)	−0.514*** (0.083)
treat×index	−0.037 (0.148)	−0.036 (0.143)	1.234*** (0.393)	1.126*** (0.359)	−6.337*** (1.325)	−6.709*** (1.411)
post×index	0.009*** (0.002)	0.009*** (0.002)	−0.134*** (0.033)	−0.134*** (0.032)	0.013 (0.047)	0.013 (0.047)
ln *L*	−0.065*** (0.002)	−0.065*** (0.002)	0.134*** (0.013)	0.134*** (0.013)	0.230*** (0.025)	0.228*** (0.025)
ln *K*	−0.104*** (0.001)	−0.104*** (0.001)	−0.877*** (0.010)	−0.878*** (0.009)	0.112*** (0.025)	0.112*** (0.025)
ln *age*	0.000 (0.001)	0.000 (0.001)	0.032*** (0.008)	0.032*** (0.008)	0.065*** (0.017)	0.064*** (0.017)
ln *Y_add*	0.303*** (0.004)	0.303*** (0.004)	0.060*** (0.005)	0.060*** (0.005)	0.154*** (0.016)	0.153*** (0.016)
ln *r*	—	—	0.023*** (0.004)	0.023*** (0.004)	—	—
R^2	0.916	0.916	0.872	0.873	0.692	0.693
样本数	459 677	459 673	294 455	294 447	352 596	352 594
企业固定效应	Yes	Yes	Yes	Yes	Yes	Yes
时间固定效应	Yes	Yes	Yes	Yes	Yes	Yes
行业固定效应	No	Yes	No	Yes	No	Yes

注：括号内为聚类到行业的稳健标准误，*、** 和 *** 分别表示在 10%、5%和 1%水平上是显著的。

10.6　排污权交易影响污染减排的异质性分析

10.6.1　制度交易成本的影响

许多理论研究表明，交易成本影响 TDP 政策的效率（Stavins，1995；Montero，1998）。考虑到交易成本（如交易主体间的搜索成本和谈判成本）难以衡量，我们实证研究制度性交易成本对 TDP 政策污染减排效果的影响程度。卢现祥和朱迪（2019）计算了中国省级层面的交易成本。我们运用该数据来衡量市场交易成本（*cost*）的规模。表 10－8 显示了制度交易成本对 SO_2 排放和有偏技术进步的回归结果。结果表明，对于制度交易成本较高的地区，TDP 政策的实施对污染减排没有影响。相比之下，由于制度交易成本的存在，它显著增加了企业的污染排放。此外，它促进了企业在资本使用上的偏向性技术进步，并增加了资本投入来应对环境政策的压力，这也可能是污染增加的原因。这些结果与许多对交易成本理论研究的结论一致，例如 Stavins（1995）、Montero（1998）和 Woerdman（2001）。

表 10－8　制度交易成本异质性影响的结果

变　量	(1) ln(SO_2)	(2) ln(SO_2)	(3) ln(zk)	(4) ln(zk)
post×treat×index×cost	0.136*** (0.030)	0.136*** (0.030)	0.158*** (0.031)	0.159*** (0.031)
post×treat×index	-1.094*** (0.226)	-1.094*** (0.226)	-1.258*** (0.236)	-1.263*** (0.238)
treat×post×cost	0.002 (0.004)	0.002 (0.003)	0.001 (0.005)	0.001 (0.005)
treat×index×cost	0.056 (0.052)	0.058 (0.053)	0.087 (0.058)	0.087 (0.059)
post×index×cost	0.007* (0.004)	0.007* (0.004)	-0.006 (0.004)	-0.006 (0.004)
ln *L*	0.115*** (0.014)	0.115*** (0.014)	0.113*** (0.016)	0.113*** (0.016)
ln *K*	0.117*** (0.009)	0.117*** (0.009)	-0.869*** (0.011)	-0.869*** (0.011)
ln *age*	0.023** (0.009)	0.023** (0.009)	0.017* (0.010)	0.018* (0.010)

续 表

变　量	(1) ln(SO_2)	(2) ln(SO_2)	(3) ln(zk)	(4) ln(zk)
ln *Y_add*	0.053*** (0.005)	0.053*** (0.005)	0.048*** (0.005)	0.049*** (0.005)
ln *r*	—	—	0.024*** (0.004)	0.024*** (0.004)
R^2	0.839	0.840	0.885	0.886
样本数	312 683	312 677	228 509	228 499
企业固定效应	Yes	Yes	Yes	Yes
时间固定效应	Yes	Yes	Yes	Yes
行业固定效应	No	Yes	No	Yes

注：括号内为聚类到行业的稳健标准误，*、** 和 *** 分别表示在 10%、5%和 1%水平上是显著的。

10.6.2　市场势力的影响

面对不完善的市场环境，具有市场势力的企业可以通过在产品市场和排放许可交易市场的"排他性操纵"获得更多的利益，从而鼓励它们增加 R&D 投资或采用新的减排技术，这可能进一步促进污染减排（Requate, 2005; Kumar and Managi, 2009; Hatcher, 2012）。市场势力是用企业折旧和利润的总和除以主营业务收入来衡量的。表 10－9 显示了市场势力对 SO_2 排放和偏向性技术进步的影响的回归结果。结果表明，市场势力的存在增强了 TDP 政策的减污效果，促进了企业的偏向性技术进步。原因可能是，具有市场势力的企业被激励去增加绿色 R&D 投资或采用新的减排技术，因此更有可能提高政策的有效性。这些结果与许多交易成本、市场势力理论研究的结论是一致的，例如 Hahn（1984）、Malik（2002）和 Hatcher（2012）。

表 10－9　市场势力异质性影响结果

变　量	(1) ln(SO_2)	(2) ln(SO_2)	(3) ln(zk)	(4) ln(zk)
post×treat×index×pcm	−0.294*** (0.132)	−0.297*** (0.026)	−0.139 (0.201)	−0.140 (0.489)
post×treat×index	−0.064*** (0.020)	−0.064*** (0.020)	−0.137*** (0.025)	−0.134*** (0.000)
treat×post×pcm	0.090 (0.131)	0.094 (0.478)	0.091 (0.163)	0.087 (0.594)

续　表

变　量	(1) ln(SO_2)	(2) ln(SO_2)	(3) ln(zk)	(4) ln(zk)
treat×index×pcm	-0.001 (0.001)	-0.001 (0.130)	-0.000 (0.002)	-0.000 (0.918)
post×index×pcm	0.205*** (0.078)	0.204*** (0.010)	-0.001 (0.105)	0.001 (0.995)
ln *L*	0.146*** (0.012)	0.145*** (0.000)	0.141*** (0.014)	0.140*** (0.000)
ln *K*	0.098*** (0.009)	0.097*** (0.000)	-0.887*** (0.011)	-0.889*** (0.000)
ln *age*	0.045*** (0.008)	0.044*** (0.000)	0.036*** (0.008)	0.035*** (0.000)
ln *Y_add*	0.071*** (0.007)	0.071*** (0.000)	0.067*** (0.006)	0.067*** (0.000)
ln *r*	—	—	0.028*** (0.004)	0.028*** (0.000)
R^2	0.835	0.835	0.877	0.878
样本量	310 660	310 653	236 024	236 016
企业固定效应	Yes	Yes	Yes	Yes
时间固定效应	Yes	Yes	Yes	Yes
行业固定效应	No	Yes	No	Yes

注：括号内为聚类到行业的稳健标准误，*、** 和 *** 分别表示在 10%、5%和 1%水平上是显著的。

10.6.3　技术采用和传播的影响

在不完全产品和排放许可市场条件下，具有市场势力的企业的策略性行为加速了新减排技术的扩散，使所有企业都愿意采用新技术。因此，市场上技术扩散的速度会影响企业采用新技术的程度（Fudenberg and Tirole, 1985；Coria, 2009；Wang et al., 2019）。技术扩散速率以高新技术企业数量与规模以上企业数量之比来衡量。表 10－10 显示了技术扩散速率对 SO_2 排放影响和偏向性技术进步的回归结果。结果表明，高技术扩散速率促进了 TDP 政策的减污效果，同时也促进了偏向性技术进步。这些结果与许多关于技术采纳的理论研究的结论是一致的，例如 Coria（2009）和 Wang 等（2019）。

表 10-10 技术采用和传播异质性影响的结果

变量	(1) ln(SO$_2$)	(2) ln(SO$_2$)	(3) ln(zk)	(4) ln(zk)
post×treat×index×tec	-3.845*** (1.203)	-3.780*** (0.002)	-3.860*** (1.333)	-3.784*** (0.005)
post×treat×index	0.224*** (0.058)	0.220*** (0.000)	0.216*** (0.061)	0.213*** (0.001)
treat×post×tec	-1.632*** (0.518)	-1.643*** (0.002)	-1.910*** (0.589)	-1.949*** (0.001)
treat×index×tec	-1.518** (0.695)	-1.504** (0.030)	-0.547 (0.874)	-0.502 (0.565)
post×index×tec	-1.025*** (0.378)	-1.052*** (0.006)	-2.883*** (0.431)	-2.891*** (0.000)
ln *L*	0.137*** (0.011)	0.135*** (0.000)	0.137*** (0.013)	0.137*** (0.000)
ln *K*	0.103*** (0.008)	0.103*** (0.000)	-0.884*** (0.009)	-0.884*** (0.000)
ln *age*	0.039*** (0.008)	0.038*** (0.000)	0.032*** (0.008)	0.032*** (0.000)
ln *Y_add*	0.065*** (0.005)	0.065*** (0.000)	0.061*** (0.005)	0.061*** (0.000)
ln *r*	—	—	0.022*** (0.004)	0.021*** (0.000)
R^2	0.826	0.827	0.873	0.873
样本量	392 554	392 547	294 455	294 447
企业固定效应	Yes	Yes	Yes	Yes
时间固定效应	Yes	Yes	Yes	Yes
行业固定效应	No	Yes	No	Yes

注：括号内为聚类到行业的稳健标准误，*、** 和 *** 分别表示在 10%、5%和 1%水平上是显著的。

10.6.4 企业所有制的影响

在污染排放许可市场上，国有企业可以被视为具有市场支配力，能够影响污染排放许可的价格，而非国有企业则大多充当价格接受者（Hahn，1984）。国有企业在资源配置和信贷资金支持方面具有很大优势（Allen et al.，2005）。表 10-11 显示了企业所有权对 SO_2 排放和偏向性技术进步影响的回归结果。结果表明，TDP 政策的实施显著增加了国

有企业的 SO_2 排放量。这可能是由于软预算约束的影响，国有企业可以购买更多的污染排放许可证（Williams Ⅲ，2012）。此外，实施 TDP 政策促进了国有企业资本使用技术进步的偏向性。这可能是因为国有企业容易获得信贷政策支持，面临相对宽松的预算约束或融资环境（Brandt et al.，2014）。因此，我们认为 TDP 政策促使国有企业购买更多的排污许可证，从而增加资本投资。此外，这一发现表明，TDP 政策的实施阻碍了国有企业采用清洁技术。这可能是因为国有企业可以在排放配额市场上进行策略性经营，以满足政府的环境监管要求，因此，国有企业没有动力采用清洁技术或增加绿色投资（Li et al.，2016；Zhang et al.，2018；Cui et al.，2020）。

表 10-11　企业所有制的异质性分析结果

变　量	(1) $\ln(SO_2)$	(2) $\ln(SO_2)$	(3) ln(zk)	(4) ln(zk)
post×treat×index×soe	0.236*** (0.088)	0.240*** (0.007)	0.221** (0.111)	0.227** (0.042)
post×treat×index	−0.122*** (0.026)	−0.123*** (0.000)	−0.193*** (0.027)	−0.193*** (0.000)
treat×post×soe	−0.113** (0.048)	−0.107** (0.024)	−0.048 (0.059)	−0.043 (0.460)
treat×index×soe	0.140** (0.055)	0.133** (0.014)	0.122** (0.056)	0.119** (0.034)
post×index×soe	−0.193*** (0.050)	−0.188*** (0.000)	−0.251*** (0.067)	−0.249*** (0.000)
ln *L*	0.133*** (0.011)	0.132*** (0.000)	0.131*** (0.013)	0.131*** (0.000)
ln *K*	0.105*** (0.008)	0.105*** (0.000)	−0.877*** (0.010)	−0.878*** (0.000)
ln *age*	0.037*** (0.008)	0.036*** (0.000)	0.029*** (0.008)	0.029*** (0.000)
ln *Y_add*	0.065*** (0.005)	0.065*** (0.000)	0.060*** (0.005)	0.060*** (0.000)
ln *r*	—	—	0.023*** (0.004)	0.023*** (0.000)
R^2	0.826	0.827	0.872	0.873
样本量	392 554	392 547	294 455	294 447
企业固定效应	Yes	Yes	Yes	Yes
时间固定效应	Yes	Yes	Yes	Yes
行业固定效应	No	Yes	No	Yes

注：括号内为聚类到行业的稳健标准误，*、** 和 *** 分别表示在 10%、5% 和 1% 水平上是显著的。

10.6.5 不同地区的异质性分析

表 10－12 给出了 DDD 模型对不同地区企业的异质性回归结果。结果表明，该政策在东部地区具有显著的污染减排效果，并促进了企业的偏向性技术进步。中西部地区的情况正好相反。这可能是因为东部地区的市场体系比中西部地区更为完善（Liu et al., 2020）。因此，东部地区保持着完全的市场竞争，市场交易成本较低，环境信息披露比中西部地区更完善。同样，东部地区的 TDP 政策比中西部地区更完善。这可能是因为中西部地区仍处于环境库兹涅茨曲线的左半部分，地方政府有动机放宽其管辖范围内经济的环境法规（Li et al., 2016; Cui et al., 2020）。因此，中西部地区购买排放许可证可能更有利于满足环境法规的要求，而不是提高清洁生产水平。因此，东部地区的 TDP 政策比中西部地区更有效。

表 10－12 不同地区的异质性分析回归结果

变量	东部地区		中西部地区	
	(1) ln(SO_2)	(2) ln(zk)	(3) ln(SO_2)	(4) ln(zk)
post×treat×index	-0.164*** (0.000)	-0.157*** (0.001)	0.353*** (0.004)	0.261* (0.050)
treat×post	—	—	-0.033 (0.303)	-0.049 (0.202)
treat×index	1.106* (0.084)	0.596*** (0.000)	1.514*** (0.000)	1.583*** (0.000)
post×index	0.237* (0.056)	0.149 (0.338)	-0.043 (0.300)	-0.126*** (0.001)
ln *L*	0.133*** (0.000)	0.126*** (0.000)	0.144*** (0.000)	0.156*** (0.000)
ln *K*	0.109*** (0.000)	-0.874*** (0.000)	0.106*** (0.000)	-0.888*** (0.000)
ln *age*	0.050*** (0.000)	0.041*** (0.000)	0.032*** (0.003)	0.030*** (0.008)
ln *Y_add*	0.058*** (0.000)	0.057*** (0.000)	0.073*** (0.000)	0.061*** (0.000)
ln *r*	—	0.028*** (0.000)	—	0.020*** (0.001)
R^2	0.837	0.885	0.804	0.850

续　表

变　量	东部地区		中西部地区	
	(1) $\ln(SO_2)$	(2) ln(zk)	(3) $\ln(SO_2)$	(4) ln(zk)
样本量	235 219	172 347	157 312	122 081
企业固定效应	Yes	Yes	Yes	Yes
时间固定效应	Yes	Yes	Yes	Yes
行业固定效应	Yes	Yes	Yes	Yes

注：括号内为聚类到行业的稳健标准误，*、** 和 *** 分别表示在 10%、5%和 1%水平上是显著的。

10.7　本章结论与政策建议

本章以中国二氧化硫排放权交易政策为准自然实验，考察了市场失灵对污染减排的影响。这项研究使用了工业企业层面的微观匹配样本，它结合了 CIF 数据库和 CIFPE 数据库，并采用 DDD 方法来解释 TDP 政策促进污染减排的未观察到的原因。首先，基准回归结果表明，在市场化程度较高的地区，TDP 政策显著降低了 SO_2 排放。这表明政府应进一步建立健全市场体系，促进市场的完善，以提高 TDP 政策的效率。其次，机制分析表明，在不完善的市场环境下，企业将采取策略性行为应对政府的减排要求。实证结果表明，在 TDP 制度下，企业主要通过降低污染排放强度而不是减少产出来满足环境监管要求。同时，TDP 政策的实施主要是鼓励企业采用前端处理技术，而不是末端处理技术。进一步地，TDP 政策还激励企业在不减少产出的情况下，通过减少煤炭消费和促进能源结构转型来减少污染排放。此外，研究结果表明，TDP 政策主要促进了企业偏向性技术进步，而不是中性技术进步。中国 SO_2 排放权交易制度的实施已基本达到预期效果，但要进一步促进企业 TFP 的提高，即促进中性技术进步，还需要完善市场体系和制度体系。最后，异质性分析表明，由于市场失灵和企业的策略性行为，TDP 政策表现出明显的污染减排效果。由于制度性交易成本的存在，TDP 政策的实施增加了企业的污染排放。市场势力的存在增强了政策的污染减排效果，促进了企业偏向性的技术进步。此外，高技术扩散率促进了 TDP 政策的污染减排效果和偏向性技术进步。TDP 政策的实施显著增加了国有企业的 SO_2 排放量，并阻碍了国有企业采用清洁技术。

政府在设计和完善排污权交易制度时，应充分考虑企业的策略性行为和市场的不完善性。根据研究结果，本章提出以下政策建议：首先，中国政府应建立健全排污权交易法律法规，建立统一的排污权交易制度。这不仅可以降低制度性交易成本，而且能提高许可证交易制度的效率。其次，中国政府应建立排污权交易系统数据库，加强信息披露，提高市场透明度。由此，企业就有了了解交易信息的渠道，可以方便、自由地进行交易，从而鼓励企业参与许可证交易市场。再次，政府应积极发展许可交易平台，制定明确的交易机制，使许可交易价格由市场决定。最后，政府应建立排污权交易的监测、评估和预警机制，同时鼓励公众参与有效监督。

参考文献

[1] 陈登科.贸易壁垒下降与环境污染改善——来自中国企业污染数据的新证据[J].经济研究，2020，55(12)：98－114.

[2] 范子英，赵仁杰.法治强化能够促进污染治理吗？——来自环保法庭设立的证据[J].经济研究，2019，54(3)：21－37.

[3] 卢现祥，朱迪.中国制度性交易成本测算及其区域差异比较[J].江汉论坛，2019(10)：31－40.

[4] 齐绍洲，林屾，崔静波.环境权益交易市场能否诱发绿色创新？——基于我国上市公司绿色专利数据的证据[J].经济研究，2018，53(12)：129－143.

[5] 王小鲁，樊纲，于静文.中国分省份市场化指数报告(2016)[M].北京：社会科学文献出版社，2017.

[6] Acemoglu D. Directed technical change[J]. Review of Economic Studies, 2002, 69(4): 781－809.

[7] Acemoglu D. Labor-and capital-augmenting technical change[J]. Journal of the European Economic Association, 2003, 1(1): 1－37.

[8] Acemoglu D. Equilibrium bias of technology[J]. Econometrica, 2007, 75(5): 1371－1409.

[9] Acemoglu D, Aghion P, Bursztyn L, et al. The environment and directed technical change[J]. The American Economic Review, 2012, 102(1): 131－166.

[10] Aghion P, Dechezleprêtre A, Hemous D, et al. Carbon *Taxes*, path dependency and directed technical change: Evidence from the auto industry[J]. SSRN Electronic Journal, 2012, 124(1): 1－51.

[11] Armstrong C W. Using history dependence to design a dynamic tradeable quota system under market imperfections[J]. Environmental and Resource Economics, 2008, 39(4): 447－457.

[12] Brandt L, van Biesebroeck J, Zhang Y F. Creative accounting or creative destruction? Firm-level productivity growth in Chinese manufacturing[J]. Journal of Development Economics, 2012, 97(2): 339－351.

[13] Bruneau J F. A note on permits, standards, and technological innovation[J]. Journal of Environmental Economics and Management, 2004, 48(3): 1192－1199.

[14] Coria J. *Taxes*, permits, and the diffusion of a new technology[J]. Resource and Energy Economics, 2009, 31(4): 249－271.

[15] Cui J B, Tam O K, Wang B, et al. The environmental effect of trade liberalization: Evidence from China's manufacturing firms[J]. The World Economy, 2020, 43(12): 3357－3383.

[16] Dudek D, Wiener J. Joint implementation and transaction costs under the climate change convention

[R]. Paris, France: Organization for Economic Cooperation and Development (OECD), Environment Directorate, 1996.

[17] Foster V, Hahn R W. Designing more efficient markets: Lessons from los angeles smog control[J]. The Journal of Law and Economics, 1995, 38(1): 19-48.

[18] Frondel M, Horbach J, Rennings K. End-of-pipe or cleaner production? An empirical comparison of environmental innovation decisions across OECD countries [J]. Business Strategy and the Environment, 2007, 16(8): 571-584.

[19] Fudenberg D, Tirole J. Preemption and rent equalization in the adoption of new technology[J]. The Review of Economic Studies, 1985, 52(3): 383.

[20] Furubotn E, Richter R. Institutions and Economic Theory [M]. Ann Arbor, MI: University of Michigan Press, 2005.

[21] Haas C, Kempa K. Directed technical change and energy intensity dynamics: Structural change *vs*. energy efficiency[J]. SSRN Electronic Journal, 2018, 39(4).

[22] Hahn R, Hester G. Marketable permits: Lessons for theory and practice [J]. Ecology Law Quarterly, 1989, 16: 361.

[23] Hatcher A. Market power and compliance with output quotas[J]. Resource and Energy Economics, 2012, 34(2): 255-269.

[24] Hahn R W. Market power and transferable property rights[J]. The Quarterly Journal of Economics, 1984, 99(4): 753.

[25] Hicks J R. The theory of wages(second edition)[M]. London: MacMillan, 1963.

[26] Hintermann B. Market power in emission permit markets: Theory and evidence from the EU ETS [J]. Environmental and Resource Economics, 2017, 66(1): 89-112.

[27] Hou B Q, Wang B, Du M Z, et al. Does the SO_2 emissions trading scheme encourage green total factor productivity? An empirical assessment on China's cities [J]. Environmental Science and Pollution Research International, 2020, 27(6): 6375-6388.

[28] Hu Y C, Ren S G, Wang Y J, et al. Can carbon emission trading scheme achieve energy conservation and emission reduction? Evidence from the industrial sector in China [J]. Energy Economics, 2020, 85: 104590.

[29] Huisman K J M, Kort P M. Strategic investment in technological innovations[J]. European Journal of Operational Research, 2003, 144(1): 209-223.

[30] Innes R, Kling C, Rubin J. Emission permits under monopoly [J]. Natural Resource Modeling, 1991, 5(3): 321-343.

[31] Kerr S, Maré D C. Transaction costs and tradable permit markets: The United States lead phasedown [EB/OL]. New Zealand: MOTU Economic and Public Policy Research, Working Paper, 1998. [2024-02-06]. 10.2139/ssrn.1082596

[32] Krysiak F C. Environmental regulation, technological diversity, and the dynamics of technological change[J]. Journal of Economic Dynamics and Control, 2011, 35(4): 528-544.

[33] Kumar S, Managi S. Energy price-induced and exogenous technological change: Assessing the

economic and environmental outcomes[J]. Resource and Energy Economics, 2009, 31(4): 334-353.

[34] Li P, Lu Y, Wang J. Does flattening government improve economic performance? Evidence from China[J]. Journal of Development Economics, 2016, 123: 18-37.

[35] Liu H Y, Owens K A, Yang K, et al. Pollution abatement costs and technical changes under different environmental regulations[J]. China Economic Review, 2020, 62: 101497.

[36] Malik A S. Further results on permit markets with market power and cheating[J]. Journal of Environmental Economics and Management, 2002, 44(3): 371-390.

[37] Mantovani A, Tarola O, Vergari C. End-of-pipe or cleaner production? How to go green in presence of income inequality and pro-environmental behavior[J]. Journal of Cleaner Production, 2017, 160: 71-82.

[38] Malueg D A. Welfare consequences of emission credit trading programs[J]. Journal of Environmental Economics and Management, 1990, 18(1): 66-77.

[39] Montero J P. Marketable pollution permits with uncertainty and transaction costs[J]. Resource and Energy Economics, 1998, 20(1): 27-50.

[40] Montgomery W D. Markets in licenses and efficient pollution control programs[J]. Journal of Economic Theory, 1972, 5(3): 395-418.

[41] Mullins F, Baron R. International GHG emission trading. Policy and measures for common action [EB/OL]. Paris: Annex I Expert Group on the UNFCCC, OECD/IEA, Working Paper No. 9, 1997.[2024-02-06].

[42] Murty S, Robert Russell R, Levkoff S B. On modeling pollution-generating technologies[J]. Journal of Environmental Economics and Management, 2012, 64(1): 117-135.

[43] Otto V M, Löschel A, Dellink R. Energy biased technical change: A CGE analysis[J]. Resource and Energy Economics, 2007, 29(2): 137-158.

[44] Peng J Y, Xie R, Ma C B, et al. Market-based environmental regulation and total factor productivity: Evidence from Chinese enterprises[J]. Economic Modelling, 2021, 95: 394-407.

[45] Requate T. Timing and commitment of environmental policy, adoption of new technology, and repercussions on R&D[J]. Environmental and Resource Economics, 2005, 31(2): 175-199.

[46] Sanstad A H, Roy J, Sathaye J A. Estimating energy-augmenting technological change in developing country industries[J]. Energy Economics, 2006, 28(5/6): 720-729.

[47] Sartzetakis E S. Raising rivals' costs strategies via emission permits markets[J]. Review of Industrial Organization, 1997, 12(5): 751-765.

[48] Sartzetakis E S. On the efficiency of competitive markets for emission permits[J]. Environmental and Resource Economics, 2004, 27(1): 1-19.

[49] Stavins R N. Transaction costs and tradeable permits[J]. Journal of Environmental Economics and Management, 1995, 29(2): 133-148.

[50] Tietenburg, T.H., 2010. Emissions Trading: Principles and Practice. First ed. Routledge, London.

[51] van Egteren H, Weber M. Marketable permits, market power, and cheating[J]. Journal of

Environmental Economics and Management, 1996, 30(2): 161 - 173.

[52] Wang X, Zhang X B, Zhu L. Imperfect market, emissions trading scheme, and technology adoption: A case study of an energy-intensive sector[J]. Energy Economics, 2019, 81: 142 - 158.

[53] Wiskich A. A comment on innovation with multiple equilibria and "The environment and directed technical change"[J]. Energy Economics, 2021, 94: 105077.

[54] Woerdman E. Emissions trading and transaction costs: Analyzing the flaws in the discussion[J]. Ecological Economics, 2001, 38(2): 293 - 304.

[55] Xiu J, Zhang G X, Hu Y. Which kind of directed technical change does China's economy have? From the perspective of energy-saving and low-carbon[J]. Journal of Cleaner Production, 2019, 233: 160 - 168.

[56] Zhang B, Chen X L, Guo H X. Does central supervision enhance local environmental enforcement? Quasi-experimental evidence from China[J]. Journal of Public Economics, 2018, 164: 70 - 90.

[57] Zhang W J, Zhang N, Yu Y N. Carbon mitigation effects and potential cost savings from carbon emissions trading in China's regional industry[J]. Technological Forecasting and Social Change, 2019, 141: 1 - 11.

第 11 章　碳排放权交易政策与企业全要素生产率的关系：来自中国上市企业的证据[①]

11.1　研究问题的提出

自 1997 年《京都议定书》签署以来，碳排放权交易机制（ETS）已在欧盟部分国家、澳大利亚、新西兰、韩国及美国加州等多个国家和地区广泛实施（ICAP, 2018）。许多经济学家坚持认为，排放交易优于其他监管工具，主要是因为它提供了一种更灵活的激励机制，以诱导企业进行减排或低碳创新，引导新的投资，以及进行开发和商业化减排技术的创新活动（Acemoglu et al., 2012; Hicks, 1963; Porter and van der Linde, 1995）。实际上，现有文献表明，企业创新涉及技术变革、组织创新、经营创新和生产创新等诸多方面（Calel and Dechezleprêtre, 2016; Tang et al., 2021）。狭义的技术创新指发明新的生产工艺或产品（Kogan et al., 2017）；而广义的技术创新则指技术变革的过程，包括新的生产工艺或新产品的发明和实施，以及随后的技术扩散（Teixidó et al., 2019）。从广义角度而言，企业全要素生产率（TFP）可以全面且综合地衡量企业创新（von Brasch et al., 2021）。因此，有必要就 ETS 对企业全要素生产率的影响展开实证分析，并考察具体的影响机制以识别其对企业创新的影响。

现有研究和经济合作与发展组织（OECD）成员国的实践表明，碳排放权交易（CET）是一种经济高效的环境政策工具，能够有效促进创新（Calel and Dechezleprêtre, 2016; Lv and Bai, 2021; Yao et al., 2021; Zhu et al., 2019）。这为中国和其他发展中国家通过碳市场途径实现外部效应内部化提供了参考。然而，市场机制的有效作用取决于市场体系的健全程度：在不完善的市场体系下，ETS 可能会失效。此外，与潜在交易者和监管者密切相关的市场垄断力量、信息不对称和碳市场中高交易成本等问题，可能会降低 ETS 在促进企业创新方面的效率（Medina et al., 2014）。因此，在考察 ETS 对企业创新的影响时，需要综合考虑交易成本、市场垄断力量、信息不对称等可能导致市场机制失效的因素的影响。

作为世界上能源消耗和温室气体排放最高的国家（International Energy Agency, 2012），中国正积极寻求通过碳排放权交易制度以促进碳减排。2011 年年底，国家发展和

---

① 本章相关研究内容已发表：Tang M, Cheng S, Guo W, et al. Relationship between carbon emission trading schemes and companies' total factor productivity: Evidence from listed companies in China[J]. Environment, Development and Sustainability, 2023, 25(10): 11735 - 11767.

改革委员会发布通知，授权七个不同经济增长和产业结构的地区试点建设 CET 项目（Liu et al., 2015），这七个地区包括北京、重庆、上海、天津、深圳、广东和湖北（国家发改委，2011）。2013—2014 年在全国两省五市全面启动了 7 个区域性 ETS 试点项目，并于 2017 年在全国市场启动（Zhang et al., 2014；Zhu et al., 2019）。7 个 ETS 试点项目独立设计和运行且在多个方面存在差异性（Zhu et al., 2019），为研究 ETS 对企业创新的影响提供了较为理想的自然实验环境。

现有研究广泛考察了 ETS 对企业创新或采用低碳减排技术的影响。Cui 等（2018）、Zhu 等（2019）和 Ren 等（2020）等大多数研究都支持 ETS 有助于促进企业创新的观点。通过文献梳理，我们发现现有研究中有两项分析了环境法规与定向技术变革之间联系的开创性工作。Jaffe 和 Palmer（1997）发现美国制造企业中存在研发支出随着减排成本的增加而增加的一致模式。Gray 和 Shadbegian（2003a，2003b）的研究表明，在政府加强了对空气和水污染的监管的条件下，美国造纸厂有更强的动机投资于清洁生产技术。此外，在不同地区和行业中，我们发现了 ETS 与技术创新之间的联系。一系列研究探讨了 ETS 与低碳创新之间的关系：Calel 和 Dechezleprêtre（2016）发现，欧盟排放交易体系（EU ETS）使受监管企业的低碳创新提高了 10%，而没有挤占其他技术的专利，与反事实情景相比，EU ETS 对欧洲低碳专利申请的贡献率增加了近 1%；Lv and Bai（2021）的研究结果表明，较高的碳价格和较高的碳价格波动都能促进企业创新，这证实了 CET 政策对促进企业碳减排创新的有效性；Zhu 等（2019）提供了直接来自中国碳排放权交易试点的企业层面的创新效应证据，其研究结果表明中国的碳交易试点项目在不挤占其他技术创新的情况下，将纳入碳排放权交易系统的企业的低碳创新提高了 5% 至 10%。Yao 等（2021）通过聚焦中国 7 个排放交易试点项目，评估了 ETS 对低碳创新的影响，并报告了低碳创新的异质性效应。Chen 和 Li（2021）的结果则表明，ETS 是促进碳中和的有效政策工具。此外，Gao 和 Wang（2021）指出，以下 5 个属性显著影响了企业投资低碳技术的可能性：现有企业的配额分配、合规期限、新进入者的配额分配、配额银行和政策稳定性。Guo 和 Feng（2021）指出，中国的 CET 试点存在回报和波动溢出效应。

综上所述，现有实证文献表明，碳排放交易制度可以在一定程度上促进与减排或低碳技术相关的创新活动，进而降低合规成本，并从长期视角中确保后续进一步的减排。然而，ETS 影响企业创新的内在机制和这一机制受市场失灵影响的程度却鲜为人知。值得注意的是，CET 政策能否促进企业全要素生产率的提高，与企业的策略性行为、市场体系的完善以及政府的监管机制有关。在 ETS 机制下，企业根据自身当前的生产力水平来决定是采用运营策略创新还是技术创新来满足政府的减排要求。同时，企业的决策过程也与市场制度的完善程度和政府监管机制有关。现有关于 ETS 机制创新效应的研究尚未将企业的策略性行为、市场失灵和政府监管机制整合成一个完整的理论框架。为了弥补这一研究缺口，我们以 CET 试点项目为准自然实验，在充分考虑企业的策略性行为（包括经营策略和技术创新）和市场失灵（包括交易成本、市场垄断力量和信息不对称）影响的条件下，考察 ETS 对企业创新的影响机制。

本章的贡献在于以下两个方面：（1）首次将企业的策略性行为、市场失灵和政府行政机制整合到统一的理论框架中，进而系统地评价了我国 CET 政策对企业创新的影响；（2）采用双重差分（DID）模型解释了 CET 政策对试点城市和非试点城市企业创新的影响中未观察到的趋势。

11.2 研究框架与理论分析

11.2.1 企业策略性行为

为符合政府环境规制的要求，企业会通过比较执行环境法规要求的成本和收益而做出相应决策。在这一过程中，企业根据自身的生产率、减排成本、政府政策的规则和市场环境的完善程度进行最优选择。在此方面，以往文献提出了两大核心理论：合规成本理论和创新补偿理论。合规成本理论认为，环境法规的成本阻碍了企业生产率的提高和国际竞争力，进而导致了企业绩效下降（Lanoie et al., 2008; Rassier and Earnhart, 2010）。创新补偿理论又称波特假说（Domazlicky and Weber, 2004; Porter and van der Linde, 1995），该理论认为，环境法规可使企业外部成本内部化并促进企业创新（Yang et al., 2020）。

1. 经营策略

当企业生产率较低且减排成本较高时，企业没有动力推动技术创新以遵守政府的监管政策（Pang, 2018）。在此情况下，企业主要通过经营上实现创新以满足碳排放监管要求，更倾向于采用前端处理、中间处理或末端处理来减少碳排放（Zhang et al., 2016）。末端处理（如脱硫过滤器）旨在减少作为生产副产品即生产过程中产生的有害物质，而前端处理通常会通过改变能源、资本和劳动力等资源配置以减少排放（Mantovani et al., 2017）。此前的估计表明，大部分减排已通过安装脱硫设备或改用含硫量较低的煤炭实现（Schmalensee and Stavins, 2019）。部分研究强调了替换燃料的重要性，即不需要资本投资和研发，只需电力供应商在电力需求上升时投入使用污染更少的燃气电厂替代燃煤电厂即可（Calel and Dechezleprêtre, 2016）。这种纯粹的经营策略上的改变使得燃料的使用转向天然气，进而降低了产出的碳排放强度。当受到监管的企业预计其面临的碳排放价格相对于其他生产成本更高时，将激励企业在经营策略上实现改进以降低其产出的碳排放强度。

2. 技术创新

当企业生产率较高且减排成本相对较低时，企业更倾向于通过投资技术创新以减少碳排放（Huang et al., 2021；Tombe and Winter, 2015）。Hicks 认为，诱导性创新源于生产要素相对价格的变化（Hicks, 1963），即诱导创新假说。该假说认为，生产要素相对价格的上涨将刺激旨在减少该生产要素使用的创新技术（Hicks, 1963），从而支持了 CET 可以促进低碳技术创新的观点。而后 Porter 等提出，环境法律法规从根本上改变了污染和碳排放的相对价格，从而导致污染的减少和低碳创新的发生（Porter and van der Linde, 1995）。创新补偿理论表明，ETS可以为技术变革提供激励，因为新技术可以在很大程度上降低长期减排成本（Jaffe et al., 2003; Stavins, 2007）。此外，Acemoglu等（2012）认为，新的投资可以直接用于开发和商业化新的减排技术。

技术创新主要有外生技术创新和内生技术创新两种类型（Fischer et al., 2003）。外生技术创新通过整合能源、资本和劳动力投入以提高资源配置效率；内生技术创新包括基于研发和实践学习的知识积累（Goulder and Mathai, 2000; Löschel, 2002）。公司研发投入的外溢效应会导致正向的技术外部性（Milliman and Prince, 1989; Silva and Zhu,2009），此外，低碳创新还会在一定程度上排挤其他技术的发展（Popp and Newell, 2012; Zhu et al., 2019）。最优的碳减排政策应促进内生技术创新，然而，为了实现这一目标，政府的管理机制必须使企业技术创新的正外部性内部化，同时确保市场体系的完整性。因此，许可证价格和减少成本的不确定性将会降低，政府对环境政策的可信承诺将会通过影响许可证买卖双方的预期来促进技术创新（Grubb, 1997; Löschel, 2002; Zhao, 2003; Naegele, 2018）。

3. 政府调控机制的作用

政府可以采取相关措施以确保CET机制在促进企业的创新中所发挥的作用。第一，可以促进金融发展的程度，特别是绿色金融体系的成长。这一方面可以缓解企业面临的融资约束程度，另一方面也可以鼓励企业增加绿色投资，培育绿色创新；这不仅可以刺激产业结构的升级，而且可以提高经济扩张的质量。此外，政府应该建立完善的企业信用评级体系。不合规的公司会降低其信用评级，增加从金融市场借款的成本（Zhang et al., 2017）。第二，政府可以采取措施激励企业实施创新活动，尤其是绿色创新（Abid et al., 2022）。例如，它可以通过补贴来敦促企业采用减排技术和绿色创新（Coria, 2009; Wang et al., 2019）。针对不合规的公司，政府可以取消补贴，增加融资成本。政府也不能批准不符合节能减排要求的投资。第三，政府应该建立完善的市场体系，降低交易成本，缓解市场势力的影响，减少利益相关者之间的信息不对称（Hatcher, 2012; Matsumura et al., 2014; Stavins, 1995），我们将在下面进一步研究此问题。

11.2.2 市场失灵的影响

1. 交易成本对ETS创新绩效的影响

交易成本产生于商品和服务的交换或市场交易的过程，因为交换或交易的参与者必须与交易对手方进行信息的沟通和交换（Hahn and Stavins, 2011; Stavins, 1995）。部分研究报告称，交易成本会影响公司在CET市场的交易行为（Jaraitė et al., 2010; Jaraitė-Kažukauskė and Kažukauskas, 2015）。同时，交易成本的存在影响了价格发现过程，使价格所包含的信息出现不足(Chordia et al., 2008;Medina et al., 2014)。现有的一系列研究分析了交易成本的存在对许可证分配和 ETS 效率的影响。例如,Montero(1998)通过建立理论和数值模型,表明在存在交易成本的情况下,许可证的初始分配在效率方面可能不是中立的,总减排成本和许可证的均衡价格对许可证的初始分配是敏感的。Cason 和 Gangadharan(2003)研究了交易成本如何与许可证分配相互作用,以确定减排的成本效益。许可证的初始分配可以影响减免成本和交易费用的公平性。Dávila 和 Parlatore(2021)探讨了交易成本对金融市场信息聚集和获取的影响。

具体来说,在 ETS 监管下的企业在中国的 CET 市场中可能会面临三种交易成本。第一,在交易之前,公司会面临寻找合适的买家或卖家,寻找价格信息和其他有助于决策的相关信息的搜索及信息成本。经纪人可以在交易过程中提供有关许可证价格、公司许可证数量和潜在交易伙伴的信息,从而降低交易成本(Hahn and Stavins,2011)。但是,公司必须为相关咨询支付经纪费用。第二,在交易过程中,企业可能会面临议价和决策的交易成本。这包括企业参与谈判的资源成本、内部决策成本和货币支出,如经纪、交易所会员费和保险服务(Hahn and Stavins,2011)。第三,与监控、报告和核查(MRV)过程相关的实施、监管和其他行政成本占据了监管费用的很大一部分(Jaraitė et al., 2010)。实际上,每个试点项目都建立了 MRV 系统以确保交易建立在可信的减排基础上(Zhang et al., 2017)。排放的监测和报告由涉及的实体自行进行并继而发送给第三方进行验证。在一些地区,如上海和广州,报告会经过第四方的复核以保证其真实性。一般而言,核查费用由当地政府和企业承担。因此,CET 市场交易成本的存在会影响 ETS 的效率和创新绩效,这值得展开进一步研究。

2. 市场垄断力量对 ETS 创新绩效的影响机制

Hahn(1984)在其开创性工作中解释了一家具有市场支配力的公司如何在洛杉矶地区控制颗粒物硫酸盐方面发挥其影响力。随后,Misiolek 和 Elder(1989)研究了占主导地位的公司如何利用其在许可证交易市场的垄断力量来限制有竞争力的公司进入行业。Malik(2002)则延续了 Hahn(1984)的研究成果,探索了企业不合规对市场竞争力的影响。Malik(2002)指出,具有市场竞争力的企业可能会选择持有超过所需数量的许可证,从而有效地让许可证退出市场。不合规行为可以在一定程度上减轻市场势力造成的扭曲,因而此类行为可能正是社会所希望的。此外,Hatcher(2005)在期望惩罚函数中考虑了违规的一般规范,并表明不合规对公司配额要求的影响可能并不直接。Hatcher(2007)的模型也允许不符合标准,预期的惩罚取决于所涉标准的水平或相对违反标准的情况。最后,Hatcher(2012)考察了配额市场和产品市场中的市场支配力对产出配额市场中主导企业合规行为的影响。在这种情况下,企业可能会发现即使配额并没有被执行,遵守配额要求(甚至超额遵守)也是有利可图的。

中国的 CET 市场已经出台了确保公司合规的政策和措施,且所有的试点项目都有相应不同的惩罚措施,企业若不遵守则将招致经济和其他处罚。除经济处罚外,CET 市场的其他处罚包括从分配给不合规实体的配额中扣除超额排放；在企业信用报告系统中记录不合规情况；取消能源、环境、气候变化领域政府支持资格；在国有企业绩效考核体系中记录不合规情况等(Zhang et al., 2017)。

财务和非货币处罚对于确保企业合规也同样重要。不合规行为不仅会损害企业的信用评级，也会推高企业从金融市场借款的成本。例如，不符合规定的企业将不具备获得节能减排领域政府资助或支持的资格(Zhang et al., 2017)。此外，中央政府会定期对国有企业进行绩效评估，且国企高管的不合规记录会对其薪酬和晋升的可能性产生负面影响。

3. 信息不对称对 ETS 机制创新效果的影响

根据合法性和利益相关者理论，企业应该在社会构建的规范体系中适当披露碳排放信息，并满足各种利益相关者的期望(Cormier et al., 2005; Qian and Schaltegger, 2017; Siddique et al., 2021; Suchman, 1995)。不披露碳排放会受到政府或社会的惩罚，并最终受到市场的惩罚，这会对公司的市场价值产生负面影响(Karim et al., 2021)。然而，更重要的是允许企业自愿和策略性地披露碳排放信息。碳绩效优异的企业主动披露“非财务信息”说明其碳绩效，以更低的“资本成本”抵消了其创新成本(Dhaliwal et al., 2011)，从而提升了市场价值(Clarkson et al., 2013; de Villiers and Marques, 2016)，并区别于碳绩效相对落后的同行，进而避免逆向选择问题(Luo, 2019)。积极的碳排放披露可以通过减少信息不对称进而对公司估值产生正向影响，并激励公司进行更多的绿色投资以增加其市场价值(Chung et al., 1998; Clarkson et al., 2004)。

11.3　数据来源、变量说明和计量模型

11.3.1　数据来源

本章的研究样本来自中国沪深 A 股市场的所有上市公司。我们从 Wind 数据库和中国经济金融研究数据库(CSMAR)中获取上市公司的财务会计数据，并进行反复核对以保证数据的一致性。上市公司的专利和绿色专利数据来自中国研究数据服务平台(CNRDS)，该平台包含多个子数据库。本研究使用的数据库为中国创新研究数据库(CIRD)和绿色专利研究数据库(GPRD)。此外，我们也从中国保监会获得了上市公司专利数据，包括绿色专利申请量(ln GPA)和绿色专利授权量(ln $GPAG$)，并将上市公司的财务会计数据与其专利和绿色专利数据按照公司 ID 和年份进行匹配。

市场化程度(DM)数据来自 2000—2017 年中国樊纲市场化指数，该指数用于反映某一地区的市场化程度(王小鲁等，2017)。一般而言，某一地区的市场化程度越高，其市场化指数的值越大(Stavins, 2007; Tang et al., 2021)。我们通过样本公司所在地区的市场化指数衡量其市场化程度。上市公司研发资金投入数据(ln RD)则来自 Wind 数据库和

CSMAR 数据库。公司产出的计算公式如下：

$$生产产出 = 销售收入 + 期末库存余额 - 期初库存余额$$

上市公司现金流（*CF*）、运营成本（*cost*）、销售收入（*REV*）、末端治理设施（*EPAF*）、清洁生产（*CP*）等数据也来自 Wind 数据库和 CSMAR 数据库。上市公司金融发展数据（*FD*）采用公司所在省份的金融机构贷款余额占地区 GDP 的比重进行测算。环境法规（*ER*）以企业所在省份万元 GDP 能耗为单位进行测算。财务约束（*FC*）则采用上市公司规模年龄（*SA*）指数进行衡量。*SA* 指数的计算公式如下（Hadlock and Pierce，2010）：

$$SA = 0.043 \times size^2 - 0.737 \times size - 0.04 \times age$$

其中，*size* 为公司总资产的自然对数。

为了保证数据质量，我们使用 Python 爬虫技术从上市公司的年报中爬取相关数据并与上述数据进行比较，以确保数据的正确性。根据 Liu et al.（2015）的研究，我们将 2013 年作为中国 CET 政策的开始日期，并以北京、上海、天津、重庆、湖北、广东、深圳为试点地区。最后，我们对初始样本进行了过滤筛选（Liu et al.，2021a；Pan et al.，2021）：（1）剔除金融行业上市公司的样本；（2）排除了 ST 型公司样本；（3）剔除资产负债率大于 1 的上市公司样本；（4）剔除公司注册地点等相关指标缺失的上市公司样本。

11.3.2 变量说明

1. 被解释变量

现有研究中 TFP 的计算多采用 OP 方法（Olley and Pakes，1996）和 LP 方法（Levinsohn and Petrin，2003）。LP 方法使用企业的中间投入作为不可观察的生产率冲击的代理变量。由于中间投入的调整成本较小，且企业有中间投入支出，LP 方法可以有效地解决 OP 方法产生的样本缺失问题，从而更有效地反映企业生产率的变化（Peng et al.，2021）。然而，Ackerberg 等（2006）指出，由于企业的中间投入依赖于资本、劳动力和生产率，这将导致 OP 和 LP 方法估计中出现不可识别的内生性问题。

与 OP 和 LP 方法相比，Ackerberg 等（2006）假设资本投资决策先于当前 TFP 确定，并将企业劳动投入引入中间产品投入函数中，进而开发出 ACF 方法。使用 ACF 方法过程中会在中间投入函数中引入劳动力投入，进而缓解或避免了 LP 方法在估计中存在的不可识别的内生性问题，提高了估计结果的准确性（Li et al.，2016）。

本章的研究中主要使用了 ACF 方法来测量上市公司的全要素生产率（*tfp_acf*）。图 11－1 展示了使用 ACF 方法测算出的样本期内 ETS 试点和非试点地区上市公司的 TFP。如图 11－1 所示，2013 年之前试点地区和非试点地区上市公司全要素生产率基本呈平行趋势，2013 年以后试点地区的全要素生产率增长幅度明显大于非试点地区，这初步验证了本章所选取的 DID 模型所要满足的平行趋势假设。

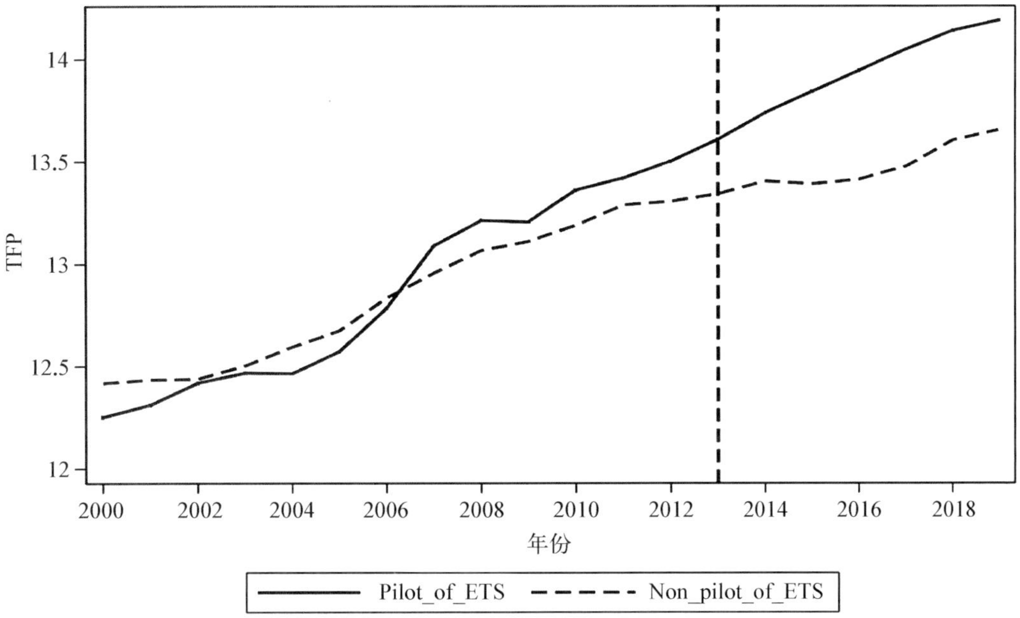

图 11－1　ETS 试点地区和非试点地区上市公司的全要素生产率

2. 控制变量

我们引入以下控制变量来控制公司层面的经济和财务特征对全要素生产率产生的影响：第一，大型公司在减排技术和创新研发活动方面拥有更好的资源配置和投资能力，进而提高了其全要素生产率（Chen et al.，2021）。因此，我们采用公司总资产的自然对数来衡量公司规模，用 *size* 表示。第二，账面市值比为企业总资产与市值之比，用 *BM* 表示（Lv and Bai，2021）。第三，企业权益回报率为净利润与总资产之比，用 *ROE* 表示（Zhang and Wang，2021）。第四，财务比率采用企业负债与总资产之比衡量，用 *DAR* 表示（Yao et al.，2021）。第五，Tobin's Q 反映了市场参与者如何看待一家公司在商业环境中的竞争力，包括对未来应对气候变化立法的考虑（Siddique et al.，2021）。因此，我们使用托宾 Q（*TobinQ*）来衡量企业的无形资产及投资者对企业可持续性的长期看法（Dowell et al.，2000；Konar and Cohen，2001）。第六，公司的盈利能力由总资产回报率决定，用 *ROA* 表示，总资产回报率在投资盈利后立即获得回报的条件下考虑了财务报表中披露的当期成本和相关收入（Delmas et al.，2015）。*ROA* 可以通过公司在创收方面的运营效率来确认公司的碳减排活动（Busch and Hoffmann，2011）。第七，公司治理因素影响公司并购决策（Malmendier and Tate，2008；Malmendier et al.，2011）。因此，我们用管理层持股比例（*MSR*）来反映公司治理因素，采用管理层持股数量与总持股数量之比予以度量。最后，一些学者认为，年龄较大的企业有更大的动力和能力通过技术采用或开发实现碳减排（Chen et al.，2021；Tang et al.，2021）。因此，我们使用公司年龄的自然对数来衡量企业成熟度，用 *age* 表示。变量和数据说明如表 11－1 所示。

表 11-1 变量定义

变量类型	变量	单位	定义
被解释变量	*Tfp_acf*	—	由 ACF 法计算得出
核心解释变量	*did*	—	如果企业 i 所在的省份或城市在 t 年已经启动了 ETS 政策,则定义 did_{it} 为 1,否则为 0
控制变量	*size*	—	企业规模,计算公式为: $SIZE = \ln$(总资产/10 000/invest_index2000 + 1) 其中 invest_index2000 为固定资产投资价格指数(上一年=100)
	BM	—	账面市值比,为总资产与市值之比
	ROE	—	净资产收益率,为净利润与股东权益之比
	TobinQ	—	托宾 Q 值,由上市公司数据库中获得
	ROA	—	总资产收益率,为净利润与总资产之比
	MSR	—	管理层持股比例,为企业管理层持有股份数与总股份数之比
	age	年	企业年龄,为企业成立年份的自然对数

3. 描述性统计

表 11-2 展示了整个样本、处理组和控制组样本的主要变量的描述性统计。由表 11-2 可以看出,处理组的平均 TFP 显著高于控制组,但处理组与控制组在 *size*、*BM*、*ROE*、*DAR*、*TobinQ*、*ROA*、*MSR*、*age* 等方面差异均不显著。

表 11-2 变量的描述性统计

变量	均值	标准差	最小值	最大值	样本量
面板 A:全样本					
tfp acf	13.340 9	1.996 1	5.896 1	20.529 0	35 200
did	0.213 0	0.409 4	0.000 0	1.000 0	35 200
size	12.371 2	1.253 9	10.051 5	16.380 9	35 200
BM	0.645 3	0.233 9	0.137 6	1.117 0	34 200
ROE	0.068 4	0.138 1	−0.765 7	0.379 6	35 200
DAR	0.433 9	0.203 1	0.052 5	0.882 2	35 200
TobinQ	0.521 4	0.440 7	−0.110 6	1.983 2	34 200
ROA	0.040 2	0.055 1	−0.198 0	0.194 7	35 200

续　表

变　量	均　值	标准差	最小值	最大值	样本量
MSR	0.113 1	0.193 2	0.000 0	0.686 0	34 100
age	2.628 3	0.482 1	1.098 6	3.496 5	35 100
			面板 B：控制组		
tfp acf	13.224 9	1.858 1	5.896 1	19.978 4	21 600
did	0.000 0	0.000 0	0.000 0	0.000 0	21 600
size	12.287 0	1.172 4	10.051 5	16.380 9	21 600
BM	0.651 2	0.232 6	0.137 6	1.117 0	21 000
ROE	0.065 1	0.142 7	−0.765 7	0.379 6	21 600
DAR	0.437 2	0.201 5	0.052 5	0.882 2	21 600
TobinQ	0.510 3	0.436 1	−0.110 6	1.983 2	21 000
ROA	0.039 3	0.055 8	−0.198 0	0.194 7	21 600
MSR	0.104 7	0.184 8	0.000 0	0.686 0	21 000
age	2.590 9	0.483 4	1.098 6	3.496 5	21 600
			面板 C：处理组		
tfp acf	13.526 1	2.186 1	5.991 5	20.529 0	13 500
did	0.553 3	0.497 2	0.000 0	1.000 0	13 500
size	12.505 8	1.363 6	10.051 5	16.380 9	13 500
BM	0.635 9	0.235 7	0.137 6	1.117 0	13 200
ROE	0.073 6	0.130 3	−0.765 7	0.379 6	13 500
DAR	0.428 6	0.205 6	0.052 5	0.882 2	13 500
TobinQ	0.539 0	0.447 3	−0.110 6	1.983 2	13 200
ROA	0.041 6	0.053 9	−0.198 0	0.194 7	13 500
MSR	0.126 5	0.205 4	0.000 0	0.686 0	13 100
age	2.687 9	0.473 9	1.098 6	3.496 5	13 500

11.3.3　基准回归

DID 模型是一种适用于某些组暴露于某一条件而其他组不暴露的情况下的组间均值

的面板数据方法(Angrist and Krueger, 1999)。DID 模型的采用需要满足平行趋势假设,即处理组的特定群体趋势与控制组在处理之前是相同的。

以中国 ETS 试点为准自然实验,采用 DID 方法分析了碳排放权市场交易机制对企业技术创新的影响。基准回归模型如下:

$$\begin{aligned} \mathrm{tfp}_{it} = {} & \beta_0 + \beta_1 did_{it} + \beta_2 SIZE_{it} + \beta_3 BM_{it} + \beta_4 ROE_{it} + \beta_5 DAR_{it} \\ & + \beta_6 TobinQ_{it} + \beta_7 ROA_{it} + \beta_8 MSR_{it} + \beta_9 age_{it} + \mu_i + \gamma_t + \varepsilon_{it} \end{aligned} \quad (11-1)$$

式中,下标 i 和 t 分别代表公司和年份。如果公司 i 所在的省份或城市在年份 t 已经推出了 ETS 试点政策,则定义 did_{it} 为 1,否则为 0;β_1 是 ETS 政策对企业 TFP 净效应的核心解释变量系数,β_2, β_3, …, β_9 为每个控制变量的系数;μ_i 为公司固定效应,γ_t 为时间固定效应,ε_{it} 为随机扰动项。

11.4 碳排放权交易影响企业全要素生产率的实证结果

11.4.1 基准回归结果

根据式(11-1)所示的计量模型,表 11-3 展示了试点 CET 政策对公司 TFP 影响的基准回归结果。第(1)列描绘了不控制任何变量和通过控制企业和年份的固定效应的估计结果,而第(2)列展示了所有控制变量、企业固定效应和年份固定效应的结果。第(3)列为控制行业和年份固定效应的结果。第(4)列为控制城市和年份固定效应的结果。第(5)列控制了企业、年份和行业 * 企业的固定效应。第(6)列控制了企业、年份和行业 * 年份的固定效应(Chen et al., 2021)。结果显示,CET 政策显著提高了企业的全要素生产率。市场化的交易机制鼓励企业通过经营创新或技术创新实现减排,从而促进企业全要素生产率的提高。这些发现与 Albrizio 等(2017)和 Peng 等(2021)等前人的研究结论一致,他们指出,基于市场机制的环境规制政策对企业生产率产生了显著的促进作用。

表 11-3 基准回归结果

	(1) tfp_acf	(2) tfp_acf	(3) tfp_acf	(4) tfp_acf	(5) tfp_acf	(6) tfp_acf
did	0.346*** (0.063)	0.309*** (0.050)	0.301*** (0.066)	0.484*** (0.066)	0.313*** (0.039)	0.193*** (0.043)
SIZE	—	1.016*** (0.031)	1.184*** (0.036)	1.135*** (0.040)	1.000*** (0.032)	1.011*** (0.026)
BM	—	-0.505*** (0.139)	-0.923*** (0.247)	-1.720*** (0.357)	-0.449*** (0.122)	-0.448*** (0.136)

续　表

	(1) tfp_acf	(2) tfp_acf	(3) tfp_acf	(4) tfp_acf	(5) tfp_acf	(6) tfp_acf
ROE	—	−0.107 (0.116)	−0.174 (0.183)	−0.276 (0.201)	−0.082 (0.102)	−0.034 (0.113)
DAR	—	0.559*** (0.103)	1.256*** (0.187)	1.124*** (0.164)	0.433*** (0.086)	0.575*** (0.089)
TobinQ	—	−0.112 (0.072)	−0.423*** (0.110)	−0.599*** (0.150)	−0.081 (0.061)	−0.118 (0.076)
ROA	—	2.786*** (0.315)	5.141*** (0.471)	4.626*** (0.547)	2.660*** (0.248)	2.642*** (0.308)
MSR	—	0.066 (0.108)	0.055 (0.117)	0.313** (0.143)	−0.007 (0.103)	0.099 (0.122)
age	—	−0.161 (0.122)	−0.026 (0.053)	−0.089 (0.059)	−0.046 (0.132)	−0.131 (0.114)
cons	13.269*** (0.014)	1.156*** (0.414)	−1.232*** (0.311)	0.160 (0.367)	1.072** (0.434)	1.125*** (0.399)
R^2	0.814	0.878	0.655	0.589	0.910	0.892
N	35 099	33 021	33 118	33 117	32 855	32 874
公司固定效应	Yes	Yes	No	No	Yes	Yes
年份固定效应	Yes	Yes	Yes	Yes	Yes	Yes
行业固定效应	No	No	Yes	No	No	No
城市固定效应	No	No	No	Yes	No	No
行业 * 公司	No	No	No	No	Yes	No
行业 * 年份	No	No	No	No	No	Yes

注：***、**、* 分别表示 1%、5%和 10%的显著性水平；系数下方括号中的数值为标准误；以下各表同。

11.4.2　稳健性检验

1. 平行趋势检验与动态效应

DID 方法的平行趋势假设要求处理组和控制组在处理之前的趋势是相同的。为了检验这一条件，我们将式(11－1)中的虚拟变量替换为一个对应于 CET 政策实施前后几年的虚拟变量(Gao et al.，2020；Li et al.，2016；Tang et al.，2021)。回归模型估计如下：

$$\text{tfp}_{it} = \beta_0 + \sum_{k=-9}^{6}\beta_k did_{it}^k + \lambda_1 SIZE_{it} + \lambda_2 BM_{it} + \lambda_3 ROE_{it} + \lambda_4 DAR_{it} + \lambda_5 TobinQ_{it} + \lambda_6 ROA_{it} + \lambda_7 MSR_{it} + \lambda_8 age_{it} + \mu_i + \gamma_t + \varepsilon_{it} \quad (11-2)$$

式中,在处理组 CET 政策实施前第 k 年($k<0$)或在处理组 CET 政策实施后第 k 年($k>0$),did_{it}^k 为 1,否则为 0。

如果 2013 年前 did_{it}^k 的系数不显著,2013 年以后显著,则满足平行趋势假设。图 11-2 报告了系数 β_t 的估计值及其对应的 95%置信区间。从图中可以看出,这些系数在 CET 政策实施前并不显著,然而,在实施了 CET 试点政策后,企业的 TFP 显著增加。由此,平行趋势假设得到了证实,且验证了 CET 政策的动态效应。

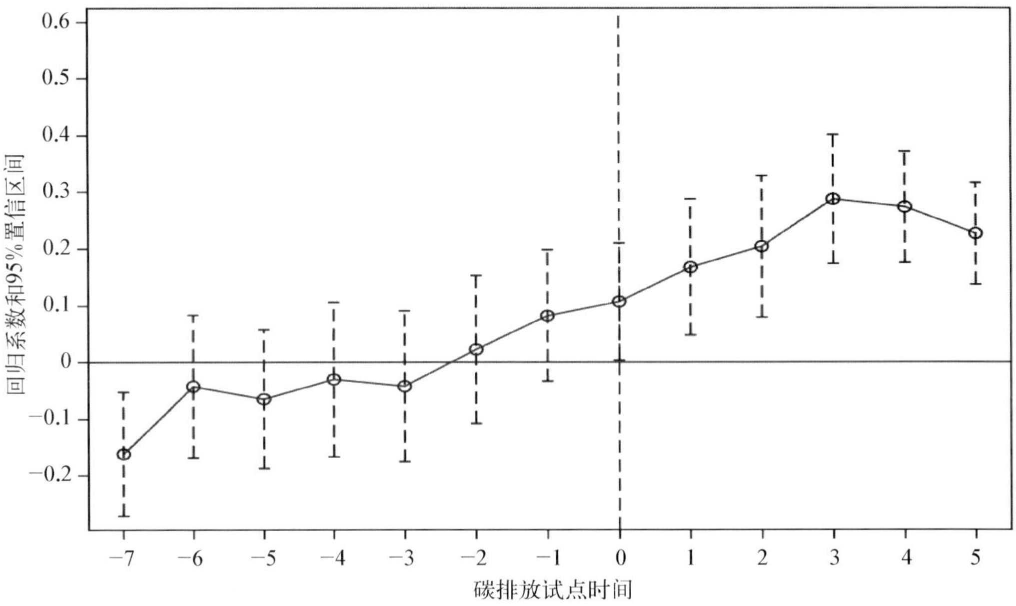

图 11-2 平行趋势及动态效应检验结果

2. 安慰剂检验

为了排除 CET 政策对公司 TFP 的影响受其他不可观察的遗漏变量的干扰,我们还进行了安慰剂检验。具体来说,如果 2013 年有 n 家公司位于 CET 政策试点地区,在保持 CET 政策试点时间不变的情况下,我们从整个企业样本中随机选择 n 家样本公司作为处理组进行反事实检验。基于表 11-3 第(2)列的基准回归结果,我们重复了 500 次估计。did_{it} 的估计系数 β_1 为(Tang et al., 2021):

$$\hat{\beta}_1 = \beta_1 + \lambda \frac{Cov(did_{it}, \varepsilon_{it} \mid X_{it})}{Var(did_{it}, \varepsilon_{it} \mid X_{it})} \quad (11-3)$$

式中,X_{it} 表示所有控制变量。

图 11－3 显示了安慰剂检验回归系数的概率密度分布。基于随机样本的估计系数集中分布在 0 附近，而基准回归结果（0.309）完全在整体分布之外。因此，随机设置的 CET 试点政策没有政策效果。因此，安慰剂检验表明基于 DID 方法的回归基准结果是稳健的。

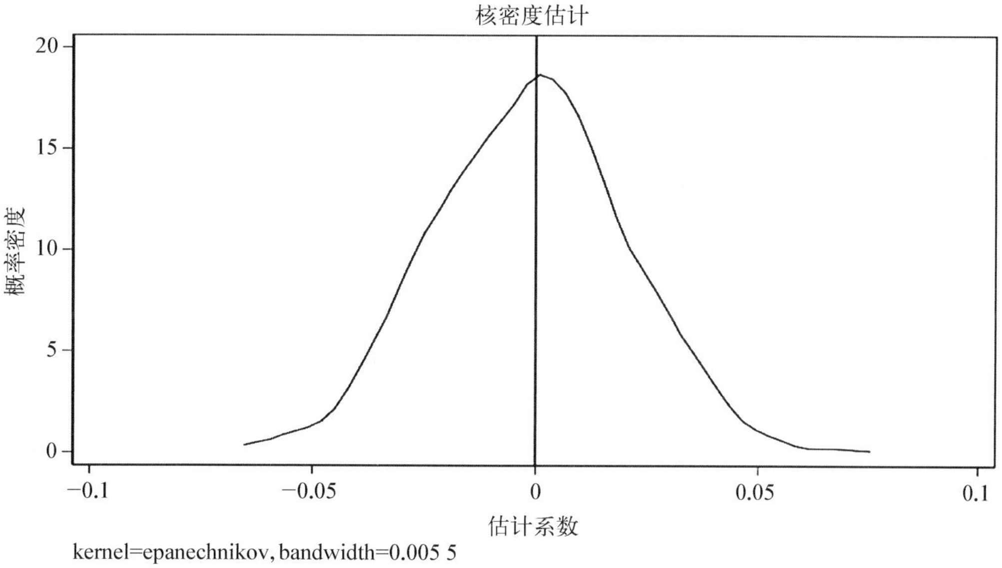

图 11－3　安慰剂检验结果

3. 其他稳健性检验

接下来，我们进行了一系列的稳健性检验，以提高基准结果的可靠性。

（1）企业全要素生产率的时滞分析。为了验证 ETS 的滞后效应，我们进一步研究了 CET 政策对滞后一年的企业全要素生产率的影响（Chen et al., 2021）。如表 11－4 第（1）列所示，"*did*"的系数也显著，说明 CET 政策对企业全要素生产率的提升具有显著的滞后效应。

（2）试点时点变化下的政策冲击。在 CET 机制实施后，将需要一定的过程和时间周期来影响公司的 TFP（Chen et al., 2021）。因此，我们将试点政策的起点向后推迟了一年（即以 2014 年为起点）进行稳健性检验。回归结果与我们的基准回归结果相似，如表 11－4 的第（2）列所报告的，这表明基准回归结果是稳健的。

（3）样本时段的变化。由于试点政策实施前的样本周期太长，我们将样本时期限制在 2009 年至 2019 年，进行稳健性检验（Chen et al., 2021）。表 11－4 第（3）列显示了回归结果，表明基准结论仍然是稳健的。

（4）平行政策问题。为了实现碳减排目标，国家发改委在 2010 年、2012 年和 2017 年先后发布了三批低碳试点方案（Tang et al., 2018）。由于 2010 年和 2012 年的低碳试点政策和 CET 政策具有共同的目标，且具有时间一致性，因此可以认为是 ETS 的平行政策。因此，我们排除了 2010 年和 2012 年低碳试点城市的样本，以进一步检验 ETS 政策对企业全要素生产率的影响的稳健性。如表 11－4 第(4)列所示,其他政策并未干扰基准结论。

(5) 控制时间趋势项。由于处理组企业位于相对发达的省市,其创新能力可能普遍高于控制组(Gao et al., 2020;Liu et al., 2015)。因此,我们在控制变量中加入时间趋势项,以消除时间趋势差的影响(Li et al., 2016)。表 11－4 第(5)列给出了回归结果,表明在控制了时间趋势后,基准结果仍然是稳健的。

(6) 剔除北京、上海、天津、重庆四个直辖市的企业样本。考虑到中国四大直辖市企业创新水平和创新能力较强,我们进一步剔除了这些直辖市企业样本,开展稳健性检验。结果表明,基准回归结果是稳健的[见表 11－4 中第(6)列]。

表 11－4 其他稳健性检验回归结果

	(1) *L.tfp_acf*	(2) *tfp_acf*	(3) *tfp_acf*	(4) *tfp_acf*	(5) *tfp_acf*	(6) *tfp_acf*
did	0.293*** (0.046)	0.306*** (0.047)	0.233*** (0.042)	0.351*** (0.053)	0.309*** (0.050)	0.274*** (0.055)
size	0.924*** (0.031)	1.017*** (0.031)	1.054*** (0.034)	1.001*** (0.035)	1.016*** (0.031)	1.040*** (0.035)
BM	−0.226 (0.150)	−0.520*** (0.139)	−0.503*** (0.157)	−0.425*** (0.146)	−0.505*** (0.139)	−0.585*** (0.144)
ROE	0.070 (0.154)	−0.107 (0.116)	−0.401*** (0.124)	−0.129 (0.131)	−0.107 (0.116)	−0.168 (0.133)
DAR	0.578*** (0.119)	0.557*** (0.103)	0.620*** (0.108)	0.557*** (0.116)	0.559*** (0.103)	0.478*** (0.112)
TobinQ	0.151** (0.067)	−0.114 (0.072)	−0.113 (0.081)	−0.070 (0.075)	−0.112 (0.072)	−0.093 (0.084)
ROA	2.569*** (0.370)	2.792*** (0.315)	3.126*** (0.343)	3.011*** (0.345)	2.786*** (0.315)	2.880*** (0.357)
MSR	0.023 (0.127)	0.069 (0.108)	0.102 (0.110)	0.082 (0.126)	0.066 (0.108)	0.059 (0.128)
age	−0.131 (0.119)	−0.169 (0.124)	−0.081 (0.129)	−0.077 (0.107)	−0.161 (0.122)	−0.169 (0.153)
常数项	2.011*** (0.433)	1.190*** (0.417)	0.541 (0.539)	1.018** (0.474)	−68.157*** (23.753)	1.006* (0.527)
R^2	0.872	0.878	0.922	0.878	0.878	0.878
N	29 566	33 021	24 423	26 920	33 021	26 380
企业固定效应	Yes	Yes	Yes	Yes	Yes	Yes
年份固定效应	Yes	Yes	Yes	Yes	Yes	Yes

11.5　碳排放权交易影响企业全要素生产率的机制分析

11.5.1　经营策略

面对碳排放配额的限制，一些生产率较低的企业倾向于通过经营策略创新来实现减排目标。受制于碳排放额度过度限制和高减排成本的企业可能会选择迁往 CET 政策尚未实施的其他地区（Tang et al., 2021）。当搬迁成本过高时，受碳排放标准约束的企业甚至可能选择停产（Chen et al., 2021; Tang et al., 2021）。与从事创新研发活动相比，企业往往更愿意采用减排设施（Chen et al., 2021）。因此，企业的经营策略会降低 ETS 对企业全要素生产率的促进作用。为了探究 CET 政策下上市公司策略性经营行为的变化，我们实证分析了 CET 政策对公司生产产出（*output*）、现金流（*CF*）、经营成本（*cost*）、销售收入（*REV*）、末端减排设施（*EPAF*）和清洁生产（*CP*）的影响（Chen et al., 2021; Liu and Sun, 2021; Mantovani et al., 2017）。机制分析中采用的计量模型如下：

$$\begin{aligned} \mathrm{M1}_{it} = {} & \beta_0 + \beta_1 did_{it} + \beta_2 SIZE_{it} + \beta_3 BM_{it} + \beta_4 ROE_{it} + \beta_5 DAR_{it} \\ & + \beta_6 TobinQ_{it} + \beta_7 ROA_{it} + \beta_8 MSR_{it} + \beta_9 age_{it} + \mu_i + \gamma_t + \varepsilon_{it} \end{aligned} \qquad (11-4)$$

式中，$\mathrm{M1}_{it}$分别为 *output*、*CF*、*cost*、*REV*、*EPAF*、*CP*。

基于运营策略创新的中介机制分析回归结果如表 11－5 所示。CET 政策的实施对企业产出、经营成本、销售收入和 *CP* 指标没有显著影响。相反，CET 政策显著地导致了公司现金流和末端减排设施安装数量的下降。这些结果表明，碳排放交易机制的实施降低了企业的现金流，这意味着企业可能会限制资金的使用，减少现金流以购买碳排放权或满足政府的减排要求（Liu et al., 2021b; Zhang and Wang, 2021）。然而，CET 机制并没有促进末端减排设施的增加，这表明企业现金流的下降可能是由于企业投资于创新活动，而不是依赖于安装末端处理设施来满足政府的减排要求（Chen et al., 2021; Yao et al., 2021），这有待进一步探索。

表 11－5　基于运营创新的中介机制分析回归结果

	(1) *output*	(2) *CF*	(3) *cost*	(4) *REV*	(5) *EPAF*	(6) *CP*
did	0.029 (0.032)	−0.005*** (0.002)	0.019 (0.036)	0.009 (0.033)	−0.062** (0.030)	0.007 (0.021)
常数项	9.636*** (0.220)	0.031 (0.023)	9.657*** (0.269)	9.870*** (0.240)	−0.012 (0.317)	−0.088 (0.205)
控制变量	Yes	Yes	Yes	Yes	Yes	Yes

续 表

	(1) output	(2) CF	(3) cost	(4) REV	(5) EPAF	(6) CP
R^2	0.950	0.383	0.935	0.947	0.632	0.561
N	30 137	32 980	33 019	33 021	18 022	18 022
公司固定效应	Yes	Yes	Yes	Yes	Yes	Yes
年份固定效应	Yes	Yes	Yes	Yes	Yes	Yes

11.5.2 技术创新

以市场为基础的交易机制为市场参与者提供了技术创新等长期选择的激励和信号，特别是对于高生产率的公司（Fowlie et al., 2016）。有效的 CET 机制最重要的表现就是促进研发资金的投入，开展创新活动，从而提高企业的 TFP。为了探究 CET 机制是否能够促进技术创新，从而提高企业的全要素生产率，我们选取了研发投资（*lnRD*）的自然对数、绿色专利申请量（*lnGPA*）和绿色专利授权量（*lnGPAG*）等作为机制变量开展机制分析（Zhu et al., 2019; Ren et al., 2020; Chen et al., 2020）。机制分析中采用的计量模型如下：

$$\begin{aligned} \mathrm{M2}_{it} = {} & \beta_0 + \beta_1 did_{it} + \beta_2 SIZE_{it} + \beta_3 BM_{it} + \beta_4 ROE_{it} + \beta_5 DAR_{it} \\ & + \beta_6 TobinQ_{it} + \beta_7 ROA_{it} + \beta_8 MSR_{it} + \beta_9 age_{it} + \mu_i + \gamma_t + \varepsilon_{it} \end{aligned} \tag{11-5}$$

$$\begin{aligned} \mathrm{tfp}_{it} = {} & \beta_0 + \beta_1 did_{it} + \beta_2 \mathrm{M2}_{it} + \beta_3 SIZE_{it} + \beta_4 BM_{it} + \beta_5 ROE_{it} \\ & + \beta_6 DAR_{it} + \beta_7 TobinQ_{it} + \beta_8 ROA_{it} + \beta_9 MSR_{it} + \beta_{10} age_{it} \\ & + \mu_i + \gamma_t + \varepsilon_{it} \end{aligned} \tag{11-6}$$

式中，$\mathrm{M2}_{it}$分别为 ln *RD*、ln *GPA*、ln *GPAG*。

回归结果如表 11-6 所示，表明 CET 机制的建立促使企业加大研发资本投入，鼓励企业增加绿色专利申请和专利授权量，从而促进企业全要素生产率的提高。这说明市场化的交易机制有利于激励企业加大研发投入，开展绿色技术创新活动，从而促进企业全要素生产率的提高。基于市场和灵活的环境政策以及 ETS 政策，可能为公司的技术创新提供激励（Cohen and Tubb, 2018; Jaffe et al., 2002），这也是其生产率增长和竞争力提高的重要因素（Aghion et al., 2016）。这些结果与之前的研究结果一致，如 Ren 等（2018）、Cui 等（2018）和 Hu 等（2020）发现，基于市场的排放交易政策能够促进企业创新和技术效率的提高。结果与 Calel 和 Dechezlepretre（2016）和 Zhu 等（2019）的结论也保持一致，他们的研究揭露了中国 ETS 试点政策显著促进了低碳技术创新。

表 11－6　基于技术创新的中介机制分析回归结果

	(1) ln *RD*	(2) *tfp_acf*	(3) ln *GPA*	(4) *tfp_acf*	(5) ln *GPAG*	(6) *tfp_acf*
did	0.110*** (0.033)	0.196*** (0.048)	0.168*** (0.055)	0.279*** (0.065)	0.180*** (0.051)	0.243*** (0.063)
ln *RD*	—	0.200*** (0.023)	—	—	—	—
ln *RDP*	—	—	—	—	—	—
ln *GPA*	—	—	—	0.045*** (0.016)	—	—
ln *GPAG*	—	—	—	—	—	0.035* (0.019)
常数项	−0.934** (0.409)	−0.321 (0.466)	−1.611** (0.660)	1.738** (0.749)	−1.777*** (0.649)	1.547* (0.850)
控制变量	Yes	Yes	Yes	Yes	Yes	Yes
R^2	0.900	0.942	0.643	0.935	0.669	0.941
N	18 464	18 464	10 589	10 589	9 371	9 371
公司固定效应	Yes	Yes	Yes	Yes	Yes	Yes
年份固定效应	Yes	Yes	Yes	Yes	Yes	Yes

11.5.3　市场环境

企业的创新活动受到其内部资金的限制(Guariglia and Liu, 2014)。财务上受到约束的企业可能会通过改变生产地点等策略行为转移其排放和产出,而不受约束的企业则不会进行此类调整(Bartram et al., 2022)。为了实现碳排放减排目标,企业不可避免地会增加合规成本,并通过财务约束收紧的进一步受到限制(Chen et al., 2021; Stoever and Weche, 2018)。因此,在金融发展程度较高的地区,企业面临的融资约束可能较少,这有利于发挥碳排放权交易机制的作用,促进企业 TFP 的提升。此外,碳排放权交易机制的效率取决于市场化程度。如果市场机制能够充分发挥资源配置优势,通过调整企业收益与成本的关系内部化碳排放成本,就可以迫使企业进行技术创新(Liu and Sun, 2021)。这意味着市场化程度可以调节 ETS 对企业全要素生产率的影响。此外,根据碳避风港效应,不同地区不同的环境规制强度造成了区域内的碳排放转移(Zhao et al., 2020)。环境规制对碳排放的影响包括减排的总效应和碳密集型产业投资转移的间接效应。

受上述分析的启发,我们以金融发展程度(*FD*)、融资约束程度(*FC*)、市场化程度

(DM)和环境规制(ER)为调节变量,分析了 CET 机制影响企业全要素生产率的调节机制。机理分析中采用的计量模型如下:

$$\begin{aligned} \mathrm{tfp}_{it} = {} & \beta_0 + \beta_1 did_{it} + \beta_2 \mathrm{M3}_{it} + \beta_3 did * \mathrm{M3}_{it} + \beta_4 SIZE_{it} + \beta_5 BM_{it} \\ & + \beta_6 ROE_{it} + \beta_7 DAR_{it} + \beta_8 TobinQ_{it} + \beta_9 ROA_{it} + \beta_{10} MSR_{it} \\ & + \beta_{11} age_{it} + \mu_i + \gamma_t + \varepsilon_{it} \end{aligned} \tag{11-7}$$

式中,$\mathrm{M3}_{it}$分别表示 ER、FC、FD、DM。

表 11-7 展示了回归结果。研究结果表明:(1)环境规制抑制了 CET 机制对企业全要素生产率的正向影响。(2)融资约束弱化了 CET 机制对企业全要素生产率的正向影响。(3)金融增长程度增强了 CET 机制对企业全要素生产率的正向影响。(4)市场化程度也加强了 CET 机制对企业全要素生产率的积极影响。虽然表 11-7 第(3)和第(4)列中变量 did 的系数不显著,但由于多重共线性,这并不影响回归结果的解释。研究结果表明,政府可以通过促进金融发展、缓解融资约束、提高市场化程度、优化环境监管强度等方式进一步增强 CET 政策对企业全要素生产率的促进作用。

表 11-7 市场环境对 CET 政策创新效果的影响

	(1) *tfp_acf*	(2) *tfp_acf*	(3) *tfp_acf*	(4) *tfp_acf*
did	0.745*** (0.106)	1.003*** (0.170)	0.113 (0.098)	-0.300 (0.233)
did×ER	-0.724*** (0.135)	—	—	—
ER	0.111 (0.072)	—	—	—
did×FC	—	-0.230*** (0.053)	—	—
FC	—	0.360 (0.251)	—	—
did×FD	—	—	0.110** (0.042)	—
FD	—	—	-0.157* (0.081)	—
did×DM	—	—	—	0.064*** (0.024)
DM	—	—	—	0.002 (0.025)
常数项	0.934** (0.439)	-1.180 (1.860)	1.399*** (0.462)	1.109** (0.461)

续　表

	(1) tfp_acf	(2) tfp_acf	(3) tfp_acf	(4) tfp_acf
控制变量	Yes	Yes	Yes	Yes
R^2	0.878	0.878	0.878	0.878
N	32 895	33 021	33 021	33 021
企业固定效应	Yes	Yes	Yes	Yes
年份固定效应	Yes	Yes	Yes	Yes

11.6　碳排放权交易影响企业全要素生产率的异质性分析

11.6.1　市场失灵的影响

政府、企业和居民之间碳排放信息的对称性有利于企业碳减排、节能和绿色投资行为的内部化(Luo,2019;Matsumura et al., 2014)。为了探究信息不对称的异质性影响,我们采用和讯公司对上市公司社会责任报告的评价数据来代表碳排放信息对称性程度①(*IS*)。当企业社会责任评级得分大于全国得分时,*IS* 值为 1,否则为 0。表 11 - 8 第(1)列给出了信息不对称的异质性回归结果。研究结果表明,信息对称程度增强了 CET 机制对企业全要素生产率的正向影响。信息对称程度越高,越有利于将企业的节能减排和绿色投资行为内化到产品价格中。同时,这些公司也更容易享受到激励政策,如信贷倾斜、利率优惠、政府补贴等。因此,碳排放信息披露较好的企业可以将其减排成本内部化,并有动机合理安排其长期节能减排和绿色投资,从而进一步提升其全要素生产率。

交易成本在市场上无处不在,其存在导致 CET 政策影响许可证价格、企业成本和收益、投资支出的交易和决策行为,进而影响其 TFP(Baudry et al., 2021; Zhang and Wang, 2021)。为了探究交易成本的异质性影响,我们利用供应商和客户的集中度,分别乘以 0.5,然后相加,得到交易成本的值(*TS*)。供应商集中度是根据前 5 家供应商的采购量占总采购量的比例来计算的,客户集中度是根据前 5 家客户收入的比例来计算的。如果一家公司的交易成本大于所有公司交易成本的中位数,*TS* 取 1 或者 0。表 11 - 8 的第(2)列描述了交易成本的异质性回归结果。市场交易成本削弱了 CET 对企业全要素生产率的促进作用。这意味着 CET 政策在市场交易成本较低的地区表现更好。这些发现与 Jaraitė-Kažukauskė 和 Kažukauskas(2015)、Hu 等(2020)和 Ren 等(2020)的研究结果一致。当市

① 和讯是一家提供投资决策信息的公司,其建立了上市公司社会责任的专业评分指标体系。该指标体系包括五个一级指标:股东责任、员工责任、供应商、客户和消费者权利责任、环境责任和社会责任。每个一级指标包含相应的二级指标和三级指标。数据来源:http://stock Data. stock. hexun.com/zrbg/。

场交易成本较高时,会影响碳排放权交易的价格以及公司的成本、收益和预期。因此,交易成本会影响企业的创新投资支出,进而影响企业的全要素生产率。

表 11-8 市场失灵的异质性回归结果

	(1) *tfp_acf*	(2) *tfp_acf*	(3) *tfp_acf*	(4) *tfp_acf*
did	0.180*** (0.065)	0.419*** (0.080)	0.239*** (0.062)	0.130 (0.091)
did×IS	0.210*** (0.075)	—	—	—
did×TS	—	-0.354** (0.158)	—	—
TS	—	-0.009*** (0.001)	—	—
did×hhi	—	—	0.620* (0.363)	—
hhi	—	—	-0.292* (0.154)	—
did×cr4	—	—	—	0.361** (0.173)
cr4	—	—	—	-0.328*** (0.115)
常数项	1.223*** (0.421)	-0.537 (0.419)	1.208*** (0.415)	1.328*** (0.422)
控制变量	Yes	Yes	Yes	Yes
R^2	0.878	0.676	0.878	0.878
N	33 021	25 343	33 021	33 021
企业固定效应	Yes	Yes	Yes	Yes
年份固定效应	Yes	Yes	Yes	Yes

具有市场势力的企业可以在一定程度上影响碳排放许可的分配和价格,进而影响市场上其他企业的成本、利润和投资决策,从而影响企业的全要素生产率(Blyth et al., 2009)。为了探究市场势力的异质性影响,我们通过计算行业的赫芬达尔-赫希曼指数(*HHI*)和行业集中度(*cr*4)来反映市场势力的大小,并进行异质性分析(Chemmanur and Tian, 2018; Ren et al., 2020)。*HHI* 是用一家公司的市场份额的平方来衡量的。行业集中度是用某一行业前四大公司的市场份额之和来衡量的(Kvålseth, 2018)。表 11-8 的第

(3)和第(4)列展示了市场势力的异质性回归结果。虽然市场势力对企业全要素生产率的影响是负向的，但市场势力可以增强 CET 机制对企业全要素生产率的促进作用。在不完善的市场环境中，具有市场势力的企业有动机投资于更环保或更节能的研发活动，或更早地采用减排技术以获得排他性收益，从而提高其全要素生产率。这些结果与 Montero(2002)、Coria(2009)、Hatcher(2012)和 Wang 等(2019)的结果一致。

11.6.2　不同行业的影响

考虑到 CET 政策主要针对高碳产业，对于高碳和低碳产业，ETS 对企业全要素生产率的影响可能是不同的(Hu et al., 2019; Chen et al., 2021)。我们比较了 CET 政策对高碳和清洁行业的企业全要素生产率的影响。根据 Chen et al.(2021)的研究，我们将 8 个行业——石化(C25)、化工(C26)、建筑材料(C30)、钢铁(C31)、有色金属(C32)、造纸(C22)、电力(D44、D45)和航空(G56)——视为高碳产业，其余为清洁产业。表 11-9 描述了高碳和清洁行业企业的异质性回归结果。CET 政策对高碳和清洁产业企业全要素生产率均有显著促进作用。此外，CET 对高碳行业企业全要素生产率的影响高于清洁行业企业。对于碳排放比较高的企业，由于碳约束和高碳行业面临的更高成本，其生产过程对碳排放的不确定性成本更加敏感，这迫使它们进行创新，并在更大程度上提高了 TFP(Trinks et al., 2020)。

表 11-9　不同行业公司异质性回归结果

	(1) 高碳行业 *tfp_acf*	(2) 低碳行业 *tfp_acf*
did	0.352*** (0.109)	0.245*** (0.050)
常数项	2.986*** (0.803)	0.872* (0.452)
控制变量	Yes	Yes
R^2	0.885	0.887
N	6 025	26 966
企业固定效应	Yes	Yes
年份固定效应	Yes	Yes

11.6.3　公司所有权的影响

一般认为，与非国有企业相比，国有企业规模更大，更容易获得信贷，享受政府更多的优惠政策和资金支持(Allen et al., 2005)。因此,国有企业面临着相对宽松的预算约束或融资环境,且在资源配置方面具有相当大的优势(Brandt et al., 2014)。此外,国有企业有资源和能力进行创新活动来提高其全要素生产率(Hahn, 1984)。相比之下,非国有企业面临更大的资金约束,开展创新活动的动机较低,更有可能采用运营策略创新(Chen et al., 2021)。表 11－10 展示了企业所有制对全要素生产率影响的回归结果。实施 CET 政策显著提高了国有企业和非国有企业的 TFP,且国有企业的促进效果高于非国有企业。第一,与非国有企业相比,国有企业由于其政治关系和信贷补贴等优惠政策的受益,在资金、技术研发和投资方面具有独特的优势。第二,这可能是因为国有企业更好地获得信贷市场的支持,将面临较低程度的融资约束(Hsieh and Klenow, 2009; Song et al., 2011)。相比之下,非国有企业必须通过内部储蓄或非正式金融市场为其投资融资(Hsieh and Klenow, 2009; Song et al., 2011)。

表 11－10　企业所有制异质性分析结果

	(1) 国有企业 *tfp_acf*	(2) 非国有企业 *tfp_acf*
did	0.412*** (0.075)	0.252*** (0.077)
常数项	2.082*** (0.573)	0.569 (0.775)
控制变量	Yes	Yes
R^2	0.881	0.887
N	15 179	17 474
公司固定效应	Yes	Yes
年份固定效应	Yes	Yes
城市固定效应	Yes	Yes

11.6.4 不同区域异质性分析

根据地理位置和经济发展的差异,中国的省份被分为三个地区:东部地区、中部地区和西部地区。东部地区包括北京、天津、河北、上海、江苏、浙江、福建、山东、广东和海南;中部地区包括吉林、黑龙江、山西、河南、安徽、湖北、江西和湖南;西部地区包括其余省份。表 11－11 给出了不同地区公司的异质性回归结果。结果表明,CET 政策显著提高了东部、中部、西部地区企业的全要素生产率。此外,CET 机制对中部地区企业 TFP 的促进作用最大,东部地区次之,西部地区最小。与西部地区相比,东部和中部地区具有较高的经济增长水平和技术水平。更重要的是，东部和中部地区市场体系更完备、更健全、更有竞争力。东部地区经济发展水平和技术创新水平均高于中部地区，但 ETS 机制在中部地区发挥作用的潜力更大。相比之下，西部地区的企业在试点政策实施后，由于市场体系不完善、市场经济转型缓慢、资源配置能力较弱，没有立即采用减排技术，也没有开展创新研发活动。另外，随着东部地区经济增长到一定程度，生产成本和劳动力成本都在上升，政府对环保的要求也越来越严格。因此，一些企业转移到中部地区，这促进了那里的经济增长和技术升级。

表 11－11　不同地区企业异质性回归结果

	(1) 东部 *tfp_acf*	(2) 中部 *tfp_acf*	(3) 西部 *tfp_acf*
did	0.270*** (0.058)	0.306*** (0.122)	0.251*** (0.078)
常数项	0.975*** (0.501)	−0.415 (0.842)	1.272 (1.026)
控制变量	Yes	Yes	Yes
R^2	0.886	0.895	0.850
N	22 687	5 243	5 080
公司固定效应	Yes	Yes	Yes
年份固定效应	Yes	Yes	Yes

11.7　本章结论与政策建议

本章以我国 CET 政策为准自然实验，从经营策略、技术创新和市场环境三个角度考察了碳排放权交易机制对企业全要素生产率的影响效应和机制。此外，我们对市场失灵、行业、公司所有权和区位条件等展开了异质性分析。我们使用了沪深 A 股市场上市公司的数据，并将数据与 CNRDS 平台上的专利和绿色专利数据进行匹配。同时，我们采用 DID 模型解释了 CET 政策对企业全要素生产率的影响中未观察到的趋势。主要研究结论如下：第一，基准回归结果显示，CET 政策显著提高了企业的 TFP，且一系列稳健性检验（如平行趋势检验、动态效应和安慰剂检验）均表明结果是稳健性的。第二，企业经营策略的机制分析显示，CET 政策的实施降低了企业的现金流。虽然 CET 政策给企业带来了成本，但在市场机制的激励下，企业倾向于通过增加创新投入来提高竞争力和利润，而不是简单地减少生产，或者依靠安装末端处理设施。技术创新的机制分析则表明，企业可以通过增加研发投入、鼓励绿色专利申请和授权来提高全要素生产率。市场环境的机制分析表明，政府可以通过加强市场体系的完善、强化金融增长程度以缓解企业的融资约束、优化环境规制政策等方式进一步提高 CET 政策对企业全要素生产率的提升效果。第三,市场失灵的异质性分析表明,信息对称程度和市场势力增强了 CET 政策对企业全要素生产率的正向影响,而市场交易成本削弱了 CET 政策对企业全要素生产率的促进作用。此外,在行业、所有制和地区方面,CET 政策对公司 TFP 的影响存在一定的异质性。

根据研究结果,我们提出以下政策建议：首先,政府应加强碳排放权交易的市场和制度体系建设,降低市场交易成本。生态环境部应修订完善相关配套制度和技术规范,确保全国统一的碳市场更好运行。其次,政府应合理分配碳配额,减轻市场势力对碳配额供应的影响,稳定市场碳价格和投资者对碳市场的预期。再次,政府应扩大对从事创新,特别是绿色创新的企业的研发技术补贴。可以通过财政补贴、税收优惠、信贷优惠等措施,鼓励企业增加绿色创新支出,进而提高企业全要素生产率。最后,政府通过金融创新,大力发展碳融资进而提升金融增长水平。具体而言,政府金融部门可以探索发展碳期货、碳远期和其他衍生品交易;大力推进碳质押、碳回购、碳托管等融资方式,进而拓展企业融资渠道。

本研究仍存在一定的局限性,值得展开进一步研究。具体而言,后续研究可以使用更为恰当的市场失灵指标,如交易成本、信息不对称和市场力量。未来的研究可采用 PSM - DID 模型或半参数 DID 模型进行进一步的稳健性检验。此外,机理分析还有待深入研究。例如,ETS 促进创新的机制有待进一步探索。ETS 机制对创新的挤出效应和溢出效应也有待进一步探索。然而,本研究迈出了将企业战略行为、市场失灵和政府监管机制整合到一个统一的理论框架中来考察 ETS 机制的创新效应的第一步。

参考文献

[1] 国家发展改革委.关于开展碳排放权交易试点工作的通知[R/OL].(2011 - 10 - 29)[2024 - 06 - 06]. https://zfxxgk.ndrc.gov.cn/web/iteminfo.jsp? id = 1349

[2] 王小鲁,樊纲,于静文.中国分省份市场化指数报告(2016)[M].北京：社会科学文献出版社,2017.

[3] Abid N, Ceci F, Ikram M. Green growth and sustainable development: Dynamic linkage between technological innovation, ISO 14001, and environmental challenges[J]. Environmental Science and Pollution Research, 2022, 29(17): 25428 - 25447.

[4] Acemoglu D, Aghion P, Bursztyn L, et al. The environment and directed technical change[J]. American Economic Review, 2012, 102(1): 131 - 166.

[5] Ackerberg D, Caves K, Frazer G. Structural identification of production functions[EB/OL]. Munich Personal RePEc Archive Working Paper, No. 38349, 2006[2024 - 2 - 6]. https://mpra.ub.uni-muenchen.de/38349/1/MPRA_paper_38349.pdf.

[6] Aghion P, Dechezleprêtre A, Hémous D, et al. Carbon *Taxes*, path dependency, and directed technical change: Evidence from the auto industry[J]. Journal of Political Economy, 2016, 124(1):

1 - 51.

[7] Albrizio S, Kozluk T, Zipperer V. Environmental policies and productivity growth: Evidence across industries and firms[J]. Journal of Environmental Economics and Management, 2017, 81: 209 - 226.

[8] Allen F, Qian J, Qian M. Law, finance, and economic growth in China[J]. Journal of Financial Economics, 2005, 77(1): 57 - 116.

[9] Angrist J D, Krueger A B. Empirical strategies in labor economics[M]//Handbook of Labor Economics. Amsterdam: Elsevier, 1999: 1277 - 1366.

[10] Bartram S M, Hou K W, Kim S. Real effects of climate policy: Financial constraints and spillovers [J]. Journal of Financial Economics, 2022, 143(2): 668 - 696.

[11] Baudry M, Faure A, Quemin S. Emissions trading with transaction costs [J]. Journal of Environmental Economics and Management, 2021, 108: 102468.

[12] Blyth W, Bunn D, Kettunen J, et al. Policy interactions, risk and price formation in carbon markets [J]. Energy Policy, 2009, 37(12): 5192 - 5207.

[13] Brandt L, Van Biesebroeck J, Zhang Y F. Challenges of working with the Chinese NBS firm-level data[J]. China Economic Review, 2014, 30: 339 - 352.

[14] Busch T, Hoffmann V H. How hot is your bottom line? Linking carbon and financial performance [J]. Business & Society, 2011, 50(2): 233 - 265.

[15] Calel R, Dechezleprêtre A. Environmental policy and directed technological change: Evidence from the European carbon market[J]. Review of Economics and Statistics, 2016, 98(1): 173 - 191.

[16] Cason T N, Gangadharan L. Transactions costs in tradable permit markets: An experimental study of pollution market designs[J]. Journal of Regulatory Economics, 2003, 23(2): 145 - 165.

[17] Chemmanur T J, Tian X A. Do antitakeover provisions spur corporate innovation? A regression discontinuity analysis[J]. Journal of Financial and Quantitative Analysis, 2018, 53(3): 1163 - 1194.

[18] Chen X, Lin B Q. Towards carbon neutrality by implementing carbon emissions trading scheme: Policy evaluation in China[J]. Energy Policy, 2021, 157: 112510.

[19] Chen J D, Gao M, Cheng S L, et al. County-level CO_2 emissions and sequestration in China during 1997 - 2017[J]. Scientific Data, 2020, 7(1): 391.

[20] Chen Z F, Zhang X A, Chen F L. Do carbon emission trading schemes stimulate green innovation in enterprises? Evidence from China[J]. Technological Forecasting and Social Change, 2021, 168: 120744.

[21] Chordia T, Roll R, Subrahmanyam A. Liquidity and market efficiency[J]. Journal of Financial Economics, 2008, 87(2): 249 - 268.

[22] Chung K H, Wright P, Charoenwong C. Investment opportunities and market reaction to capital expenditure decisions[J]. Journal of Banking & Finance, 1998, 22(1): 41 - 60.

[23] Clarkson P M, Fang X H, Li Y E, et al. The relevance of environmental disclosures: Are such disclosures incrementally informative? [J]. Journal of Accounting and Public Policy, 2013, 32(5):

410 - 431.

[24] Clarkson P M, Li Y E, Richardson G D. The market valuation of environmental capital expenditures by pulp and paper companies[J]. The Accounting Review, 2004, 79(2): 329 - 353.

[25] Cohen M A, Tubb A. The impact of environmental regulation on firm and country competitiveness: A meta-analysis of the porter hypothesis[J]. Journal of the Association of Environmental and Resource Economists, 2018, 5(2): 371 - 399.

[26] Coria J. *Taxes*, permits, and the diffusion of a new technology[J]. Resource and Energy Economics, 2009, 31(4): 249 - 271.

[27] Cormier D, Magnan M, Van Velthoven B. Environmental disclosure quality in large German companies: Economic incentives, public pressures or institutional conditions? [J]. European Accounting Review, 2005, 14(1): 3 - 39.

[28] Cui J B, Zhang J J, Zheng Y. Carbon pricing induces innovation: Evidence from China's regional carbon market pilots[J]. AEA Papers and Proceedings, 2018, 108: 453 - 457.

[29] Dávila E, Parlatore C. Trading costs and informational efficiency[J]. The Journal of Finance, 2021, 76(3): 1471 - 1539.

[30] de Villiers C, Marques A. Corporate social responsibility, country-level predispositions, and the consequences of choosing a level of disclosure[J]. Accounting and Business Research, 2016, 46(2): 167 - 195.

[31] Delmas M A, Nairn-Birch N, Lim J. Dynamics of environmental and financial performance[J]. Organization & Environment, 2015, 28(4): 374 - 393.

[32] Dhaliwal D S, Li O Z, Tsang A, et al. Voluntary nonfinancial disclosure and the cost of equity capital: The initiation of corporate social responsibility reporting[J]. The Accounting Review, 2011, 86(1): 59 - 100.

[33] Domazlicky B R, Weber W L. Does environmental protection lead to slower productivity growth in the chemical industry? [J]. Environmental and Resource Economics, 2004, 28(3): 301 - 324.

[34] Dowell G, Hart S, Yeung B. Do corporate global environmental standards create or destroy market value? [J]. Management Science, 2000, 46(8): 1059 - 1074.

[35] Fischer C, Parry I W H, Pizer W A. Instrument choice for environmental protection when technological innovation is endogenous[J]. Journal of Environmental Economics and Management, 2003, 45(3): 523 - 545.

[36] Fowlie M, Reguant M, Ryan S P. Market-based emissions regulation and industry dynamics[J]. Journal of Political Economy, 2016, 124(1): 249 - 302.

[37] Gao S A, Wang C. How to design emission trading scheme to promote corporate low-carbon technological innovation: Evidence from China[J]. Journal of Cleaner Production, 2021, 298: 126712.

[38] Gao Y N, Li M, Xue J J, et al. Evaluation of effectiveness of China's carbon emissions trading scheme in carbon mitigation[J]. Energy Economics, 2020, 90: 104872.

[39] Goulder L H, Mathai K. Optimal CO_2 abatement in the presence of induced technological change

[J]. Journal of Environmental Economics and Management, 2000, 39(1): 1-38.

[40] Gray W B, Shadbegian R J. Plant vintage, technology, and environmental regulation[J]. Journal of Environmental Economics and Management, 2003, 46(3): 384-402.

[41] Gray W B, Shadbegian R J. Environmental regulation, investment timing, and technology choice [J]. The Journal of Industrial Economics, 1998, 46(2): 235-256.

[42] Grubb M. Technologies, energy systems and the timing of CO_2 emissions abatement[J]. Energy Policy, 1997, 25(2): 159-172.

[43] Guariglia A, Liu P. To what extent do financing constraints affect Chinese firms' innovation activities? [J]. International Review of Financial Analysis, 2014, 36: 223-240.

[44] Guo L Y, Feng C. Are there spillovers among China's pilots for carbon emission allowances trading? [J]. Energy Economics, 2021, 103: 105574.

[45] Hadlock C J, Pierce J R. New evidence on measuring financial constraints: Moving beyond the KZ index[J]. The Review of Financial Studies, 2010, 23(5): 1909-1940.

[46] Hahn R W. Market power and transferable property rights[J]. The Quarterly Journal of Economics, 1984, 99(4): 753-765.

[47] Hahn R W, Stavins R N. The effect of allowance allocations on cap-and-trade system performance [J]. The Journal of Law and Economics, 2011, 54(S4): S267-S294.

[48] Hatcher A. Non-compliance and the quota price in an ITQ fishery[J]. Journal of Environmental Economics and Management, 2005, 49(3): 427-436.

[49] Hatcher A. Firm behaviour under pollution ratio standards with non-compliance[J]. Environmental and Resource Economics, 2007, 38(1): 89-98.

[50] Hatcher A. Market power and compliance with output quotas[J]. Resource and Energy Economics, 2012, 34(2): 255-269.

[51] Hicks J R. The theory of wages(second edition)[M]. London: MacMillan, 1963.

[52] Hsieh C T, Klenow P J. Misallocation and manufacturing TFP in China and India[J]. The Quarterly Journal of Economics, 2009, 124(4): 1403-1448.

[53] Hu Y C, Ren S G, Wang Y J, et al. Can carbon emission trading scheme achieve energy conservation and emission reduction? Evidence from the industrial sector in China[J]. Energy Economics, 2020, 85: 104590.

[54] Huang Y X, Xu Q, Zhao Y P. Short-Run pain, long-Run gain: Desulfurization investment and productivity[J]. Energy Economics, 2021, 102: 105520.

[55] International Carbon Action Partnership(ICAP). Emissions trading worldwide: States report 2018 [EB/OL]. Berlin: ICAP, 2018.[2024-06-06] https://icapcarbonaction.com/en/publications/emissions-trading-worldwide-icap-status-report-2018.

[56] International Energy Agency(IEA). World energy outlook 2012[EB/OL]. Paris: IEA, 2012. Paris.[2024-06-06] https://www.iea.org/reports/world-energy-outlook-2012.

[57] Jaffe A, Newell R, Stavins R. Environmental policy and technological change[J]. Environmental and Resource Economics, 2002, 22: 41-70.

[58] Jaffe A B, Newell R G, Stavins R N. Technological change and the environment[M]//Dasgupta P, Pattanayak S K, Smith K. Handbook of environmental economics. London: Elsevier, 2003.

[59] Jaffe A B, Palmer K. Environmental regulation and innovation: A panel data study[J]. Review of Economics and Statistics, 1997, 79(4): 610-619.

[60] Jaraitė J, Convery F, Di Maria C. Transaction costs for firms in the EU ETS: Lessons from Ireland [J]. Climate Policy, 2010, 10(2): 190-215.

[61] Jaraitė J, Di Maria C. Did the EU ETS make a difference? an empirical assessment using Lithuanian firm-level data[J]. The Energy Journal, 2016, 37(2): 68-92.

[62] Jaraitė-Kažukauskė J, Kažukauskas A. Do transaction costs influence firm trading behaviour in the European emissions trading system? [J]. Environmental and Resource Economics, 2015, 62(3): 583-613.

[63] Karim A E, Albitar K, Elmarzouky M. A novel measure of corporate carbon emission disclosure, the effect of capital expenditures and corporate governance[J]. Journal of Environmental Management, 2021, 290: 112581.

[64] Kogan L, Papanikolaou D, Seru A, et al. Technological innovation, resource allocation, and growth [J]. The Quarterly Journal of Economics, 2017, 132(2): 665-712.

[65] Konar S, Cohen M A. Does the market value environmental performance? [J]. Review of Economics and Statistics, 2001, 83(2): 281-289.

[66] Kvålseth T O. Relationship between concentration ratio and Herfindahl-Hirschman index: A re-examination based on majorization theory[J]. Heliyon, 2018, 4(10): e00846.

[67] Lanoie P, Patry M, Lajeunesse R. Environmental regulation and productivity: Testing the porter hypothesis[J]. Journal of Productivity Analysis, 2008, 30(2): 121-128.

[68] Levinsohn J, Petrin A. Estimating production functions using inputs to control for unobservables[J]. The Review of Economic Studies, 2003, 70(2): 317-341.

[69] Li P, Lu Y, Wang J. Does flattening government improve economic performance? Evidence from China[J]. Journal of Development Economics, 2016, 123: 18-37.

[70] Liu B, Ju T, Bai M, et al. Imitative innovation and financial distress risk: The moderating role of executive foreign experience[J]. International Review of Economics & Finance, 2021, 71: 526-548.

[71] Liu L W, Chen C X, Zhao Y F, et al. China's carbon-emissions trading: Overview, challenges and future[J]. Renewable and Sustainable Energy Reviews, 2015, 49: 254-266.

[72] Liu M J, Zhou C, Lu F F, et al. Impact of the implementation of carbon emission trading on corporate financial performance: Evidence from listed companies in China[J]. PLoS One, 2021, 16(7): e0253460.

[73] Liu Z L, Sun H B. Assessing the impact of emissions trading scheme on low-carbon technological innovation: Evidence from China [J]. Environmental Impact Assessment Review, 2021, 89: 106589.

[74] Löschel A. Technological change in economic models of environmental policy: A survey [J].

Ecological Economics, 2002, 43(2/3): 105-126.

[75] Luo L. The influence of institutional contexts on the relationship between voluntary carbon disclosure and carbon emission performance[J]. Accounting & Finance, 2019, 59(2): 1235-1264.

[76] Lv M C, Bai M Y. Evaluation of China's carbon emission trading policy from corporate innovation [J]. Finance Research Letters, 2021, 39: 101565.

[77] Malik A S. Further results on permit markets with market power and cheating[J]. Journal of Environmental Economics and Management, 2002, 44(3): 371-390.

[78] Malmendier U, Tate G. Who makes acquisitions? CEO overconfidence and the market's reaction[J]. Journal of Financial Economics, 2008, 89(1): 20-43.

[79] Malmendier U, Tate G, Yan J. Overconfidence and early-life experiences: The effect of managerial traits on corporate financial policies[J]. The Journal of Finance, 2011, 66(5): 1687-1733.

[80] Mantovani A, Tarola O, Vergari C. End-of-pipe or cleaner production? How to go green in presence of income inequality and pro-environmental behavior[J]. Journal of Cleaner Production, 2017, 160: 71-82.

[81] Matsumura E M, Prakash R, Vera-Muñoz S C. Firm-value effects of carbon emissions and carbon disclosures[J]. Accounting Review: A Quarterly Journal of the American Accounting Association, 2014, 89: 695-724.

[82] Medina V, Pardo Á, Pascual R. The timeline of trading frictions in the European carbon market [J]. Energy Economics, 2014, 42: 378-394.

[83] Milliman S R, Prince R. Firm incentives to promote technological change in pollution control[J]. Journal of Environmental Economics and Management, 1989, 17(3): 247-265.

[84] Misiolek W S, Elder H W. Exclusionary manipulation of markets for pollution rights[J]. Journal of Environmental Economics and Management, 1989, 16(2): 156-166.

[85] Montero J P. Marketable pollution permits with uncertainty and transaction costs[J]. Resource and Energy Economics, 1998, 20(1): 27-50.

[86] Naegele H. Offset credits in the EU ETS: A quantile estimation of firm-level transaction costs[J]. Environmental and Resource Economics, 2018, 70(1): 77-106.

[87] Olley G S, Pakes A. The dynamics of productivity in the telecommunications equipment industry [J]. Econometrica, 1996, 64(6): 1263.

[88] Pan Z C, Liu L, Bai S Y, et al. Can the social trust promote corporate green innovation? Evidence from China[J]. Environmental Science and Pollution Research International, 2021, 28(37): 52157-52173.

[89] Pang Y. Profitable pollution abatement? A worker productivity perspective[J]. Resource and Energy Economics, 2018, 52: 33-49.

[90] Peng J Y, Xie R, Ma C B, et al. Market-based environmental regulation and total factor productivity: Evidence from Chinese enterprises[J]. Economic Modelling, 2021, 95: 394-407.

[91] Popp D, Newell R. Where does energy R&D come from? Examining crowding out from energy R&D [J]. Energy Economics, 2012, 34(4): 980-991.

[92] Porter M E, van der Linde C. Toward a new conception of the environment-competitiveness relationship[J]. Journal of Economic Perspectives, 1995, 9(4): 97-118.

[93] Qian W, Schaltegger S. Revisiting carbon disclosure and performance: Legitimacy and management views[J]. The British Accounting Review, 2017, 49(4): 365-379.

[94] Rassier D G, Earnhart D. The effect of clean water regulation on profitability: Testing the porter hypothesis[J]. Land Economics, 2010, 86(2): 329-344.

[95] Ren S G, Li X L, Yuan B L, et al. The effects of three types of environmental regulation on eco-efficiency: A cross-region analysis in China[J]. Journal of Cleaner Production, 2018, 173: 245-255.

[96] Ren S G, Hu Y C, Zheng J J, et al. Emissions trading and firm innovation: Evidence from a natural experiment in China[J]. Technological Forecasting and Social Change, 2020, 155: 119989.

[97] Schmalensee R, Stavins R N. Policy evolution under the clean air act[J]. Journal of Economic Perspectives, 2019, 33(4): 27-50.

[98] Siddique M A, Akhtaruzzaman M, Rashid A, et al. Carbon disclosure, carbon performance and financial performance: International evidence[J]. International Review of Financial Analysis, 2021, 75: 101734.

[99] Silva E C D, Zhu X E. Emissions trading of global and local pollutants, pollution havens and free riding[J]. Journal of Environmental Economics and Management, 2009, 58(2): 169-182.

[100] Song Z, Storesletten K, Zilibotti F. Growing like China[J]. American Economic Review, 2011, 101(1): 196-233.

[101] Stavins R N. A meaning U.S. cap-and-trade system to address global climate change[J]. Harvard Environmental Law Review, 2007, 32: 293-371.

[102] Stavins R N. Transaction costs and tradeable permits[J]. Journal of Environmental Economics and Management, 1995, 29(2): 133-148.

[103] Stoever J, Weche J P. Environmental regulation and sustainable competitiveness: Evaluating the role of firm-level green investments in the context of the porter hypothesis[J]. Environmental and Resource Economics, 2018, 70(2): 429-455.

[104] Suchman M C. Managing legitimacy: Strategic and institutional approaches[J]. The Academy of Management Review, 1995, 20(3): 571.

[105] Tang R H, Guo W, Oudenes M, et al. Key challenges for the establishment of the monitoring, reporting and verification(MRV) system in China's national carbon emissions trading market[J]. Climate Policy, 2018, 18(supl): 106-121.

[106] Tang M G, Li Z, Hu F X, et al. Market failure, tradable discharge permit, and pollution reduction: Evidence from industrial firms in China[J]. Ecological Economics, 2021, 189: 107180.

[107] Teixidó J, Verde S F, Nicolli F. The impact of the EU Emissions Trading System on low-carbon technological change: The empirical evidence[J]. Ecological Economics, 2019, 164: 106347.

[108] Tombe T, Winter J. Environmental policy and misallocation: The productivity effect of intensity

standards[J]. Journal of Environmental Economics and Management, 2015, 72: 137-163.

[109] Trinks A, Mulder M, Scholtens B. An efficiency perspective on carbon emissions and financial performance[J]. Ecological Economics, 2020, 175: 106632.

[110] von Brasch T, Cappelen, Hungnes H, et al. Modeling R&D spillovers to productivity: The effects of tax credits[J]. Economic Modelling, 2021, 101: 105545.

[111] Wang X, Zhang X B, Zhu L. Imperfect market, emissions trading scheme, and technology adoption: A case study of an energy-intensive sector[J]. Energy Economics, 2019, 81: 142-158.

[112] Yang X Y, Jiang P, Pan Y. Does China's carbon emission trading policy have an employment double dividend and a Porter effect? [J]. Energy Policy, 2020, 142: 111492.

[113] Yao S Y, Yu X Y, Yan S, et al. Heterogeneous emission trading schemes and green innovation [J]. Energy Policy, 2021, 155: 112367.

[114] Zhang D, Karplus V J, Cassisa C, et al. Emissions trading in China: Progress and prospects[J]. Energy Policy, 2014, 75: 9-16.

[115] Zhang J J, Wang Z X, Du X M. Lessons learned from China's regional carbon market pilots[J]. Economics of Energy & Environmental Policy, 2017, 6(2): 19-38.

[116] Zhang X L, Karplus V J, Qi T Y, et al. Carbon emissions in China: How far can new efforts bend the curve? [J]. Energy Economics, 2016, 54: 388-395.

[117] Zhang Y J, Wang W. How does China's carbon emissions trading (CET) policy affect the investment of CET-covered enterprises? [J]. Energy Economics, 2021, 98: 105224.

[118] Zhao J H. Irreversible abatement investment under cost uncertainties: Tradable emission permits and emissions charges[J]. Journal of Public Economics, 2003, 87(12): 2765-2789.

[119] Zhao X M, Liu C J, Sun C W, et al. Does stringent environmental regulation lead to a carbon haven effect? Evidence from carbon-intensive industries in China[J]. Energy Economics, 2020, 86: 104631.

[120] Zhu J M, Fan Y C, Deng X H, et al. Low-carbon innovation induced by emissions trading in China[J]. Nature Communications, 2019, 10(1): 4088.

第 12 章　碳排放权交易制度如何促进企业的绿色创新

——基于诱致性创新理论的视角

12.1　研究问题的提出

在全球变暖的背景下，如何协调经济增长和减少碳排放成为世界各国面临的困境和挑战。为了实现碳减排目标以及经济增长与可持续发展的双赢局面，碳排放权交易（Carbon Emission Trading, CET）被广泛应用（Liu et al., 2022）。欧洲、美国、中国、新西兰、日本和韩国等许多国家与地区都实施了 CET 政策。在 CET 制度下，企业可以在市场上自由交易排放权，以最低成本实现给定的减排目标（Ren et al., 2020）。CET 制度通常被认为能够有效且灵活地协调经济增长和气候变化问题（Inoue et al., 2013; Chen et al., 2021）。更为重要的是，CET 制度对于激励绿色创新也至关重要。绿色创新是促进企业生产力、竞争力和实现环境可持续发展的重要驱动力（Inoue et al., 2013; Aghion et al., 2016）。

作为一种基于市场的环境监管政策，合规成本理论和创新补偿理论是解释 CET 政策效果的两大主要理论流派。根据合规成本理论，在 CET 政策的压力下，创新投入的短期成本将会导致公司业绩的降低（Lv and Bai, 2021）。即 CET 政策增加了成本，降低了企业的盈利能力。然而，波特假说坚持认为，合理的环境政策可以诱导公司的创新，导致其收益超过其成本（Porter and van der Linde, 1995; Jaffe and Palmer, 1997）。作为一项以市场为导向的环境政策，CET 政策被认为能产生创新补偿效应，并鼓励企业参与减排技术、低碳或绿色创新活动。虽然现有的研究对 CET 政策的合规成本效应和创新补偿效应进行了大量的探索，但迄今尚未达成共识。因此，本研究旨在基于中国上市公司的数据，探讨 CET 政策是否能够激励企业的绿色创新。

作为世界上最大的碳排放国家，中国积极寻求通过 CET 制度促进碳减排。2011 年年底，中国国家发展和改革委员会（NDRC）宣布计划在七个试点地区建立碳排放权交易市场。试验区包括北京、天津、上海、重庆、深圳、广东、湖北（Duan et al., 2014）。2013 年末和 2014 年上半年，中国 CET 制度在七个试验区陆续启动。2017 年，全国性碳排放权交易市场从电力行业开始启动。在 2020 年 9 月第 75 届联合国大会上，中国国家主席习近平宣布，中国将提高国家自主贡献力度，采取更加有力的政策和措施，二氧化碳排放力争于

2030 年前达到峰值,努力争取 2060 年前实现碳中和。全国碳排放权交易市场于 2021 年 7 月 16 日开始在线交易,这表明我国为减少碳足迹和实现排放目标迈出了重要一步。七个试点地区的政策实施为研究碳排放权交易制度与绿色创新的关系提供了一个准自然实验。

12.2　逻辑框架与理论分析

本章旨在探讨 CET 制度促进企业绿色创新的机制。在这一过程中,市场化机制将刺激企业的技术变革。事实上,现已发生许多不同类型的技术变革。根据 CET 政策的特点,可以从价格诱导、研发诱导、学习诱导的技术变革和市场体系的完善等方面分析其促进绿色创新的路径。

12.2.1　价格诱导的技术变革

价格诱导的技术变革是一种相对直接的内生技术变革的方法,其概念根源可以追溯到 Hicks(1932)。价格诱导创新假说认识到,研发是一种利润驱动的投资活动,创新的方向可能与相对价格上涨的方向呈正相关。价格诱导技术创新来源于要素替代。为了实现利润最大化,减排的边际成本等于碳排放许可的价格。当 CET 许可证价格上升时,它会激励企业安装减排设备,改善工艺流程,降低其减排成本(Gersbach and Riekhof, 2021)。能源政策或明或暗地提高了能源投入的成本;价格诱导创新假说表明,企业有动力采用碳减排技术或更清洁的生产流程。当 CET 许可证价格上涨时,价格诱导的技术变革将促使清洁技术的投入应用应更加广泛化,并加速碳减排技术及清洁生产过程的普及,从而显著提高能源利用效率。Jakeman 等(2014)发现,价格诱导的技术变革降低了实现碳减排目标的成本。许多其他关于价格引发的技术变革的研究表明,CET 许可证的高价格与碳排放的减少有关。Cui 等(2018)的研究结果表明,高碳价加速了低碳技术的专利创新,证实了 CET 方案的诱导创新效应。许多先前的研究确定了碳交易市场中的价格发现、波动性溢出和财务绩效(Rittler, 2012; Ren and Lo, 2017; Rainey and Tulloch, 2018; Chang et al., 2018)。因此,确定作为减排成本信号的碳价格是否促进了中国碳交易市场中企业的价格诱导技术进步是至关重要的。

我们假设政府为某企业设定的最大排放限值为 $\overline{E_0}$。如果该企业的实际排放大于 $\overline{E_0}$,则该企业应通过减排以满足政府的要求。减排成本与企业的碳减排量和知识存量(用 H 表示)有关。知识存量的增加降低了减排的总成本和边际成本(Goulder and Schneider, 1999; Goulder and Mathai, 2000)。企业将碳排放降低到 $E \leqslant \overline{E_0}$ 的成本为(Weber and Neuhoff, 2010):

$$C(E, H \mid \overline{E_0}) = \frac{(\overline{E_0} - E)^2}{2H} \tag{12-1}$$

企业对知识的投入(即研发支出)可以促进其知识存量的增加。然而,这种投资需要企业承担一定的成本(Goulder and Schneider, 1999; Goulder and Mathai, 2000)。同样,对于不增加研发投资的企业,知识存量取决于累积消减水平,这被视为学习或经验的衡量标准(Goulder and Mathai, 2000)。在碳排放配额政策下,企业面临着在碳排放交易市场购买碳排放配额、自行开展减排活动或加大创新投资的选择与权衡。此时,一些因碳排放交易而对其相对价格产生重大影响的企业可能会开展减排活动,从而促进其知识存量的增加,进而引发技术变革。对于生产率高或创新能力强的企业,可以通过增加创新投入来增加知识存量。一方面,企业可以降低自己的减排成本,从而在碳排放权交易市场上获得更多的碳排放许可并获利。另一方面,企业增加创新投资也可以提高其产品的竞争力,增加其产品的市场利润。综上所述,CET 许可证的价格改变了企业产品的相对价格,导致了研发型技术变革和学习型技术变革。

12.2.2 研发诱导的技术变革

价格诱导创新将现有的研发投入存量视为外生的,它忽略了累积的创新资本,因此不能完全实现技术变革路径的内生化。价格诱导创新只能被视为企业的策略行为。在 CET 政策下,更重要的是鼓励企业增加绿色创新的研发投资。然而,我们应该注意到,研发引发的变化与创新市场的不完善有关,这种不完善源于溢出效应,以及碳节约型研发是否会挤占其他行业的研发。促进绿色创新的 CET 政策的副作用之一是将资本从其他创新活动中移除并将其挤出(Zhu et al., 2019)。因此,在研究 CET 政策对促进绿色创新的作用的同时,我们也应考察 CET 政策是否排挤了企业的其他创新活动。现有文献中有一些相关研究。例如,Zhu 等(2019)发现,中国的 CET 政策试点使 ETS 企业的低碳创新增加了 5%~10%,而不会挤占其他技术创新。此外,在促进企业进行绿色创新的过程中,CET 政策可以对行业内其他不受监管的企业和上下游企业产生知识流动和溢出效应(Jaffe et al., 2005)。溢出效应使得在完全依靠市场机制的前提下,企业对绿色创新技术的研发投入低于社会最优水平(Popp, 2002, 2006)。因此,政府应该通过制定适当的碳排放上限和财政补贴措施,鼓励企业实施绿色创新。此外,与监管政策相关的不确定性可能通过影响投资者的预期来阻碍企业的研发诱导的技术变革(van Soest, 2005; Teixidó et al., 2019)。

许多环境或气候政策模型都考虑了研发投入的策略效应和知识积累的动态效应。在 Goulder 和 Mathai(2000)的知识积累模型中,中央计划者选择减排和研发努力的时间路径,以使减排的当前成本和研发支出在排放目标的约束下最小化。减排成本取决于减排量和知识存量,知识存量通过研发投资随着时间的推移而增加。然而,该模型没有充分涵盖研发投资的诱导产出效应,无法充分理解创新激励。

Montero(1998)的研究结果表明,企业通过许可市场的溢出效应进行的研发投资降低了出清价格,从而在边际上降低了所有企业的减排成本。较低的边际成本导致其他企业增加产量,从而增加对排放许可证的需求,这反过来又反馈到排放许可市场,使许可证价格的下降幅度小于创新企业所期望的。然而，Montero（1998）从生产成本中抽象出来，隐含地假设边际生产成本保持不变。当生产成本增加时，增加产量的边际净效益递减，而减少排放的边际净效益不变。因此，单位排放量的减少比单位产量的增加对企业的价值更大。因此，边际成本的上升将减少更多产出带来的好处，从而减少创新的动力（Bruneau，2004）。

此外，Buonanno 等（2003）提出了一个气候变化政策分析模型，该模型既考虑了内生性技术变化，也考虑了诱发型技术变化。通过在每个生产函数中增加知识存量，并将知识存量与研发投资联系起来，引入了影响全要素生产率的内生技术变革。通过允许知识存量影响排放产出比来引入诱导技术变革。该模型假设研发努力既促进了环境技术进步，也促进了非环境技术进步，并促进了产出生产率，从而影响了排放产出比。此外，诱导创新降低了政府为实现既定排放目标而构建的 CET 市场的碳排放许可支付。同时，较低的减排成本使更大的减排变得可行，抵消了降低 CET 许可证购买成本的意愿（Popp，2003）。

简而言之，在 CET 政策下，企业根据自身的生产率、减排技术和创新成本来决定是否进行绿色创新。如果增加的知识带来的未来成本的降低补偿了研发成本，那么成本最小化的企业将进行绿色研发。对于从事绿色创新的企业来说，其创新行为不仅增加了产量，而且降低了边际减排成本，降低了 CET 许可价格（Goulder and Schneider，1999；Goulder and Mathai，2000；Nordhaus，2002；Buonanno et al.，2003）。因此，碳排放许可价格的下降刺激了其他企业对碳排放许可的需求，从而导致更高的预期碳价格，进而为研发投资提供了足够的激励（Weber and Neuhoff，2010）。因此，CET 政策提高了对生产率高、创新能力强的企业进行绿色创新的激励。

接下来，我们参考 Goulder 和 Mathai（2000）、Rosendahl（2004）、Löschel（2002），以及 Weber 和 Neuhoff（2010）的研究成果，构建一个理论模型，从研发诱导技术变革的角度来论证 CET 政策如何促进企业的绿色创新。设 $D(S_t, H_t)$ 表示企业生产活动对环境的损害函数，其中 S_t 为时刻 t 的碳排放存量，H_t 为时刻 t 的知识存量或技术存量。碳排放存量越大，对生态系统和环境的负面影响越大［即 $D_S(\cdot) > 0$］。同样，知识和技术的存量越大，企业就越能有效地利用现有的知识和技术，通过末端处理来管理碳排放，或者从前端改进生产技术，优化生产流程，从而减少企业生产对环境的影响。这意味着 $D_H(\cdot) < 0$。政府必须选择碳排放浓度的时间路径，以及最小化减排成本、创新成本和环境破坏的知识和技术水平。形式上，优化问题为

$$\min_{S_t}\int_0^{\infty}[C(A_t, H_t) + p(I_t)I_t + D(S_t, H_t)]e^{-rt}dt \tag{12-2}$$

$$\text{s. t.}\quad \dot{S}_t = -\delta S_t + E_t^0 - \varphi(I_t) \tag{12-3}$$

$$\dot{H}_t = \alpha_t H_t + k\psi(H_t, I_t) \tag{12-4}$$

S_0，H_0 给定

$$S_t \leqslant \bar{S} \tag{12-5}$$

式中，S_t 为 t 时刻的碳排放存量；H_t 为知识和技术的储备；I_t 为企业在知识和技术上的投入（即研发支出）；A_t 为企业在知识和技术上的投入所实现的碳减排量，$A_t = \varphi(I_t)$，满足 $\varphi_I(\cdot) > 0$；r 为利率；δ 为碳排放"去除"的自然速率；E_t^0 为基准碳排放量；α_t 为自主技术变革速率；$C(A_t, H_t)$ 为经济的总减排成本函数，假设 $C_A(\cdot) > 0$，$C_H(\cdot) < 0$，$C_{AA}(\cdot) > 0$，且 $C_{AH}(\cdot) < 0$；$p(\cdot)$ 为投资资源的实际价格；k 为研发诱导的技术变革效应；ψ 为知识积累函数，满足 $\psi(\cdot) > 0$，$\psi_I(\cdot) > 0$，且 $\psi_H(\cdot) > 0$；$\bar{S}$ 表示实施 CET 政策时的目标碳排放浓度。

与优化问题相关的哈密顿函数如下：

$$\begin{aligned}\mathcal{H} = & -[C(A_t, H_t) + p(I_t)I_t + D(S_t, H_t)] - \tau_t[-\delta S_t + E_t^0 - \varphi(I_t)] + \mu_t(\alpha_t H_t) \\ & + k\psi(H_t, I_t) + \eta_t(\bar{S} - S_t)\end{aligned} \tag{12-6}$$

式中，$-\tau_t$ 和 μ_t 为 S_t 和 H_t 的影子值。S_t 的影子值为负，因为碳排放从政策角度看是"坏"的。因此，τ_t 被认为是碳排放的影子成本，或者是企业在知识和技术上的投资收益，η_t 表示 CET 政策实施后的影子价格。

通过求解式（12－6）的优化问题，得到的结果如式（12－7）所示：

$$\frac{\mathrm{d}\tau_t}{\mathrm{d}k} \leqslant 0;\ \frac{\mathrm{d}\eta_t}{\mathrm{d}k} \leqslant 0 \tag{12-7}$$

这表明企业的研发投资可以降低企业碳排放的影子价格和碳排放许可的影子价格。因此，企业可以从碳市场中获利。由于 CET 政策的实施，企业面临的碳排放约束明显增强。CET 政策可以鼓励企业增加对知识和技术的投资，以减少碳限制对其生产的影响。这意味着 CET 政策的实施促进了企业研发诱导的技术变革。政府通过优化 CET 政策和财政税收政策（对企业创新活动的补贴），使企业的研发价格与单位研发的社会成本一致，即与实现既定减排目标相关的社会总成本一致（Goulder and Schneider，1999）。此外，如果 CET 许可证的价格被调整为排放的边际外部损害，研发引发的技术变革的存在则提高了 CET 政策的净社会效益。

12.2.3 学习诱导的技术变革

在实现新技术创新之后，新技术的采用和扩散对于提高企业的生产率和竞争力也很重要。新技术的未来成本和效益不仅与积累的研发有关，还取决于新技术扩散过程中获得的学习和经验（Grübler and Messner，1996）。新技术采用和扩散的收益和成本取决于已经使用该技术的企业数量（Quirmbach，1986；Coria，2009）。新技术的采用效益来自减排成本和碳排放许可证成本的减少。随着技术采用者的减排措施接近新技术的成本，碳排放许可价格随着时间的推移逐渐下降。许可证价格的下降导致技术采用者增加产量或以较低的价格买卖 CET 许可证(Coria, 2009)。每个企业根据自己的利益、成本和相对于竞争对手的优势来确定采用新技术的最佳时机,从而产生一系列的技术采用效益,随着时间的推移,这些效益会扩散到整个行业(Coria, 2009)。这种新技术的好处来自与技术采用的总体规模相关的动态增长的回报(Jaffe et al., 2005)。这些回报可以通过在使用中学(learning by using)、在工作中学(learning by doing)或网络外部性(network externalities)等机制产生,这进一步导致了学习诱导型技术变革(Jaffe et al., 2005)。

当 CET 政策被实施时,一些有竞争力的企业将成为成功的技术创新者。许多其他企业都是潜在的新技术学习者,他们试图使新技术适应他们的环境,并相信它的优越性。通过这种方式,CET 政策促进了企业的绿色创新,部分原因是边做边学(Teixidó et al., 2019)。在这一过程中,知识溢出使企业由学习引发的技术变革成为现实,这不仅提高了生产率,也降低了碳排放产出的强度(Matschoss and Welsch, 2006)。

类似地,我们构建了一个理论模型,从学习诱导型技术变革的角度来确定 CET 政策如何促进企业的绿色创新。该模型的基本框架和主要设置与研发诱导的技术变革中的模型设置类似。不同的是,企业依靠知识和技术的投资来实现政府的碳排放要求。在该模型中,企业主要依靠现有的知识储备,通过在减排中边做边学来达到减排要求。式(12-8)至式(12-10)中的参数 A_t 表示企业通过学习诱导技术变革的碳减排投资,且满足 $\varphi_A(\cdot) > 0$, $\psi_A(\cdot) > 0$, $\psi_{AA}(\cdot) > 0$, 其他变量及函数的设置和假设与上述模型相同。

一般来说,优化问题如下:

$$\min_{S_t}\int_0^{\infty}[C(A_t, H_t) + D(S_t, H_t)]e^{-rt}dt \tag{12-8}$$

$$\text{s.t.} \quad \dot{S}_t = -\delta S_t + E_t^0 - \varphi(A_t) \tag{12-9}$$

$$\dot{H} = \alpha_t H_t + k\psi(H_t, A_t) \tag{12-10}$$

$$S_0, H_0 \text{ 给定}$$

$$S_t \leqslant \bar{S} \tag{12-11}$$

与优化问题相关的哈密顿函数如下:

$$\mathcal{H} = -[C(A_t, H_t) + D(S_t, H_t)] - \tau_t[-\delta S_t + E_t^0 - \varphi(A_t)] + \mu_t(\alpha_t H_t + k\psi(H_t, A_t)) + \eta_t(\bar{S} - S_t) \tag{12-12}$$

通过求解式(12-12)的优化问题,同样可以得到如式(12-13)所示的结果。

$$\frac{d\tau_t}{dk} \leqslant 0; \frac{d\eta_t}{dk} \leqslant 0 \tag{12-13}$$

这表明企业从减排活动中学习也可以降低企业碳排放的影子价格和碳排放许可的影子价格。对于大型、高产和技术先进的企业来说,增加研发支出、投资知识和技术以满足政府的减排要求是明智的。然而,对于生产规模小、生产率和技术水平较低的企业来说,可能需要通过边做边学的方式来实现减排。研究结果还表明,CET 政策的实施促进了企业学习引发的技术变革。政府通过优化 CET 政策和财政税收政策(对企业创新活动的补贴),使企业的研发价格与单位研发的社会成本一致,即与实现既定减排目标相关的社会总成本一致(Goulder and Schneider, 1999)。此外,如果 CET 许可证的价格被调整为与排放的边际外部损害一致,研发引发的技术变革的存在则会提高 CET 政策的净社会效益。政府可以通过鼓励企业加强学习创新合作网络系统的建设,降低企业的学习成本,提高技术创新的扩散速度,从而有效降低减排的社会成本。因此,CET 政策将降低总社会成本,提高净社会效益。

12.2.4 市场体系的完善

上述由价格诱导的、研发诱导的、学习诱导的技术变革与市场体系的完善密切相关。在碳交易市场中,交易成本产生于商品和服务的交换或市场交易的过程,因为有意愿交换或进行交易的参与者必须找到彼此并进行交流和交换信息(Stavins, 1995)。在碳许可证交易市场中,存在着各种交易成本。首先,企业将面临涉及价格信息、寻找合适的买家或卖家以及在交易前学习交易过程的搜索成本(Hahn and Stavins, 2011)。其次,企业在交易过程中可能会因为讨价还价而面临交易成本,从而影响其决策(Hahn and Stavins, 2011)。最后,企业还应承担交易后与监控、报告和验证(MRV)过程相关的实施、监管和其他管理成本(Heindl, 2017;Jaraite et al., 2010)。当存在交易成本时,市场价格机制就会失效。此时,企业承担的减排成本是碳交易市场的原始均衡价格与市场交易成本之和。这使得这些企业的碳减排和创新决策偏离了其最佳水平。因此,政府应采取有效措施,降低碳交易市场的交易成本,提高 CET 政策效率,促进企业开展绿色创新活动。

拥有市场势力的主导企业可以在排放许可市场中使用这种权力来限制竞争对手进入特定地区(即排他性操纵),从而提高其生产成本(Misiolek and Elder, 1989; Hatcher, 2012)。与没有市场失灵的最优结果相比,这些拥有市场势力的企业可能持有太少或太多的排放许可,它们不符合政府的排放要求,这被称为"不合规"。Malik(2002)研究了一个污染排放许可市场,其中一家企业有市场支配力,一家或多家企业不遵守政府规定。结果表明,某种程度的市场势力可能是社会所希望的,因为它反过来可以减轻不遵守规定所造成的扭曲。Hatcher(2005)还考虑了期望惩罚函数中违反参数的一般规范,他指出,不遵守规定对企业配额需求的影响可能不那么直接。此外,Hatcher(2007)的模型允许不遵守标准,预期的处罚取决于违反相关标准的程度或相对违规情况。最后,Hatcher(2012)研究了配额市场和产出市场的市场势力对产出配额市场中占主导地位的企业的合规行为的影响。在这种情况下,企业可能会发现遵守(甚至过度遵守)配额要求是有利可图的,即使在没有强制执行的情况下。中国 CET 市场出台了确保企业合规的政策和措施,所有试点项目都制定了各种处罚措施,不遵守规定将会招致经济处罚和其他处罚。

碳信息不对称是信息不对称的一个独特维度。根据信息不对称理论,自愿采用碳信息披露的动机是为了减少内部管理者和外部利益相关者之间的碳信息不对称性(Kolk et al., 2008;Fan et al., 2021)。面对信息不对称,企业的投资决策和行为及其经营策略将会发生很大的变化。在这种情况下,CET 政策的效率也会受到影响。例如,它可能会降低其促进企业绿色创新的能力。同时,也可能导致 CET 市场与证券市场之间出现新的信息不对称。例如,Wen 等(2021)发现中国碳排放交易市场与股票市场之间存在显著负相关的长期和短期不对称关系。然而,银行将通过引入绿色信贷政策来减少信息的不对称性(An et al., 2021)。因此,研究信息不对称的存在是否会影响 CET 政策的绿色创新效应至关重要。

此外,企业的绿色创新活动具有溢出效应,仅依靠亚当·斯密的隐形的手调节,难以达到技术创新的社会最优水平。而且,市场失灵也可能影响到新技术的采用和扩散(Popp, 2001)。一项新技术对一个用户的成本或价值可能取决于有多少其他用户采用了该技术。新技术的采用者为他人创造了一种正外部性,其形式是产生有关新技术存在、特征和成功的信息(Jaffe et al., 2005)。因此,政府应制定一套与 CET 政策相结合的公共政策组合,以促进减排及绿色创新技术的发展和采用。

12.3　数据来源、变量说明与计量模型

12.3.1　数据来源

研究样本来自中国证券 A 股市场(上海证券交易所和深圳证券交易所),时间范围为 2000—2019 年。用于衡量绿色创新的上市公司的绿色专利数据(简称 GI)来自 CNRDS 平台,研究中使用的是该平台的一个子数据库——绿色专利研究数据库(GPRD),其包含了上市公司的绿色专利数据。我们认为 2013 年是中国 CET 政策的开始年份。我们以北京、上海、天津、重庆、湖北、广东和深圳作为交易试点。控制变量的数据来自 Wind 系统和中国股票市场与会计研究(CSMAR)系统。碳价格数据首先从每个试点区域的交易网站上提取碳市场的每日交易价格数据,然后取年平均值(价格)及其波动率(VO)。上市公司的研发人员(RDP)、研发支出(RD)数据均来自 Wind 系统和 CSMAR 数据库。企业的固定投资(FI)的数据也来自 CSMAR 系统。用于衡量上市公司其他创新活动的一般专利(简称 GP)数据也来自 CNRDS 平台。用于衡量企业间技术机会和知识流动的上市公司的专利引用数据来自 CNRDS 平台上的上市公司专利引用数据库(CITE)。最后,我们剔除了金融行业上市公司的样本数据,因为它们的业务不涉及大量的碳排放(Luo, 2019)。从样本中删除了标记为 ST、*ST 或 PT 的上市公司。此外,我们排除了资产负债率大于 1 的上市公司的样本数据,剔除了不完整或遗漏的样本数据。最终,样本共包括了 3 281 家公司。

12.3.2 变量说明

在本研究中,我们使用了一系列上市公司财务变量,如将财务杠杆、回报率和盈利能力等作为控制变量,因为它们对企业绿色创新有潜在影响。同时,利用个别公司的成立年数、规模等特征变量来控制其对公司市场价值的影响。我们主要使用公司总资产的自然对数来衡量公司规模,用 *SIZE* 表示。账面价值比以总资产除以市场价值计算,用 *BM* 表示。一家公司的股本回报率以净利润除以总资产来衡量,用 *ROE* 表示。财务比率用负债除以总资产来衡量,用 *DAR* 表示。我们使用 *TobinQ*,来衡量公司的无形资产和投资者对企业可持续性的长期看法。公司的盈利能力由总资产回报率(*ROA*)决定,考虑了财务报表中披露的当前成本和相关收入,反映了投资的立即回报。公司治理因素会影响到公司的并购决策。管理层持股的比例与并购发生的概率呈正相关。管理层持股比例较高的公司进行外部合并的动机更强,这也会影响公司的投资和创新决策。因此,我们使用管理层的持股比例(*MSR*),以管理层拥有的股份数量除以股份总数来衡量公司治理因素。最后,一些学者认为,年龄较大的公司有更大的动力和能力通过采用或发展技术实现碳减排。因此,我们使用公司年龄的自然对数来衡量企业的成熟度,用 *age* 表示。

12.3.3 描述性统计

图 12-1 为试点区域在 CET 政策实施前后,高碳行业、低碳行业中上市公司的绿色创新情况。如图 12-1 所示,2013 年之前,高碳行业、低碳行业中上市公司绿色创新差异基

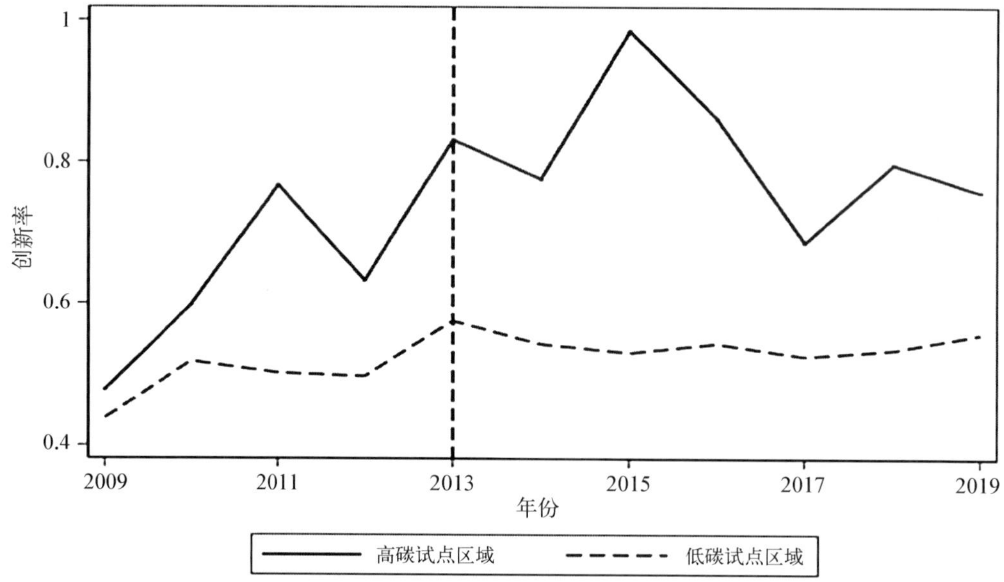

图 12-1 试点区域在 CET 政策实施前后高碳行业和低碳行业中上市公司的绿色创新情况

本呈现平行趋势，2013 年后高碳行业绿色创新明显高于低碳行业。图 12－2 为非试点区域在 CET 政策实施前后高碳行业、低碳行业中上市公司的绿色创新情况。如图 12－2 所示，2013 年前后非试点区域高碳行业、低碳行业中上市公司绿色创新无显著性差异。这些结果表明，DDD 模型的平行趋势假设可以得到大致的图形化证实。

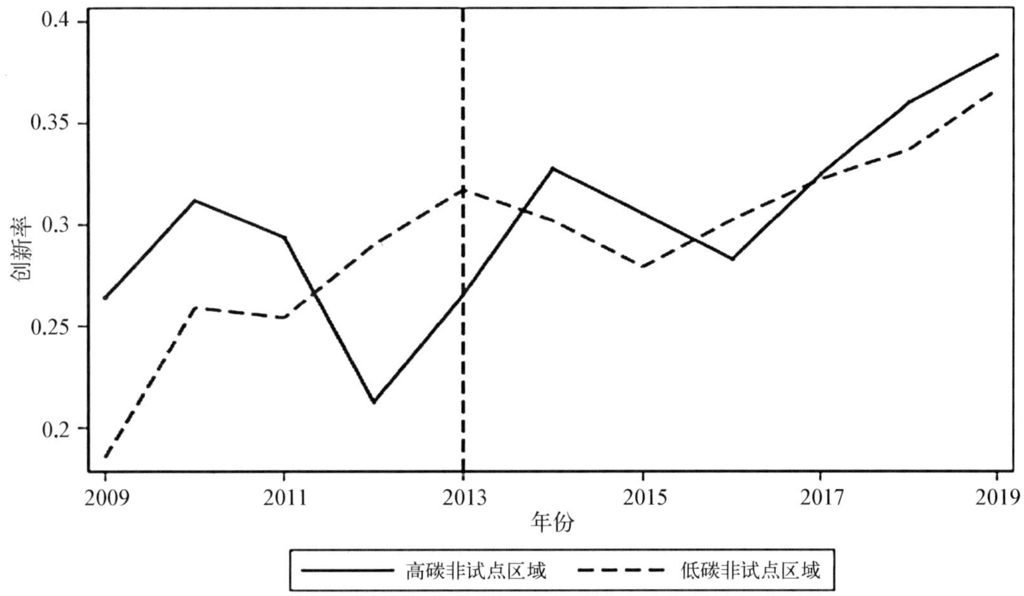

图 12－2 非试点区域在 CET 政策实施前后高碳和低碳行业中上市公司的绿色创新情况

表 12－1 和表 12－2 分别为控制组和处理组的主要变量的描述性统计数据。结果表明，处理组的平均绿色创新（*GI*）显著高于控制组（处理组的 *GI* 的平均值比控制组高 80%以上）。然而，处理组和控制组之间的 *SIZE*、*BM*、*ROE*、*DAR*、*TobinQ*、*ROA*、*MSR* 和 *age* 的差异不显著。

表 12－1 控制组主要变量的描述性统计

变 量	均 值	标准差	最小值	最大值	样本量
GI	0.312 7	0.674 9	0.000 0	6.045 0	5 746
SIZE	12.438 2	1.212 2	10.137 2	16.550 2	15 900
BM	0.621 7	0.237 2	0.124 1	1.134 7	15 400
ROE	0.071 9	0.121 3	−0.578 7	0.370 7	15 900
DAR	0.423 3	0.206 5	0.048 7	0.876 4	15 900
TobinQ	0.566 3	0.459 7	−0.126 3	2.086 3	15 400
ROA	0.042 5	0.054 0	−0.181 1	0.199 9	15 900
MSR	0.135 4	0.201 2	0.000 0	0.697 0	15 500
age	2.773 7	0.326 1	1.791 8	3.526 4	15 900

表 12-2 处理组主要变量的描述性统计

变　量	均　值	标准差	最小值	最大值	样本量
GI	0.564 1	1.028 7	0.000 0	6.856 5	4 004
SIZE	12.620 5	1.421 4	10.137 2	16.550 2	10 200
BM	0.604 9	0.240 7	0.124 1	1.134 7	9 874
ROE	0.079 2	0.111 4	-0.578 7	0.370 7	10 200
DAR	0.413 2	0.208 8	0.048 7	0.876 4	10 200
TobinQ	0.599 3	0.471 0	-0.126 3	2.086 3	9 874
ROA	0.044 6	0.052 1	-0.181 1	0.199 9	10 200
MSR	0.161 8	0.219 6	0.000 0	0.697 0	9 889
age	2.824 8	0.359 1	1.791 8	3.526 4	10 200

12.3.4 计量模型

传统的双重差分(DID)模型比较了处理组和控制组的结果随时间的平均变化。DID模型要求外部变量在评估期间对处理组和控制组都有相同的影响。然而,DID 模型并不能将 CET 政策的影响与不可观察到的混杂行业变量区分开来。事实上,CET 政策主要是针对高碳行业,而环境合规的压力对于低碳行业而言将会小得多。DDD 模型在 DID 框架中添加了一个控制组,以解释可能不会被 DID 捕获到的不可观察到的组别和时间特征的相互作用。据此,我们采用 DDD 模型,研究了 CET 政策对高碳行业和低碳行业间企业绿色创新活动的影响。DDD 模型可以同时控制试点行业、试点时间和试点区域的变量,从而提高其在识别 CET 试点政策和企业反应之间的因果效应方面的准确性。本研究构建了以下 DDD 模型,分析了试点地区(处理组)和非试点地区(控制组)CET 政策实施前后,高碳行业与清洁行业之间上市公司绿色创新的异质性效应:

$$\begin{aligned}\ln(GI)_{it} = {} & \beta_0 + \beta_1 \cdot treatment_i \times Post_t \times industry_j + \beta_2 \cdot treatment_i \times industry_j \\ & + \beta_3 \cdot treatment_i \times Post_t + \rho X_{it} + \mu_i + \gamma_t + \varepsilon_{it}\end{aligned} \tag{12-14}$$

式中,i、j、t 分别表示上市公司、行业、年份。绿色创新的解释变量是将公司当年独立获得的绿色发明和绿色实用新型的数量相加,再加 1,最后取对数。$treatment_i$ 指 CET 政策的试点区域的虚拟变量,如果公司在 CET 政策试点区域,则虚拟变量的值为 1,否则就定义为 0。试点时期的虚拟变量为 $Post_t$,在试点期间(2013—2019 年)为 1,在非试点期间(2000—2012 年)为 0。$industry_j$ 是行业的虚拟变量。如果公司属于高碳行业,该虚拟变量的值为 1,否则其值为 0。我们将石化(C25)、化工(C26)、建筑材料(C30)、钢铁(C31)、有色金属(C32)、造纸(C22)、电力(D44、D45)、航空(G56)等 8 个产业视为高碳产业;其他视为低碳产业。X_{it} 表示所有的控制变量,包括 *SIZE*、*BM*、*ROE*、*DAR TobinQ*、*ROA*、*MSR* 和 *age*。β_0 是常数项,β_1、β_2、β_3、β_4 为对应项的系数。β_1 代表 CET 政策对高碳产业企业绿色创新的净影响。ρ 表示所有控制变量的系数。μ_i 表示上市公司的固定效应,δ_j 是行业固定效应,γ_t 是时间固定效应,ε_{ijt} 是误差项。

12.4　碳排放权交易影响企业绿色创新的实证结果

12.4.1　基准回归结果

表 12－3 为根据式(12－14)所示实证模型对试点企业绿色创新政策影响的基准回归结果。第(1)列显示了在不控制任何变量和控制企业和年份的固定效应的情况下的估计结果。第(2)列为控制企业和年份的固定效应,并加入所有控制变量的结果。第(3)列为加入所有控制变量,并控制了企业、年份和城市与年份的交互固定效应的回归结果。第(4)列为控制企业、年份以及行业和年份的交互固定效应的回归结果。第(5)列为控制企业、年份、城市与年份的交互效应以及行业与年份的交互固定效应的回归结果(Chen et al., 2021)。在加入控制变量并控制各种固定效应后,核心解释变量的系数均显著为正,表明结果具有较强的稳健性。基准回归结果表明,试点地区和覆盖行业的上市公司绿色创新显著高于非试点地区和非覆盖行业的上市公司。

表 12－3　CET 试点政策对企业绿色创新影响的基准回归结果

变　量	(1) ln *GI*	(2) ln *GI*	(3) ln *GI*	(4) ln *GI*	(5) ln *GI*
treatment×post×industry	0.095** (0.034)	0.096*** (0.033)	0.109*** (0.036)	0.067** (0.024)	0.061* (0.034)
treatment×post	−0.028** (0.012)	−0.024** (0.011)	0.000 (.)	−0.011 (0.008)	0.000 (.)
treatment×industry	−0.052 (0.063)	−0.056 (0.068)	−0.065 (0.078)	−0.066 (0.053)	−0.047 (0.066)
SIZE	—	0.032** (0.015)	0.029* (0.015)	0.037** (0.016)	0.034* (0.017)
BM	—	0.040 (0.075)	0.045 (0.069)	0.066 (0.069)	0.077 (0.055)
ROE	—	0.006 (0.061)	0.035 (0.047)	−0.013 (0.054)	0.015 (0.047)

续 表

变　量	(1) ln *GI*	(2) ln *GI*	(3) ln *GI*	(4) ln *GI*	(5) ln *GI*
DAR	—	0.072*** (0.023)	0.093*** (0.019)	0.059** (0.024)	0.073*** (0.021)
TobinQ	—	0.007 (0.035)	0.010 (0.031)	0.021 (0.031)	0.026 (0.025)
ROA	—	-0.194 (0.144)	-0.263** (0.107)	-0.172 (0.140)	-0.247* (0.122)
MSR	—	-0.091** (0.036)	-0.078* (0.042)	-0.066* (0.032)	-0.048 (0.042)
ln *age*	—	0.160** (0.070)	0.101 (0.086)	0.082 (0.075)	0.037 (0.092)
常数项	0.342*** (0.003)	-0.539 (0.340)	-0.354 (0.380)	-0.409 (0.442)	-0.256 (0.458)
样本量	25 750	24 423	23 707	24 416	23 700
R^2	0.718	0.725	0.752	0.729	0.756
企业固定效应	Yes	Yes	Yes	Yes	Yes
时间固定效应	Yes	Yes	Yes	Yes	Yes
城市#时间固定效应	No	No	Yes	No	Yes
行业#时间固定效应	No	No	No	Yes	Yes
R^2	0.718	0.725	0.752	0.729	0.756
N	25 750	24 423	23 707	24 416	23 700

注：括号内的数值为聚类在行业层面的标准误，*、** 和 *** 分别表示在 10%、5%和 1%水平上是显著的。

CET 政策为碳排放许可证创造了一个交易市场，并为企业提供了碳排放许可证的价格信号，显示了企业的碳减排成本。因此，为了满足政府的减排要求，企业将面临两种行为选择，以确保碳排放在给定的配额内。第一种是在 CET 市场购买碳排放许可证，第二种是购买减排设施，引入低碳技术，或投资于减排技术和绿色研发活动（Caparrós et al.，2013）。结果表明，CET 政策鼓励了其所覆盖行业的企业投资绿色创新活动。这也证明了弱波特假说在中国当前的碳市场中得到了支持。这一结果与 Ren 等（2020）、Lv 和 Bai（2021）、Liu 和 Sun（2021）、Yao 等（2021）的研究结果一致，他们认为 CET 政策与企业创新、绿色技术变革、低碳创新或碳减排技术创新呈正相关。

12.4.2　稳健性检验

1. 平行趋势检验和动态效应

DDD 策略面临的一个潜在挑战是，处理组和控制组之间的差异变化可能是由绿色专利申请时间趋势中预先存在的差异驱动的（Chen et al., 2021）。DDD 估计量的一致性要求平行趋势假设为真。这一假设意味着影响处理组和控制组的不可观察因素不会随着时间的推移而改变。针对这一问题，我们采用事件研究法，基于以下模型，对 CET 政策实施的平行趋势和动态效果进行检验：

$$\ln(GI)_{it} = \beta_0 + \beta_n \cdot \sum_{t=-7}^{6} treatment_i \times Post_t \times industry_j + \rho X_{it} + \mu_i + \gamma_t + \varepsilon_{it} \quad (12-15)$$

图 12-3 为平行趋势假设的检验结果和 CET 试点政策对企业绿色创新影响的动态趋势。结果表明，CET 政策实施前的系数不显著，说明在政策实施前，实验组和对照组之间没有显著差异。结果证实，平行趋势假设是满足的。且在试点政策实施后，企业的绿色创新显著增加。此外，β_t 的系数较政策试点后（2015 年）第二年开始显著且逐步增加，说明 CET 政策对企业绿色创新企业的影响具有滞后效应，其影响具有动态效应。

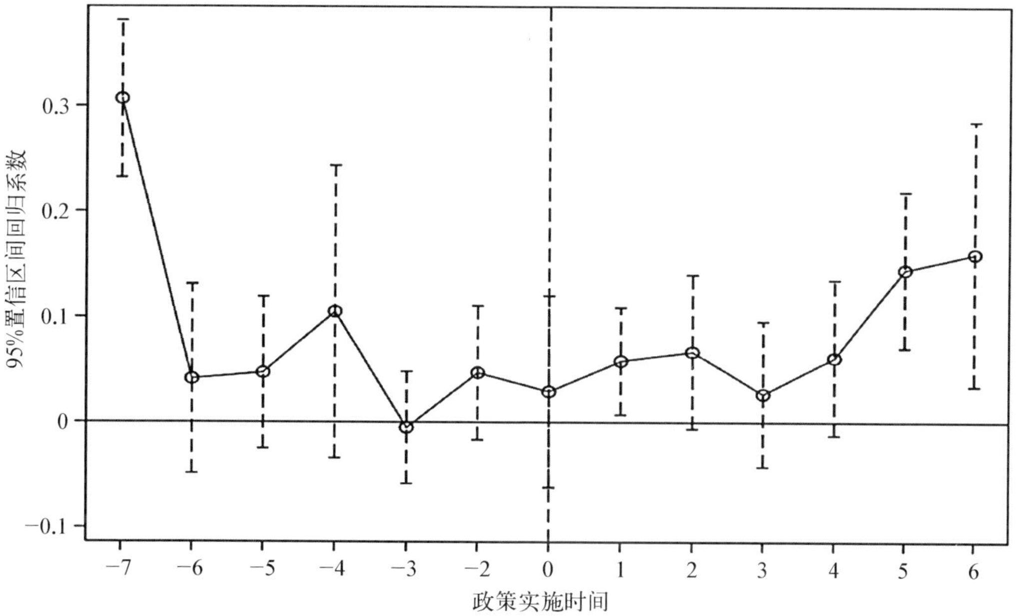

图 12-3　平行趋势检验及其动态效应分析

2. 安慰剂检验

为了排除 CET 政策对企业绿色创新的影响以及其他不可观察的遗漏变量的干扰，我们在整个样本中随机选择被覆盖的行业,或者联合随机选择试验区和被覆盖的行业作为处理组,进行反事实检验。使用表 12-3 第(2)列的回归结果作为基准结果。根据式(12-14),$treatment_i \times Post_t \times industry_j$ 的估计系数 β_1 为

$$\hat{\beta}_1 = \beta_1 + \lambda \frac{cov(treatment_i \times Post_t \times industry_j,\ \varepsilon_{ijt} \mid X)}{var(treatment_i \times Post_t \times industry_j \mid X)} \quad (12-16)$$

式中,X 表示所有可观察的控制变量。令 $\lambda = 0$,可以得到 β_1 的无偏估计。然而,我们无法得知 λ 是否为 0,也很难直接检验不可观察的因素是否会干扰估计结果。通过计算机模拟,如果 $treatment_i \times Post_t \times industry_j$ 对解释变量没有影响,则由估计值 $\beta_1 = 0$ 可以推断出 $\lambda = 0$。

为了提高反事实检验的可识别能力,我们根据基准回归模型重复估计 500 次。图 12-4 为安慰剂检验的结果。该图反映了反事实回归系数的概率密度分布。基于随机样本的估计系数集中分布在 0 左右,而基准回归结果(0.096)几乎在总体分布之外。因此,我们可以推断 $\lambda = 0$,从而证明没有其他不可观测的因素影响基准结论。研究结果表明,随机建立的 CET 政策没有政策效果。也就是说,2013 年 CET 政策的实施,显著促进了处理组中企业的绿色创新。综上所述,CET 政策对企业绿色创新的政策效应不受不可观测的遗漏变量的影响。

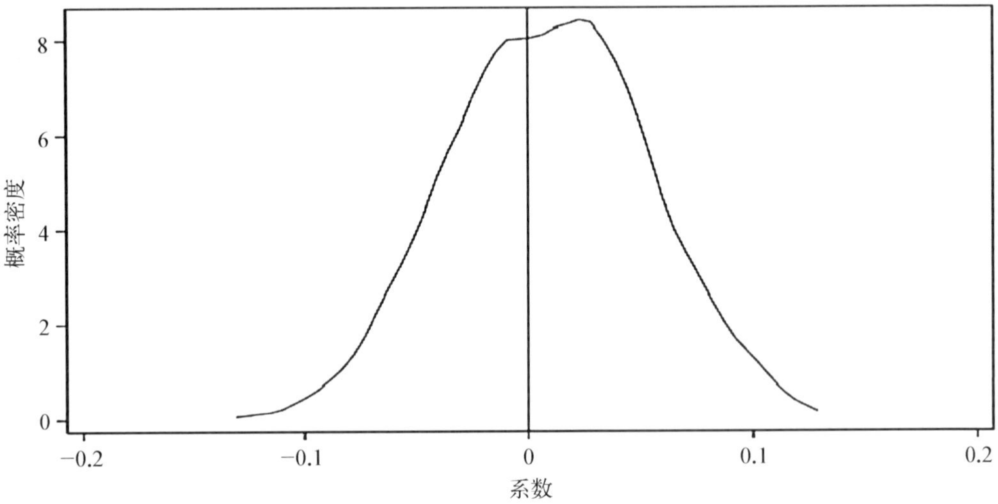

图 12-4 安慰剂检验结果

3. PSM-DID 检验

为了进一步检验基准回归结果的稳健性,我们采用 PSM+DID 方法研究 CET 政策对企业绿色创新的影响。首先,基于条件独立假设,选取 *SIZE*、*BM*、*ROE*、*DAR*、*TobinQ*、*ROA*、*MSR*、*age* 等变量作为协变量,进而采用 Logit 模型来估计倾向得分。其次,采用一对一匹配的方法估计倾向得分。图 12-5 显示了匹配前后倾向得分的核密度分布结果。结果表明,配对后处理组与控制组的差异明显减弱。此外,我们进行了 PSM 平衡测试。图 12-6

为各变量匹配前后的标准化偏差。从图 12－6 可以看出,匹配后大多数变量的标准化偏差都缩小了。图 12－7 给出了倾向得分的共同支撑度。图 12－7 的结果表明,大部分观测值在支撑范围内,说明 PSM 的匹配结果是合理的。再次,根据匹配后样本进行估计。回归结果如表 12－4 第(1)列所示。最后,我们也采用核匹配和半径匹配方法进行倾向得分匹配。匹配后样本的回归结果如表 12－4 的第(2)、(3)列所示。由该表可知,使用不同匹

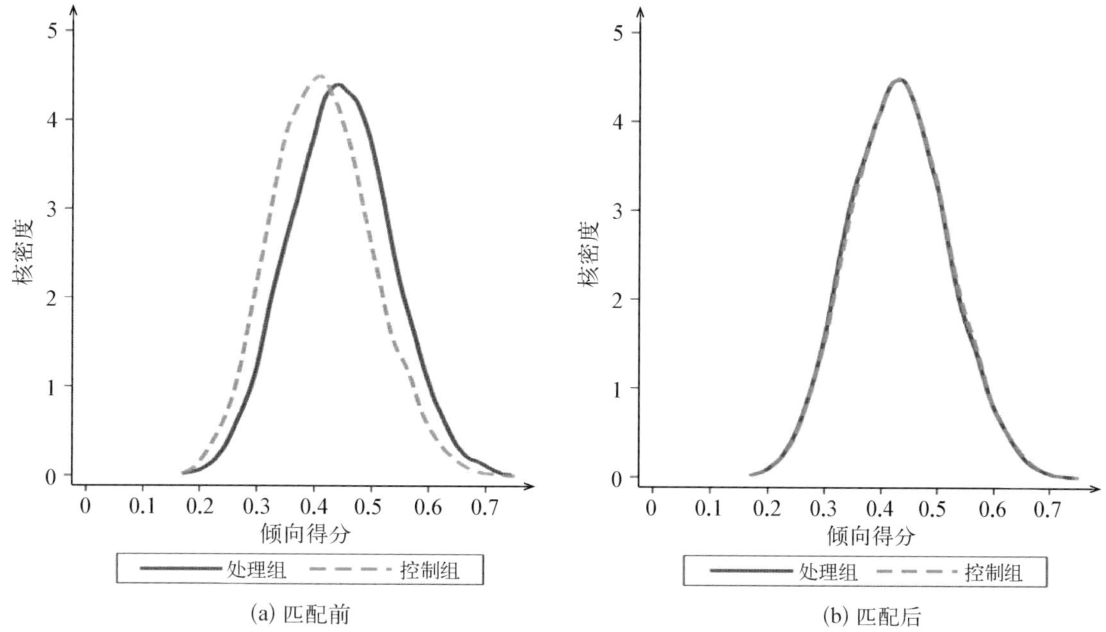

图 12－5　匹配前后倾向得分的核密度分布结果

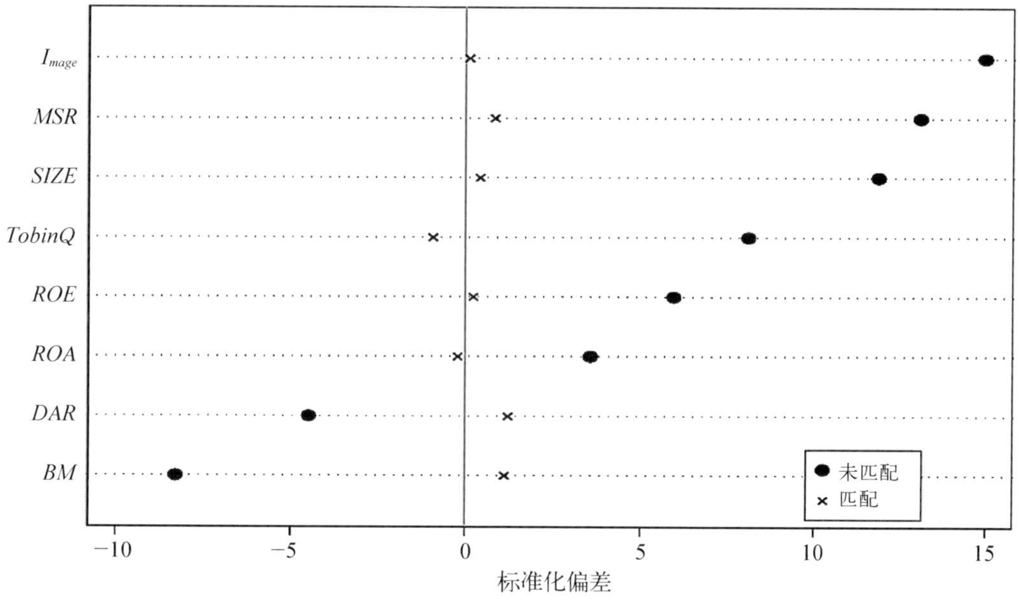

图 12－6　各变量匹配前后的标准化偏差

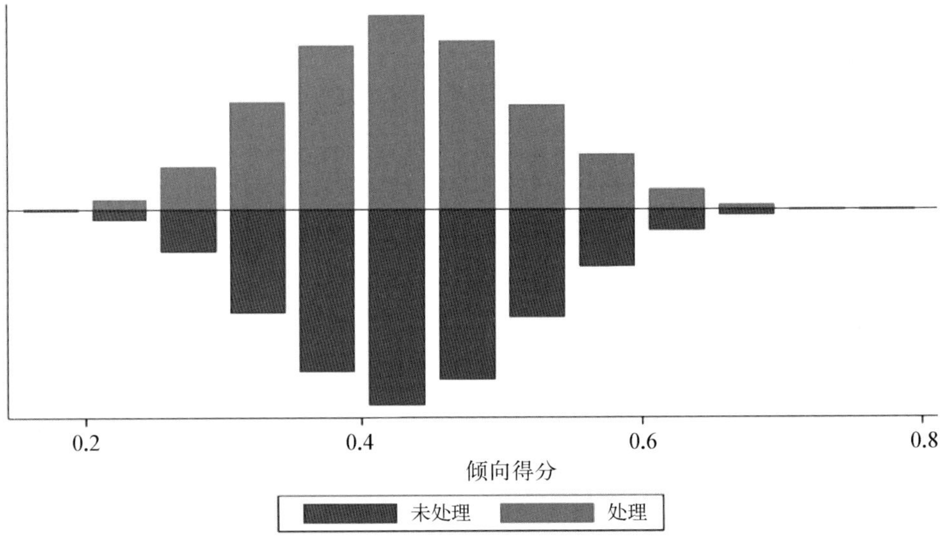

图 12-7 倾向得分的共同支撑

配方法得到的估计结果与基准回归结果一致。这表明 CET 政策对所涵盖行业企业绿色创新的促进作用是稳健的。核匹配方法和半径匹配方法中各变量的标准化偏差与倾向分数的共同支持结果表明,PSM 的匹配结果是可靠的。这里没有列出这些结果。

表 12-4 基于 PSM+DID 方法的稳健性检验结果

变　量	(1) 一对一匹配	(2) 核匹配	(3) 半径匹配
treatment×post×industry	0.073*** (0.024)	0.099*** (0.029)	0.100*** (0.029)
treatment×post	-0.066*** (0.011)	-0.023** (0.009)	-0.023** (0.009)
treatment×industry	-0.059 (0.057)	-0.054 (0.066)	-0.055 (0.066)
SIZE	0.027 (0.018)	0.032** (0.014)	0.032** (0.015)
BM	-0.082 (0.060)	0.041 (0.075)	0.044 (0.076)
ROE	0.092 (0.098)	0.005 (0.061)	0.008 (0.062)
DAR	0.108*** (0.037)	0.073*** (0.023)	0.074*** (0.023)
TobinQ	-0.062** (0.028)	0.007 (0.035)	0.008 (0.035)

续　表

变　量	(1) 一对一匹配	(2) 核匹配	(3) 半径匹配
ROA	-0.320 (0.223)	-0.190 (0.143)	-0.191 (0.148)
MSR	-0.084 ** (0.030)	-0.090 ** (0.037)	-0.091 ** (0.037)
age	0.170 * (0.095)	0.162 ** (0.071)	0.162 ** (0.071)
_cons	-0.390 (0.410)	-0.543 (0.343)	-0.545 (0.345)
R^2	0.755	0.725	0.725
样本量	12 425	24 423	24 408
企业固定效应	Yes	Yes	Yes
时间固定效应	Yes	Yes	Yes

注：括号内的数值为聚类在行业层面的标准误，*、** 和 *** 分别表示在 10%、5% 和 1% 水平上是显著的。

4. 其他稳健性检验

接下来，我们进行一系列的稳健性检验来提高基准结果的可靠性。

(1) 试点时间点变化下的政策冲击。企业绿色专利从申请到授权的过程需要一定的时间。因此，CET 机制实施后，需要一定的过程和周期来影响公司的市场价值(Chen et al., 2021)。因此，我们将各试点地区的处理年份提前一年(将变量"*treatment*×*post* ×*industry*"改为"*treatment*×*post*×*industry*1"，将变量"*treatment*×*post*""*treatment*×*industry*""*post* ×*industry*"分别修改为"*treatment*×*post*1""*treatment*×*industry*1""*post*×*industry*1")，进行稳健性检验。我们发现回归结果与基准回归结果相似，如表 12-5 第(1)列所示，表明基准回归结果是稳健的。

(2) 将因变量改为绿色专利申请量。为了检验基准回归结果的稳健性，我们将因变量改为绿色专利申请量。如表 12-5 第(2)列所示，结果表明"*treatment*×*post*×*industry*"的系数也显著为正，说明 CET 政策对企业绿色创新的促进作用是稳健的。

(3) 不包括当年进入和退出的企业。CET 试点政策的出台大大增加了企业的生产成本，这在一定程度上制约了企业的利润空间。同时，这也促进了企业的创新激励，从而促进了企业的技术变革。因此，这一政策影响了处理组所在行业内企业的进入和退出。因此，我们排除样本在当年进入和退出的企业进行稳健性检验。为了研究这一影响，我们使用 Logit 模型结合 DID 方法进行估计。如表 12-5 第(3)列所示，结果表明基准回归结果是稳健的。

（4）消除创新型城市试点政策的干扰。为促进城市创新能力的发展和提高，我国实施了国家创新型城市试点政策。为了排除该政策对 CET 试点政策的干扰，我们将这些政策的试点区域和时间的虚拟变量相乘作为一个变量，并将其添加到基准模型中进行进一步的稳健性检验。如表 12－5 第（4）列所示，创新城市试点政策并未对基准结果产生干扰。

（5）消除低碳城市试点政策的干扰。为了实现碳减排目标，国家发改委分别于 2010 年、2012 年和 2017 年发布了三批低碳试点项目（Tang et al.，2018）。2010 年和 2012 年的低碳试点政策由于两者的共同目标和时间一致性而与 CET 政策平行。我们将低碳试点政策的试点地区和试点时间的虚拟变量相乘作为一个变量，并将其加入基准模型中再次进行稳健性检验。如表 12－5 第（5）列所示，低碳城市试点政策对基准结果没有产生干扰。

表 12－5　其他稳健性检验的回归结果

变　量	(1) GI	(2) 绿色专利申请量	(3) 排除当年进入和退出的企业	(4) 消除创新型城市试点政策的干扰	(5) 消除低碳城市试点政策的干扰
treatment×post×industry	—	0.149*** (0.035)	0.106*** (0.032)	0.100*** (0.029)	0.100*** (0.029)
treatment×post	—	−0.033 (0.019)	−0.032*** (0.010)	−0.023** (0.009)	−0.023*** (0.008)
treatment×industry	—	−0.080 (0.079)	−0.069 (0.073)	−0.055 (0.066)	−0.055 (0.067)
ddd_inno	—	—	—	0.002 (0.006)	—
ddd_co2	—	—	—	—	0.001 (0.008)
SIZE	0.032** (0.015)	0.057*** (0.013)	0.034** (0.016)	0.032** (0.015)	0.032** (0.014)
BM	0.040 (0.075)	−0.057 (0.061)	0.038 (0.075)	0.041 (0.075)	0.041 (0.075)
ROE	0.006 (0.061)	0.048 (0.084)	0.003 (0.053)	0.005 (0.060)	0.005 (0.061)
DAR	0.072*** (0.023)	0.050* (0.025)	0.055** (0.026)	0.073*** (0.023)	0.073*** (0.023)
TobinQ	0.007 (0.035)	−0.026 (0.025)	0.007 (0.038)	0.007 (0.035)	0.007 (0.035)
ROA	−0.194 (0.144)	−0.124 (0.321)	−0.236* (0.124)	−0.190 (0.143)	−0.190 (0.143)

续　表

变　量	(1) GI	(2) 绿色专利申请量	(3) 排除当年进入和退出的企业	(4) 消除创新型城市试点政策的干扰	(5) 消除低碳城市试点政策的干扰
MSR	-0.091** (0.036)	-0.063 (0.041)	-0.105*** (0.028)	-0.090** (0.037)	-0.090** (0.037)
age	0.160** (0.070)	0.202** (0.093)	0.188** (0.071)	0.162** (0.071)	0.162** (0.071)
treatment×*post*×*industry*1	0.096*** (0.033)	—	—	—	—
treatment×*post*1	-0.024** (0.011)	—	—	—	—
treatment×*industry*1	-0.056 (0.068)	—	—	—	—
post×*industry*1	0.000 (.)	—	—	—	—
_*cons*	-0.539 (0.340)	-0.775*** (0.258)	-0.639 (0.373)	-0.544 (0.344)	-0.543 (0.342)
R^2	0.725	0.727	0.736	0.725	0.725
样本量	24 423	24 423	22 505	24 423	24 423
企业固定效应	Yes	Yes	Yes	Yes	Yes
时间固定效应	Yes	Yes	Yes	Yes	Yes

注：括号内的数值为聚类在行业层面的标准误，*、** 和 *** 分别表示在 10%、5%和 1%水平上是显著的。

12.5　碳排放权交易影响企业绿色创新的机制分析

12.5.1　价格诱导的技术变革

一些研究坚持认为，碳定价为保证实现碳排放目标的成本节约、低碳或绿色创新提供了激励（Calel and Dechezleprêtre, 2016; Cui et al., 2018; Zhu et al., 2019; Lin and Wesseh, 2020）。其他研究则认为碳定价机制的有效性是有限的（Zakeri et al., 2015）。为了确定我国碳市场碳价格机制的效率，我们利用式（12-17）研究 CET 政策通过碳价格机制对绿色创新的影响，计量方程如下：

$$\ln(GI)_{ijt} = \beta_0 + \beta_1 \cdot treatment_i \times Post_t \times industry_j \times price_k + \rho X_{ijt} + \mu_i + \delta_j + \gamma_t + \varepsilon_{ijt} \tag{12-17}$$

式中，*price* 为由日碳价格汇总后得到的年平均数，数据收集自各试点地区碳排放交易所官网。

回归结果见表 12－6 的第(1)列。"*treatment*×*Post*×*industry*×*price*"系数显著为正，说明在较高的碳排放许可价格下，所覆盖行业的试点企业进行绿色创新的动力更大。碳排放许可价格对企业绿色创新的正向影响表明，它促进了企业价格诱导的技术变革，从而降低了实现碳减排目标的成本。当碳排放许可证价格上涨时，激励企业安装减排设备，采用碳减排技术或清洁生产工艺，从而促进绿色创新。结果验证了价格诱导创新假说。CET 政策或明或暗地提高了企业能源投入的成本，价格诱导创新假说表明，企业有动力采用碳减排技术或更清洁的生产过程。这一结果与 Lin 和 Wesseh(2020)、Gersbach 和 Riekhof(2021)、Lv 和 Bai(2021)等研究的结果一致，他们发现较高的碳交易价格会刺激研发，促进企业创新。

我们利用式(12－18)进一步检验碳排放许可价格波动对企业绿色创新的影响，计量方程如下：

$$\ln(GI)_{ijt} = \beta_0 + \beta_1 \cdot treatment_i \times Post_t \times industry_j \times VO_k + \rho X_{ijt} + \mu_i + \delta_j + \gamma_t + \varepsilon_{ijt} \quad (12-18)$$

表 12－6 第(2)列为回归结果，"*treatment*×*post*×*industry*×*VO*"的系数显著为正。结果表明，在较高的碳价格波动下，企业面临的不确定性较大，CET 政策覆盖行业的试点企业更愿意进行绿色创新。这种波动性导致更高的预期碳价格，进一步为企业采用碳减排技术或绿色研发投资提供足够的激励，从而促进企业的绿色创新。这一结果也与之前的研究一致，比如 Lv 和 Bai(2021)也认为较高的碳价格波动可以促进企业创新。

表 12－6　基于碳价格机制分析的回归结果

变　量	(1) ln *GI*	(2) ln *GI*
treatment×*post*×*industry*×*price*	0.002*** (0.001)	—
SIZE	0.031*** (0.015)	0.031* (0.015)
BM	0.038 (0.076)	0.038 (0.075)
ROE	0.005 (0.061)	0.006 (0.061)
DAR	0.073*** (0.023)	0.071*** (0.023)
TobinQ	0.005 (0.036)	0.005 (0.035)

续　表

变　量	(1) ln *GI*	(2) ln *GI*
ROA	-0.187 (0.144)	-0.185 (0.143)
MSR	-0.091** (0.036)	-0.090** (0.036)
age	0.165** (0.073)	0.162** (0.070)
treatment×post×industry×VO	—	0.004** (0.002)
_cons	-0.547 (0.339)	-0.540 (0.337)
R^2	0.725	0.725
样本量	24 423	24 423
企业固定效应	Yes	Yes
时间固定效应	Yes	Yes

注：括号内的数值为聚类在行业层面的标准误，*、** 和 *** 分别表示在 10%、5%和 1%水平上是显著的。第(1)列为基于平均碳价格的机制分析结果，第(2)列为基于碳价格波动的机制分析结果。

12.5.2　研发诱导的技术变革

作为一种基于市场的环境监管工具，CET 政策为绿色创新或低碳创新提供了激励。企业在购买排放许可或投资减排技术、清洁生产工艺或绿色创新方面始终享有灵活性，这意味着 CET 政策可以促进研发诱导的技术变革。为了探讨 CET 政策是否通过研发诱导的技术变革促进了企业的绿色创新，我们考察了 CET 政策对企业研发人员和研发支出的影响。表 12 - 7 的第(1)、第(2)列为相应的回归结果。结果表明，CET 政策所覆盖行业的试点企业更倾向于加强研发人员投入。然而，CET 试点政策并没有促进所覆盖行业企业的研发投资的增加。我们进一步从上市公司管理成本中筛选环保投资数据，相应的关键词包括环保、废弃物、清理、污染、环境、林地、地面沉降、环卫、排水、补偿、水利、育苗、森林、植被、治理、防洪、防护林、垃圾、能源、生态、山林、绿化、环评、造林、园林绿化等。将环保投资除以营业收入，得到变量 *EPI*，根据 DID 模型进行回归。表 12 - 7 第(3)列的正向显著性结果表明，CET 政策促进了研发诱导的技术变革，从而增强了企业的绿色创新。研究结果与 Zhu 等(2019)、Ren 等(2020)和 Yao 等(2021)等研究的结果一致，他们发现 CET 政策或二氧化硫排放交易制度导致受监管企业的研发支出和专利显著增加，从而促进了企业的绿色创新。

表 12-7 研发诱导技术变革的机制分析回归结果

变 量	(1) *RDP*	(2) *RD*	(3) *EPI*	(4) ln *FI*	(5) *MC*	(6) ln *GP*
treatment×*post*×*industry*	0.011 * (0.006)	−0.001 (0.064)	—	0.113 ** (0.051)	−0.012 (0.012)	−0.005 (0.031)
treatment×*post*	0.029 *** (0.005)	0.001 (0.001)	0.006 8 *** (0.0017)	−0.022 (0.041)	0.005 (0.004)	−0.035 * (0.020)
treatment×*industry*	−0.022 ** (0.010)	0.003 (0.003)	—	0.310 ** (0.113)	0.015 * (0.008)	0.083 (0.104)
SIZE	0.005 (0.003)	0.002 ** (0.001)	−0.000 6 ** (0.000 3)	0.805 *** (0.036)	−0.031 *** (0.003)	−0.034 ** (0.016)
BM	−0.068 *** (0.011)	−0.014 *** (0.004)	−0.000 0 (0.000 8)	0.098 (0.119)	0.084 *** (0.019)	−0.086 (0.072)
ROE	0.039 *** (0.011)	0.018 * (0.007)	−0.000 0 (0.000 0)	0.181 (0.214)	0.045 (0.041)	0.095 (0.152)
DAR	−0.085 *** (0.025)	−0.031 *** (0.010)	−0.000 1 (0.000 9)	0.354 *** (0.090)	0.055 *** (0.007)	0.073 (0.052)
TobinQ	0.017 *** (0.005)	−0.002 (0.003)	−0.000 2 (0.000 5)	0.146 ** (0.064)	0.034 *** (0.007)	−0.043 (0.030)
ROA	−0.230 *** (0.033)	−0.129 *** (0.025)	0.003 1 ** (0.0014)	−1.418 * (0.497)	−0.995 *** (0.065)	−0.796 * (0.401)
MSR	0.037 *** (0.005)	0.009 * (0.005)	−0.000 6 (0.001 4)	−0.031 (0.090)	−0.040 *** (0.007)	0.260 (0.158)
ln *age*	−0.032 *** (0.007)	−0.012 * (0.007)	0.001 1 (0.001 7)	0.742 *** (0.086)	0.043 * (0.025)	0.439 *** (0.103)
_cons	0.245 *** (0.022)	0.084 ** (0.016)	0.005 4 (0.005 6)	7.335 *** (0.356)	1.017 *** (0.059)	0.454 * (0.260)
R^2	0.321	0.851	0.694 2	0.924	0.837	0.777
样本量	11 926	18 126	3 702	24 423	24 423	24 421
企业固定效应	Yes	Yes	Yes	Yes	Yes	Yes
时间固定效应	Yes	Yes	Yes	Yes	Yes	Yes

注：括号内的数值为聚类在行业层面的标准误，*、** 和 *** 分别表示在 10%、5% 和 1% 水平上是显著的。第(1)列显示了公司研发人员的结果，以研发人员占员工总数的比例来衡量。第(2)列显示了企业研发支出的结果，以企业研发支出占总营业收入的比例来衡量。第(3)列显示了环保投资的结果，用环保投资占公司营业收入的比例来衡量。第(4)列显示了企业固定资产投资的结果，用固定资产净值的对数来衡量。第(5)列显示了公司管理成本的结果，管理成本是用经营成本和管理费用的总和占营业收入的比例来衡量的。第(6)列显示了公司普通专利的结果，普通专利是通过上市公司获得的独立专利总数来衡量的，包括发明专利、外观设计专利和实用新型专利。

与此同时,我们还考察了 CET 政策对企业固定资产投资的影响。表 12-7 第(4)列显示了如下结果:CET 政策显著增加了企业的固定资产投资。研究结果表明,企业通过促进绿色创新,增加固定资产投资,可以达到碳减排的效果。这些结果与 Chen 等(2018)等先前的研究一致。然而,表 12-7 第(5)列的结果表明,CET 政策并没有显著增加企业的管理成本。

由于完善的市场机制、技术扩散、技术网络以及高度集成的市场体系,CET 政策激励企业采用绿色减排技术,从而促进企业的绿色创新。然而,有必要研究企业的绿色创新活动是否对企业的其他类型创新具有"挤出"效应。"挤出"效应可能导致其他具有较高社会价值的创新被推迟或暂停,从而产生 CET 政策的不良副作用(Popp and Newell, 2012; Lin et al., 2018; Zhu et al., 2019)。为此,我们将一般专利授权数量作为被解释变量进行实证分析。回归结果如表 12-7 第(6)列所示。研究结果表明,针对所涵盖行业的公司的 CET 政策并没有促进普通专利的授权数量。这一结果表明,CET 政策在促进企业绿色创新的同时,并没有排挤其他创新活动。这一结果与 Calel 和 Dechezleprêtre(2016)、Cui 等(2018),以及 Zhu 等(2019)等先前的研究结果一致,他们认为 CET 政策诱导 ETS 企业进行低碳创新,而不会挤占其他技术专利。

12.5.3　学习诱导的技术变革

CET 政策不仅诱导了新的技术变革,而且还促进了现有技术的扩散(Popp, 2002, 2006)。CET 政策通过学习诱导的技术变革促进企业的绿色创新,其中知识溢出是通过"用中学""做中学"或网络外部性产生的(Jaffe et al., 2005)。为了探究学习诱导技术变革的机制,我们利用上市公司专利引用数据来衡量技术机会和企业间的知识流动。我们利用专利引用数据,考察了 CET 政策是否通过学习诱导技术变革促进了企业的绿色创新。学习诱导技术变革的机制分析结果如表 12-8 所示。第(1)列显示了公司引用他人绿色专利数量高于中位数的样本的回归结果。第(2)列显示了公司引用他人绿色专利的数量低于中位数的样本的回归结果。结果表明,第(1)列变量"$treatment \times post \times industry$"的系数显著为正,而第(2)列结果不显著。这一结果表明,CET 政策在一定程度上导致了试点地区及政策覆盖行业的学习型技术变革。即 CET 政策通过学习诱导的技术变革促进了企业的绿色创新。这一结果与 Cohen 等(2002)、Popp(2002)和 Popp(2006)等人的研究结论一致,证明了环境和专利政策促进了学习诱导的技术变革。

同时,上市公司专利引用数据的知识溢出的分组回归模型的结果如表 12-8 的第(3)、(4)列所示。第(3)列显示了公司的绿色专利被他人引用的次数高于中位数的样本的回归结果。第(4)列显示了公司的绿色专利被他人引用的数量低于中位数的样本的回归结果。结果表明,第(3)列变量"$treatment \times post \times industry$"的系数显著为正,而第(4)列结果不显著。这一结果表明,CET 政策在试点地区的覆盖行业也会产生知识溢出效应。

表 12－8 学习诱导的技术变革的机制分析结果

变　量	(1) ln *GI*	(2) ln *GI*	(3) ln *GI*	(4) ln *GI*	(5) ln *GI*	(6) ln *GI*
treatment×post×industry	0.108*** (0.029)	0.090 (0.064)	0.084** (0.033)	0.062 (0.046)	0.392** (0.183)	0.168 (0.096)
treatment×post	−0.030*** (0.007)	0.006 (0.036)	−0.016* (0.008)	−0.027 (0.066)	0.100 (0.067)	0.166** (0.073)
treatment×industry	−0.059 (0.085)	−0.086* (0.044)	−0.061 (0.083)	0.008 (0.090)	−0.404 (0.279)	−0.205 (0.219)
SIZE	0.033** (0.014)	−0.018** (0.008)	0.029** (0.012)	0.048 (0.037)	0.129*** (0.023)	0.078 (0.049)
BM	0.075 (0.090)	−0.149 (0.118)	0.059 (0.097)	−0.083 (0.242)	0.269 (0.255)	0.238 (0.167)
ROE	0.010 (0.054)	−0.106 (0.078)	0.006 (0.060)	−0.196* (0.097)	0.009 (0.195)	−0.272 (0.657)
DAR	0.064** (0.027)	0.166 (0.096)	0.075** (0.026)	−0.023 (0.083)	−0.174** (0.063)	0.175 (0.196)
TobinQ	0.013 (0.041)	−0.104 (0.063)	0.011 (0.043)	−0.085 (0.086)	−0.000 (0.145)	0.099 (0.070)
ROA	−0.238* (0.133)	0.159 (0.203)	−0.161 (0.168)	−0.010 (0.327)	−0.297 (0.328)	0.733 (1.380)
MSR	−0.083* (0.041)	0.044 (0.079)	−0.030 (0.041)	−0.279*** (0.066)	0.547*** (0.061)	−0.182 (0.207)
age	0.156** (0.062)	−0.357 (0.303)	0.235*** (0.069)	−0.600** (0.248)	0.051 (0.184)	−0.391 (0.405)
_cons	−0.581 (0.339)	1.755** (0.812)	−0.781* (0.374)	1.867*** (0.551)	−1.549*** (0.482)	0.210 (0.700)
R^2	0.766	0.673	0.753	0.714	0.757	0.786
样本量	20 027	3 542	20 372	3 207	4 762	3 186
企业固定效应	Yes	Yes	Yes	Yes	Yes	Yes
时间固定效应	Yes	Yes	Yes	Yes	Yes	Yes

注：括号内的数值为聚类在行业层面的标准误，*、** 和 *** 分别表示在 10%、5%和 1%水平上是显著的。第(1)列显示了公司引用他人绿色专利数量高于中位数的样本的回归结果。第(2)列显示了公司引用他人绿色专利的数量低于其中位数的样本的回归结果。第(3)列显示了公司的绿色专利被他人引用的数量高于中位数的样本的回归结果。第(4)列显示了公司的绿色专利被其他人引用的数量低于中位数的样本的回归结果。第(5)列为创新质量较高的公司的回归结果。第(6)列为创新质量较低的公司的回归结果。

此外,我们根据 Aghion 等(2019),Akcigit 等(2016),Zhang 和 Zheng(2018)构建了反映企业创新质量的知识宽度指数,分析了创新质量对 CET 政策促进企业绿色创新的异质性效应。在计算专利的知识宽度指数时,我们参考产业集中度的测度思路,并以 IPC 专利分类号的 Herfindahl Hirschmann 指数(HHI)作为加权指标。企业专利知识宽度的计算公式为

$$patent\_knowledge_{nt,type} = 1 - \sum \alpha^2 \tag{12-19}$$

式中,α 表示 IPC 专利分类号中各主要类群的比例。

当 $patent\_knowledge_{nt,\ type}$ 较大时,各大类专利分类数之间的差异较大,说明企业产生专利所使用的知识宽度较大。因此,这类企业在生产和研发过程中涉及的知识范围广泛,吸收和整合知识的能力较强,能够更有效地把握外部发展机会(Katila and Ahuja, 2002)。同时,我们设置了虚拟变量 *Quality*。如果某上市公司的专利知识宽度大于所有上市公司专利知识宽度的中位数,则 *Quality* 的值为1(高创新质量组)。否则 *Quality* 的值为0(低创新质量组)。我们根据变量 *Quality* 进行分组回归。表 12－8 中第(5)列为创新质量较高样本的回归结果,表 12－8 中列第(6)列为创新质量较低样本的回归结果。结果表明,当创新质量较高时,CET 政策对企业绿色创新具有显著的正向影响。然而,当创新质量水平较低时,CET 政策对企业绿色创新的影响不显著。结果表明,知识宽度水平越高的企业利用现有知识组织创新的能力越强,整合吸收外部知识的效率越高。因此,CET 政策在提高企业绿色创新能力方面发挥了更为有效的作用。

12.5.4　市场体系的完善

在信息对称的市场环境下,企业会倾向于选择差异化竞争策略,增加绿色创新投资,吸引创新资源,获得更大的竞争和经济优势(Tang, 2006; Yang et al., 2021; Liu et al., 2022)。为了探讨信息不对称的调节机制,我们利用和讯指数对上市公司社会责任报告的评价数据来表示碳排放信息的对称程度(*IS*)。当企业社会责任评分大于全国得分的中位数时,*IS* 取 1,否则取 0。表 12－9 的第(1)列为 *IS* 调节机制的回归结果。结果表明,信息对称程度加强了 CET 机制对政策覆盖行业的企业绿色创新的正向影响。信息对称程度越高,越有利于企业披露其碳排放信息,并鼓励企业增加对绿色创新的投资,以获得排他性竞争优势。与此同时,这些公司更容易享受激励政策,如信贷倾斜、优惠利率和政府补贴。因此,碳排放信息披露良好的企业可以将其减排成本内部化,并激励其合理安排长期绿色创新,从而进一步推动绿色创新。

许多研究证实,交易成本在排放许可市场上普遍存在,交易成本影响价格的形成,并导致不同公司之间的边际减排成本产生差异(Carlson et al., 2000; Karpf et al., 2018)。交易成本的存在导致 CET 政策影响了许可证价格、企业成本效益及其投资支出等决策行为,进而影响其绿色创新活动(Baudry et al., 2021)。为了探究交易成本的调节效应,我们

使用企业前五大客户的收入比例来度量交易成本。客户集中度越高,企业面临的市场交易成本越低。如果一家公司的交易成本大于所有公司交易成本的中位数,则虚拟变量 *cost* 取值为 1,否则取值为 0。当样本的虚拟变量 *cost* 取值为 1 时,表示其面临的市场交易成本较小,否则较大。表 12-9 的第(2)列描述了交易成本的调节机制分析的回归结果。结果表明,当交易成本较低时,CET 政策对所覆盖行业的企业促进绿色创新的影响较大。这意味着 CET 政策在市场交易成本较低的地区效果更好。这些发现与 Jaraitė-Kažukauskė和 Kazukauskas(2015)、Hu 等(2020),以及 Ren 等(2020)的研究结果一致。当市场交易成本较高时,会影响到碳排放权交易的价格以及企业的成本、收益和预期。因此,交易成本会影响企业在创新方面的投资支出,进而影响企业的绿色创新活动。

此外,我们还研究了市场化程度和技术扩散对企业绿色创新促进效果的影响。我们收集了 2000—2017 年反映地区市场化程度的"樊纲指数"这一数据(Wang et al., 2016)。一般来说,某一地区的市场化程度越高,其市场化指数的数值就越大(Stavins, 1995; Tang et al., 2021)。如果企业所在省份的"樊纲指数"高于所有省份的中位数,则设置虚拟变量 *market* 为 1,否则就是 0。表 12-9 第(3)列为市场化程度的调节机制分析的回归结果。结果表明,市场化程度越高,CET 试点政策对所覆盖行业的企业绿色创新的促进作用越大。我们用各省份高新技术企业数量与各地区规模以上工业企业数量之比来表示技术扩散程度。如果企业所在省份的技术扩散程度高于所有省份的中位数,则虚拟变量 *diffu* 为 1,否则为 0。表 12-9 第(4)列为技术扩散程度的调节机制分析的回归结果。结果表明,技术扩散程度越高,CET 试点政策对所覆盖行业的企业绿色创新的促进作用越大。

表 12-9 市场体系完善性的调节机制分析结果

变量	(1) ln *GI*	(2) ln *GI*	(3) ln *GI*	(4) ln *GI*
treatment×post×industry×symmetry	0.158*** (0.034)	—	—	—
treatment×post×industry×cost	—	0.063*** (0.021)	—	—
treatment×post×industry	0.018 (0.037)	0.065 (0.044)	-0.245*** (0.053)	-0.240*** (0.052)
treatment×post	-0.025** (0.011)	-0.024** (0.011)	-0.021* (0.011)	-0.013 (0.012)
treatment×industry	-0.058 (0.067)	-0.057 (0.068)	-0.052 (0.068)	-0.038 (0.073)
SIZE	0.032** (0.015)	0.032** (0.015)	0.032** (0.014)	0.032** (0.014)
BM	0.042 (0.076)	0.043 (0.076)	0.043 (0.076)	0.039 (0.078)

续　表

变　量	(1) ln *GI*	(2) ln *GI*	(3) ln *GI*	(4) ln *GI*
ROE	0.010 (0.060)	0.006 (0.061)	0.006 (0.061)	0.007 (0.063)
DAR	0.075 *** (0.023)	0.073 *** (0.023)	0.070 *** (0.023)	0.067 *** (0.021)
TobinQ	0.009 (0.036)	0.008 (0.035)	0.008 (0.036)	0.005 (0.036)
ROA	−0.205 (0.141)	−0.195 (0.144)	−0.194 (0.146)	−0.195 (0.149)
MSR	−0.092 ** (0.037)	−0.088 ** (0.037)	−0.089 ** (0.037)	−0.091 ** (0.036)
ln *age*	0.165 ** (0.071)	0.161 ** (0.070)	0.161 ** (0.070)	0.155 ** (0.068)
treatment×*post*× *industry*×*market*	—	—	0.036 *** (0.006)	—
market	—	—	−0.004 (0.003)	—
treatment×*post*× *industry*×*diffu*	—	—	—	2.414 *** (0.281)
diffu	—	—	—	−0.456 (0.441)
_*cons*	−0.554 (0.346)	−0.542 (0.339)	−0.514 (0.347)	−0.486 (0.306)
R^2	0.725	0.725	0.725	0.725
样本量	24 423	24 423	24 423	24 423
企业固定效应	Yes	Yes	Yes	Yes
时间固定效应	Yes	Yes	Yes	Yes

注：括号内的数值为聚类在行业层面的标准误，*、** 和 *** 分别表示在 10%、5%和 1%水平上是显著的。第(1)列显示了信息不对称的结果。第(2)列显示了交易成本的结果。第(3)列显示了市场化程度的结果。第(4)列显示了技术扩散程度的结果。

12.6　碳排放权交易影响企业绿色创新的异质性分析

12.6.1　企业所有制的异质性分析

值得注意的是，国有企业规模往往较大，在资源配置上具有很大优势(Allen et al.,

2005)。此外,国有企业享有很大的优惠政策,面临相对宽松的预算约束或融资环境(Brandt et al., 2014)。因此,国有企业对CET政策带来的合规成本压力和排放权出售提供的经济激励并不敏感。相比之下,非国有企业面临更大的资金约束,创新动机较低,更有可能采用运营策略(Chen et al., 2021)。因此,非国有企业自负盈亏,希望通过提高生产效率来弥补合规压力带来的经济损失,实现经济效益和环境效益的双赢。此外,国有企业具有市场支配力和对排放许可价格的影响力,而非国有企业则充当价格接受者(Hahn, 1984)。而且,国有企业可以获得更多的排放许可证。我们实证分析了CET政策对国有企业和非国有企业的绿色创新的异质性影响,结果如表12-10所示。研究结果表明,CET政策对国有企业的绿色创新具有显著的正向影响,而对非国有企业的绿色创新的影响不显著。首先,由于国有企业在政治关系具有优势,并享有财政补贴、信贷优惠政策等方面的好处。因此,与非国有企业相比,国有企业在资金、技术研发和投资方面具有独特的优势。其次,这可能是由于国有企业的信贷市场准入门槛更低,导致其面临较低程度的财务约束(Hsieh and Klenow, 2009; Song et al., 2011)。相反,非国有企业必须通过内部储蓄或非正式金融市场为其投资融资(Hsieh and Klenow, 2009; Song et al., 2011)。

表12-10 企业所有制的异质性分析结果

变量	(1) ln *GI*	(2) ln *GI*
treatment×post×industry	0.141*** (0.044)	0.049 (0.031)
treatment×post	-0.066** (0.024)	0.013 (0.022)
treatment×industry	-0.204 (0.118)	0.105** (0.045)
SIZE	0.024 (0.014)	0.052** (0.025)
BM	0.060 (0.171)	-0.038 (0.053)
ROE	-0.049 (0.039)	0.144** (0.064)
DAR	0.082 (0.072)	0.051* (0.026)
TobinQ	0.025 (0.071)	-0.018 (0.022)

续　表

变　量	(1) ln *GI*	(2) ln *GI*
ROA	−0.254** (0.109)	−0.419** (0.168)
MSR	−0.526** (0.201)	−0.100*** (0.033)
ln *age*	0.356** (0.124)	0.101 (0.139)
_cons	−1.031** (0.390)	−0.545 (0.587)
R-squared	0.765	0.699
Observations	9 083	14 935
Firm FE	Yes	Yes
Year FE	Yes	Yes

注：括号内的数值为聚类在行业层面的标准误，*、** 和 *** 分别表示在 10%、5% 和 1% 水平上是显著的。第(1)列显示了国有企业的回归结果。第(2)列显示了非国有企业的回归结果。

12.6.2　不同区域的异质性分析

中国的省份根据其位置和经济区一般分为三个地区：东部地区、中部地区和西部地区。东部地区包括北京、天津、河北、上海、江苏、浙江、福建、山东、广东、海南等省份；中部地区包括吉林、黑龙江、山西、河南、安徽、湖北、江西、湖南等省份；西部地区包括其余的省份。一般认为，东部地区具有高度的经济发展和市场经济水平。由于东部地区具有独特的位置优势，是第一个对外开放的地区，其在基础设施、投资环境和人力资源等方面享有巨大的优势。然而，中西部地区的经济发展水平和市场体系的完善程度相对较低。因此，我们研究了 CET 政策对东部地区、中部地区、西部地区企业绿色创新的异质性效应。回归结果如表 12 - 11 所示。研究结果表明，CET 政策对东部地区企业绿色创新有显著正向影响，但对中部地区无显著影响。更为出人意料的是，在西部地区的影响是显著为负的。与中西部地区相比，东部地区的经济发展水平更高，市场体系更完善，企业的生产力和创新能力更高。因此，东部地区的企业更有动力通过绿色创新活动来实现减排目标和提高生产力。相反，中西部地区的企业由于市场化程度低、创新水平低，开展绿色创新的积极性也较低。

表 12-11 不同地区影响的异质性分析

变　量	(1) ln *GI*	(2) ln *GI*	(3) ln *GI*
treatment×post×industry	0.088* (0.049)	0.123 (0.103)	-0.071* (0.038)
treatment×post	-0.023 (0.023)	-0.041 (0.044)	0.012 (0.027)
treatment×industry	-0.054 (0.069)	-0.099 (0.072)	0.007 (0.052)
SIZE	0.027 (0.017)	0.038** (0.019)	0.050*** (0.016)
BM	0.033 (0.077)	0.065 (0.106)	0.215*** (0.068)
ROE	0.098 (0.074)	-0.149 (0.098)	-0.119 (0.185)
DAR	0.091* (0.053)	0.024 (0.063)	-0.068 (0.050)
TobinQ	0.006 (0.035)	0.005 (0.046)	0.094*** (0.025)
ROA	-0.415** (0.195)	0.196 (0.280)	0.120 (0.437)
MSR	-0.096 (0.066)	-0.051 (0.115)	-0.101 (0.066)
ln *age*	0.067 (0.119)	0.434*** (0.158)	0.607*** (0.135)
_cons	-0.201 (0.382)	-1.427*** (0.499)	-2.203*** (0.523)
R^2	0.732	0.707	0.709
样本量	17 417	6 996	3 374
企业固定效应	Yes	Yes	Yes
时间固定效应	Yes	Yes	Yes

注：括号内的数值为聚类在行业层面的标准误，*、** 和 *** 分别表示在 10%、5%和 1%水平上是显著的。第(1)列为东部地区的回归结果，第(2)列为中部地区的回归结果，第(3)列为西部地区的回归结果。

12.6.3 融资约束程度的异质性分析

企业进行绿色创新的能力会受到融资的限制。企业的财务限制可能会导致其资源分配效率的进一步降低。财务状况紧张的公司很难增加对研发活动的投资,从而减少了促进绿色创新的动机。因此,研究企业融资约束对 CET 政策促进绿色创新的异质性影响至关重要。我们使用规模-年龄(*SA*)指数来衡量公司的融资约束,并根据 *SA* 指数是否高于或低于异质性分析的中位数将样本分为两组。*SA* 指数的计算公式为:$SA = 0.043 \times size^2 - 0.737 \times size - 0.04 \times age$,其中 *size* 为公司总资产的对数。*SA* 指数高于中值的公司面临宽松的财务约束,而 *SA* 指数低于中值的公司面临严格的财务约束。回归结果见表 12 - 12。结果表明,无论财政约束程度如何,CET 政策对企业的绿色创新都有显著的积极影响。然而,财务约束严格的公司所产生的影响要小于那些财务约束宽松的公司。由于财务约束宽松的公司有更多的灵活性和更好的财务资源,可以优化创新决策和策略,以促进公司的绿色创新活动。这一发现与先前的研究结论不谋而合,即企业的绿色创新能力在面临更为严峻的融资限制时会受到一定程度的削弱。

表 12 - 12　融资约束的异质性分析结果

变　量	(1) ln *GI*	(2) ln *GI*
treatment×post×industry	0.235 *** (0.042)	-0.006 (0.016)
treatment×post	-0.084 *** (0.013)	0.022 ** (0.010)
treatment×industry	-0.332 ** (0.133)	0.082 *** (0.027)
SIZE	0.042 (0.035)	0.031 ** (0.012)
BM	0.099 (0.145)	-0.104 (0.078)
ROE	0.067 (0.053)	0.019 (0.084)
DAR	0.123 (0.102)	0.016 (0.021)
TobinQ	0.036 (0.086)	-0.041 (0.029)
ROA	-0.237 (0.174)	-0.237 (0.203)
MSR	-0.064 (0.063)	-0.120 *** (0.032)
ln *age*	0.082 (0.160)	0.083 (0.113)

续 表

变 量	(1) ln *GI*	(2) ln *GI*
_cons	-0.415 (0.375)	-0.260 (0.234)
R^2	0.780	0.665
样本量	9 678	14 531
企业固定效应	Yes	Yes
时间固定效应	Yes	Yes

注：括号内的数值为聚类在行业层面的标准误，*、** 和 *** 分别表示在 10%、5% 和 1% 水平上是显著的。第(1)列为融资约束较紧的公司的回归结果，第(2)列为融资约束较宽松的公司的回归结果。

12.7 本章结论与政策建议

本章以我国的 CET 政策为准自然实验，从价格诱导、研发诱导、学习诱导技术变革和市场体系完善的角度考察了技术创新政策对企业绿色创新的促进作用。此外，本章还对公司所有权、不同地区和财务约束进行了异质性分析。我们使用了中国沪深两市上市公司的数据，并将该数据与 CNRDS 平台的绿色专利数据进行匹配。采用了 DDD 模型来解释 CET 政策对企业绿色创新的未观察到的原因。

首先，基准回归结果显示，企业绿色创新政策显著促进了所涵盖行业的企业绿色创新。一系列稳健性检验（例如平行趋势和动态效应检验、安慰剂检验）表明，结果是稳健性的。其次，价格诱导技术变革的机制分析表明，面对较高的 CET 许可价格，所涵盖行业的企业更有动力进行绿色创新。在碳价格波动较大的不确定性下，企业更倾向于增加绿色创新投资。研发诱导技术变革的机制分析表明，技术创新政策可以促进试验区企业的环境研发投入，从而增强企业的绿色创新能力。同时，CET 政策在促进绿色创新的同时不会排挤企业的其他技术。学习诱导技术变革的中介分析表明，CET 政策通过学习诱导技术变革促进企业绿色创新。然而，中国政府应进一步加强技术扩散和制度转移，以增强这一效应。再次，市场制度完善的调节性分析表明，信息对称的增强和交易成本的降低可以进一步促进 CET 政策对所覆盖行业企业绿色创新的促进作用。在该政策下，在相关行业具有市场支配力的企业有动力进行绿色创新。在市场化程度高、技术扩散速度快的地区，技术创新政策对覆盖行业企业绿色创新的促进作用更为明显。最后，CET 计划对企业全要素生产率的影响在所有制、地区和财务约束方面存在异质性。

基于本研究的主要发现，我们提出以下政策建议：第一，政府应为碳排放权交易主体提供完善的市场平台，充分利用碳交易市场机制，促进技术绿色创新。第二，政府应制定和优化财政补贴、货币信贷政策等公共政策组合，并结合 CET 政策，促进绿色创新技术的发展和采用。第三,政府应进一步深化 ESG 投资理念,推动绿色金融发展。政府应出台相应政策,引导金融机构提高绿色资产比重,支持绿色产业和投资,促进绿色经济发展。第四,政府应优化绿色技术创新的支持环境。一方面,政府应完善实现绿色技术创新的转化机制。另一方面,要建立和完善绿色技术成果转移转化的市场体系。此外,政府应转变公众消费观念,促进绿色消费观念的形成。

参考文献

[1] Abadie A. Semiparametric difference-in-differences estimators[J]. The Review of Economic Studies, 2005, 72(1): 1-19.

[2] Abadie A, Imbens G W. Large sample properties of matching estimators for average treatment effects [J]. Econometrica, 2006, 74(1): 235-267.

[3] Aghion P, Akcigit U, Bergeaud A, et al. Innovation and top income inequality[J]. The Review of Economic Studies, 2019, 86(1): 1-45.

[4] Aghion P, Dechezleprêtre A, Hémous D, et al. Carbon *Taxes*, path dependency, and directed technical change: Evidence from the auto industry[J]. Journal of Political Economy, 2016, 124(1): 1-51.

[5] Akcigit U, Baslandze S, Stantcheva S. Taxation and the international mobility of inventors[J]. American Economic Review, 2016, 106(10): 2930-2981.

[6] An S M, Li B, Song D P, et al. Green credit financing versus trade credit financing in a supply chain with carbon emission limits[J]. European Journal of Operational Research, 2021, 292(1): 125-142.

[7] Baudry M, Faure A, Quemin S. Emissions trading with transaction costs [J]. Journal of Environmental Economics and Management, 2021, 108: 102468.

[8] Brandt L, Van Biesebroeck J, Zhang Y F. Creative accounting or creative destruction? Firm-level productivity growth in Chinese manufacturing[J]. Journal of Development Economics, 2012, 97(2): 339-351.

[9] Buonanno P, Carraro C, Galeotti M. Endogenous induced technical change and the costs of Kyoto [J]. Resource and Energy Economics, 2003, 25(1): 11-34.

[10] Busch T, Hoffmann V H. How hot is your bottom line? Linking carbon and financial performance [J]. Business & Society, 2011, 50(2): 233-265.

[11] Calel R, Dechezleprêtre A. Environmental policy and directed technological change: Evidence from the European carbon market[J]. Review of Economics and Statistics, 2016, 98(1): 173-191.

[12] Caparrós A, Péreau J C, Tazdaït T. Emission trading and international competition: The impact of labor market rigidity on technology adoption and output[J]. Energy Policy, 2013, 55: 36-43.

[13] Carlson C, Burtraw D, Cropper M, et al. Sulfur dioxide control by electric utilities: What are the gains from trade? [J]. Journal of Political Economy, 2000, 108(6): 1292-1326.

[14] Chang K, Chen R D, Chevallier J. Market fragmentation, liquidity measures and improvement

perspectives from China's emissions trading scheme pilots[J]. Energy Economics, 2018, 75: 249-260.

[15] Chen Z, Kahn M E, Liu Y, et al. The consequences of spatially differentiated water pollution regulation in China[J]. Journal of Environmental Economics and Management, 2018, 88: 468-485.

[16] Chen Z F, Zhang X A, Chen F L. Do carbon emission trading schemes stimulate green innovation in enterprises? Evidence from China[J]. Technological Forecasting and Social Change, 2021, 168: 120744.

[17] Chemmanur T J, Tian X A. Do antitakeover provisions spur corporate innovation? A regression discontinuity analysis[J]. Journal of Financial and Quantitative Analysis, 2018, 53(3): 1163-1194.

[18] Cohen W M, Goto A, Nagata A, et al. R&D spillovers, patents and the incentives to innovate in Japan and the United States[J]. Research Policy, 2002, 31(8/9): 1349-1367.

[19] Coria J. *Taxes*, permits, and the diffusion of a new technology [J]. Resource and Energy Economics, 2009, 31(4): 249-271.

[20] Cui J B, Zhang J J, Zheng Y. Carbon pricing induces innovation: Evidence from China's regional carbon market pilots[J]. AEA Papers and Proceedings, 2018, 108: 453-457.

[21] Delmas M A, Nairn-Birch N, Lim J. Dynamics of environmental and financial performance[J]. Organization & Environment, 2015, 28(4): 374-393.

[22] Diaz-Rainey I, Tulloch D J. Carbon pricing and system linking: Lessons from the New Zealand Emissions Trading Scheme[J]. Energy Economics, 2018, 73: 66-79.

[23] Dowell G, Hart S, Yeung B. Do corporate global environmental standards create or destroy market value? [J]. Management Science, 2000, 46(8): 1059-1074.

[24] Fan H L, Tang Q L, Pan L P. An international study of carbon information asymmetry and independent carbon assurance[J]. The British Accounting Review, 2021, 53(1): 100971.

[25] Gersbach H, Riekhof M C. Permit markets, carbon prices and the creation of innovation clusters [J]. Resource and Energy Economics, 2021, 65: 101229.

[26] Goulder L H, Mathai K. Optimal CO_2 abatement in the presence of induced technological change [J]. Journal of Environmental Economics and Management, 2000, 39(1): 1-38.

[27] Goulder L H, Schneider S H. Induced technological change and the attractiveness of CO_2 abatement policies[J]. Resoure and Energy Economics, 1999, 21(3-4): 211-253.

[28] Groves T, Hong Y M, McMillan J, et al. Autonomy and incentives in Chinese state enterprises[J]. The Quarterly Journal of Economics, 1994, 109(1): 183-209.

[29] Hadlock C J, Pierce J R. New evidence on measuring financial constraints: Moving beyond the KZ index[J]. The Review of Financial Studies, 2010, 23(5): 1909-1940.

[30] Hahn R W, Stavins R N. The effect of allowance allocations on cap-and-trade system performance [J]. The Journal of Law and Economics, 2011, 54(S4): S267-S294.

[31] Hastings J S, Gilbert R J. Market power, vertical integration and the wholesale price of gasoline[J].

Journal of Industrial Economics, 2005, 53(4): 469 - 492.

[32] Hatcher A. Non-compliance and the quota price in an ITQ fishery[J]. Journal of Environmental Economics and Management, 2005, 49(3): 427 - 436.

[33] Hatcher A. Firm behaviour under pollution ratio standards with non-compliance[J]. Environmental and Resource Economics, 2007, 38(1): 89 - 98.

[34] Hatcher A. Market power and compliance with output quotas[J]. Resource and Energy Economics, 2012, 34(2): 255 - 269.

[35] Hsieh C T, Klenow, P J. Misallocation and manufacturing TFP in China and India[J]. Quarterly Journal of Economics, 2009, 124(4): 1403 - 1448.

[36] Hicks J R. The theory of wages[M]. London: Macmillan Press, 1932.

[37] Hintermann B, Peterson S, Rickels W. Price and market behavior in phase II of the EU ETS: A review of the literature[J]. Review of Environmental Economics and Policy, 2016, 10(1): 108 - 128.

[38] Hirano K, Imbens G W, Ridder G. Efficient estimation of average treatment effects using the estimated propensity score[J]. Econometrica, 2003, 71(4): 1161 - 1189.

[39] Hu Y C, Ren S G, Wang Y J, et al. Can carbon emission trading scheme achieve energy conservation and emission reduction? Evidence from the industrial sector in China[J]. Energy Economics, 2020, 85: 104590.

[40] Imbens G, Rubin D B. Causal inference for statistics, social, and biomedical sciences: an introduction[M]. Cambridge: Cambridge University Press, 2015

[41] Inoue E, Arimura T H, Nakano M. A new insight into environmental innovation: Does the maturity of environmental management systems matter? [J]. Ecological Economics, 2013, 94: 156 - 163.

[42] Jaffe A B, Stavins R N, Newell R G. Environmental policy and technological change[J]. SSRN Electronic Journal, 2002: 22(1), 41 - 70.

[43] Jaffe A B, Newell R G, Stavins R N. Technological change and the environment [M]// Environmental Degradation and Institutional Responses. Amsterdam: Elsevier, 2003: 461 - 516.

[44] Jaffe A B, Palmer K. Environmental regulation and innovation: A panel data study[J]. Review of Economics and Statistics, 1997, 79(4): 610 - 619.

[45] Jaffe A B, Newell R G, Stavins R N. A tale of two market failures: Technology and environmental policy[J]. Ecological Economics, 2005, 54(2/3): 164 - 174.

[46] Jefferson G H, Rawski T G. Enterprise reform in Chinese industry [J]. Journal of Economic Perspectives, 1994, 8(2): 47 - 70.

[47] Karpf A, Mandel A, Battiston S. Price and network dynamics in the European carbon market[J]. Journal of Economic Behavior & Organization, 2018, 153: 103 - 122.

[48] Katila R, Ahuja G. Something old, something new: A longitudinal study of search behavior and new product introduction[J]. Academy of Management Journal, 2002, 45(6): 1183 - 1194.

[49] Kolk A, Levy D, Pinkse J. Corporate responses in an emerging climate regime: The institutionalization and commensuration of carbon disclosure[J]. European Accounting Review,

2008, 17(4): 719 - 745.

[50] Konar S, Cohen M A. Does the market value environmental performance? [J]. Review of Economics and Statistics, 2001, 83(2): 281 - 289.

[51] Kvålseth T O. Relationship between concentration ratio and Herfindahl-Hirschman index: A re-examination based on majorization theory[J]. Heliyon, 2018, 4(10): e00846.

[52] Li Z, Wu B J, Wang D Y, et al. Government mandatory energy-biased technological progress and enterprises' environmental performance: Evidence from a quasi-natural experiment of cleaner production standards in China[J]. Energy Policy, 2022, 162: 112779.

[53] Lin B Q, Wesseh P K Jr. On the economics of carbon pricing: Insights from econometric modeling with industry-level data[J]. Energy Economics, 2020, 86: 104678.

[54] Liu L W, Chen C X, Zhao Y F, et al. China's carbon-emissions trading: Overview, challenges and future[J]. Renewable and Sustainable Energy Reviews, 2015, 49: 254 - 266.

[55] Liu Y Q, Liu S, Shao X Y, et al. Policy spillover effect and action mechanism for environmental rights trading on green innovation: Evidence from China's carbon emissions trading policy[J]. Renewable and Sustainable Energy Reviews, 2022, 153: 111779.

[56] Liu Z L, Sun H B. Assessing the impact of emissions trading scheme on low-carbon technological innovation: Evidence from China[J]. Environmental Impact Assessment Review, 2021, 89: 106589.

[57] Löschel A. Technological change in economic models of environmental policy: A survey[J]. Ecological Economics, 2002, 43(2/3): 105 - 126.

[58] Luo L. The influence of institutional contexts on the relationship between voluntary carbon disclosure and carbon emission performance[J]. Accounting & Finance, 2019, 59(2): 1235 - 1264.

[59] Lv M C, Bai M Y. Evaluation of China's carbon emission trading policy from corporate innovation [J]. Finance Research Letters, 2021, 39: 101565.

[60] Malik A S. Further results on permit markets with market power and cheating[J]. Journal of Environmental Economics and Management, 2002, 44(3): 371 - 390.

[61] Malmendier U, Tate G. Who makes acquisitions? CEO overconfidence and the market's reaction[J]. Journal of Financial Economics, 2008, 89(1): 20 - 43.

[62] Malmendier U, Tate G, Yan J. Overconfidence and early-life experiences: The effect of managerial traits on corporate financial policies[J]. The Journal of Finance, 2011, 66(5): 1687 - 1733.

[63] Marin G, Marino M, Pellegrin C. The impact of the European emission trading scheme on multiple measures of economic performance[J]. Environmental and Resource Economics, 2018, 71(2): 551 - 582.

[64] Martin R, Muûls M, Wagner U J. The impact of the European union emissions trading scheme on regulated firms: What is the evidence after ten years? [J]. Review of Environmental Economics and Policy, 2016, 10(1): 129 - 148.

[65] Matschoss P, Welsch H. International emissions trading and induced carbon-saving technological change: Effects of restricting the trade in carbon rights[J]. Environmental and Resource

Economics, 2006, 33(2): 169-198.

[66] Misiolek W S, Elder H W. Exclusionary manipulation of markets for pollution rights[J]. Journal of Environmental Economics and Management, 1989, 16(2): 156-166.

[67] Montero J P. Marketable pollution permits with uncertainty and transaction costs[J]. Resource and Energy Economics, 1998, 20(1): 27-50.

[68] Mulkay B. How does competition affect innovation behaviour in French firms? [J]. Structural Change and Economic Dynamics, 2019, 51: 237-251.

[69] Popp D. Induced innovation and energy prices. The American Economic Review, 2002, 92(1): 160-180.

[70] Popp D. International innovation and diffusion of air pollution control technologies: The effects of NO_x and SO_2 regulation in the US, Japan, and Germany[J]. Journal of Environmental Economics and Management, 2006, 51(1): 46-71.

[71] Popp D. ENTICE: Endogenous technological change in the DICE model of global warming[J]. Journal of Environmental Economics and Management, 2004, 48(1): 742-768.

[72] Popp D, Newell R. Where does energy R&D come from? Examining crowding out from energy R&D [J]. Energy Economics, 2012, 34(4): 980-991.

[73] Porter M E, van der Linde C. Toward a new conception of the environment-competitiveness relationship[J]. Journal of Economic Perspectives, 1995, 9(4): 97-118.

[74] Quirmbach H C. The diffusion of new technology and the market for an innovation[J]. The RAND Journal of Economics, 1986, 17(1): 33.

[75] Ren C, Lo A Y. Emission trading and carbon market performance in Shenzhen, China[J]. Applied Energy, 2017, 193: 414-425.

[76] Ren S G, Hu Y C, Zheng J J, et al. Emissions trading and firm innovation: Evidence from a natural experiment in China[J]. Technological Forecasting and Social Change, 2020, 155: 119989.

[77] Rittler D. Price discovery and volatility spillovers in the European Union emissions trading scheme: A high-frequency analysis[J]. Journal of Banking & Finance, 2012, 36(3): 774-785.

[78] Rosendahl K E. Cost-effective environmental policy: Implications of induced technological change [J]. Journal of Environmental Economics and Management, 2004, 48(3): 1099-1121.

[79] Shi Y, Gong L, Chen J. The effect of financing on firm innovation: Multiple case studies on Chinese manufacturing enterprises[J]. Emerging Markets Finance and Trade, 2019, 55(4): 863-888.

[80] Siddique M A, Akhtaruzzaman M, Rashid A, et al. Carbon disclosure, carbon performance and financial performance: International evidence [J]. International Review of Financial Analysis, 2021, 75: 101734.

[81] Sijm J, Neuhoff K, Chen Y. CO_2 cost pass-through and windfall profits in the power sector[J]. Climate Policy, 2006, 6(1): 49-72.

[82] Song Z, Storesletten K, Zilibotti. Growing like China[J]. American Economic Review, 2011, 101(1): 196-233.

[83] Stavins R N. Transaction costs and tradeable permits[J]. Journal of Environmental Economics and

Management, 1995, 29(2): 133－148.

[84] Tang J M. Competition and innovation behaviour[J]. Research Policy, 2006, 35(1): 68－82.

[85] Tang M G, Li Z, Hu F X, et al. Market failure, tradable discharge permit, and pollution reduction: Evidence from industrial firms in China[J]. Ecological Economics, 2021, 189: 107180.

[86] Tang M G, Cheng S L, Guo W Q, et al. Effects of carbon emission trading on companies' market value: Evidence from listed companies in China[J]. Atmosphere, 2022, 13(2): 240.

[87] Tarziján J. Strategic effects of private labels and horizontal integration[J]. The International Review of Retail, Distribution and Consumer Research, 2004, 14(3): 321－335.

[88] Teixidó J, Verde S F, Nicolli F. The impact of the EU Emissions Trading System on low-carbon technological change: The empirical evidence[J]. Ecological Economics, 2019, 164: 106347.

[89] van Soest D P. The impact of environmental policy instruments on the timing of adoption of energy-saving technologies[J]. Resource and Energy Economics, 2005, 27(3): 235－247.

[90] Wang N, Mogi G. Deregulation, market competition, and innovation of utilities: Evidence from Japanese electric sector[J]. Energy Policy, 2017, 111: 403－413.

[91] Wang X, Zhang X B, Zhu L. Imperfect market, emissions trading scheme, and technology adoption: A case study of an energy-intensive sector[J]. Energy Economics, 2019, 81: 142－158.

[92] Wang W, Zhang Y J. Does China's carbon emissions trading scheme affect the market power of high-carbon enterprises? [J]. Energy Economics, 2022, 108: 105906.

[93] Weber T A, Neuhoff K. Carbon markets and technological innovation[J]. Journal of Environmental Economics and Management, 2010, 60(2): 115－132.

[94] Wen H W, Lee C C, Zhou F X. Green credit policy, credit allocation efficiency and upgrade of energy-intensive enterprises[J]. Energy Economics, 2021, 94: 105099.

[95] Yang M J, Li N, Lorenz K. The impact of emerging market competition on innovation and business strategy: Evidence from Canada[J]. Journal of Economic Behavior & Organization, 2021, 181: 117－134.

[96] Yao S Y, Yu X Y, Yan S, et al. Heterogeneous emission trading schemes and green innovation[J]. Energy Policy, 2021, 155: 112367.

[97] Yu C H, Wu X Q, Zhang D Y, et al. Demand for green finance: Resolving financing constraints on green innovation in China[J]. Energy Policy, 2021, 153: 112255.

[98] Zakeri A, Dehghanian F, Fahimnia B, et al. Carbon pricing versus emissions trading: A supply chain planning perspective[J]. International Journal of Production Economics, 2015, 164: 197－205.

[99] Zhang Y J, Wang W. How does China's carbon emissions trading(CET) policy affect the investment of CET-covered enterprises? [J]. Energy Economics, 2021, 98: 105224.

[100] Zhu J M, Fan Y C, Deng X H, et al. Low-carbon innovation induced by emissions trading in China[J]. Nature Communications, 2019, 10(1): 4088.

第 13 章　碳排放权交易与公司价值的关系：来自中国上市企业的证据[①]

13.1　研究问题的提出

碳排放权交易(ETS)政策作为一种市场化的环境监管政策,可以通过将企业的碳减排成本内部化并传导至证券市场,从而影响企业市值。现有研究表明,ETS 政策会在一定程度上导致企业市值下降(Oberndorfer, 2009; Veith et al., 2009; Fabra and Reguant, 2014)。具体而言,ETS 政策的实施增加了企业的生产经营成本,进而挤占了企业的部分投资支出,而上市公司的所有成本信息和投资状况均会通过公司财务报告向资本市场披露,导致了企业市值下降。例如,Liu 等(2021)的研究表明,碳排放权交易的实施降低了当前资本市场的价值。然而,部分研究表明 ETS 政策对企业市值的提升具有促进作用。一方面,在满足企业碳排放需求的基础上,剩余碳配额可由企业自由出售,出售剩余碳配额为企业带来的额外现金流将增加企业市值(Bui et al., 2020; Oestreich and Tsiakas, 2015)。另一方面,部分企业可能会根据碳排放权的价格信号和由此呈现的产业发展政策的新方向,加大对创新活动的投入,进而使其自身可持续发展能力得以提高,从而提升了其市值;此外,碳减排能力较强的企业在减排成本方面具有比较优势,因而会通过详细的信息披露以获得投资者认可,从而对企业市值产生积极影响。由此可见,碳排放权交易对企业价值的影响方向取决于各影响途径的相对大小,难以准确确定,因此十分有必要在微观层面对其影响进行深入评估。

碳价格是企业减排成本的信号,影响了企业的决策行为。一方面,碳价格可能会影响企业投资行为和投资者预期,而这些影响会在一定程度上作用于股票市场(Wen et al., 2020);另一方面,部分参与碳排放权交易的企业可以将碳价格带来的成本转移到其产品价格中,从而影响其股票价格的回报率(Velte et al., 2020),因而碳交易市场与股票市场间存在一定联系(Jiménez-Rodríguez, 2019)。企业的生产率在一定程度上决定了企业是购买碳排放权来满足政府的减排要求,还是通过创新来减少单位产出的排放量。具体地,碳排放权交易限制了企业的碳排放,而生产率较低的企业只能通过购买碳排放权以满足减排要求,这增加了企业减排和合规成本,进而降低了公司市值(Liu et al., 2020; Chen

---

① 本章相关研究内容已发表: Tang M, Cheng S, Guo W, et al. Effects of carbon emission trading on companies' market value: Evidence from listed companies in China[J]. Atmosphere, 2022, 13(2): 240.

et al., 2021; Tang et al., 2021)。此外,生产率较高的企业有能力开展创新活动,这不仅可以满足政府的减排要求,也能增强产品竞争力和利润,因而企业价值得以增加(Liu et al., 2020; Tang et al., 2021)。由此可见,ETS 政策影响企业市值的机制并非单一,且对不同生产率企业的影响可能存在异质性,因此有必要就此展开深入探索。

作为世界上最大的碳排放国,中国正积极寻求通过碳排放权交易制度以促进碳减排。中国自 2013 年起逐步将 7 个不同经济增长水平和产业结构的行政区域纳入 ETS,试点覆盖全部 4 个省级直辖市(北京、上海、天津和重庆)、2 个省(广东和湖北)和 1 个经济特区(深圳)。7 个 ETS 项目独立设计和运行,在人口、收入、制造业份额和能源消费等方面具有广泛的经济和能源条件异质性(Zhang et al., 2017;Zhu et al., 2019)。因此,我国的 ETS 试点项目为评估 ETS 政策对企业市值的影响提供了理想的准自然实验环境。

现有研究广泛考察了 ETS 政策与企业市值间的关系。其中,多数研究从成本和创新效应的角度考察了 ETS 政策对企业市值的影响,但两种视角下的研究结论莫衷一是。基于成本效应视角的相关研究表明,ETS 政策负向影响了企业市值;但基于创新效应视角的研究结论显示 ETS 政策对企业市值的影响是正向的(Bui et al., 2020; Velte et al., 2020; Descheemaeker et al., 2016)。此外,部分研究根据碳价格的传导效应考察了 ETS 政策与企业市值间的关系。例如,Flora 和 Vargiolu(2020)证实了欧盟 ETS 制度中的碳价格稳定机制显著影响了投资决策的时机,并有助于投资者减少与碳排放相关的投资。Brouwers 等(2016)发现,欧盟实行碳核查之后,资本市场对碳排放超过配额的企业有显著的负面效应。一些研究表明,欧盟津贴价格的变化与欧洲电力公司的股票回报呈正相关(Oberndorfer, 2009; Veith et al., 2009)。进一步地,部分研究也检验了碳价格与电力企业股票收益之间的关系。Ji 等(2017)认为碳价格收益与电力企业股票收益之间存在较强的信息相互依赖关系,总关联指数较高。Veith 等(2009)采用投资者对公司价值监管影响的预期以衡量碳排放权交易的经济后果,结果显示发电行业普通股的收益与碳排放权价格上涨呈正相关。

由此可见,虽然现有研究基于多种角度就 ETS 政策与企业市值间的关系展开了较多探讨,但对于该政策影响企业价值的内在机制并未给予足够的关注。有鉴于此,我们以中国的 ETS 政策为准自然实验,探讨了该政策对中国上市公司市值的影响及其机制。本研究的边际贡献如下:(1) 在研究内容上,系统地评估了中国 ETS 政策对企业市值的影响并探讨其内在影响机制,从而可以为我国 ETS 政策的优化实施提供更具针对性的经验依据;(2) 在研究方法上,采用双重差分(DID)模型解释了我国 ETS 政策在试点地区和非试点地区对企业市值影响中未观察到的趋势。

13.2 逻辑线索与传导机制分析

13.2.1 碳价格

碳配额在市场交易过程中由供求关系形成均衡的碳价格,碳价格作为企业减排成本的信号（Cui et al., 2018），通过影响企业投资决策，进而对企业市值产生重要影响。首先，碳配额的限制使受其约束的企业承担了一定的合规成本（Stigler and Friedland, 1962），因而碳价格可能会影响企业的现金流。然而，企业将其碳减排成本纳入产品报价进而转移成本的能力不同会在一定程度上导致碳价格对其现金流的影响不同（Abrell et al., 2022）。具体地，如果企业可以将碳配额限制产生的全部额外成本转嫁给客户，那么碳价格对企业的现金流几乎没有影响（Abrell et al., 2022）；当企业无法完全将成本转嫁给客户时，碳配额限制则会为企业带来额外成本，这不仅会影响企业的现金流，也会由于企业为达到碳排放标准会耗费部分现金流以购买碳配额或投资于减排设备，从而减少了企业产量（Montgomery, 1972），进而对企业的成本结构和生产决策行为产生影响（Fabra and Reguant, 2014）。因此，碳价格上涨会伴随着受监管企业的利润下降，从而降低了企业市值（Oberndorfer, 2009; Veith et al., 2009）。

其次，ETS 政策为企业提供的碳价格信号会影响到企业在投资清洁技术和末端治理设施两种碳减排方式间的选择。当企业的生产率和竞争力相对较高时，碳价格上涨会鼓励该企业投资清洁技术以满足政府的减排要求（Brauneis et al., 2013），进而使得投资者对企业未来利润的预期得到提高，从而提升了企业市值。

最后，碳价格波动可能会影响投资者的预期，从而影响企业的市值。具体而言，碳价格的变化不仅反映在企业成本上，也反映在企业的产出价格上（Brouwers et al., 2016）。碳价格波动在一定程度上可以改变企业在生产过程中所采用的首选投入组合，从而影响其盈利能力和市场价值。此外，根据现有研究，碳配额的最低价格下限降低了企业未来盈利能力的不确定性，并影响了长期的价格信号分布，而最低碳价格会激励企业投资于新的低碳技术（Weber and Neuhoff, 2010; Grüll and Taschini, 2011）。现有研究结果表明，碳价格变化对企业市值的影响可能是不对称的（Zachmann and von Hirschhausen, 2008; Mo et al., 2012）。

13.2.2　绿色创新

CET 政策是一种环境工具，使单个企业在实现合规方面具有灵活性（Fischer et al., 2003）。该政策有望产生动态激励，以增加企业的创新活动，主要是在研究、开发和示范（RD&D）以及减排技术或低碳技术的采用和传播方面（Rogge et al., 2010）。一些减排成本高的企业会购买许可证或开展创新活动以满足监管要求。当受到监管的企业无法将 ETS 政策产生的额外成本转嫁给客户，同时施加的监管成本甚至可能被买家过度补偿时，企业可能会在此激励下开展绿色创新活动（Golombek and Hoel, 2008）。在这种情况下，企业更加倾向于增加对减排技术和低碳技术的投资，以实现减排目标（Greaker and Hagem, 2014）。这增加了企业的固定资产和技术水平，提高了产品的价值，从而促进了企业市场价值的增加（Kemp and Pontoglio, 2011）。此外，企业减排绩效的提高会使企业形象得到改善，有助于调整投资者和其他利益相关者对企业投资价值的预期，从而进一步提高企业产品的价值和股票市场的回报。因此,我们认为中国 ETS 政策可以通过激励企业在减排、清洁或低碳技术方面开展绿色创新活动,从而提高其市场价值。

然而,值得注意的是,CET 政策的创新效果还取决于市场参与者、网络、制度、用户和生产者之间的累积学习过程以及企业的技术水平(Fischer et al., 2003; Kemp and Pontoglio, 2011)。因此,政府应通过完善与 CET 政策相关的法律法规,制定相关实施细则来提高市场化程度,减少制度不确定性和制度交易成本的影响(Aragón-Correa et al., 2016)。同时,政府可以对企业的创新活动给予补贴,特别是成本较高的创新活动,这需要政府的推动。

13.2.3 碳披露

碳披露(也称碳会计信息披露)是一种向利益相关者描述企业碳相关活动和信息的工具。关于碳披露对企业市值的影响,目前主要存在合法性理论和自愿披露理论两种理论解释。根据合法性理论,环境信息收集、管理和披露的成本可能会超过收益。为了满足各类利益相关者的要求,一些在碳绩效上表现不佳的企业,会选择进行模糊、难以验证的定性披露,试图通过这样的方式来维持其合法性(Liu and Zhang, 2017; Matsumura et al., 2014)。当企业的合法性受到威胁时,利益相关者可能会认为企业是不可持续的。

此外,竞争对手获得的有关流程效率低下和环境举措的信息可能会削弱企业的竞争和财务绩效,而报告中的误导性信息或错误也会显著增加诉讼成本(Wang et al., 2020; Khlif and Chalmers,2015)。相反,自愿披露理论认为碳披露与市场价值呈正相关(Lueg et al., 2019)。在 CET 政策下,强制性的碳排放报告[例如企业社会责任报告(CSR)]有助于企业沟通碳排放信息,提高信息透明度(Velte et al., 2020)。高质量信息披露透明度的提高减少了与利益相关者之间的信息差距,从而通过降低风险产生财务后果(Shen et al., 2019)。因此,碳信息披露可以帮助股东和债权人等利益相关者做出更好的投资决策。

最后,碳信息披露还可以帮助监管机构、机构投资者和公众等利益相关者更好地监测和监管企业的碳排放(Gersbach and Riekhof, 2021; Liu et al., 2015)。企业高质量的碳信息披露往往导致其高碳绩效,从而影响其市场价值。因此,我们可以假设 CET 政策通过加强碳披露与企业市场价值之间的关系似乎是混合且不一致的。

13.3 计量模型、变量选取与数据来源

13.3.1 计量模型

实施 ETS 政策的城市并非随机选择,试点地区与非试点地区在经济发展水平、政策条件等方面可能存在一定差异,而这些因素均会对企业价值造成影响,从而使得直接回归结果面临较大的内生性问题而产生偏差。因此,我们将 ETS 政策视为一项准自然实验,从而采用可以缓解上述内生性问题的 DID 模型,考察 ETS 政策对企业市值的影响。基于

2000—2019 年中国 3 283 家上市企业的面板数据样本，构建如式（13－1）所示的 DID 模型，从而在考虑 ETS 试点政策内生性的条件下，就 ETS 试点政策对企业价值的影响进行准确评价：

$$\ln MV_{it} = \beta_0 + \beta_1 did_{it} + \beta_2 X_{it} + \mu_i + \gamma_t + \varepsilon_{it} \qquad (13-1)$$

式中，i、t 分别表示上市企业和年份；$\ln MV_{it}$ 表示企业 i 在第 t 年市场价值的自然对数；did_{it} 表示企业 i 在第 t 年是否位于 ETS 试点中，$did_{it}=1$ 表示企业 i 于年份 t 在 ETS 试点中，$did_{it}=0$ 表示企业 i 于年份 t 不在 ETS 试点中；$\boldsymbol{X}_{it}$ 表示一系列控制变量；μ_i 和 γ_t 分别代表个体固定效应和年份固定效应；ε_{it} 表示随机扰动项。

13.3.2　变量选取与数据来源

本章的被解释变量为中国 A 股市场中的上市企业市值，数据来源于 Wind 数据库，我们对企业市值进行了对数化处理；核心解释变量为碳排放权交易试点政策（*ETS*）。*ETS* 为刻画 ETS 试点政策是否实施的虚拟变量，考虑到试点政策自 2013 年起开始实施，我们对 2013 年以后的试点城市赋值为 1，2013 年以前的试点城市赋值为 0。本章的机制变量为碳价格、企业绿色创新及碳披露。其中，碳价格数据来源于各试点地区的交易网站中抓取的碳市场日交易价格数据，并在此基础上取年平均值；用于衡量上市企业绿色创新活动的绿色专利数据来自中国研究数据服务平台（CNRDS）中的中国创新研究数据库（CIRD）和绿色专利研究数据库（GPRD），以及中国保监会网站中的上市企业专利数据；我们使用和讯网上市企业社会责任报告中的评估数据指代公司的碳披露。我们选取了企业规模（*SIZE*）、年龄（*Age*）、账面市值比（*BM*）、净资产收益率（*ROE*）、财务杠杆（*DAR*）、固定资产比率（*Fix*）、总资产收益率（*ROA*）、管理层持股比例（*MSR*）、企业经营现金流（*Cash*）及政府补贴（*Subsidy*）等一系列反映企业特征和财务状况的指标作为控制变量，上述变量数据均来源于 CSMAR 数据库，各变量定义及计算方法见表 13－1。

表 13－1　变 量 定 义

变量类型	变　量	单　位	定　　义
被解释变量	*MV*	百万元	上市企业年末市值
核心解释变量	*did*	—	如果企业 i 所在的城市在 t 年已经启动了 ETS 政策，则定义 did_{it} 为 1，否则为 0
控制变量	*SIZE*	—	企业规模，计算公式为 *SIZE* = ln（总资产 /10 000/invest_index2000 + 1） 其中 invest_index2000 为固定资产投资价格指数（上一年 = 100）
	BM	—	账面市值比，为总资产与市值之比

续 表

变量类型	变 量	单 位	定 义
控制变量	*ROE*	—	净资产收益率,为净利润与股东权益之比
	DAR	—	杠杆率,为负债与总资产之比
	Fix	—	固定资产比率,为固定资产与总资产之比
	ROA	—	总资产收益率,为净利润与总资产之比
	MSR	—	管理层持股比例,为企业管理层持有股份数与总股份数之比
	Age	年	企业年龄,为企业成立年份的自然对数
	Cash		企业经营现金流
	Subsidy	元	政府补贴

需要说明的是,我们剔除了业务不涉及大量碳排放的金融行业的上市企业样本(Gersbach and Riekhof, 2021; Lv and Bai, 2021),并删除样本中标有 ST、*ST 及 PT 的上市企业。此外,我们剔除了资产负债率大于 1 及公司注册地点等不完整或遗漏的样本数据(da Silva et al., 2016),最终样本包括 3 283 家上市公司。上述各变量的描述性统计见表 13 - 2。

表 13 - 2 变量的描述性统计

变 量	均 值	标准差	最小值	最大值	观测数量
面板 A: 处理组					
MV	24 100	111 000	190	2 990 000	13 200
SIZE	12.505 8	1.363 6	10.051 5	16.380 9	13 500
BM	0.635 9	0.235 7	0.137 6	1.117 0	13 200
ROE	0.073 6	0.130 3	-0.765 7	0.379 6	13 500
DAR	0.428 6	0.205 6	0.052 5	0.882 2	13 500
Fix	0.203 6	0.169 9	0.002 5	0.718 8	13 500
ROA	0.041 6	0.053 9	-0.198 0	0.194 7	13 500
MSR	0.126 5	0.205 4	0.000 0	0.686 0	13 100
Age	2.687 9	0.473 9	1.098 6	3.496 5	13 500
Cash	0.046 3	0.073 7	-0.163 0	0.255 2	13 500
Subsidy	17 300	140 000	0	1 400 000	13 500

续 表

变　量	均　值	标准差	最小值	最大值	观测数量
面板 B：控制组					
MV	10 900	26 400	243	1 530 000	21 000
SIZE	12.287 0	1.172 4	10.051 5	16.380 9	21 600
BM	0.651 2	0.232 6	0.137 6	1.117 0	21 000
ROE	0.065 1	0.142 7	−0.765 7	0.379 6	21 600
DAR	0.437 2	0.201 5	0.052 5	0.882 2	21 600
Fix	0.257 3	0.166 6	0.002 5	0.718 8	21 600
ROA	0.039 3	0.055 8	−0.198 0	0.194 7	21 600
MSR	0.104 7	0.184 8	0.000 0	0.686 0	21 000
Age	2.590 9	0.483 4	1.098 6	3.496 5	21 600
Cash	0.050 3	0.071 2	−0.163 0	0.255 2	21 600
Subsidy	17 500	142 000	0	1 400 000	21 600

13.4　碳排放权交易与公司价值关系的回归结果

13.4.1　基准回归结果

表 13－3 显示了式(13－1)所示的基准回归结果。其中，第(1)列为不纳入控制变量但控制个体固定效应的估计结果，第(2)列显示了不控制任何变量但控制个体和年份固定效应的结果，第(3)~(5)列的估计中纳入了所有控制变量，其中，第(3)列控制了个体和年份固定效应，第(4)列控制了个体和行业固定效应，第(5)列描述了控制个体、年份和行业固定效应的结果。结果表明，*did* 至少在 5%的水平上显著为正，在加入控制变量并控制各种固定效应后，核心解释变量的系数仍显著为正，说明结果具有较强的稳健性。因此，基准回归结果显示，ETS 试点地区上市企业市值明显高于非试点地区上市企业市值。这可能由于市场化交易机制明确了碳排放权的价格信号，鼓励企业加大对创新活动的投入，以符合政府的碳减排要求，从而促进企业市场价值的提升。此外，碳配额的免费分配可以解释为企业更高的现金流，这也会增加企业市值。这些发现与以往的研究一致，如 Oberndorfer(2009)、Veith 等(2009)、Oestreich 和 Tsiakas(2015)、Bui 等(2019)的研究，他们认为 ETS 机制与企业的市场价值呈正相关的关系。

表 13-3 基准回归结果

	(1) ln *MV*	(2) ln *MV*	(3) ln *MV*	(4) ln *MV*	(5) ln *MV*
did	1.263*** (0.023)	0.067** (0.031)	0.016** (0.008)	0.046*** (0.008)	0.017** (0.008)
SIZE	—	—	0.984*** (0.006)	0.988*** (0.005)	0.983*** (0.006)
BM	—	—	-1.832*** (0.012)	-1.767*** (0.010)	-1.832*** (0.013)
ROE	—	—	0.026 (0.020)	-0.010 (0.021)	0.023 (0.020)
DAR	—	—	0.048*** (0.015)	0.021 (0.015)	0.051*** (0.015)
Fix	—	—	0.034** (0.014)	-0.021 (0.016)	0.032** (0.014)
ROA	—	—	0.054 (0.068)	0.152** (0.072)	0.061 (0.068)
MSR	—	—	-0.016 (0.015)	-0.001 (0.017)	-0.013 (0.015)
Age	—	—	0.000 (0.018)	0.326*** (0.007)	0.009 (0.018)
Cash	—	—	0.006 (0.017)	0.019 (0.018)	0.007 (0.017)
Subsidy	—	—	0.000 (0.000)	0.000 (0.000)	0.000 (0.000)
常数项	22.147*** (0.005)	22.400*** (0.007)	11.366*** (0.077)	10.432*** (0.050)	11.355*** (0.075)
R^2	0.649	0.867	0.990	0.989	0.990
N	34 097	34 097	32 980	32 980	32 980
个体固定效应	Yes	Yes	Yes	Yes	Yes
年份固定效应	No	Yes	Yes	No	Yes
行业固定效应	No	No	No	Yes	Yes

注：***、**、*分别表示1%、5%和10%的显著性水平；系数下方括号中的数值为标准误差。

13.4.2 稳健性检验

1. 平行趋势检验

为了保证DID模型的有效性，有必要证明在ETS政策实施之前，试点城市和非试点城市上市企业的市值具有相同的时变趋势。为了检验平行趋势假设是否满足，我们将式（13-1）中的虚拟变量 did 替换为ETS政策实施前后几年的虚拟变量（Li et al.，2016；Gao et al.，2020；Tang et al.，2021）。回归模型估计如下：

$$\ln MV_{it} = \beta_0 + \sum_{k=-13}^{6} \beta_{1k} did_{it}^{k} + \beta_2 X_{it} + \mu_i + \delta_r + \gamma_t + \varepsilon_{it} \tag{13-2}$$

式中，以政策实施前13期和后6期为界对 did_{it}^{k} 进行赋值，在实施ETS政策前 k 年（$k<0$），或在实施ETS政策后 k 年（$k>0$）时，则定义 $did_{it}^{k}=1$，否则 $did_{it}^{k}=0$。需要说明的是，由于样本中ETS政策实施年份（2013年）以前的时期数量较多，因而将2013年前第13年至前第9年的影响采取合并估计。

根据平行趋势定义，如果 β_{1k}（$k<0$）与0无显著差异，则可判定平行趋势假设成立。图13-1展示了平行趋势假设的检验结果，以及试点CET政策与企业市值的动态趋势。结果表明，政策实施前，处理组与控制组之间没有显著差异，而试点后，企业市值显著增加。结果证实了平行趋势假设，且CET政策对企业市值的影响具有动态效应。

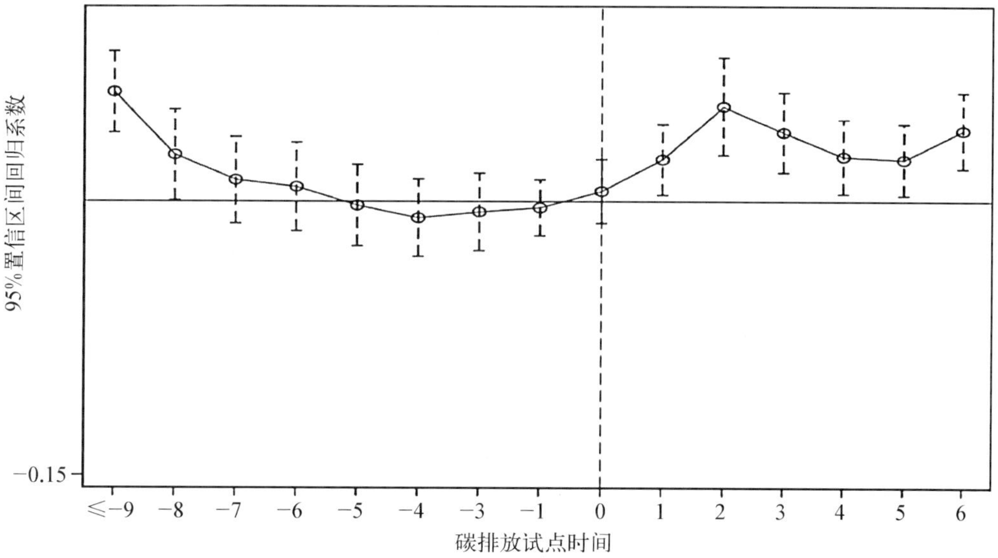

图13-1　平行趋势检验结果

2. 安慰剂检验

为排除基准回归中得出的ETS政策对上市企业市值的影响是因遗漏变量干扰而导致的“偶然发现”，通过随机选择500次虚拟ETS试点地区，比较其与实际处理组间的影响差异，进一步开展安慰剂检验。具体而言，如果2013年有 n 家上市企业位于ETS试点，则在保持ETS政策试点时间不变的前提下从全部样本中随机选取 n 家样本企业作为处理组，对表13-1中第（3）列对应模型重复500次估计，从而进行反事实检验。图13-2展示了500次安慰剂检验回归系数的概率密度分布图。由图中可看出基于随机样本的估计系数集中分布在0附近，而基准回归系数（0.016）不在图13－2所示的虚拟ETS试点估计的可能范围内，表明检验中随机选取的ETS政策无政策效果。因此，安慰剂检验表明基准回归结果是可靠的。

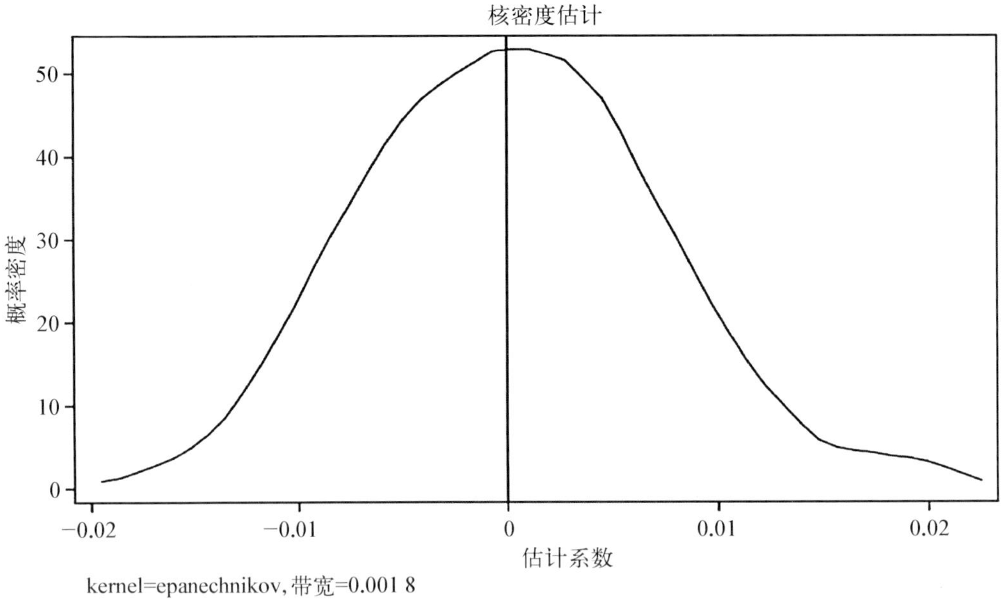

图13－2　安慰剂检验结果

3. 其他稳健性检验

为了进一步验证基准回归结果的可靠性，除上述平行趋势检验和安慰剂检验外，我们还进行了以下一系列稳健性检验。

（1）企业市值滞后效应。考虑到ETS政策对企业市值影响中可能存在的滞后效应，我们考察了ETS政策对企业滞后一年市值的影响（Chen et al., 2021）。根据表13－4第（1）列所示，*did*系数在10%的水平上显著为正，表明ETS政策对企业价值的提升具有明显的滞后效应。

（2）政策冲击时点变化。ETS政策对企业价值的影响需要一定的过程和周期（Chen et al., 2021），因此，将ETS政策实施年份由2013年延后至2014年（*did*变为*did*1），以对基准回归的结果进行进一步的稳健性考察。由表13－4第（2）列中所示的结果可知，政策冲击试点变化后的估计结果与基准回归结果基本类似，表明基准回归的结果较为稳健。

（3）样本期变化。由于基准回归中所选取的样本期为2000—2019年，ETS政策实施前的样本周期较长，因而为排除此影响，我们将样本期设置为2009—2019年，进而对基准回归进行稳健性检验，结果如表13－4第（3）列所示。可以看到样本期改变后的结果与基准回归结果相似，进一步表明了基准回归结果的稳健性。

表 13－4　稳健性检验结果

变　量	(1) ln *MV*	(2) ln *MV*	(3) ln *MV*
did	0.020 * (0.011)	—	0.036 *** (0.007)
SIZE	0.850 *** (0.008)	0.984 *** (0.006)	0.966 *** (0.007)
BM	-1.078 *** (0.019)	-1.832 *** (0.012)	-1.857 *** (0.013)
ROE	-0.151 *** (0.035)	0.025 (0.020)	0.023 (0.026)
DAR	-0.159 *** (0.023)	0.047 *** (0.015)	0.059 *** (0.016)
Fix	0.165 *** (0.027)	0.034 ** (0.014)	0.039 ** (0.018)
ROA	-0.557 *** (0.109)	0.056 (0.068)	0.097 (0.080)
MSR	-0.273 *** (0.035)	-0.015 (0.015)	-0.004 (0.016)
Age	0.107 *** (0.026)	0.001 (0.018)	0.032 (0.039)
Cash	0.210 *** (0.033)	0.007 (0.017)	0.021 (0.020)
Subsidy	0.000 (0.000)	0.000 (0.000)	0.000 (0.000)
*did*1	—	0.021 *** (0.008)	—
常数项	12.262 *** (0.114)	11.363 *** (0.077)	11.581 *** (0.123)
R^2	0.958	0.990	0.990
N	28 962	32 980	24 420
个体固定效应	Yes	Yes	Yes
年份固定效应	Yes	Yes	Yes

注：***、**、*分别表示 1%、5%和 10%的显著性水平；系数下方括号中的数值为标准误差。

13.5 碳排放权交易影响企业价值的传导机制识别

根据前述的理论机制分析,ETS 试点政策可能通过推动碳价格信号传递、促进绿色创新、提升碳信息披露水平三种作用渠道对企业价值产生影响。因此,我们基于中介效应模型开展进一步的实证考察。中介效应模型如下:

$$\ln MV_{it} = \beta'_0 + \beta'_1 did_{it} + \beta'_2 \boldsymbol{X}_{it} + \mu'_i + \gamma'_t + \varepsilon'_{it} \tag{13-3}$$

$$M_{it} = \beta''_0 + \beta''_1 did_{it} + \beta''_2 \boldsymbol{X}_{it} + \tilde{\mu}''_i + \tilde{\gamma}''_t + \tilde{\varepsilon}''_{it} \tag{13-4}$$

$$\ln MV_{it} = \beta'''_0 + \beta'''_1 did_{it} + \upsilon M_{it} + \beta'''_2 \boldsymbol{X}_{it} + \widehat{\mu}'''_i + \widehat{\gamma}'''_t + \varepsilon'''_{it} \tag{13-5}$$

其中,中介变量 M 包括碳价格(CP)、绿色创新和碳披露水平。其他变量如上所述。

13.5.1 碳价格

根据前文的理论分析,碳价格作为企业碳减排成本的信号,对企业市值的影响方向无法确定,因此,我们从碳价格的角度对 ETS 政策影响企业市值的机制进行了实证分析。中介机制分析回归结果如表 13-5 所示。表 13-5 中第(1)列和第(2)列的回归结果表明,碳价格在 ETS 政策对上市企业市值影响的过程中具有负向中介作用。这主要是因为,为了实现碳减排目标,受监管企业必须安排部分现金流用于购买碳配额,或投资于减排设备和措施,这不仅影响了企业正常经营活动的现金流,也为企业带来了额外的合规成本,影响企业的成本结构和生产研发投资的决策行为,进而减少了企业的产量。因此,碳价格的上涨降低了投资者的利润预期,从而导致企业市值下降。这与 Oberndorfer(2009)、Veith 等(2009)、Keppler 和 Cruciani(2010)、Mo 等(2012),以及 Chan 等(2013)的研究发现一致,即碳价格与企业股票市场价值、回报或收入呈负相关关系。

显然,受管制的高碳行业中的企业可能会比低碳行业中的企业受到更大的影响。为此,我们比较了 ETS 政策对高碳行业和低碳行业企业市值的影响。具体地,我们根据行业特征选取石化(C25)、化工(C26)、建材(C30)、钢铁(C31)、有色金属(C32)、造纸(C22)、电力(D44、D45)、航空(G56)等 8 个行业作为高碳行业,其余的行业则被纳入低碳行业。表 13-5 中第(3)列和第(4)列分别为高碳行业和低碳行业的回归结果,从中可以看出,高碳行业的 *did* 系数为负且不显著,而低碳行业的 *did* 系数显著为正。这是由于相比于低碳行业,在 ETS 政策下高碳行业的企业面临更强的碳约束,因而相应承担更多的合规成本。因此,CET 政策的实施在一定程度上对高碳行业企业的市值产生了负面影响,而对低碳行业企业的市值有正向影响。这些结果与 Veith 等(2009)、da Silva 等(2016)、Wen 等(2020)等学者的研究结果一致,表明碳价格变化对电力行业股票市场收益的影响是不对称的。

表 13-5 碳价格传导机制检验结果

	(1) *CP*	(2) ln *MV*	(3) ln *MV*	(4) ln *MV*
did	20.262*** (0.784)	0.030*** (0.009)	-0.000 (0.016)	0.031*** (0.010)
SIZE	0.175 (0.224)	0.984*** (0.006)	0.982*** (0.011)	0.984*** (0.006)
BM	1.215** (0.606)	-1.831*** (0.012)	-1.709*** (0.023)	-1.854*** (0.014)
ROE	-0.713 (0.731)	0.025 (0.020)	-0.013 (0.029)	0.041* (0.025)
DAR	-2.246*** (0.789)	0.046*** (0.015)	0.056 (0.038)	0.035** (0.016)
Fix	-0.206 (0.827)	0.033** (0.014)	0.032 (0.021)	0.029 (0.018)
ROA	-0.217 (2.493)	0.054 (0.068)	0.169 (0.123)	0.018 (0.079)
MSR	2.872** (1.357)	-0.014 (0.015)	0.020 (0.025)	-0.020 (0.017)
Age	6.727*** (0.957)	0.005 (0.018)	-0.005 (0.032)	0.007 (0.021)
Cash	-1.126 (0.796)	0.005 (0.017)	-0.041 (0.031)	0.021 (0.020)
Subsidy	-0.000 (0.000)	0.000 (0.000)	-0.000 (0.000)	0.000 (0.000)
CP	—	-0.001*** (0.000)	0.001 (0.001)	-0.001*** (0.000)
常数项	-20.026*** (3.360)	11.352*** (0.077)	11.309*** (0.177)	11.376*** (0.086)
R^2	0.778	0.990	0.995	0.989
N	32 980	32 980	6 012	26 938
个体固定效应	Yes	Yes	Yes	Yes
年份固定效应	Yes	Yes	Yes	Yes

注：***、**、*分别表示 1%、5%和 10%的显著性水平；系数下方括号中的数值为标准误差。

13.5.2 绿色创新

在 ETS 政策下,上市企业可以灵活安排实现碳减排的方式。企业可以通过安装减排设备或购买碳配额,将碳排放量维持在指定的范围内。但是,此类减排方式的成本会随着碳价格的上涨和碳配额的减少而增加,这将减少企业的利润(Popp, 2002; Zeng et al., 2017)。相应地,如果一些有竞争力的企业投资于清洁技术的成本相对较低,则会选择投资于绿色创新活动,以最小化碳减排成本(Popp, 2010)。因此,ETS 政策的实施有利于激励企业增加在清洁或低碳技术方面的创新活动,从而提高企业的市值。我们考察了 ETS 政策通过影响企业绿色创新进而对企业市值产生影响的回归结果如表 13-6 所示。需要说明的是,为确保稳健性,我们选取了绿色专利申请数量(记为 *Innovation*1)和绿色专利授权数量(记为 *Innovation*2)两种度量指标来衡量企业的绿色创新活动。结果表明,ETS 政策显著促进了上市企业的绿色创新,且绿色创新水平的提高显著提升了企业的市场价值,即 ETS 政策可以通过促进绿色创新活动的开展进而提升上市企业的市值。这些结果与 Weber 和 Neuhoff(2010)、Brauneis 等(2013),以及 Gersbach 和 Riekhof(2021)的研究结论基本一致,即碳价格信号在 ETS 政策下创造了投资更清洁、低碳或绿色技术的激励机制,从而提高了企业的股票市值或回报。

表 13-6 绿色创新传导机制检验结果

变量	(1) *Innovation*1	(2) ln *MV*	(3) *Innovation*2	(4) ln *MV*
did	0.182*** (0.056)	0.042*** (0.012)	0.200*** (0.057)	0.043*** (0.013)
SIZE	0.148*** (0.038)	0.967*** (0.009)	0.102*** (0.038)	0.962*** (0.011)
BM	0.185*** (0.069)	-1.759*** (0.020)	0.238*** (0.069)	-1.764*** (0.022)
ROE	0.191 (0.140)	-0.015 (0.030)	0.161 (0.143)	0.021 (0.031)
DAR	-0.006 (0.126)	0.037 (0.024)	-0.014 (0.126)	0.021 (0.027)
Fix	0.262* (0.143)	0.031 (0.029)	0.137 (0.151)	0.026 (0.030)
ROA	-0.295 (0.393)	0.175** (0.086)	-0.317 (0.385)	0.029 (0.092)
MSR	0.358** (0.144)	0.018 (0.024)	0.364*** (0.134)	-0.010 (0.024)

续 表

变 量	(1) *Innovation*1	(2) ln *MV*	(3) *Innovation*2	(4) ln *MV*
Age	0.043 (0.182)	0.108 * (0.063)	0.248 (0.207)	0.114 (0.071)
Cash	−0.046 (0.138)	0.032 (0.030)	0.014 (0.131)	0.005 (0.031)
Subsidy	0.000 (0.000)	0.000 (0.000)	0.000 (0.000)	0.000 (0.000)
*Innovation*1	—	0.011 *** (0.004)	—	—
*Innovation*2	—	—	—	0.019 *** (0.006)
常数项	−1.829 *** (0.640)	11.297 *** (0.163)	−1.882 *** (0.652)	11.369 *** (0.204)
R^2	0.668	0.994	0.693	0.994
N	10 583	10 583	9 367	9 367
个体固定效应	Yes	Yes	Yes	Yes
年份固定效应	Yes	Yes	Yes	Yes

注：***、**、* 分别表示 1%、5%和 10%的显著性水平；系数下方括号中的数值为标准误差。

13.5.3 碳披露

近年来，上市企业被普遍要求披露其生产经营过程及产品相关的碳信息，以满足股东、消费者和监管部门等利益相关者的信息需求（Meng et al., 2014；Li et al., 2018）。根据前文的理论分析，碳信息披露与企业市值间的关系在合法性理论和自愿披露理论两种理论框架下呈现出相互矛盾的结果，因而此小节中我们以上市企业的社会责任得分作为碳信息披露的度量，考察碳市场中碳信息披露在 ETS 政策对企业市值影响的传导途径，回归结果如表 13－7 所示。实证结果表明，碳信息披露在 ETS 政策影响企业市值的机制中起负向作用。合法性理论认为，企业与社会之间存在着一种无形的契约，这使得上市企业增加碳信息披露以满足投资者的期望，从而维持合法性。然而，环境信息收集和披露的成本很可能大于企业获得的收益，特别是当企业为了满足利益相关者的需求而增加成本和提高碳绩效时。显然，企业成本的大幅增加会降低企业的市场价值。该结论与 Aragón-Correa 等（2016）及 Liu 和 Zhang（2017）的研究发现一致，均认为碳信息披露提高了维持合法性的成本进而降低了企业市值。表 13－7 的第（3）列和第（4）列是将样本划分为高碳行业和低碳行业后的回归结果。结果表明，碳信息披露与低碳行业企业市值显著负相关，而对高碳行业企业市值的降低作用不显著，这可能由于与高碳行业相比，低碳行业企业收集和披露环境信息的成本更高。

表 13-7 碳信息披露传导机制检验结果

	(1) *CD*	(2) ln *MV*	(3) ln *MV*	(4) ln *MV*
did	-0.610 (0.538)	0.035*** (0.006)	—	—
SIZE	4.565*** (0.325)	0.969*** (0.007)	0.969*** (0.016)	0.966*** (0.008)
BM	-3.890*** (0.850)	-1.856*** (0.013)	-1.733*** (0.024)	-1.881*** (0.014)
ROE	13.037*** (1.561)	0.038* (0.023)	0.014 (0.044)	0.050* (0.027)
DAR	-4.582*** (1.109)	0.056*** (0.017)	0.079* (0.044)	0.057*** (0.019)
Fix	-2.765* (1.427)	0.035* (0.020)	0.049 (0.034)	0.022 (0.025)
ROA	60.686*** (4.316)	0.063 (0.074)	0.092 (0.136)	0.056 (0.087)
MSR	-5.583*** (1.356)	-0.005 (0.016)	0.015 (0.027)	-0.018 (0.018)
Age	-2.674 (2.440)	0.018 (0.036)	-0.020 (0.053)	0.013 (0.041)
Cash	1.376 (1.430)	0.032 (0.021)	-0.036 (0.032)	0.047** (0.024)
Subsidy	-0.000 (0.000)	0.000 (0.000)	-0.000 (0.000)	0.000 (0.000)
CD	—	-0.000*** (0.000)	-0.000 (0.000)	-0.000*** (0.000)
常数项	-22.327*** (7.177)	11.598*** (0.117)	11.621*** (0.224)	11.680*** (0.134)
R^2	0.619	0.990	0.995	0.989
N	23 172	23 172	3 862	19 269
个体固定效应	Yes	Yes	Yes	Yes
年份固定效应	Yes	Yes	Yes	Yes

注：***、**、*分别表示1%、5%和10%的显著性水平；系数下方括号中的数值为标准误差。

13.6　碳排放权交易影响企业价值的异质性分析

13.6.1　企业所有权

一般而言，非国有企业在生产、经营和投资决策方面比国有企业更灵活（Brandt et al.，2014），因此，ETS 政策下非国有企业的市值相对而言更有可能得到提升（Hahn，1984）。为此，我们就 ETS 政策对不同所有制企业市值的影响进行了异质性分析，回归结果如表 13－8 所示，其中第（1）列和第（2）列中所使用的样本分别为国有上市企业和非国有上市企业。结果表明，ETS 政策的实施对非国有企业的市值存在正向显著的影响，而对国有企业的市值的正向影响并不显著。这是因为相比于非国有企业，国有企业往往享受着更多的政府补贴、信贷优惠、财政支持以及更多的免费碳配额，这会使其失去创新动力，因而使得 ETS 政策对国有企业市值的促进作用并不显著；而非国有企业往往面临更大的减排成本压力，进而激励企业投资于更先进的清洁技术或低碳技术。被鼓励投资清洁技术的非国有企业往往会向投资者传递高生产率和高竞争力的信息，进而增加了投资者对企业未来利润提高的预期，从而导致非国有企业的市值上升。

表 13－8　企业所有制异质性检验结果

	(1) ln *MV*	(2) ln *MV*
did	0.018 (0.012)	0.018** (0.009)
SIZE	0.993*** (0.008)	0.981*** (0.008)
BM	−1.729*** (0.021)	−1.929*** (0.015)
DAR	0.034* (0.020)	0.037* (0.020)
Fix	0.031** (0.016)	0.020 (0.025)
MSR	−0.196 (0.123)	−0.025 (0.016)
Age	0.021 (0.026)	−0.022 (0.023)
Cash	0.015 (0.027)	0.043* (0.025)

续 表

	(1) ln *MV*	(2) ln *MV*
Subsidy	-0.000 (0.000)	0.000 (0.000)
常数项	11.105*** (0.099)	11.560*** (0.117)
R^2	0.993	0.987
N	15 148	17 464
个体固定效应	Yes	Yes
年份固定效应	Yes	Yes

注：***、**、*分别表示1%、5%和10%的显著性水平；系数下方括号中的数值为标准误差。

13.6.2 地理区位

根据地理位置和经济发展情况，将中国31个省份分为东部、中部和西部三个地区，其中，东部地区包括北京、天津、河北、上海、江苏、浙江、福建、山东、广东和海南；中部地区包括吉林、黑龙江、山西、河南、安徽、湖北、江西和湖南；西部地区则为其余省份。因此，我们将整个样本按照企业的地理位置划分为东部企业、中部企业和西部企业，进而开展不同地理区位中ETS政策对企业价值的异质性分析。如表13－9所示，其中第(1)～(3)列分别为东部地区、中部地区及西部地区的回归结果。由表中结果可知，ETS政策的实施对中国东部地区和中部地区企业市值的影响为显著正向的，而对西部地区企业市值并不具备显著的促进作用。这可能是因为东部地区和中部地区的经济发展水平、技术水平和市场化程度都高于西部地区。因此，与西部地区相比，东部地区和中部地区的企业更倾向于通过开展绿色创新活动以实现碳减排目标，从而提升其企业市值。相反，西部地区的企业对自然资源的依赖程度更高，碳排放量也相应更高，因此ETS政策对企业市值的影响不显著。

表13－9 地理区位异质性检验结果

	(1) ln *MV*	(2) ln *MV*	(3) ln *MV*
did	0.026*** (0.009)	0.057*** (0.019)	0.004 (0.022)
SIZE	0.991*** (0.007)	0.965*** (0.013)	0.981*** (0.011)

续　表

	(1) ln *MV*	(2) ln *MV*	(3) ln *MV*
BM	−1.831*** (0.016)	−1.814*** (0.024)	−1.842*** (0.026)
ROE	0.058** (0.029)	−0.030 (0.029)	0.024 (0.040)
DAR	0.035** (0.017)	0.027 (0.035)	0.081** (0.041)
Fix	0.021 (0.016)	0.006 (0.035)	0.049 (0.033)
ROA	−0.049 (0.091)	0.207* (0.111)	0.062 (0.151)
MSR	−0.013 (0.017)	−0.092** (0.044)	−0.011 (0.054)
Age	0.002 (0.026)	0.017 (0.029)	−0.078*** (0.029)
Cash	0.034 (0.021)	−0.051 (0.038)	−0.073* (0.044)
Subsidy	0.000 (0.000)	0.000 (0.000)	−0.000 (0.000)
常数项	11.274*** (0.100)	11.584*** (0.170)	11.599*** (0.172)
R^2	0.990	0.989	0.992
N	22 672	5 240	5 057
个体固定效应	Yes	Yes	Yes
年份固定效应	Yes	Yes	Yes

注：***、**、* 分别表示 1%、5%和 10%的显著性水平；系数下方括号中的数值为标准误差。

13.6.3　是否为制造业企业

受 ETS 政策监管的企业以制造业企业为主，因而在碳市场中，制造业企业往往需要投入大量资金购买碳配额或安装减排设备，这可能会挤压企业的原始生产投资，从而降低其市场价值。据此，我们采用三重差分（DDD）模型考察了 ETS 政策对制造业和非制造业企业市值的影响。具体地，如果企业属于高碳行业［包括石化（C25）、化工（C26）、建筑材料（C30）、钢铁（C31）、有色金属（C32）、造纸（C22）、电力（D44、D45）和航空（G56）八大行业],则虚拟变量 *industry* 为 1,否则为 0;继而我们将 *industry* 与 *did* 相乘,进而得到 DDD 模型中高碳行业和低碳行业的虚拟变量 *ddd*。回归结果如表 13-10 所示,其中第(1)列和第(2)列中所选取的样本分别为制造业企业和非制造业企业。研究结果显示,制造业企业和非制造业企业的估计系数均显著为负,且制造业企业的抑制效应大于非制造业企业。此外,ETS 政策对高碳行业的企业市值有显著的负面影响。这是因为中国的 ETS 政策主要涉及包括交通运输在内的制造业和供应行业,制造业企业面临更大的碳约束,因为 ETS 政策的实施给其带来了很大的成本效应,从而进一步降低了其市值。

表 13-10 是否为制造业企业异质性检验结果

	(1) ln *MV*	(2) ln *MV*
ddd	-0.041*** (0.006)	-0.038*** (0.010)
SIZE	0.992*** (0.001)	0.994*** (0.001)
BM	-1.806*** (0.006)	-1.825*** (0.009)
ROE	0.000 (0.000)	0.001 (0.001)
DAR	0.004 (0.006)	0.035*** (0.008)
Fix	0.061*** (0.007)	0.052*** (0.008)
ROA	0.131*** (0.014)	0.096*** (0.021)
MSR	-0.109*** (0.006)	-0.133*** (0.010)
Age	0.012*** (0.003)	0.009** (0.004)
Cash	-0.031** (0.013)	0.002 (0.018)
Subsidy	0.000 (0.000)	0.000 (0.000)
常数项	11.244*** (0.015)	11.228*** (0.019)
R^2	0.982	0.987
N	21 265	11 812

续　表

	(1) ln *MV*	(2) ln *MV*
个体固定效应	是	是
年份固定效应	是	是

注：***、**、* 分别表示 1%、5%和 10%的显著性水平；系数下方括号中的数值为标准误差。

13.6.4 市场化程度

ETS 作为一种市场导向型低碳政策，其对企业市值的提升依赖于市场体系的完善。市场交易成本和信息不对称等市场摩擦的存在会减弱市场机制的作用效果（Jaffe et al., 2005），因而 ETS 政策对所在地区市场化程度不同的企业市值的影响可能存在一定差异。因此，我们使用 2000—2016 年中国部分省份市场化指数衡量各地区的市场化程度（Wang et al., 2016），根据企业所在地区的市场化指数是否高于（低于）所有地区市场化指数的中位数，我们将样本分为市场化程度较高和市场化程度较低的两组，采用 DID 模型进行异质性分析，分样本回归结果如表 13－11 所示，其中第（1）列和第（2）列的样本分别为市场化程度高和市场化程度低的企业。结果表明，当企业所在地区市场化程度较高时，ETS 政策对企业市值有显著的正向影响；相反，在地区市场化程度较低的情况下，ETS 政策对企业市值的影响为负但不显著，这与 Jaraitė-Kažukauskė 和 Kažukauskas（2015）、Hu 等（2020），以及 Ren 等（2020）的发现一致。在市场化程度较高的地区，企业应对市场变化的灵活性相应更强，因而从碳排放交易市场中获利的能力更强；而不完善的市场体系则会影响碳排放交易的价格以及企业的成本、收益和预期。因此，市场化程度影响了企业在碳减排和创新活动方面的投资决策，进而影响了企业的市值。

表 13－11　市场化程度异质性检验结果

变　量	(1) ln *MV*	(2) ln *MV*
did	0.031** (0.015)	−0.005 (0.013)
SIZE	1.006*** (0.013)	0.982*** (0.009)
BM	−1.807*** (0.029)	−1.816*** (0.020)
ROE	0.069 (0.052)	0.025 (0.029)

续 表

变　量	(1) ln *MV*	(2) ln *MV*
DAR	0.022 (0.031)	0.010 (0.025)
Fix	0.032 (0.037)	0.020 (0.025)
ROA	-0.068 (0.150)	-0.020 (0.118)
MSR	-0.007 (0.028)	-0.009 (0.053)
Age	-0.038 (0.058)	-0.048 * (0.027)
Cash	0.061 (0.042)	-0.034 (0.029)
Subsidy	-0.000 (0.000)	0.000 (0.000)
常数项	11.234 *** (0.199)	11.469 *** (0.152)
R^2	0.991	0.992
N	8 044	7 983
个体固定效应	是	是
年份固定效应	是	是

注：***、**、*分别表示1%、5%和10%的显著性水平；系数下方括号中的数值为标准误差。

13.6.5 融资约束

企业需通过投资低碳技术、安装碳减排设备或升级生产过程以面对ETS政策带来的碳减排压力，这无疑加剧了企业的资金约束（An et al., 2021）。而融资约束较大的企业由于无法获得足够的资金以应对ETS政策下的碳减排要求，会进一步影响到企业生产行为和绿色创新活动，从而影响了企业市值。我们使用规模-年龄（*SA*）指数衡量企业的融资约束（Hadlock and Pierce，2010），并根据*SA*指数是否高于或低于中位数将样本分为两组进行异质性分析。*SA*指数的计算公式为 $SA = 0.043 \times Size^2 - 0.737 \times Size - 0.04 \times Age$。表13－12中第（1）列和第（2）列分别汇报了融资约束宽松和趋紧企业样本的回归结果，可以看到，ETS政策对*SA*指数大于中位数的企业市值有显著的正向影响，而对*SA*指数低于中位数的企业市值没有显著影响，即ETS政策的实施显著提高了融资约束较为宽松的企业的市值，而对于融资约束趋紧的企业的市值并无明显的促进作用。这是因为融资约束宽松的企业相对而言拥有更多且更加灵活的财务资源，因而可以通过在 ETS 政策的约束下采取更优的生产经营策略，进而具备更高的市值。

表 13－12　融资约束异质性检验结果

	(1) ln *MV*	(2) ln *MV*
did	0.038*** (0.011)	0.007 (0.012)
SIZE	1.010*** (0.010)	0.951*** (0.011)
BM	−1.609*** (0.017)	−2.019*** (0.018)
ROE	0.009 (0.029)	0.008 (0.024)
DAR	0.055*** (0.018)	0.043* (0.024)
Fix	0.008 (0.014)	0.016 (0.023)
ROA	0.145 (0.089)	0.086 (0.083)
MSR	0.071*** (0.020)	−0.042* (0.022)
Age	0.044 (0.041)	−0.003 (0.020)
Cash	0.035 (0.022)	−0.012 (0.024)
Subsidy	−0.000 (0.000)	0.000 (0.000)
常数项	10.773*** (0.121)	11.826*** (0.149)
R^2	0.992	0.967
N	16 437	16 278
个体固定效应	Yes	Yes
年份固定效应	Yes	Yes

注：***、**、* 分别表示 1%、5%和 10%的显著性水平；系数下方括号中的数值为标准误差。

13.7 本章结论与政策建议

在全国 ETS 市场全面推进的背景下，准确识别 ETS 试点政策对企业市值的影响对于政策体系的完善具有重要的现实意义。本章以我国的 ETS 试点政策为准自然实验，基于 2000—2019 年中国沪深两市 A 股市场中 3 283 家上市企业的面板数据样本，在使用 DID 模型缓解内生性的基础上，就 ETS 试点政策对企业市场价值的影响进行了系统的理论分析和实证检验。主要研究结论如下：第一，中国 ETS 试点政策显著提升了上市企业市值，在开展平行趋势检验、安慰剂检验等一系列稳健性检验后，结论依旧成立；第二，ETS 试点政策可以通过推动碳价格信号传递和促进企业绿色技术创新，进而提升上市企业市值，且碳价格对高碳行业企业市值的影响更大，而碳信息披露在 ETS 试点政策对企业市值的影响机制中起负向作用，且碳信息披露对高碳行业企业市值的降低效应小于低碳行业企业；第三，ETS 试点政策对上市企业价值的影响具有异质性。具体而言，相对于国有、市场化程度较低、融资约束较高及西部的上市企业，ETS 试点政策对非国有、市场化程度较高、融资约束较低及东部和中部企业的市值提升程度更为明显，而对是否属于制造业的上市企业的影响无显著差异。

我们的研究结果对相关监管机构、政策制定者、投资者和管理者具有重要意义。首先，国家需进一步完善我国碳交易市场的碳定价机制，进而形成合理有效的碳价格。对于碳市场而言，合理的碳价格对充分发挥碳市场在节能减排中的作用具有重要意义，具体地，过低的碳价格不能对企业形成有效的激励，而过高的碳价格也会增加企业的成本，因此形成合理的碳价格对于反映碳排放权的稀缺性，形成对企业的有效激励是十分必要的。其次，政府及相关监管部门不仅要提高市场完善程度，降低市场交易成本，而且需要将碳信息披露对利益相关者的不利影响纳入考虑中，适当降低企业碳信息披露成本，进而完善鼓励企业主动披露碳排放信息的碳披露政策。再次，政府应致力于建立激励机制，进一步完善鼓励投资者和企业参与清洁绿色创新活动的政策法规，加强对创新资本、市场体系、人才等要素的支持，从而有效促进经济可持续发展。最后，我们建议政府进一步完善碳交易监管，将碳金融纳入碳交易政策体系，进一步发挥碳远期、碳期货等工具的作用，进而帮助碳市场产生及时、真实、有效的碳价格信号。

参考文献

[1] Abrell J, Cludius J, Lehmann S, et al. Corporate emissions-trading behaviour during the first decade of the EU ETS[J]. Environmental and Resource Economics, 2022, 83(1): 47-83.

[2] An S M, Li B, Song D P, et al. Green credit financing versus trade credit financing in a supply chain with carbon emission limits[J]. European Journal of Operational Research, 2021, 292(1): 125-142.

[3] Aragón-Correa J A, Marcus A, Hurtado-Torres N. The natural environmental strategies of

international firms：Old controversies and new evidence on performance and disclosure[J]. Academy of Management Perspectives，2016，30(1)：24－39.

[4] Brandt L，Van Biesebroeck J，Zhang Y F. Challenges of working with the Chinese NBS firm-level data[J]. China Economic Review，2014，30：339－352.

[5] Brauneis A，Mestel R，Palan S. Inducing low-carbon investment in the electric power industry through a price floor for emissions trading[J]. Energy Policy，2013，53：190－204.

[6] Brouwers R，Schoubben F，Van Hulle C，et al. The initial impact of EU ETS verification events on stock prices[J]. Energy Policy，2016，94：138－149.

[7] Brouwers R，Schoubben F，Van Hulle C，et al. The initial impact of EU ETS verification events on stock prices[J]. Energy Policy，2016，94：138－149.

[8] Bui B，Moses O，Houqe M N. Carbon disclosure，emission intensity and cost of equity capital：Multi-country evidence[J]. Accounting & Finance，2020，60(1)：47－71.

[9] Chan H S R，Li S J，Zhang F. Firm competitiveness and the European Union emissions trading scheme[J]. Energy Policy，2013，63：1056－1064.

[10] Chen Z F，Zhang X A，Chen F L. Do carbon emission trading schemes stimulate green innovation in enterprises? Evidence from China[J]. Technological Forecasting and Social Change，2021，168：120744.

[11] Cui J B，Zhang J J，Zheng Y. Carbon pricing induces innovation：Evidence from China's regional carbon market pilots[J]. AEA Papers and Proceedings，2018，108：453－457.

[12] da Silva P P，Moreno B，Figueiredo N C. Firm-specific impacts of CO_2 prices on the stock market value of the Spanish power industry[J]. Energy Policy，2016，94：492－501.

[13] Descheemaeker K，Oosting S J，Tui S H K，et al. Climate change adaptation and mitigation in smallholder crop-livestock systems in sub-Saharan Africa：A call for integrated impact assessments [J]. Regional Environmental Change，2016，16(8)：2331－2343.

[14] Fabra N，Reguant M. Pass-through of emissions costs in electricity markets[J]. American Economic Review，2014，104(9)：2872－2899.

[15] Fabra N，Reguant M. Pass-through of emissions costs in electricity markets[J]. American Economic Review，2014，104(9)：2872－2899.

[16] Fischer C，Parry I W H，Pizer W A. Instrument choice for environmental protection when technological innovation is endogenous[J]. Journal of Environmental Economics and Management，2003，45(3)：523－545.

[17] Flora M，Vargiolu T. Price dynamics in the European Union Emissions Trading System and evaluation of its ability to boost emission-related investment decisions[J]. European Journal of Operational Research，2020，280(1)：383－394.

[18] Gao Y N，Li M，Xue J J，et al. Evaluation of effectiveness of China's carbon emissions trading scheme in carbon mitigation[J]. Energy Economics，2020，90：104872.

[19] Gersbach H，Riekhof M C. Permit markets，carbon prices and the creation of innovation clusters [J]. Resource and Energy Economics，2021，65：101229.

[20] Golombek R, Hoel M. Endogenous technology and tradable emission quotas[J]. Resource and Energy Economics, 2008, 30(2): 197-208.

[21] Greaker M, Hagem C. Strategic investment in climate friendly technologies: The impact of global emissions trading[J]. Environmental and Resource Economics, 2014, 59(1): 65-85.

[22] Grüll G, Taschini L. Cap-and-trade properties under different hybrid scheme designs[J]. Journal of Environmental Economics and Management, 2011, 61(1): 107-118.

[23] Hadlock C J, Pierce J R. New evidence on measuring financial constraints: Moving beyond the KZ index[J]. The Review of Financial Studies, 2010, 23(5): 1909-1940.

[24] Hahn R W. Market power and transferable property rights[J]. The Quarterly Journal of Economics, 1984, 99(4): 753-765.

[25] Hu Y C, Ren S G, Wang Y J, et al. Can carbon emission trading scheme achieve energy conservation and emission reduction? Evidence from the industrial sector in China[J]. Energy Economics, 2020, 85: 104590.

[26] Jaffe A B, Newell R G, Stavins R N. A tale of two market failures: Technology and environmental policy[J]. Ecological Economics, 2005, 54(2/3): 164-174.

[27] Jaraitė-Kažukauskė J, Kažukauskas A. Do transaction costs influence firm trading behaviour in the European emissions trading system? [J]. Environmental and Resource Economics, 2015, 62(3): 583-613.

[28] Ji J N, Zhang Z Y, Yang L. Carbon emission reduction decisions in the retail-/dual-channel supply chain with consumers' preference[J]. Journal of Cleaner Production, 2017, 141: 852-867.

[29] Jiménez-Rodríguez R. What happens to the relationship between EU allowances prices and stock market indices in Europe? [J]. Energy Economics, 2019, 81: 13-24.

[30] Kemp R, Pontoglio S. The innovation effects of environmental policy instruments—A typical case of the blind men and the elephant? [J]. Ecological Economics, 2011, 72: 28-36.

[31] Keppler J H, Cruciani M. Rents in the European power sector due to carbon trading[J]. Energy Policy, 2010, 38(8): 4280-4290.

[32] Khlif H, Chalmers K. A review of meta-analytic research in accounting[J]. Journal of Accounting Literature, 2015, 35: 1-27.

[33] Li D Y, Huang M, Ren S G, et al. Environmental legitimacy, green innovation, and corporate carbon disclosure: Evidence from CDP China 100[J]. Journal of Business Ethics, 2018, 150(4): 1089-1104.

[34] Li P, Lu Y, Wang J. Does flattening government improve economic performance? Evidence from China[J]. Journal of Development Economics, 2016, 123: 18-37.

[35] Liu C J, Ma C B, Xie R. Structural, innovation and efficiency effects of environmental regulation: Evidence from China's carbon emissions trading pilot[J]. Environmental and Resource Economics, 2020, 75(4): 741-768.

[36] Liu L W, Chen C X, Zhao Y F, et al. China's carbon-emissions trading: Overview, challenges and future[J]. Renewable and Sustainable Energy Reviews, 2015, 49: 254-266.

[37] Liu M J, Zhou C, Lu F F, et al. Impact of the implementation of carbon emission trading on corporate financial performance: Evidence from listed companies in China[J]. PLoS One, 2021, 16(7): e0253460.

[38] Liu X A, Zhang C. Corporate governance, social responsibility information disclosure, and enterprise value in China[J]. Journal of Cleaner Production, 2017, 142: 1075 - 1084.

[39] Lueg K, Krastev B, Lueg R. Bidirectional effects between organizational sustainability disclosure and risk[J]. Journal of Cleaner Production, 2019, 229: 268 - 277.

[40] Luo L. The influence of institutional contexts on the relationship between voluntary carbon disclosure and carbon emission performance[J]. Accounting & Finance, 2019, 59(2): 1235 - 1264.

[41] Matsumura E M, Prakash R, Vera-Muñoz S C. Firm-value effects of carbon emissions and carbon disclosures[J]. Accounting Review: A Quarterly Journal of the American Accounting Association, 2014, 89: 695 - 724.

[42] Meng X H, Zeng S X, Shi J J, et al. The relationship between corporate environmental performance and environmental disclosure: An empirical study in China [J]. Journal of Environmental Management, 2014, 145: 357 - 367.

[43] Mo J L, Zhu L, Fan Y. The impact of the EU ETS on the corporate value of European electricity corporations[J]. Energy, 2012, 45(1): 3 - 11.

[44] Montgomery W D. Markets in licenses and efficient pollution control programs [J]. Journal of Economic Theory, 1972, 5(3): 395 - 418.

[45] Oberndorfer U. EU Emission Allowances and the stock market: Evidence from the electricity industry[J]. Ecological Economics, 2009, 68(4): 1116 - 1126.

[46] Oestreich A M, Tsiakas I. Carbon emissions and stock returns: Evidence from the EU Emissions Trading Scheme[J]. Journal of Banking & Finance, 2015, 58: 294 - 308.

[47] Popp D. Induced innovation and energy prices[J]. American Economic Review, 2002, 92(1): 160 - 180.

[48] Popp D. Innovation and climate policy[J]. Annual Review of Resource Economics, 2010, 2: 275 - 298.

[49] Ren S G, Hu Y C, Zheng J J, et al. Emissions trading and firm innovation: Evidence from a natural experiment in China[J]. Technological Forecasting and Social Change, 2020, 155: 119989.

[50] Rogge K S, Hoffmann V H. The impact of the EU ETS on the sectoral innovation system for power generation technologies—Findings for Germany[J]. Energy Policy, 2010, 38(12): 7639 - 7652.

[51] Rogge K S, Schneider M, Hoffmann V H. The innovation impact of the EU Emission Trading System—Findings of company case studies in the German power sector[J]. Ecological Economics, 2011, 70(3): 513 - 523.

[52] Shen F, Ma Y W, Wang R, et al. Does environmental performance affect financial performance? Evidence from Chinese listed companies in heavily polluting industries[J]. Quality & Quantity, 2019, 53(4): 1941 - 1958.

[53] Siddique M A, Akhtaruzzaman M, Rashid A, et al. Carbon disclosure, carbon performance and

financial performance: International evidence [J]. International Review of Financial Analysis, 2021, 75: 101734.

[54] Stigler G J, Friedland C. What can regulators regulate? The case of electricity [J]. The Journal of Law and Economics, 1962, 5: 1-16.

[55] Tang M G, Li Z, Hu F X, et al. Market failure, tradable discharge permit, and pollution reduction: Evidence from industrial firms in China [J]. Ecological Economics, 2021, 189: 107180.

[56] Veith S, Werner J R, Zimmermann J. Capital market response to emission rights returns: Evidence from the European power sector [J]. Energy Economics, 2009, 31(4): 605-613.

[57] Velte P, Stawinoga M, Lueg R. Carbon performance and disclosure: A systematic review of governance-related determinants and financial consequences [J]. Journal of Cleaner Production, 2020, 254: 120063.

[58] Wang K, Wei Y M, Huang Z M. Potential gains from carbon emissions trading in China: A DEA based estimation on abatement cost savings [J]. Omega, 2016, 63: 48-59.

[59] Wang S Y, Wang H L, Wang J, et al. Does environmental information disclosure contribute to improve firm financial performance? An examination of the underlying mechanism [J]. The Science of the Total Environment, 2020, 714: 136855.

[60] Weber T A, Neuhoff K. Carbon markets and technological innovation [J]. Journal of Environmental Economics and Management, 2010, 60(2): 115-132.

[61] Wen F H, Zhao L L, He S Y, et al. Asymmetric relationship between carbon emission trading market and stock market: Evidences from China [J]. Energy Economics, 2020, 91: 104850.

[62] Zachmann G, von Hirschhausen C. First evidence of asymmetric cost pass-through of EU emissions allowances: Examining wholesale electricity prices in Germany [J]. Economics Letters, 2008, 99(3): 465-469.

[63] Zeng S H, Nan X, Liu C, et al. The response of the Beijing carbon emissions allowance price (BJC) to macroeconomic and energy price indices [J]. Energy Policy, 2017, 106: 111-121.

[64] Zhang J J, Wang Z X, Du X M. Lessons learned from China's regional carbon market pilots [J]. Economics of Energy & Environmental Policy, 2017, 6(2): 19-38.

[65] Zhu J M, Fan Y C, Deng X H, et al. Low-carbon innovation induced by emissions trading in China [J]. Nature Communications, 2019, 10(1): 4088.

第 14 章　实现土地城市化与生态环境质量提高协同推进的政策建议

14.1　研究结论与讨论

土地城市化主要通过两方面对生态环境系统产生影响，一是土地利用变化；二是承载在城市建设用地上的人类活动，包括企业的生产活动和居民的生活活动。在土地城市化过程中，最大的土地利用变化是农业用地或未利用地转化为城市建设用地，在这一变化过程中，极大地影响了生态系统中的物质及能量的转换及转变，对生态系统的功能和生态过程产生了巨大的影响。不仅如此，土地利用变化进一步引起了土地利用结构、土地利用强度和土地利用效率的变化，导致对生态系统结构、景观结构、生物圈平衡及生态系统能量转换效率等产生更深远的影响。与此同时，企业生产活动及居民生活活动等向自然界排放出大量废水、废气等污染物，影响大气环境系统、水环境系统的循环和平衡等，污染排放超过自然界的自净化能力时，将对环境系统产生难以逆转的影响。在此基础上，本书深入探究了经济发展的不同阶段土地城市化对生态环境质量、生态服务价值、生态效率、碳排放产生影响的理论机理，同时就土地城市化对生态环境质量、生态服务价值、生态效率、碳排放的影响机制进行了实证分析，研究了命令控制型环境政策向市场型环境政策过渡的最优转化时机。在此基础上，计量分析了土地生态服务价值与居民收入的关系、排污权交易政策、碳排放权交易政策等市场化机制的减排绩效，探究了其对企业全要素生产率、公司价值、企业创新等的影响机制。理论研究和实证分析均表明，我国基本上处于土地城市化对生态环境质量、生态服务价值、生态效率由负向转为正向的调整阶段。国家应加强出台市场化的土地利用政策、环境规制政策，配合恰当的产业发展政策、财税政策等，促进土地城市化和生态环境保护的协同促进。

土地不仅具有自然生态和社会经济等多维属性，而且功能也呈现多样性特征，从而决定了土地具有经济、生态和社会等多元价值。现实中，不同的地块被赋予不同的用途。根据《土地利用现状分类》(GB/T 21010—2017)，土地利用现状分类采用一级、二级两个层次的分类体系，共分 12 个一级类、73 个二级类，并对应农业用地、建设用地和未利用地三大地类。农业用地的边际经济价值相对不高，但是能带来一定的生态价值和社会价值。例如，耕地能保障国家粮食安全，维护社会稳定，具备一定的社会价值；园地、林地、草地能带来一定的生态价值。建设用地的边际经济价值高于农业用地和未利用地，但会对生态环境会产生较大的负外部性,可能降低开发地块及所在地区的生态价值。未利用地是未经开发利用的土地,其边际经济价值几乎为零,但能产生较高的生态效应,其边际生态价值较高。根据国家经济发展政策、土地利用规划和土地用途管制制度等,不同地块被赋予不同的用途,也就基本决定了其边际经济价值、边际生态价值及边际社会价值。

土地经济价值的获得方主要是拥有土地所有权及使用权的主体,由于经济价值易于量化、交易,因此能被拥有土地所有权及使用权的主体独享。土地生态价值不仅能被拥有土地所有权及使用权的主体所拥有,而且由于其具有正外部性,还能被土地所在区域及其邻近区域的民众共同拥有,产生公共产品效应。土地开发所产生的社会价值外溢性更加明显,能被整个国家的社会大众共同拥有。土地的生态价值和社会价值属于非市场价值,其价值难以度量,这使得这两种价值的交易存在一定的困难。此外,由于土地的生态价值和社会价值的获得方与土地所有权或使用权的占有方存在不一致性,度量的困难性、信息的有限性以及存在搭便车的可能性,均使得土地生态价值和社会价值难以通过货币方式实现交易。

鉴于经济社会发展的战略目标和任务有所不同,在实践中,中央和地方政府对土地功能的关注点会产生差异,从而使得土地制度改革的着力点和激励目标存在差异,进一步导致其决策行为产生偏差和冲突。中央政府在重视土地利用效率的同时,重点关注区域协调发展、粮食安全、环境保护、公共服务等多种经济、社会和生态环境目标,而地方政府则追求经济增长及其投资需求、政绩考核、土地财政等目标,因此更关注城市化和工业化所需的建设用地指标的获得,从而产生中央和地方之间在土地制度安排和土地资源利用上的目标不一致性(陈志勇和陈思霞,2014)。地方政府官员利用土地处置权,在垄断的土地市场上策略性地设定土地出让价格和土地出让规模(王贤彬等,2014)。一方面将低价协议出让工业用地作为招商引资手段,即“以地引资”(张莉等,2011);另一方面,通过招、拍、挂的方式高价出让商住用地获取巨额土地出让金,即“引地生财”(郑思齐等,2014)。地方政府“经营土地”“区域竞次”的发展模式导致工业用地被低效利用、闲置浪费以及环境污染加重(陶然等,2009)。中央和地方政府在土地资源配置上的行为目标冲突导致了土地资源错配(汪冲,2019;田文佳等,2019),尤其是在区域间经济发展条件和水平存在较大差异的情况下,一些地区缺乏经济快速增长及工业化的客观条件,但在国家统一的土地规划和土地资源利用政策下拥有超过实际需求的建设用地指标,导致土地利用效率不高、环境污染严重、公共品供给不足及结构失衡、企业生产率不高等问题(韩峰和李玉双,2019;张莉等,2019;Teulings et al., 2018)。这是目前以行政计划配置土地资源的弊病所在,因此迫切需要通过改革引入市场机制高效配置土地资源(徐朝阳等,2020)。

实现土地利用在经济、生态和社会等方面的外部性内部化,主要存在政府管制政策、税费政策和产权交易三种方式和手段。① 政府管制政策是指政府通过土地利用规划、土地用途管制制度,对土地利用、开发、保护在时间上、空间上做出统筹安排。但是,由于存在信息不对称、决策者信息有限性、农地非农开发的空间异质性和时间专用性等约束,以及地区间土地资源禀赋及价值也存在差异,导致政府管制政策的效率较低(谭荣和曲福田,2010)。② 税费政策是指对建设用地开发所导致的生态环境负外部性征收税费,对农业用地、未利用地产生的生态环境质量提升、社会稳定效应等正外部性进行补贴。税费政策有效运用的前提是能够对外部性进行合理度量,但是生态价值和社会价值均难以度量,使得税费政策无法有效实施。③ 通过产权交易使得土地利用在经济、生态和社会等方面的外部性内部化(汪晖和陶然,2009)。通过赋予农用地、未利用地的发展权,在工业化和城镇化过程中,经济发达地区若缺乏建设用地指标,可向建设用地指标剩余地区购买土地指标(王永慧和严金明,2007;臧俊梅和王万茂,2007;Hahn, 1984;Dales, 1968)。土地发展权交易,本质上是在强制性行政配置土地资源情况下,对开发强度高的地区的开发能力的认可及高效利用,同时是对开发能力低的地区的一种转移支付及正外部性效应的补偿。土地发展权交易能在区域间实现土地配置效益优化,一方面,提高了指标购买地区的土地开发强度及土地利用效率;另一方面,对于指标出让地区来说,获得的开发权让渡收益不仅可以发展地区经济社会事业,增进居民社会福利,出让指标所对应的土地仍然可以继续从事农业生产或生态建设,从跨区域的意义上产生了农业用地和生态用地正外部性的补偿效应。

以上三种政策其实可以归结为土地资源的行政计划和市场两种配置机制。在行政计划机制下,土地用途和配置权受到国家规划和指标的约束,由于不同开发程度的地区对土地指标的需求不同,导致建设用地指标出现短缺或剩余,由此产生潜在的土地利用效率损失。在市场机制下,土地的所有者和使用者可以自由选择土地用途,根据产业发展和招商的可能性来决定土地开发方式,理论上可以实现土地的有效配置。开展土地发展权交易,是行政配置土地机制外的一种市场交易机制,通过制度变革破除行政规制,指标购买地区出资获得建设用地开发权,通过扩大建设用地开发规模增加了土地开发收益。指标出让地区获得农用地、生态用地或闲置建设用地开发权的让渡收益,发展社会事业,增进居民的社会福利,从而达到土地资源空间的有效配置。

然而,这种土地资源的市场配置机制也存在两个明显的弊端。一是地区间经济总产出水平差距会继续扩大。尽管给予了开发权的收益补偿,但由于单位面积土地开发效益的不同和产业结构变动所产生的增加值差异,指标购买地区与出让地区的经济总产出水平的差距可能会继续扩大。二是在没有行政计划机制的调控下,交易双方发展的不公平性会增加。交易双方根据私人利益最大化进行发展权交易,指标购买地区可能不会为其开发行为的负外部性支付足额的对价,而指标出让地区也难以从其产生的正外部性效应中获得足额补偿。此外,市场势力的存在,市场交易成本的大小、类型和分布也会影响土地发展权交易的效率、有效性和公平性(Field and Conrad, 1975; Barrows and Ogg, 1977; Shahab et al., 2018, 2019)。此时,需要依托行政机制下的政府管制政策,行使"自然的公正"法则,有效纠正农地非农开发的负外部性,提高土地发展权交易过程的效率和公平性,对土地发展权交易进行调控(张蔚文和李学文,2011;谭荣和曲福田,2009)。

不同的配置机制存在着不同的配置结果:市场配置机制下,可以实现土地空间配置均衡,但受自然条件、经济区位和经济基础等方面条件约束,区域间的经济总产出水平差距及发展不公平性会扩大;在行政计划配置机制下,存在空间配置效率损失问题,区域资源禀赋和经济基础差异也难以改变,导致区域间经济总产出水平差距有进一步扩大的可能。因此,面临国土资源空间配置这样一个带有公共选择的命题,即单一的市场机制或政府行政机制均难以真正反映社会需求的偏好,无法实现资源配置的帕累托优化,而实施政府行政管制和市场交易有机结合的双重配置机制可能是一种更为合理的选择。

考虑到我国目前的市场体系完善程度不高、交易费用较高、国土空间规划体系尚不健全等,中央政府通过土地发展权交易税和财政专项转移支付的方式进行调控,即对土地指标购买地区征收土地发展权交易税,并对土地指标出让方增加转移支付额度,有利于实现地区间的发展平衡和经济、社会与生态效益的整体平衡。具体到在土地发展权交易过程中,对指标接收地区开发行为产生的负外部性征收交易税,同时以转移支付的形式补偿指标发送地区产生的正外部性,实现地区间私人利益最大化与社会利益最大化的一致。通过政府开征土地发展权交易税并辅之以财政的专项转移支付,能够引导一些区域按照国土规划长期定位于农业和林业产业,避免在区域经济增长竞争中不计客观条件地建设经济开发区,盲目扩大城镇规模,纠正日趋严重的区域经济发展低效率趋势。特别是实施了土地发展权交易税和专项转移支付政策,就可以把土地发展权交易广泛扩展到省际之间,真正实现全国范围内国土资源统筹规划和优化利用。

在一定的行政计划机制的调控下,土地发展权交易制度形成的结果是:一方面,指标购买地区的开发强度得到增加,其单位土地产出也随之增加,同时为其土地发展权获得及其土地开发所产生的负外部性支付费用;另一方面,指标出让方获得相应的土地发展权让渡费用和正外部性补偿的专项转移支付收入,增进其总体的社会福利。理论上,在某个地区范围内实施政府规制下的土地发展权交易制度,总体上能促进该地区土地产出强度的提升,同时又能抑制污染排放的增加,促进环境质量的提高,并且能够增进该地区的社会福利,即整体上能够改进国土资源空间配置的效率及公平程度,促进国土资源空间配置优化。在实际中,土地发展权交易机制会受到市场机制健全程度和市场交易成本等因素的影响。

行政机制和市场机制的结合改善了土地资源空间配置绩效,促进了国土空间资源优化配置。为了进一步促进土地利用与生态环境保护的协同推进,本书在土地资源优化配置方面提出以下政策建议。

第一,在国土空间规划管制下,建立基于土地发展权交易的生态环境保护补偿机制。科学评价区域环境容量,由此测算区域土地开发强度,建立基于国土开发强度的土地发展权跨区域交易制度,同时配套实施土地发展权交易税与跨区域转移支付补偿政策。为此,必须科学制定国土资源空间规划体系,促进"多规合一",分全国、省市、市县制定土地开发强度,分地块制定明细的土地用途、建筑高度、容积率、建设密度等指标。在全国、省域、区域国土空间规划体系中,增加"区域土地发展权配置"和"跨区域土地发展权交易"的内容,并划定空间政策分区,尽快出台土地发展权交易制度及具体实施办法。在市、县、镇的国土空间规划中,增加"城乡土地发展权配置与流转交易"的内容,划定土地发展权"发送区”“接收区”，并制定流转交易的基本规则，以及配套的交易税与转移支付等财政管理政策。

第二，建立并完善土地发展权交易制度，适当扩大交易规模，在省际交易试点的基础上，建设土地发展权交易平台，形成全国性的土地发展权交易市场；各地区要根据实际情况制定适宜的政策，系统设计土地发展权交易税，并制定科学的专项转移支付政策。建立以主体功能区为核心的生态补偿机制，通过生态补偿激励生态环境功能区的生态环境保护。同时，培育区域间土地发展权交易市场，通过市场机制引导重点开发区为生态环境功能区进行生态补偿。

第三，中央政府应推进土地资源管理的纵向放权与分权，推进土地资源配置与生态环境保护的垂直管理，推动土地要素的市场化配置改革。中央政府的核心目标在于严控土地利用的负外部性，合理划定生态保护红线、永守基本农田保护红线、城镇开发边界线的“三线”，致力于将土地利用的负外部性内生化至地方政府和经济行为主体的土地利用决策之中。土地利用等具体经济管理决策由地方政府制定，地方之间的土地资源配置的竞争和协同机制的建立，依赖于基于市场机制的横向土地发展权指标交易市场，经济行为主体的土地利用决策也主要依赖于市场机制。未来，政府应在创新产业用地市场化配置、建立城乡统一建设用地市场、鼓励开发低效存量建设用地的市场化机制等方面，不断进行探索和创新，以进一步促进土地要素的市场化配置，推动土地利用优化与生态环境保护的可持续管理。

为了处理好土地利用与生态环境保护的关系，关键在于纠正土地利用导致的生态环境问题的外部不经济性，使外部费用内部化，同时使得生态和环境保护行为导致外部经济性价值得到补偿。为实现这一目标，主要有三种政策措施。一是实施命令控制型的政策，即通过出台控制环境污染、生态破坏的行政性法律、法规，限制经济主体排放污染、破坏生态环境的行为。命令控制型的政策措施对保护生态环境能够起到立竿见影的效果，但是会带来经济系统中资源配置扭曲的不良影响。二是基于市场型环境政策，即运用市场机制解决生态环境保护的问题。这里又可以分为两类。其一，运用“看得见的手”庇护手段，通过对市场进行调节来实施环境管理，对污染排放征收环境税费，对促进生态环境保护的行为进行补贴等。本质上，调节市场型的环境经济政策还是通过政府干预来解决环境问题，其核心思想是由政府给外部不经济性确定一个合理的负价格，给外部经济性确定一个合理的正价格，由外部不经济性的制造者承担全部外部费用，并给外部经济性的制造者一定的补偿。其二，运用“看不见的手”科斯手段，通过建立环境产权市场来实施环境管理。排污权交易政策、碳排放权交易政策是这一类型政策的代表。建立市场型的环境经济政策主要是通过市场机制来解决生态环境问题，通过测算合理的环境容量，设立一个地区合理的环境污染排放总量，给每个企业分配相应的污染排放许可量。于是，企业可以根据自身的生产力水平和技术创新能力，决定自身的产出量、技术研发投入，以及污染排放许可市场的参与程度。市场型的环境政策能够影响企业的成本收益，激励生产者和消费者改变其经济行为，纠正其破坏生态环境的行为。这样，既能有效保护生态环境，又能优化提升资源配置效率。三是自愿型环境规制政策研究,包括环境保护公众参与、环境信息公开、环境信息披露、环境标准认证等政策。作为一种非正式环境规制政策措施,环境信息公开能够提高环境规制形成和实施的透明度,减轻信息不对称程度,降低环境规制实施成本,提高环境管制效率(Zhang et al., 2022)。

14.2 政策建议

为了协同推进土地利用优化与生态环境质量提升,本书在环境规制政策、生态产品价值实现机制、能源利用政策等方面提出以下政策建议。

(1) 政府应实施严格的环境规制政策,加强土地生态系统及大气环境保护,形成政府、企业和公众三者共治的治理体系。在地方政府官员的绩效考核和晋升激励中,增加环境产出和环境效益所占的权重,加强绿色 GDP 考核,促进地方政府的环境治理工作。

(2) 政府应逐步加强实施以市场化机制为导向的环境政策。综合运用价格、市场、产业、技术、财税等政策工具,完善环境规制政策,如对企业的排污行为统一征收环境税,同时对企业的绿色技术研发给予一定的补贴;探索建立生态保护地区排污权交易制度。东部地区以实施市场激励型的环境规制政策为主,中西部地区以实施命令控制型的环境规制政策为主,辅以市场激励型的环境规制政策。以资源环境产权确权、税收政策引导、资源环境价格改革等政策强化市场激励约束机制与市场主体培育。加强环保宣传,提高居民的环保意识,让居民更多地购买环保产品和节能产品,同时加强居民对地方政府环保工作的监督。

(3) 建立完善的区域间和流域生态补偿机制,探索建立生态保护区的排污权交易体系等。建立以干流跨界断面水质为主、向中上游地区倾斜的补偿资金分配标准,形成干流补偿制度。支持重要支流上下游采取资金补助、产业扶持、人才培训、共建园区等方式开展横向生态保护补偿试点。推进生态补偿制度法治化,建立跨省域及跨流域生态补偿法规体系,理顺生态补偿的体制机制,建立生态补偿的多渠道融资机制。

(4) 构建科学合理的生态服务价值核算评估体系。建立生态服务功能目录及清单,以生态单元为核算尺度,以山水林田湖生命共同体为核算对象,建立生态服务价值核算的指标体系及核算流程,通过总结实践中生态服务价值实物量核算方法,并探索实物量价值化的有效标准,建立一套科学、合理、可操作的生态服务价值核算评估体系。

(5) 推进生态产权制度改革。推进生态资产的确权登记,明晰生态资产的产权主体及其行使主体,明确划分生态资产产权的边界和范围,健全生态资产产权制度,建立生态信用制度体系和生态金融市场及制度体系,为生态服务价值的实现提供制度保障。此外,绿色产品信用制度、生态产品标准、认证、标识体系等基础性制度和政策工具也应进一步完善。

(6) 借鉴国内外经验,建立生态服务价值交易机制的具体措施,创新生态服务价值实现的具体路径。建立统一的生态产品及服务市场交易机制,建立统一的交易平台,为交易主体提供价格及供求信息，降低交易成本。同时，建立生态产品及服务与排污权、用能权、用水权、碳排放权等发展权配额之间的兑换机制，理顺不同地区之间交易发展权配额及用地指标机制之间的关系。可借鉴的国内经验包括横向生态补偿模式、纵向财政转移支付模式、碳汇交易模式、国家公园模式（自然保护地模式）、生态旅游、生态康养、生态农业等产业模式、绿色基金债券模式等。可借鉴的国外经验包括使用者付费机制、湿地信用抵消机制、水质交易机制、生态银行和补偿计划（美国湿地银行）等。生态产品价值实现，需要充分运用市场与非市场“两只手”来推动，具体路径包括政府专项转移支付和专项补偿，实施市场化交易机制，发展生态农业、生态工业，培育发展生态服务业，创新生态产业用地政策，实施土地综合整治等生态修复工程等。

（7）在能源利用政策方面，应优化能源消费结构，促使能源消费结构清洁化、低碳化。土地利用政策、环境规制政策、产业政策的实施效果是与能源消费结构、能源政策改革紧密相连的。提高环境规制强度、改善环境规制组合政策，必须不断改善优化我国能源消费结构，实施能源政策改革。首先，与实施“市场激励型”环境规制政策类似，需要加强实施“激励型”工具对能源密集型企业技术创新提供持续的激励，促进企业对化石能源的集约利用和对能源消费结构的优化。比如，对能源密集企业的污染排放征收环境税，同时对能源密集型企业的创新行为进行补贴。其次，大力开发新能源，实现新能源、清洁能源对化石能源的替代，对新能源的开发利用给予政府补贴，同时加强企业、居民对使用新能源、清洁能源的宣传，也可以在需求端对企业、居民使用新能源、清洁能源给予补贴。最后，由于各地区经济发展程度不同，资源环境约束程度有所差异，针对不同地区实施差异化的能源利用政策。通过调整能源消费结构，实施“激励型”能源政策和区域差异化的能源利用政策，加强新能源、可再生能源对化石能源的替代，提高能源利用政策对能源清洁化、低碳化利用的促进作用。

参考文献

[1] 陈志勇，陈思霞. 制度环境、地方政府投资冲动与财政预算软约束[J]. 经济研究，2014，49(3)：76－87.

[2] 韩峰，李玉双. 产业集聚、公共服务供给与城市规模扩张[J]. 经济研究，2019，54(11)：149－164.

[3] 谭荣，曲福田. 市场与政府的边界：土地非农化治理结构的选择[J]. 管理世界，2009(12)：39－47.

[4] 谭荣，曲福田. 中国农地发展权之路：治理结构改革代替产权结构改革[J]. 管理世界，2010(6)：56－64.

[5] 陶然，陆曦，苏福兵，等. 地区竞争格局演变下的中国转轨：财政激励和发展模式反思[J]. 经济研究，2009，44(7)：21－33.

[6] 田文佳，余靖雯，龚六堂. 晋升激励与工业用地出让价格——基于断点回归方法的研究[J]. 经济研究，2019，54(10)：89－105.

[7] 汪冲.用地管控、财政收益与土地出让：央地用地治理探究[J].经济研究,2019,54(12):54-69.

[8] 汪晖,陶然.论土地发展权转移与交易的“浙江模式”——制度起源、操作模式及其重要含义[J].管理世界,2009(8):39-52.

[9] 王贤彬,张莉,徐现祥.地方政府土地出让、基础设施投资与地方经济增长[J].中国工业经济,2014(7):31-43.

[10] 王永慧,严金明.农地发展权界定、细分与量化研究——以北京市海淀区北部地区为例[J].中国土地科学,2007,21(2):25-30.

[11] 徐朝阳,白艳,王韡.要素市场化改革与供需结构错配[J].经济研究,2020,55(2):20-35.

[12] 臧俊梅,王万茂.农地发展权的设定及其在中国农地保护中的运用——基于现行土地产权体系的制度创新[J].中国土地科学,2007,21(3):44-50.

[13] 张莉,王贤彬,徐现祥.财政激励、晋升激励与地方官员的土地出让行为[J].中国工业经济,2011(4):35-43.

[14] 张莉,程可为,赵敬陶.土地资源配置和经济发展质量——工业用地成本与全要素生产率[J].财贸经济,2019,40(10):126-141.

[15] 张蔚文,李学文.外部性作用下的耕地非农化权配置——“浙江模式”的可转让土地发展权真的有效率吗？[J].管理世界,2011(6):47-62.

[16] 郑思齐,孙伟增,吴璟,等.“以地生财,以财养地”——中国特色城市建设投融资模式研究[J].经济研究,2014,49(8):14-27.

[17] Bailey M R, Ogg C W. Transfer of development rights: An analysis of a new land use policy tool: Comment[J]. American Journal of Agricultural Economics, 1977, 59(2): 391-393.

[18] Dales J. Pollution, Property & Prices: An Essay In Policy-making And Economics[M]. Toronto: University of Toronto Press, 1968.

[19] Field B C, Conrad J M. Economic issues in programs of transferable development rights[J]. Land Economics, 1975, 51(4): 331.

[20] Hahn R W. Market power and transferable property rights[J]. The Quarterly Journal of Economics, 1984, 99(4): 753-765.

[21] Shahab S, Clinch J P, O'Neill E. Accounting for transaction costs in planning policy evaluation[J]. Land Use Policy, 2018, 70: 263-272.

[22] Shahab S, Clinch J P, O'Neill E. An analysis of the factors influencing transaction costs in transferable development rights programmes[J]. Ecological Economics, 2019, 156: 409-419.

[23] Teulings C N, Ossokina I V, de Groot H L F. Land use, worker heterogeneity and welfare benefits of public goods[J]. Journal of Urban Economics, 2018, 103: 67-82.

[24] Zhang H A, Xu T T, Feng C. Does public participation promote environmental efficiency? Evidence from a quasi-natural experiment of environmental information disclosure in China[J]. Energy Economics, 2022, 108: 105871.